김동길 육성

이게 뭡니까

나남
nanam

김형국金炯國

1942년 경남 마산 출생. 서울대 사회학과와 행정대학원을 졸업했고, 미국 캘리포니아대학(버클리)에서 도시계획학 박사학위를 받았다. 서울대 환경대학원 교수이던 사이(1975~2007년), 동 대학원 원장, 〈조선일보〉 비상임 논설위원, 한국미래학회 회장, 정년 뒤 대통령 직속 녹색성장위원회 제1기 민간위원장을 역임했다.《한국공간구조론》,《고장의 문화판촉》 같은 전공 서적에 더해《장욱진: 모더니스트 민화장》,《김종학 그림 읽기》,《활을 쏘다》,《우리 미학의 거리를 걷다》,《박경리 이야기》,《바람이 일어나다》 같은 방외方外 서적도 냈다. 인문학 연구가 학예일치學藝一致가 되어야 한다는 주장과 바른 글쓰기 요령을 담아《인문학을 찾아서》도 냈다. 인문적 행보로 원주의 토지문화관 건립위원장(1995년), 서울스프링페스티벌 조직위원장(2006년) 등도 맡았다. 2014년 이래는 가나문화재단 이사장이다.

나남신서 2218

김동길 육성

이게 뭡니까

2026년 1월 6일 발행
2026년 1월 6일 1쇄

편저자 김형국
발행자 趙相浩
발행처 (주) 나남
주소 10881 경기도 파주시 회동길 193
전화 (031) 955-4601(代)
FAX (031) 955-4555
등록 제 1-71호(1979. 5. 12)
홈페이지 http://www.nanam.net
전자우편 post@nanam.net

ISBN 978-89-300-4218-5
ISBN 978-89-300-8655-4(세트)

이 책은 방일영문화재단의 지원을 받아 저술 · 출판되었습니다.

김동길 육성

이게 뭡니까

김형국 편저

나남
nanam

일러두기

1. 이 책의 대강은 김동길(金東吉, 1928~2022) 현대 한국 당대 논객의 자술自述이다. 자술은 자서전의 다른 말, 당신 일대一代를 직접 말함이다.
2. 편저자編著者 김형국은 김동길의 집필 축적을 재구성하고 촌평寸評을 덧붙여 김동길의 일대를 힘써 불러냈다.
3. 김동길의 육필과 육성은 명조체로, 편저자 김형국의 첨언과 촌평은 옛한글체로 꾸몄다.
4. 육필의 주요 출처는 〈자유의 파수꾼〉(프리덤 워치)과 〈석양에 홀로 서서〉 등 홈페이지 연재였고, 신문·잡지 기고와 단행본 등은 보조로 인용했다. 육성은 대면·대화 중에 엿들었던 바였다.
5. 주석 중에 설명은 각주로, 출처는 미주로 처리했다. 각주 중에 김동길이 쓴 것은 따로 표시하지 않았고, 편저자가 쓴 것은 '편저자 주'라고 표시했다.

차 례

제4장 나는 누구인가? 여기서 털어놓는다

일제 때 나서

도둑처럼 찾아온 해방

가자! 남쪽으로

6·25 동란을 살아 넘어

제5장 그 어머님에 그 누님

김동길의 어머니

그 누님

제6장 독신 김동길

제7장 스승과 우정의 그늘

선각 백낙준

시대의 스승 함석헌

그런 우정

제8장 역사와 역사학

제9장 역사는 위인들 전기

제11장 시평時評은 '현대사 적기'

제12장 공부 조직의 달인

제13장 무대 위에서 살아온 인생

제14장 외부 노년 강연의 고달픔

제15장 김동길 사람 스타일

제16장 난세를 살아온 역정

이승만, 현실주의자의 건국

박정희의 권도

제18장 노년의 건강

제19장 나의 믿음

제20장 생로병사가 꿈같으니

제1장
김동길 자술 편저: 그 내력

편저의 전개

"이게 뭡니까?" 언사를 즐겨 구사해 화제가 되곤 했던 김동길은 세평世評·시론時論 글을 적는 사이로 살아온 내력에 대한 신상 발언도 적잖았다. 해도 한 권의 자서전으로 딱히 매듭짓지는 못했다. 시정市井의 필부필부匹夫匹婦조차 "내가 살아온 이야기를 소설로 쓰면 몇 권을 써도 모자란다" 했으니 당신도 한 권은 적었어야 했다.

한데 김동길은 파편으로 남겨진 신상 발언, 신변담이 많고도 많았다. 뒤늦게라도 이를 엮으면 한 권의 자술, 자서전[1] 또는 일대기를 꾸밀 만했다.

---

1 〔편저자 주〕 서구에서는 자서전은 18세기 후반에서 19세기 전반에 널리 나타났지만, 중국에서는 자서전이라는 말의 근원에 해당하는 용어인 자전自傳이 이미 중당中唐 시기인 9세기에 널리 사용되었다. 바로 그 시기에 인간에 대한 새로운 인식이 발생했던 것이다. 서구의 근대 자서전은 삶을 되돌아보고 회한을 드러내는 일이 많았다. 우리나라에서도 자서전적 시와 산문은 고백과 성찰의 중요한 계보를 이루어 왔다(심경호, 2018: 643).

다만 취사선택과 가필加筆이 필요했고 중요했다.

고향 이름에서 따온 아호가 맹산孟山인 김동길의 육필肉筆·육성肉聲을 마산馬山 출신 후학이 순서를 잡아 엮고 짧게 촌평寸評을 보탰다. 말하자면 '자술 대행 편찬編纂, compilation'[2]이요, 우리말로 '엮어 지음'인 편저編著다.

그럴 만한 인연

서울 대신동의 맹산댁을 출입하는 동안, 문인門人들 가운데 어쩌다 편저자를 '백작伯爵'이라 불러 준 이가 있었다. 중병에서 회복한 뒤 염색을 삼가자 머리칼이 완전히 백발이 되고 만 아내를, 어느 날 맹산이 '백작부인'이라 친애의 정으로 불러 준 적 있었다.

이게 사태의 발단이었다. 아내가 다짜고짜 '백작부인'이라 불리고 나니, 내가 "밑도 끝도 없이 그만 자동으로" 백작이라 불린 사건이었다.

그제야 내 처지가 짚이는 바 있었다. 옛적 왕실 부마 자리에 해당하는 것이 아닌가, 언뜻 그런 생각이 스쳤다. 부마는 왕실 근친으로, 벼슬의 끗발은 어지간히 높았으나 실제 맡은 일은 별로 없었다. 좀 심하게 말하면 목에 힘만 주는, 한량이나 건달 비슷하지 않았나 싶다.

영국 왕실에 마거릿 공주가 있었다. 엘리자베스 여왕 바로 아래 동생인데, 그 남편 스노든 경이 바로 그곳의 '부마'였다. 사진작가라 알려졌지만, 이 노릇도 어쩐지 구색 맞추기가 아니었나, 외신을 읽으면서 짐작한 적이 있었다.

2 〔편저자 주〕 여러 가지 자료를 모아 체계적으로 정리하여 책을 만듦이다.

부마 노릇 자청 일감

우리 왕실의 부마라는 자리는, 임금의 행차 때 말이나 관리하는 정도의 노릇이었다. 스스로 알아서 할 일을 찾아 해보는 자리였던 셈이다.

대학 교직에서 물러나 마음이 한가해진 뒤로, 아니 허전해진 뒤로 새로 배움을 얻을 고처高處를 만난 것은 내게 더할 수 없는 행운이었다. 그렇게 김동길 선생 만년에 10년 가까이 문하에 출입할 수 있었고, 그 인연을 앞세워 특히 두 권의 책을 꾸몄다. 한 권은 우리 역사의 중요한 인물들의 일대기를 편저한《이 나라에 이런 사람들이》(기파랑, 2017), 또 한 권은 당신의 암송 시가詩歌를 엄선한 시선집《내 마음의 노래》(나남, 2019)였다. 특히 후자는 당신의 홈페이지에 매일매일 올리던 시사·세상 이야기 사이로 자주 인용했던 명시名詩들을 가려 모았다.

연장으로, 당신의 홈페이지에 올렸던 글을 다시 활용하고 구할 수 있는 관련 문헌을 보탠다면, '맹산 일대기' 또한 부마 정도의 선성일망정 언젠가 한 번쯤은 정리할 수 있지 않을까, 그런 생각이 불쑥 들었다. 당신이 온몸을 실어 피력했던 문행文行에서 가려 뽑는, 우리말 '부' 자 돌림인 부차副次 작업을 시도했다는 말이다.

당신에게 자서전은

맹산은 자서전이든 평전이든 당신의 일대에 대한 글 적기는 아마도 그 생각이 상반되고 이중적이었다. 자서전은 제 자랑이 되기 일쑤고, 사람 일대는 세월이 얼마 흐르지 않아 잊힐 터인데 굳이 적을 필요가 있겠느냐는 것이었다.

못난 사람들은 자서전을 쓴다. 자서전을 두 권, 세 권 쓰는 사람들도 있다. '남기고 싶은 이야기들'을 신문이나 잡지에 연재하는 이들도 적지 않다. 그런 글을 읽어 보면 대개 '남기지 않아도 될 이야기들'인 것을 깨닫고 쓴웃음을 짓게 된다. 대부분이 제 자랑에 지나지 않기 때문이다.(1)

이 대목은 누님 김옥길 총장도 마찬가지였다. 1980년대 초반, 수안보 시절의 화가 장욱진을 만나려고 종종 그곳에 걸음했을 적에, 나는 여중군자女中君子를 한번 뵙고 싶었다. 은퇴 후 벽촌에서 한거하는 일신이니, 모처럼 청하면 대면 인사를 올릴 수 있으리라 여겼다.

김 총장이 장욱진을 만나러 화실을 찾은 적이 있었다는 말에 더해 나의 직계 은사 이한빈[3] 교수와 얽힌 인연이 떠올랐다. 1979년 10·26 사태 뒤 시국수습을 위한 과도 내각에 입각 요청을 받았을 적에, 그는 "난국 수습에는 김옥길 총장도 꼭 함께해야겠다"고 제안했던 것. 그래서 당신은 경제

---

3 〔**편저자 주**〕 1950년대 전후 복구기에 미국 원조를 다룬 정부 예산통이었고, 재무부 차관과 스위스 대사를 거쳐 서울대 행정대학원장과 숭전대 총장, 아주대 학장을 역임했다. 1970년대 말 다시 출사하여 경제부총리를 지냈다. 1948년 건국 이후《대한민국을 가꾼 사람들》(한국사 시민강좌 제50집, 일조각, 2012) 33인 가운데 오직 한 사람 관료로 이름이 올랐다.

부총리로, 김 총장은 문교부 장관으로 입각했다는 이야기를 직접 들은 바 있기에, 더욱 존경하는 마음으로 뵙고 싶었다.

김 총장의 금란원은 충북 괴산군의 월악산 자락에 있었다. 과연 이한빈과 장욱진, 두 분 이름을 앞세워 무작정 찾았더니, 바로 만날 수 있었다. 존경한다는 말과 함께 큰일을 해낸 분이니 회고록 같은 것을 적어 주면 좋겠다는 말도 흘렸다. 김동길 식 어법의 대답이 돌아왔다.

"제 자랑만 있는 자서전 같은 글이 가치가 있나?"

나는 자서전을 길게 쓰거나 살아 있는 동안에 자기의 기념관을 준비하는 사람들을 못마땅하게 여깁니다. 그것이야말로 일종의 공해입니다. 앞으로 누가 그 자서전을 읽을 것이며, 누가 그 기념관에 들르겠습니까? 그럴 시간과 돈이 있으면, 그 돈을 가지고 그 시간에 친구들과 곰탕이라도 사서 함께 드세요.(2)

그래도 '문자의 사람'인데

정반대로, 당신은 만년에 세상 사람들과 생각을 나누던 홈페이지를 통해 '자서전'이란 제목 아래 한동안 스스로에 대해 길게 적었다. 두 양단 가운데 당신의 내심은 어느 쪽이었나.

내 추정은 후자에 대한 약간의 미련이 당신 진심이 아니었을까. 미련과 진심은 맹산도 잘 알았을 스위스의 문화사학자 부르크하르트[4]에 견줄 만

4 〔편저자 주〕 베를린대에서 유명 역사학자 랑케 밑에서 배웠다.

하지 않았을까. 그는 75세에 교직에서 은퇴하고는 자신의 장례식에 참석할 사람들 앞에서 읽히기를 바라며 짤막한 자서전을 썼다.

무엇보다 한국식으로 말하면 맹산은 당대 최일류 선비였고, 영국식으로 말하면 칼라일 같은 '문자의 사람man of letters'이었다. 산문과 시문·역사·철학 등 '문사철'에 두루 정통했음이 말해 주듯 글을 무척이나 사랑한 르네상스 사람이었다.

김동길을 칼라일에 비견할 만한 인물이라 여기는 입장에서 후자를 말하면 먼저 칼라일의 〈오늘Today〉이 천하 명시다. 시공時空의 제약 속에서 살아가는 인간에게, 시간은 오늘 하루만 실감된다면서[5] 하루를 영원처럼 열심히 살라는 권면勸勉의 뜻을 담았다.

보라 푸르른 새날이 밝아오누나
그대 생각하여라
이 하루를 헛되이 보낼 것인가

영원에서부터
이 새날은 탄생하여
영원 속으로
밤이 되면 다시 돌아가리니

---

5 〔편저자 주〕 '오늘'의 의미를 더 부연했다. "어제는 이미 과거 속에 묻혀 있고/ 미래는 아직 오지 않은 날이라네/ 우리가 살고 있는 날은 바로 오늘/ 우리가 사용할 수 있는 날은 오늘/ 우리가 소유할 수 있는 날은 오늘뿐/ 오늘을 사랑하라/ 오늘에 정성을 쏟아라/ 오늘 만나는 사람을 따뜻하게 대하라/ 오늘은 영원 속의 오늘/ 오늘처럼 중요한 날도 없다/ 오늘처럼 소중한 시간도 없다/ 오늘을 사랑하라/ 어제의 미련을 버려라/ 오지도 않은 내일을 걱정하지 말라/ 우리의 삶은 오늘의 연속이다/ 오늘이 30번 모여 한 달이 되고/ 오늘이 365번 모여 1년이 되고/ 오늘이 3만 번 모여 일생이 된다."

아무도 미리 보지 못한
이 새날은
너무나 빠르게
모든 이의 시야에서 영원히 사라지나니

보라 푸르른 새날이 밝아오누나
그대 생각하여라
이 하루를 헛되이 보낼 것인가

이 발상은 기실 동서양이 공통이다. "일일시호일日日是好日, Each and every day is my best day"(이 하루 매일 하루가 가장 좋은 날)은 동양 쪽 덕담으로 널리 알려져 있다.[6]

칼라일의 역사서 《프랑스 혁명사》는 천하 명저다. 우리가 살아가는 현대는 '근대화modernization 역사' 흐름 속에 있다. 근대화란 경제적으론 산업화, 공간적으론 도시화, 정치적으론 민주화, 문화적으론 세속화, 환경적으로 생태화가 나라와 상황에 따라 시차를 두고 층층이 누적되어 온 과정이다.

이 가운데 민주화는 프랑스 혁명(1789)이 기폭제였다. 이 역사성을 논파한 인물이 바로 칼라일이었다. 정치적 민주주의는 사상적으론 자유주의, 경제적으론 자본주의와 동반 성장했다.

---

6 〔편저자 주〕 당초 한국 개신교의 유명 사상가였던 다석 류영모(多夕 柳永模, 1890~1981)가 특히 좋아했던 시가 〈오늘〉이다. 이 시구를 들먹이며 다석은 "시간은 미리 준비가 있어야 그 시간을 잘 쓸 수 있다. 온 뒤에는 시간은 이미 가 버리고 없다"고 강조했다. 맹산의 스승 함석헌도 다석에게 배운 뒤 평생 이 시를 잊지 않았다고 하니, 김동길의 이 시 사랑은 그런 내리사랑이었다.

칼라일의 또 다른 대명사는 '의상衣裳철학'이다. 의상, 곧 옷매무새는 그 시대의 사회상이 담겨 있음을 살폈다.[7][(3)] 이 문사철의 통찰이야말로 두고두고 회자되는 칼라일의 인문학적 성취였다.

이 성취의 글귀엔 역시 영국 문필가 특유의 익살이 깔려 있다. 이를테면 그 어떤 것의 중요성을 말하면서 "봉사도 주목注目하지 않을 수 없는" 모순의 말로 표현했다.[8] 이 말은 중요성이 아주 높다는 뜻인지, 볼 수 없는 사람이 눈길을 주는 것은 헛짓이란 뜻인지 모호하기만 하다. 이렇게 앞뒤가 맞지 않는 말로 잠시 혼동을 주며, 옅은 웃음을 자아내는 필법이야말로 칼라일이 독자를 매료시키는 방식이던가.

미완성의 자서전

사연이 이러한즉, 김동길도 당신의 일대 이야기를 스스로 적지 않을 수 없다고 마음먹었던가. 내 짐작은 틀리지 않았다.

특히 당신은 홈페이지에 수상隨想을 매일 적어 내는 가운데 〈석양에 홀로 서서〉를 100회 연재했다. 그러나 그 연재를 마무리하려 할 때, 아직 더

7 〔편저자 주〕 세계적 패션지 〈보그〉 편집장 윈터(Anna Wintour, 1949~) 은퇴를 말하며, 그녀 공덕은 패션지가 사회적 메시지를 담는 플랫폼이 될 수 있음을 보여 주었다고 적었다. "패션은 단순한 옷이 아니다. 순간을 말하는 언어다." 이 말대로 언어는 사회성 그 자체다(〈동아일보〉, 2025. 7. 8). 현대 한국 1대 패션 디자이너 조세핀 조(1928~2018)도 그런 행적이었다〔안도현(2025), 《판탈롱 나팔바지 이야기》, 물개〕.

8 〔편저자 주〕 우리 하회탈춤 연희에서 경전經典 이름을 엉터리로 나열하는 대사가 나온다. "약방에 길경桔梗"에 "봉사에 안경眼鏡"이라며 모두 '경經' 자 돌림이라 우긴다.

쓸 말이 남아 있을 법하다고 나는 믿었다. 내 감각으로는 "이만하면 됐다"며 붓을 놓는 장면을 고대하고 있었다. 감각은 자의적이니 차치하더라도, 외형상으로는 비록 작은 소책자일지라도 한 권의 책이 될 만한 분량이 필요했는데, 거기에 한참 모자라게 보였기 때문이다. 그럼에도 끝맺겠다고 당사자가 서둘렀다

앞으로 열 장만 쓰면 나의 자서전은 끝내야 하는 절박한 사정이 되었다. 그것도 운명이라면 운명이 아닌가? 마음이 조급하여 내 인생의 결론부터 내두는 것이 상식이 아닐까 생각한다. 어떤 일본 사람이 인생을 단 한마디로 요약하였다고 한다. 그는 이렇게 말했다. "태어나서 결혼하고 고생하고 죽었다."(4)

나는 그 일본 사람보다 좀 길게 넉 줄로 요약했다.

이 세상에 태어나 고생만 하다
봄, 여름, 가을이 덧없이 가고
눈 나리는 셔울날
늙고 병들어 왔던 곳 찾아서 되돌아간다.

사실상 나의 자서전은 그 넉 줄이면 족하다. 그러나 나의 친구들이 내가 늘어놓는 횡설수설을 재미있다며 매일 기다린다고 하니, 이 바보가 계속 쓰고 또 쓰는 것이다. 이 글이 〈석양에 홀로 서서〉 91번째라고 한다. 앞으로 또 무슨 뚱딴지같은 소리를 해서 나머지 지면을 채우게 될지 모른다. 그래서 내 삶의 결론은 넉 줄로 여러분께 알리고, 홀가분한 기

분으로 나머지 인생을 살면서 글을 쓸 수 있으면 글을 쓰고, 말을 할 수 있으면 하겠다는 뜻이다.

90세 노인이 되었으니 할 말이 많을 것 같지만, 따지고 보면 할 말이 별로 없다. 나를 미워하던 사람은 나를 더 미워할 필요도 없고, 나를 사랑했던 사람들도 이제는 더 고민할 필요가 없을 것이다.

다른 기회에, 넉 줄보다는 길게 그럼에도 무척 짧은 이력을 적은 적이 있었다. "내가 이력서를 오늘 쓴다면 대략 이러한 내용이 될 것 같다."(5)

"나는 1928년 평안남도 맹산에서 면장 아들로 태어나, 다섯 살쯤 되었을 때 어머님의 손목을 붙잡고 누님, 형님과 함께 평양으로 이사해 고생스러운 도시생활을 시작했다. 거기서 유치원·국민학교·중고등학교를 마친 뒤 국민학교 교사가 되었고, 그 무렵 해방을 맞았다.

김일성의 포악한 정치를 경험했고, 견디다 못해 월남하여 연희대에 입학하여 영어와 역사를 공부했다. 6·25 전쟁 때는 국민병으로 소집되어 제주도 모슬포 신병훈련소에서 훈련을 받았다. 이후 도미 유학을 떠나 보스턴대에서 서양사를 전공하여 철학 박사학위를 받았다.

귀국 후 군사정권의 유신헌법·유신체제를 정면으로 반대하다 구속되어 재판을 받고 징역 15년, 자격정지 15년의 중형을 선고받았다. 안양교도소에서 복역하다 풀려난 뒤 〈조선일보〉 논설위원으로 5년간 일했다. 그리고 서울 강남(갑)에서 국회의원으로 출마, 당선되어 4년간 국록을 먹었고, 통일국민당 당대표도 지냈다.

정계를 은퇴한 뒤에는 강연과 저술로 세월을 보냈다. 내 이름으로 출판된 책이 100권이 넘지만 후세에 읽힐 만한 책은 단 한 권도 없다. 현재는 '목요강좌', '링컨아카데미', '장수클럽' 등의 모임으로 소일하고 있다."

나의 89년 인생을 요약하고 나니 기분이 홀가분하다. 앞으로 내 인생에 무슨 놀라운 일이 있겠는가. 다만 "경건하고 겸손한 마음natural piety"으로 하루하루 살다가 조용하게 떠나려 한다.

"아무와도 다투지 않고."

갑작스런 죽음

죽음은 누구에게나 갑작스럽다. 김동길도 결국 갑작스런 죽음을 맞았다. 자서전 완성을 지인들과 함께 확인할 틈조차 없었다.

이 지경에서 생전에 산발적으로 털어놓은 일대기 초고를 밑바탕으로 삼아, 일관된 하나 줄거리와 한 꼭지 이야기로 엮을 수 있지 않을까, 혼자 생각했다. 일단 생각을 실행해 보기로 마음먹었다. "소설보다는 전기가 역사에 가깝고 역사 이해에 도움이 된다"(6)고 하지 않았는가.

취합 자술의 주요 출처

무릇 글은 대상과 남을 이야기한다지만, 결국 알게 모르게 자신의 이야기가 되고 만다 했다. 김동길은 다양한 언론 가운데 LA의 한인방송Radio Korea을 통해 '김동길 칼럼'(〈안녕하십니까, 김동길입니다〉)을 방송했다.

한인들이 많이 몰려 살아서 '서울특별시 나성羅城구'라는 별칭의 로스앤젤레스의 미디어로 대부분 한국에서 발신했고, 잦은 해외여행 중에는 현지에서 말 녹음을 전송했다. 국내에서는 들을 수 없었지만, 1994년 3월 7일에 시작해 2014년 3월 7일까지 만 20년 동안, 주 5일간(월~금) 하루도 쉬지 않고 매일 방송되었다니, 그 말 언론의 집념은 알아주어야 한다(〈도판 1〉 참조).

아침 출근길에 라디오로 그 방송을 듣는 교포가 많았다. 하루에 10분씩이지만, 5,000번이면[9] 총 5만 분이 될 것이다. 67세의 '보통 노인'으로 시작한 이 방송을 87세의 '한심한 노인'이 된 오늘 끝냈다.(7)

그사이 글 언론으로 공식 홈페이지 〈자유의 파수꾼〉(일명 〈프리덤 워치〉, 약칭 〈파수꾼〉)을 시작해 만 10년(2008. 5. 1 ~ 2018. 4. 30), 이어 타계할 때까지 세는 연도로 5년(2018. 5. 1 ~ 2022. 2. 1)에 걸쳐서 〈석양에 홀로 서서〉(약칭 〈석양에〉)를 적은 이가 바로 맹산 김동길이었다.

---

9 〔편저자 주〕 주말도 쉬지 않았으니 1년 365일에 15년이면 5,475회가 집필된다. 1회에 3매를 적었다고 말했으니 어림잡아 1만 6,425매가 된다. 대하소설 대명사 〈토지〉는 소설가 박경리가 26년에 걸쳐 5부(책으로 20권 또는 21권)로 완성했다. 그 분량이 2백자 원고지로 2만 9,439장(김형국, 2022)이라 했다. 그 절반 분량의 김동길 시평 적기도 대하라 해야 하지 않을까.

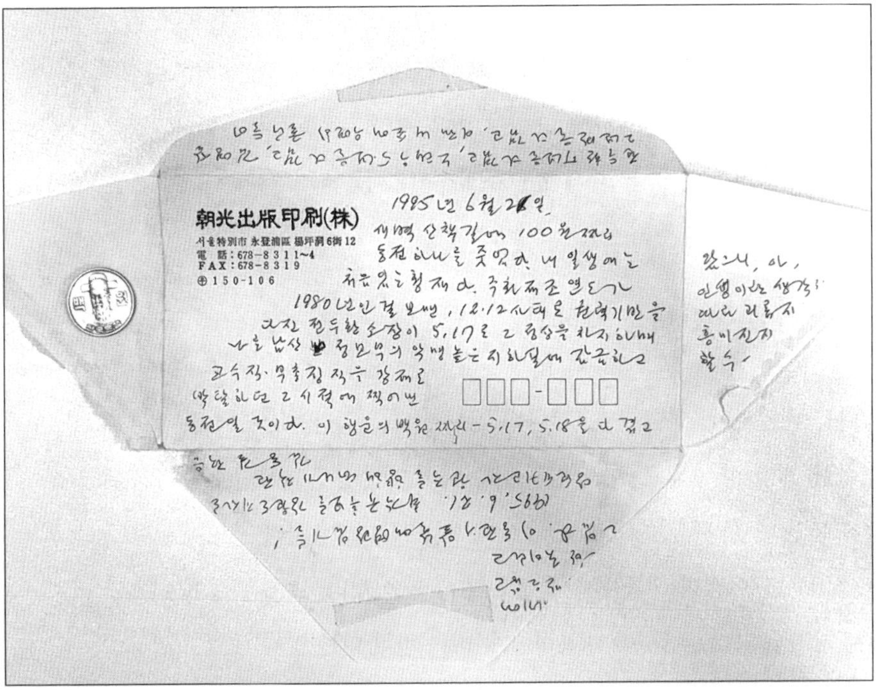

〈도판 1〉 글 마감에 대려는 강박 심리의 흔적, 하나(1995. 6. 21)
"새벽 산책길에 100원짜리 동전 하나를 주웠다. 내 일생에는 저음 있는 횡재나.
주화 제조연도가 1980년인 걸 보면, 12·12 사태로 권력기반을 다진 전두환 소장이
5·17로 그 정상을 차지하여 나를 남산 정보부의 악명 높은 지하실에 감금하고
교수직, 부총장직을 강제로 박탈하던 시절에 찍어 낸 동전일 것이다. 이 행운의
100원짜리, 5·17, 5·18을 다 겪고 전두환 7년을 다 겪고, 노태우 5년을 다 겪고,
김영삼 2년 반을 다 겪고, 이제 내 손에 우연히 굴러들어 왔으니,
아, 인생이란 생각하기에 따라 괴롭지만은 않고 흥미진진한 것이라고 할 수도 있다.
이 동전의 앞날에 영광 있기를!
1995년 6월 21일. 최각규 후보를 강원도 지사로 당선시키고자
원주를 향해 떠나기 직전, 김동길 적음."

그가 햇수로 장장 15년에 걸쳐 홈페이지에 적은 글을 주요 근거로 삼아, 김동길 이야기를 장차 적으려 한다. 더불어 이전에 책으로 엮었던 각종 단행본(1978; 1983; 2008; 2014; 2017; 2020)도 인용할 것이다. 또한, 인연이 닿아 2014년부터 하세할 때까지 직접 대면하는 사이로 들었던 일화는 물론이고, 당신 주관 세미나 참석, 일본·중국 등지를 찾은 수학여행 동행 중에 엿본 바도 글쓰기의 좋은 소재가 되었다.

글쓰기 시공간대를 말하면

나는 매일 아침 일어나면《날마다 빛으로*Daily Light*》라는 조그마한 책자에 실린 '일일 성서 몇 구절'을 먼저 읽고 나서 인터넷 홈페이지에 올리기 위해 짧은 글 한 편을 쓴다. 그 글을 쓰는 데 30분에서 1시간 정도가 걸린다.

노무현·이명박 대통령 시절에도 줄곧 글을 썼다. 그때는 글에 번호를 매기지 않았다. "이명박 대통령에게"라는 한 마디를 앞에 내걸고 한동안 썼지만, 이 대통령이 내 말을 전혀 들어주질 않았다. 할 수 없이 '○○○ 대통령에게'라는 말을 빼 버리고 '자유의 파수꾼'이라는 한 마디만 붙여 글을 썼다. 이 글이 벌써 2,617번째가 된다.

인터넷에 들어와 매일 내 글을 읽는 친구나 제자가 한 3,000명은 된다. 그들은 LA에도 있고, 뉴욕에도 있고, 스페인이나 스웨덴에도 있다. 공자님 제자는 산둥성山東省 일대에 한 3,000명쯤 되었다고 한다. 내 제자는 전 세계에 그만큼 널려 있으니, 너무 실패한 인생이라고만 생각하지 말고, 좀 웃으면서 살아야겠다고 스스로를 위로한다.(8)

그 글을 15년 동안 빠지지 않고 썼다니, 그 집념의 치열함을 무어라 말해야 좋을까. 일본 〈아사히신문〉의 '덴세이진고天聲人語'(하늘 소리·사람 말)를 10년간 집필했던 필자는 회고했다.

"하루같이 글을 다듬는 사이, 책상 밑의 발을 얹어 놓던 받침대 나무가 초승달처럼 휘어 있었다."

미국 언론의 자랑이던 〈뉴욕타임스〉의 레스턴 역시 말했다. "날마다 신문에 칼럼을 쓴다는 것은 대단한 일이 아니다. 그것은 자기의 피만 말리면 되는 일!"

〈파수꾼〉을 적는 사이 처음으로 탈이 났다. 노후 건강에 잠깐 감기가 들었다고나 할까.

매일 새벽 내가 쓰는 한 편의 글, 몇 마디면 되는 짧은 글 하나. 오늘 니가는 이 글이 3,032번째인데, 7시 20분이 되도록 쓰지 않고 있었으니! 6시쯤에는 반드시 나와야 하는 이 글을 이제야 쓴다. 큰일은 아니다. 그러나 과거에는 이런 일이 없었다. 오늘이 처음이다.

6시쯤이면 이 글을 찾는 가까운 사람들이 수수 있다. 그중에는 내 글을 읽고야 하루 일을 시작한다는 착한 제자도 있다. 이 글이 무슨 일로 제시간에 뜨지 않으면 걱정부터 한다. 혹시 노인에게 무슨 안 좋은 일이 생기지나 않았나 하고.(9)

교수 철가방도 내던지다니

자술을 편찬하는 편저자의 개인적 인연을 말하자면, 김동길이라는 이름은 민청학련 사건 당시 지상紙上에서 처음 만났다. 대단한 강기剛氣의 반골反骨임을 직감했고, 그만큼 인상 깊었다.

그 시절 편저자는 1973년 봄 미국 유학을 마치고 돌아온 뒤 유학 파견 대학이 내려 줄 인사 발령을 노심초사 고대하고 있었다. 하지만 차일피일 시간이 지체·지연되어 해를 넘기고 말았다. 그만큼 대학교수 자리가 날로 하늘처럼 보였다. 무슨 사회의식이 얼마나 강고하기에 그 자리를 박찰 각오로 반정부 행각에 나서는 교수가 있단 말인가.

한편, 당시 나라 경제가 성장 도약 단계를 시동한 상황에서, 1km 길이 터널을 만드는 공사라면, 그 일부, 이를테면 100m 완성은 사업적 성과라 할 수 없다는 논리의 연장으로, 그 이륙 탄력을 확실히 확보하겠다는 개발독재 발상도 "언뜻 일시적으로" 일리는 있지 않은가,[10] 그런 애매한 소시민적 생각도 없지 않았다. 아무튼 교수 자리를 박차고 나선 김동길의 인격에서 강한 인상을 받았다.

나중에 글로 얽힌 문자적 만남은 1984년으로 거슬러 올라간다. 내가 '뿌리깊은나무' 출판사 요청으로, 대학 학과의 특성을 살펴 고등학생의 대학 진학과 학과 선택에 도움이 되는 지침서(《대학에서 나는 무슨 공부를 하여 어떤 사람이 될까》, 1984)를 편저한 적 있었다.

그 책의 권두 논문("대학과 사람")의 집필자가 바로 김동길 교수였다. 책

---

10 〔편저자 주〕 "유신헌법도 불가피한 시대적 규범으로 받아들이는 체념의 분위기가 팽배했다"는 말이었다〔어니스트 바커(2024), 《영국》, 안경환 역, 한울, 2024, 19쪽〕.

에 수록된 산문들의 필자 선정은 내가 주도했지만, 중요한 머리 논문은 발행인이 직접 골랐다. 내가 맹산 김 교수와 직간접적 접촉 인연이 이전에 없기도 했지만, 1980년 5월 군부가 강제 폐간시킨 잡지와 같은 운명을 겪은, 사회의식 고수高手 김 교수를 동병상련의 정감으로 발행인 한창기가 직접 골랐다는 이야기를 나중에 들었다.

김동길 아호, 여럿

아무튼 이제 김동길 당신이 살아온 경과와 애환을, 마치 육성처럼 느껴지는 육필 문건을 통해 직접 읽는다.

글에서 김동길 교수 지칭은 실명과 더불어 아호도 함께 활용할 것이다. 여러 아호 가운데 산남山南은 '맹산군 원남면'을 말함이다. 긍재肯齋는 당신의 평생 스승 백낙준 총장이 링컨 연구가라는 뜻으로, 링컨의 한자 표기 林肯(임긍)에서 따와 '옳이 여길 긍肯, 집 재齋'이라 지어 준 것인데, 당신 나이 아흔 생일날(2018. 10. 2) "이제부터 사용하겠다" 했다.

그리고 '맹산'은 당신 고향 평안남도 맹산군의 지인합일地人合一 방식을 따르며, 문하생들이 즐겨 불렀던 아호다. 딱히 아호를 몰랐던 이들은 더러 그 고향 지명에서 바로 따와 '맹산 어른'이라 부르는 경우도 있었다. 그럴 만도 한 것이, 김동길이 스스로 색지色紙에 시구를 적어 놓곤 '맹산인孟山人'이라 낙관한 경우도 더러 볼 수 있었다.

나도 자주 '맹산'을 입에 올린 이유는 내 고향 마산과 돌림자 '산'이 같아 친근감이 느껴지기 때문이기도 했다. 관련하여 수학여행 버스 안에서 내가 '맹산 어른'이라 부른 것이 참 좋았다고 말한 노장도 있었다. 존경하는 어른을 '김동길 교수'라고 부르기엔 어딘지 미진한 듯해서 당신 아호인 '맹산'[11]을 근간으로 그렇게 부르는 게 경의를 담아 훨씬 자연스럽다고 여겼기 때문이라 했다.

아무튼 이 책의 대강을 자술한 이의 지칭은 실명과 함께 맹산, 긍재 또는 산남을 썼다. 편저자는 실명과 함께 왕래의 인연이 돈목했음의 방증인 양 맹산의 대구對句로 '마산'을 감히 그러나 어쩌다 소용少用해 보려 한다. 〈가고파〉 노래로 유명한 내 고향 마산은 19세기 말 개항 이후 전국적 유명 지방도시로 발전했으나, 그 이웃 진해시·창원시와 통합하는 과정에서 2010년 불시에 도시 이름이 구區 단위 지명으로 전락하고 말았다.

나를 아껴 주던 선배들이 격려차 지어 준 별호別號가 두엇 있지만, 문필가도 아닌 처지에 필명으로 이름을 대신해 본 적은 없다. 해서 이 책을 편저하는 동안 이름의 등장이 필요할 경우, 마산 지명 격하가 아쉬운 나머지, 실명과 함께 종종 '편저자' '엮은이', 또는 '마산'도 병용해 볼 참이다.

11 〔편저자 주〕 내가 '맹산'이라 부르는 바를 '盟山'(맹산)이라고 한자를 잘못 적는 후학도 있었다. 그 잘못이 이순신의 시 "산에 맹세하니 초목이 알더라盟山草木知"를 엉뚱하게 연상시켰다.

편찬의 말

편저의 출처는 편저자가 접근할 수 있었던 당신 홈페이지가 중심이었다. 2008년 시작한 〈자유의 파수꾼〉, 2018년 시작한 〈석양에 홀로 서서〉 연재였다. 전자는 이명박 대통령 취임 즈음 보수 정권 성공을 위한 제안이었다. 대對대통령 헌책이라 경어체로 적었다. 1년간 적어도 아무런 권부의 반응이 없자 일반 독자 대상 글로 바꾸었다. 경어체는 변함없었지만, 내가 이 글 인용에서 평어체로 고쳤다.

이 편저에서 편저자가 전심으로 매달린 대국大局은 "개인사는 사회사와 맞물린다"는 명제에 가장 적실한 경우가 김동길 일대라 통감痛感했기 때문이었다. 일제강점기·해방·분단·월남·6·25로 점철된 사회재난을 피부로 만난 뒤 고도성장의 그늘이던 유신 등 민주화 진통을 온몸으로 맞서 온 개인치고 우리 현대사에서 김동길만 한 인물을 또 보았던가.

제2장
뜻을 링컨에 두고

초등학생이 링컨을 읽다

초등학교에 들어가면 세상 이야기, 세상 사람 이야기를 듣기 시작한다. 어린 마음은 무엇보다 영웅담에 먼저 솔깃하다.

에이브러햄 링컨은 어린 김동길에게 영웅으로 박혔다. 소년 시절에 이미 대자아代自我, alter ego로 꽂혔다는 말이다. 그럴 만했음은 적빈 가정의 통나무집에서 자란 불우에도 불구하고 미합중국 대통령에 뽑혔던 극적劇的 일대가 감동이었다.

그때 미국은 바야흐로 흑인 노예 노동을 두고 찬반 두 토막이 났다. 결국 남북전쟁이 발발했고, 링컨은 대통령 권능으로 북군을 승리로 이끌었다. 노예해방 대업의 기틀을 마련하자마자 괴한의 흉탄을 맞아 암살된 희대의 비극은 어린 사람의 가슴에 깊고 긴 여운을 남겼다.

영웅의 비극을 슬퍼한 것도 잠시, 학년이 올라가 마침내 만난 링컨의 명연설은 어린 시절의 동경과 연민에 더해 믿음을 깊이 심어 주었다.

"인민의, 인민에 의한, 인민을 위한 국가는 불멸이다."

긍재가 링컨의 일화를 처음 만난 것은 초등학교 시절이었다. 그때 일본제국은 발흥기였지만 태평양전쟁 이전이라, 링컨 송가와 찬가는 아직 금기가 아니었다. 일본 식자층도 링컨을 흠모하고 존경한 나머지 자신들의 영웅도 즐겨 링컨에 비유했다. 메이지유신을 가능케 했던 삼걸三傑 중 한 명인 사이고 다카모리를 높이 세우며 "일본의 링컨"이라 일컬음도 그 때문이다.

선비 자격 링컨 박사증

일이 사람이다. 김동길의 일은 선비였다. 선비는 일차적으로 글을 읽고 쓰고 말하는 사람이다. 선비의 현대 일터는 대학이기 일쑤다. 그래서 반생에 걸쳐 줄곧 통용되던 명함이 '김동길 교수'였다. 현직을 떠난 뒤에도 종신 때까지 변치 않고 불리는 직종이 교수이며, 이를 필두로 목사, 장군, 대사 등도 평생 타이틀로 여기는 것이 우리 사회 관행이다.

대학 안팎은 교수 입신立身에서 대체로 박사학위를 기대한다. 박사학위는 독자적 연구 능력을 인정하는 신임장이다. 어린 날 링컨을 자신의 영웅으로 삼은 이는, 박사학위 논문 주제를 드디어 링컨 연구로 잡았다.

거기에 이르기까지 곡절이 있었다. 미국 건국 창시조創始祖 워싱턴에 이어 중시조中始祖라 할 이가 링컨인지라 그에 대한 미국민의 사랑은 깊고도 실로 광범위했다. 도시 이름, 거리 이름은 물론이고 장미꽃 이름에, 고급 차 이름까지 다양했다.

그만큼 링컨을 파고든 연구와 저술은 많고도 많았다. 단행본만 해도 7,000여 종에 이른다 했다. 학위논문 작성을 훈수하던 교수들이 링컨 주제에 대해 제동성 재고再考를 권고할 만도 했다. 박사학위 논문은 사계의 지식체계에 일점이라도 보탤 바가 있어야 정당화될 터인데, 링컨 탐색은 이미 차고 넘쳤으니 뭘 보탤 것인가, 의아했기 때문이다. 그럼에도 호의적인 지도교수를 만날 수 있었다.

유교 국가 출신으로서 분연히 확인한다. 공맹孔孟의 유교적 사고방식에 비추는 링컨 연구는 일찍이 축적된 바 없다는 점이었다. 또 동북아의 현대 중국에서 이미 링컨의 신념을 정치 강령으로 내걸기도 했다. 쑨원이 내건 민족주의·민권주의·민생주의의 삼민주의三民主義가 그것. 그렇게 김동길이 제안했던 논문 주제가 "동양적 해석의 링컨"이었다.[1]

미국 대학의 박사과정 관행대로 5인 심사위원 교수 앞에서 논문제출자격qualification 구술시험에 임했다. 학위 취득 여부를 결정하는 절체절명의 고비에 당도했던 것.[2] 결전을 앞둔 마음에서 일러해전 때 일본 연합함대 사령관 도고 헤이하치로가 휘하 장병에게 보냈다는 "황국의 흥망성쇠가 이 한 번의 전투에 달렸다"[3]던 비상한 메시시를 기억하며 당신도 분발을 다짐했다.(1)

---

1 〔편저자 주〕 자필 이력에 따르면 1971년, 보스턴대 대학원 과정 수료라 적었다. 수료 뒤 논문 제출까지는 최소 1년이 걸리는 미국 학제를 생각하면 논문을 제출하고 학위를 정식으로 받은 것은 1972년 또는 그 이후이겠다.

2 〔편저자 주〕 박사과정 교육이 체계화된 미국 대학에서 논문제출자격시험은 학생의 명운을 결정하는 고비다. 내가 학위과정을 마쳤던 곳은 그 구술시험 장소가 10층 건물 꼭대기 라운지였다. 미국 동료들에게 왜 이렇게 높다란 곳에서 구술시험을 치르는가 물었더니 낙방생이 뛰어내려서 죽기 좋게 만들었다고 우스갯소리를 흘리던 것이 기억난다.

3 〔편저자 주〕 블라디보스토크로 항행 중인 러시아 발틱함대를 조우하려고 진해만에서 대기했고, 대마도 해협을 거쳐 올라오는 적함과 맞서 출격했다. 이순신 사당에 승전을 빌었고, 적 함대를 맞아 이순신의 학익진鶴翼陣 전법을 응용한 '정丁' 자 전법, 일명 'T' 자 전법을 구사해서 30여 척 함대를 거의 전멸시켰다. 러시아 제국은 그렇게 망해 버렸다.

링컨 동양학 개념틀

박사학위 논문("Abraham Lincoln: An Oriental Interpretation")[4]에서 링컨의 정체를 확인하려는 유교적 발상법으로 김동길은 세 가지 개념을 동원한다.

1. 인仁, jen의 실천: 무엇보다 인의 실천이었다. 인을 실천하는 인격이 바로 선비다.
2. 군자君子, junji: 글을 읽고 쓰는 본분을 바탕으로 사회에 참여하며 인을 실천하는 선비를 일컬어 군자라 했다. 행실이 점잖고 어질며 덕과 학식이 높은 사람이다.

중국의 옛 경전에 따르면, '도덕으로 민심을 얻는 사람以道得民謂之儒'이 선비다. 글이나 읽고 행실이 얌전한 사람의 호칭이 선비가 아니다. 선비라는 호칭을 들으려면 학문과 도덕을 겸비해서 백성을 구제할 능력을 지녀야 한다는 뜻이다. 그리고 군자에게는 세 가지 도가 있는데 이를 행하기란 쉽지 않다. 첫째 어질어 근심하지 말아야 하고, 둘째 지혜로워 유혹받지 말아야 하며, 셋째 용감해서 두려워하지 말아야 한다君子道者三哉無能焉 仁者不憂 知者不惑 勇子不懼.

4 〔편저자 주〕 맹산이 직접 적은 이력에 따르면, 1971년 박사과정을 수료했다. 이는 박사학위 논문 제출 자격을 얻었다는 뜻이다. 이후 논문을 집필·제출하고 정식으로 학위를 취득하기까지는 인문사회 계열의 관행상 최소 1년이 소요된다. 이를 미루어 맹산이 학위를 취득한 시점은 1972년 또는 그 이후로 추정된다. 참고로 편저자의 경우 미국에서 과정 수료 후 논문 완성·제출까지 3년이 걸렸다.

3. 성인聖人, Oriental sage: 군자 중의 군자를 일컬어 성인이라 칭송한다. 공자, 맹자, 주자 등 '자子' 돌림이 동양문화권의 성인 군群이다.

링컨이 바로 그런 '성인'이라 살핌이 김동길 박사학위 논문의 논점이었다. 공자는, 어떤 사람이 성인인가 묻는다면 대표적으로 "눈앞에 이익을 보았을 때는 옳은지를 먼저 생각함見利思義"이라 적고 있다. 연장으로 "나라에 위기가 닥쳤을 때는 목숨을 바침見危授命"이겠는데, 안중근은 이를 착안·실행했던 당신의 높은 뜻을 유묵으로도 남겼다.

공자를 잇는 맹자는 군자의 길을 구체적으로 말했다. 현장성 있는 문답인데, 김동길이 즐겨 인용할 만했다.

맹자가 양혜왕을 만났다. 왕이 이렇게 물었다.

"선생께서는 천리 길을 멀다 아니하시고 찾아 주셨는데, 우리나라를 이롭게 할 수 있는 무슨 방안이 있습니까?"

그 말을 듣고 맹자는 대뜸 이렇게 응수했다.

"임금님께서는 하필이면 이익을 운운하십니까. 나라를 다스림에 있어서는 오로지 '인'과 '의'가 있을 뿐입니다."

맹자의 소신은 국가 통치의 기본 이념은 '사랑'과 '정의'여야 하며, 결코 '이익'을 도모하는 일이 되어서는 안 된다는 것이었다. 기원전 4세기에 태어난 맹자의 가르침이 2,400년이 지난 오늘도 모든 정치인들의 좌우명이 돼야 마땅하다고 믿는다.

맹자의 논리는 이렇다. "만일 왕이 먼저 국익을 운운하면, 그 밑의 대부는 자기 가문의 이로운 일을 도모하고, 서민들은 자기에게 이로운 일만을 찾게 된다. 위아래가 이익 때문에 서로 싸우면 나라가 위태롭게 될 수밖에 없다"는 주장이다. 21세기를 사는 우리가 들어도 타당하고 적절한 가르침이다.

왜 오늘 한국인들이 국가적 위기를 직감하게 되는가 하면, 위에 있는 자나 아래 있는 자나 모두 자기에게 유익하고 유리한 일만 찾아 혈안이 되어 뛰고 있으니 이러다간 나라가 망할 것 같은 예감에 사로잡히기 때문이다.(2)

제3장
지성이 희구한 자유 가치

《논어》 어법으로 말하면,[1] 앞서 말했듯 링컨에 뜻을 품었던 것은 "학문에 뜻을 두는" 10대 김동길의 '지학志學'이었고, 유신 반대 전사가 된 것은 자신의 정체성을 확인하는 '이립而立'이었다. 유신 반대는 자유주의에 대한 확신의 발현이었으니, 그 행동노선은 "진성한 사유는 지성적이다"는 말을 들었던 현대 미국의 대표적 자유주의자 에릭 호퍼와 한 가닥이다.

사람이 스스로 향상할 수 있는 능력이 없을 때 자유는 거추장스러운 짐이다. 좌절한 사람들에게는 책임에서 자유로워지는 것이 제한에서 자유로워지는 것보다 훨씬 매력적이다. 그들은 의사표현, 결정, 불가피한 실패에 대한 책임 등과 같은 부담에서 벗어나기 위해, 자신의 독립성을 흔쾌히 맞바꾼다. 그들은 계획하고 명령하고 책임지기 좋아하는 사람들에게 자기 인생의 통제권을 주저 없이 줘 버린다.(1)

---

1 〔편저자 주〕 "공자 말인즉, 나는 열다섯 살에 학문에 뜻을 두었고 서른 살에 자립하였으며, 마흔 살에 미혹되지 않았고子曰 吾十有五而志於學, 三十而立, 四十而不惑 … ."

나 김동길은 학생 시절에 당시 문교부 장관이던 안호상을 상대로 학도호국단 문제로 크게 다툰 일이 있었다. 학원에 조직하라고 시달된 학도호국단이 히틀러의 나치당이 만든 청소년 조직 '유겐트'에서 배운 것 아니냐고 나는 대들었다. 이런 뚜렷한 주장을 서슴없이 피력한 덕분에, 나는 대학 3학년 때 요즘 말로 하면 '총학생회장'으로 선출될 수 있었다.

유신체제 비판

국가를 경영하는 대통령 박정희가 유신헌법을 선포하고 유신체제를 시행해야 할 만한 그 어떤 명분이 있었을 것이다. 그러나 유신헌법을 선포하면서 "유신헌법은 찬성할 자유는 있지만, 반대할 자유는 없다"라고 한 것이 내겐 화근이었다. 그 한 줄의 단서만 없었어도 나는 박정희에게 전면적으로 도전하지는 않았을 것이다. 그러나 젊은 후배들에게 자유민주주의를 가르칠 책임을 지고 있던 나로서는, 그것은 절대 용서할 수 없는 단서였다.

유신헌법 시행과 아울러 선포된 포고령에는 "유신헌법에 반대하는 자는 15년 이하의 징역에 처한다"라는 조항이 들어 있었다. 그런 것들을 면밀히 검토하고 난 후에 나는 유신헌법에 도전하려는 계획을 세웠다.

'민청학련 사건' 연루

나는 학생들 앞에서 유신헌법은 민주적 헌법이 아니라고 강의할 수밖에 없었다. 그 사실은 곧 당국에 보고되었다. 나는 단 한 번도 학생들을 향하여 "일어나라"라고 외친 일이 전혀 없었다. 그런 발언을 하면 내란선동죄에 걸리기 때문에 나 혼자 구속될 각오를 단단히 하고 박정희를 향해 단도직입적으로 나는 감옥에 가겠다고 호언장담을 했다.

아니나 다를까. 전국민주청년학생총연맹(약칭 민청학련) 사건에 연루되었다. 사건은 유신반대 운동의 기폭제였다. 오래전 일이지만 회고할 가치가 넘친다. 박정희 정권의 종말을 가져온 단초였다.

1973년 10월 2일 서울대 문리과 대학생들이 유신체제에서 반독재 민주화 시위를 벌인 것을 시발로 시위가 전국 각 대학으로 확산했다. 그해 12월 24일, 나와 함석헌·장준하 등 재야 민주인사가 유신헌법 철폐를 촉구하는 100만인 서명운동을 전개했다.

이에 박정희는 1974년 1월 8일 대통령긴급조치(약칭 '긴급조치') 제1, 2호를 선포했다.[2] 제1호는 유신헌법에 대한 반대와 개헌 논의 금지,

---

2 〔**편저자 주**〕 대통령긴급조치란 1972년에 개헌한 유신헌법 53조에 규정된 '헌법상의 국민의 자유와 권리를 정지시킬 수 있었던 특별조치로, 1974년 1월 8일 제1호를 시작으로 1975년 5월 13일 제9호까지 공표되었다. 특히 제9호는 "헌법을 부정·반대·왜곡하거나 그 개정 또는 폐지를 주장·선동하는 행위", "학생의 집회·시위·정치 관여 행위" 등을 처벌하도록 규정하고, 위반자는 영장 없이 체포·구금·압수·수색할 수 있도록 한 오로지 박정희 정권 유지를 위한 초악법의 조치였다. 1979년 10월 26일, 박정희 피살로 사문화됐고, 1980년 10월 27일 헌법 개정으로 폐기 처분되었다. 운동권은 긴급조치를 '긴조'라 줄여 말하곤 했다〔김춘복(2025), 《알퐁소와 긴조 9호》, 두엄 참조〕.

제2호는 비상보통군법회의 설치에 대한 내용이었다. 국민의 정당한 주권행사를 금지하고, 평시인데도 군사재판소를 설치해 거기서 민간인을 재판하려 했다.

1974년 4월 3일, 민청학련 사건에 대한 정부 발표가 있었다. 학생과 재야인사들이 정부를 전복하고 노농勞農정권을 수립하는 것을 목표로 국가변란을 기도했다는 것. 무려 253명을 구속한 정부는 동시에 긴급조치 제4호를 선포해 민청학련 관련자들을 비상보통군법회의에 넘겼다.

당시 김지하 등의 변론을 맡은 이른바 인권변호사의 선봉이 강신옥 변호사였다. 그해 7월 9일, 최후변론 시간이 왔다. 변호사는 법정에서 "유신헌법은 비민주적인 악법이다. 지금 나의 심정은 피고인석에 있는 저들과 함께 서서 재판을 받고 싶을 정도"라고 했다. 폭탄선언이었다. 재판부는 곧장 휴정을 결정했다. 변호사는 그날 밤 남산으로 연행됐고, 법정모독죄 등으로 구속됐다.

미국 〈뉴욕타임스〉는 "'변호사가 법정에서 구속된' 천하에 금시초문인 변괴가 났다"며 사건이 일어나고 열흘 뒤 7월 19일 자 1면에서 대서특필했다. 강신옥도 나중에 옥중에서 집필한 항소이유서에서 바로 그 점을 꼬집었다. "동서양 어디서나 변론 자체가 법률상 문제되어 유죄판결을 받는 일은 없다. 역사가 있고 난 뒤, 오늘까지 변론 그 자체가 범죄행위가 된 예도 없는 것으로 알고 있다."

재야인사 구속

나는 이미 여러 번 중앙정보부 남산 지하실 신세를 진 경험이 있었기 때문에 반정부 언행의 결심과 결행은 그렇게 힘든 일이 아니었다. 수사 기관은 나를 붙잡아 우선 서빙고에 있는 악명 높은 대공분실로 연행하여 한 일주일쯤 감금하고 심문을 계속했다. 하지만 죄목은 뚜렷하게 만들어 내지 못하였다.

나는 일본 사람이나 러시아 사람에게 취조를 받은 적은 한 번도 없다. 서빙고 대공분실에는 한국군의 정보 요원과 문관들이 자리 잡고 있었기 때문에 동족이 동족의 손에 우리말로 심문을 당하는 것은 매우 쉬운 일이라는 느낌이 들었다.

조사관들 중에는 북에서 38선을 넘어왔다는 사람도 있었다. 그는 특별히 호감은 가지고 나를 대했다. 한번은 그가 내 귀에 대고 이렇게 말했다.

"교수님, 별 죄가 없다는 것을 알고 있는데도 청와대에서는 묶어 넣으라고 야단이니 저도 답답합니다."

그 말에 나는 큰 위로를 받았다.

내가 어느 날 밤에 지프차에 실려 서대문구치소로 이송되었을 때, 그 친구가 매우 섭섭한 표정을 지으며 그 광경을 지켜보고 있었다. 그 조사관이 할 수 있는 일은 아무것도 없었기 때문이었을 것이다.

왜 그렇게 한밤중에 호송을 하느냐면, 얼굴이 알려진 사람은 백주에 끌고 다니면 좋지 않은 소문이 날 것을 우려해서, 아무도 모르게 감옥에 처넣는 것이라 한다.

감옥에 갈 각오는 이미 되어 있었기 때문에 나는 그 모든 절차가 조금도 두렵지 않았고 거북하지도 않았다. 그러나 서대문구치소에 도착해서는 한 가지 당황스러운 일이 있었는데, 그것은 결코 나의 책임이 아니었다.

내가 당황했다기보다도 교도관이 당황한 것은 나의 거구를 감쌀 수 있는 죄수복이 없다는 것이었다. 궁리 끝에 미국 군인이 잡혀 왔을 때 입히는 큰 죄수복이 어디 있는지 아는 자가 있다면서 옷 한 벌을 구해 왔다. 내게 미국 군인용 죄수복을 입히더니 교도관은 나를 감방으로 데려갔다. 그리고 한 평쯤 되는 독방에 나를 들여보내고 덜컥 문을 잠가 버렸다.

나는 이곳에 갇혀서 마음대로 나갈 수 없는 몸이 된 것이다. 시간은 거의 10시가 다 된 것 같았는데, 전등불은 꺼지지 않고 밤새도록 감방을 비추고 있었다. 감방 벽을 살펴보니, 먼저 그곳에 머물렀던 '죄수'가 〈샘터〉라는 잡지에서 뜯어낸 종이 한 장이 붙어 있었다. 그것을 유심히 들여다보니, 도산 안창호의 말이었다.

"진리는 반드시 따르는 자가 있고, 정의는 반드시 이루는 날이 있다."

한 장의 종이에 적혀 있는 도산의 그 한마디가 나에게 큰 용기를 주었다. 나보다 먼저 그 감방에 갇혀 있던 어느 젊은 친구가 〈샘터〉 잡지에서 읽은 그 말에 감동하여 벽에 붙여 놓은 것이 분명하였다. 그 젊은이의 간절한 마음이 나에게 그대로 전달되었다. 나도 그 한마디를 생각하며 밤새도록 밝히고 있는 그 전등불 밑에서도 매우 편안하게 잠을 잘 수 있었다.

한밤을 편안하게 자고 일어나 앉아 있는데 아침 식사가 배급되었다. 밥과 국을 감방마다 나누어 주는 어린 죄수들은 대부분 소매치기 출신이라 했다. 그 아이들의 손놀림이 빠르니 그들에게 급식 일을 시키는 모양이었다. 식사는 찍어서 나오는 이른바 '가다型밥' 한 그릇과 국 한 그릇뿐이었다.

그 국을 맛보니 시래깃국인데 소금 맛뿐이었다. 그것을 한 수저 떠먹으며 나는 나 자신에게 타일렀다.

"잘 먹어야 한다. 아직 재판은 받지 않은 몸이지만 얼마 동안 이곳에서 지내게 될지 모르니 먹을 수 있는 만큼 잘 먹어야 견딜 것 아닌가."

나는 사명감을 가지고 밥 한 그릇, 국 한 그릇을 거뜬히 해치웠다.

처음이 아니시군요

식사를 끝내고 조용히 앉아 있는데, 좀 전에 급식을 하던 그 소년 죄수가 음식을 넣어 주는 식구통으로 방을 들여다보았다. 어젯밤에 들어온 '손님'인데 깨끗하게 음식을 다 비운 것을 보고, 내 얼굴을 쳐다보면서 요놈이 "처음이 아니시군요?"라고 하는 게 아닌가! 그 말을 듣고 어이가 없었지만, "그래, 처음이 아니다"라고 대답할 수밖에 없었다.

대개 처음 감옥에 들어온 사람은 며칠 동안 식사를 전혀 하지 못한다고 한다. 그런데 나는 그걸 꾸역꾸역 다 먹고 아이에게 그런 모욕적인 말 한 마디를 들었다. 어찌 생각하면 모욕이 아니라 자기와 똑같은 '죄수'라는 동류의식에서 비롯된 표현이었을지도 모른다.

9사舍 상上 18 방주인

무슨 사연이 있었는지는 모르겠으나, 하룻밤을 자고 일어난 그다음 날 나는 그 방에서 상上(2층) 18방으로 옮기게 되었다. 18방에서 여러 날 묵었다. 방의 크기는 비슷하지만 한 가지 다른 것은 거기엔 변기통이 방 안에 있었다. 대소변을 방 안에서 다 처리해야 했다.

감방의 규례는 매우 엄격해서 취침 시간이 되면 누구나 누워서 잠을 자야 한다. 기상 시간이면 일어나야 하고, 취침 시간이 되기 전에는 잠을 자서도 안 된다. 처음에는 읽을 책도 없어서 단지 앉아서 명상에 잠길 수밖에 없었다.

일주일에 한 번씩 변기통을 비울 때가 되면 가관이었다. 교도관이 각 방마다 각자 변기통을 들고 나와 그것을 처리할 목적지까지 들고 가게 했다. 그런데 대학교수가 갇혀 있는 감방의 변기통이어서 좀 우대하는 것인지 다른 젊은이를 불러 나 대신 그걸 가져다 버리라고 명령했다. 변기통을 나르다가 흔들려서 내용물이 튀기도 하고, 흘리기도 하여서 그 날이 되면 교도소 안팎이 야단법석이었다.

그러나 밥은 때맞추어 제대로 주고, 잠도 제때 재우고, 교통사고 우려도 없고, 테러당할 걱정도 없는 곳이 교도소라는 것을 알아 둘 필요가 있다. 사람이 사는 세상이라면, 어디라도 사람이 살 수 있다는 확신을 가지게 된 것도 구치소의 그 경험으로부터 터득한 사실이다.

반정부 운동을 안 했으면 총장이 될 분

구치소나 교도소에는 아무리 관직이 높은 사람도 마음대로 드나들지 못한다. 하지만 중앙정보부의 국장급이나 법무부 장차관은 마음대로 드나들 수 있다고 들었다.

하루는 내 감방에 정보부 6국장 자리에 있었던 이용택이 찾아왔다. 그 사람은 공안수사 책임자로, 그 시대에 막강한 힘을 지니고 있었던 사람이었다. 그는 나를 거기서 만나더니 불쾌한 표정을 지으면서 한마디 했다.

"아니, 왜 여기에 와 계십니까? 우리는 김 교수가 반정부 운동만 하지 않으시면 연세대 총장이 될 분으로 알고 있었는데, 이게 뭡니까?"

그 말을 들은 나는 그저 웃고만 앉아 있었다. 사실 내가 하고 싶었던 말은 "우리의 신세가 바뀌어야 하는 것 아니냐? 당신이 이 안에 들어와 있고, 내가 당신을 위문하러 와야 하는 것 아니냐?"였으나, 속으로만 그런 생각을 하면서 아무 말도 하지 않고 묵묵히 앉아 있었다. 무더운 여름날이었다.

15년 실형 언도를 받고 안양교도소로 이감되고 풀려난 후에 이용택과 나는 가까이 지냈다고 할 수 있다. 그는 여러 방면으로 재주가 비상한 사람이어서 중앙정보부를 떠난 후에는 정치에 입문하여 국회의원으로도 활동하였다. 국회의원이 되어서는 항상 민주주의만 부르짖었다.(2)

징역 15년, 자격정지 15년

법원의 1심 판결을 받기 위해 나는 여러 번 끌려 다녀야 했다. 1심 공판에서 형기가 언도되었다. 징역 15년에 자격정지 15년이었다. 무보수로 내 사건을 담당했던 재판 변호인은 한승헌 변호사였다. 그는 유능하고 똑똑한 사람이어서 변호를 여간 잘하는 것이 아니었다. 하지만, 검사의 구형대로 형기가 확정되었으니 똑똑한 변호사도 별수 없었다.

검사의 구형대로 형벌이 떨어지는 것을 "들었다 놨다"라고 한다. 나의 경우가 바로 그런 경우였다. 나는 법정에서 아예 항소 포기를 선언하고[3] 다시 구치소로 돌아왔다. 일주일 사이에 항소를 하지 않으면 1심의 형이 확정되는 것이 형법이라 들었다.

나는 어느 날 교도소 호송차를 타고 15년 징역을 살기 위해 안양교도소로 가고 있었다. 그날 같은 교도소 호송차 안에 김지하 시인도 타고 있었다. 그 사람을 영등포교도소에서 내려놓고 나머지 죄수들은 안양이나 그 밖에 다른 교도소로 이감하게 되어 있었다.

그날은, 10월 1일, 국군의 날을 며칠 앞두고 여의도에서 그 행사를 위한 준비가 한창이었다. 호송차는 여의도 광장을 거쳐야 영등포교도소에 갈 수 있었다. 그날 내 옆에 앉아 있던 그 사람 김지하가 그 자리에서 나를 보고 건넨 그 한마디는 영원히 내 가슴속에 살아남았다.(3)

"선생님, 선생님의 수갑을 찬 두 손과 저기 있는 탱크를 동시에 사진

---

3 〔편저자 주〕 2018년 10월 2일, 91세 생일잔치 때의 회고담이다. 이어서 당신은 박정희 때문에 유명 교수가 되었다 했고, 나중에 그가 한국 경제 발전에 끼친 공로를 적극 평가하는 사람이 되었다.

으로 찍고 '자유주의자와 군국주의자의 최단 거리'라는 제목을 붙이면 멋있는 작품이 되겠습니다."

그 말이 매우 재치 있는 한마디인 것도 사실이었지만, 군국주의를 반대했기 때문에 감옥을 갈 수밖에 없었던 우리의 신세를 한탄하는 말인 듯했다. 우리는 왜 그런 고생을 해야만 하는지 알다가도 모를 일이었다.

김지하는 정보부원들에게 조사를 받으면서 황당한 심문을 많이 당했다. 그 가운데는 김지하가 국가를 전복한 후에 단행할 조각을 이미 끝냈다는 협박 비슷한 불호령도 들었다. "국무총리는 누굴 시킬 것이냐?"라고 묻는 바람에 갑자기 할 말이 없어서 "김동길 교수가 어떻습니까?"라고 대꾸한 일도 있었다.

그 시인이 어떤 인물들을 등용하여 조각을 완료했는지는 모르지만, 그때 우리가 살던 세상은 그런 한심한 세상이었다. 시인이나 대학교수가 그렇게도 할 일이 없어서 국가를 전복할 엄청난 계획을 세웠겠는가?

재판을 받기 전, 검사가 교도소로 나를 찾아와 조서를 꾸미면서 그런 이야기를 늘어놓기에 나는 그런 뜻이 전혀 없다고 분명히 말을 했다. 그 검사는 "재판에 가서 뒤집으면 됩니다"라고 엉뚱한 소리를 하며 슬쩍 넘어갔다.(4)

그래서 생각했다. 사육신, 특히 성삼문이 국문을 받을 때 살을 달구던 인두가 식었다고 더 달구어 오라고 일갈했다. 세조의 불의를 숨어서 지켜볼 수밖에 없었던 백성들에게 그 기개가 얼마나 힘이 되었겠는가.

나도 유신에 저항하는 몸짓을 보였다고 구속되어 재판에 회부되어 15년 징역에 자격정지 15년의 형을 선고받았다. 갇혀 있던 감옥의 간수들까지 항소해야 한다고 조언했다. 그러나 풀려나 보았자 다시 감옥에 끌려올 처지라서 항소를 포기했다. 유신에 반대하는 국민들의 마음속에 한줄기 단비가 된 게 아니겠는가.

안양교도소 감방살이

내가 안양교도소에 도착했을 때만 해도 무더위가 어느 정도 남아 있었다. 나는 서울 구치소에서보다는 좀 넓은 독방에 배정되어 무더위 속에서 며칠을 보냈다. 감방 창문 밖에는 어느덧 코스모스가 피기 시작했다. 쓸쓸한 가을이 찾아오고 있는 것이었다.

가을이 접어들어 햇살이 그리운 계절이 되었다. 감방의 마루가 나무판때기로 되어 있었는데 어쩐 일인지 방 한구석에 조금 파여 있는 홈이 하나 있었다. 어느 날 아침 식사를 끝내고 보니 엎지른 약간의 물이 그 파인 홈에 고여 있었다. 그런데 불행하게도 파리 한 마리가 날아와서 그 고인 물에 빠지게 되었다. 이놈이 자세를 바로잡아 다시 날아가 보려고 안간힘을 쓰며 온갖 고생을 하기 시작하였다.

나는 물끄러미 그 파리 한 마리의 신세를 관찰하면서, '네가 다시 자세를 바로잡고 날아갈 수 있으면 조국의 자유민주주의는 가능할 것이고, 네가 만일 거기에서 못 벗어나서 날지 못하면 우리나라의 민주주의는 장담할 수 없을 것이다'라는 생각을 하며 한참 동안 그 파리를 주시하고 있었다.

그 가련한 파리가 하도 오랫동안 바동거리고 있어서 처음에는 희망이 없다는 생각이 들었다. 하지만 어느 순간 그 파리가 빨딱 몸을 뒤집어 날개의 물을 떨치며 날아가는 모습을 보고 나는 회심의 미소를 지었다. '민주주의가 승리할 터이니 두고 봐라!' 내 가슴속에 그런 뜨거운 신념이 용솟음쳐 올라왔다.(5)

청년죄수 지도교수

나만 안양교도소에 수감되어 있었던 것이 아니다. 유신체제를 반대하여 시위에 가담했던 열성분자 학생들이 상당히 많이 잡혀 와 있었다. 모두 혈기왕성한 젊은이들이어서 교도관들에 대해 불평불만이 많았을 것이다. 사사건건 교도소 당국의 처사에 항의하거나 야단스럽게 굴어서 교도소 당국도 매우 난감한 처지에 놓이게 되었다.

독방에 있던 내가 그들에게 메시지를 보냈다.

"교도관들을 괴롭히는 것은 너희들이 할 일이 아니다. 너희가 단식투쟁을 하거나 그와 유사한 과격한 행동을 하면, 주어진 직무를 수행해야 하는 교도관들을 매우 난처하게 만든다. 너희들이 반대하는 궁극적 목적은 군사 독재를 감행한 대통령 박정희일 뿐이다. 어쩌자고 교도소장, 보안과장, 교도관들의 입장을 어렵게 만드는 행동을 하는가? 그 상대가 누구이든 투쟁의 대상으로 삼는 것은 어리석은 일이다. 너희가 맞서서 싸워야 할 사람은 오직 한 사람뿐이다."

내 당부는 다소간의 효과가 있어서 학생들의 극한투쟁은 더 이상 계속되지 않았다. 그러자 교도소 당국이 그 학생들을 모두 한방에 합방할 터이니 나더러 그 큰 감방으로 옮겨가서 지도교수가 되어 달라는 부탁 아닌 부탁을 해왔다. 같은 죄수지만, 교수 죄수의 입장은 좀 다르다는 느낌이 들었다.(6)

민립대학 총장

큰 방으로 옮겨가 나는 학생들과 숙식을 같이하며 '감방의 교수'가 되었다. 그곳에서 세계사도 강의하고, 영시도 가르치고, 일요일이 되면 예배도 같이 드리며 피차에 상상하기 어려운 특이한 생활을 시작하게 됐다.

그런 생활을 여러 날 계속하게 되니 불평불만을 털어놓는 학생은 없어졌다. 서울 상대에 다니다 붙잡혀 온 김병곤은 "선생님, 이 대학이 바로 우리 선배들이 일제 때 세우려다가 실패한 민립대학이군요"라고 말했다. 1920년대 초 일제의 식민지 우민화 교육에 맞서 우리 민족의 손으로 대학을 세우려던 민립대학 설립운동은 일본 군국주의자들의 방해로 실패했다.

해도 1974년 안양교도소 안에 설립된 민립대학의 학생은 모두가 '국비 장학생'들이었다. 등록금은 한 푼도 내지 않고, 교도소 당국에서 옷도 입혀 주고, 밥도 먹여 주고, 잠자리도 마련해 주니 더 바랄 것이 없는 좋은 대학이 아닌가? 학생들 중에는 서울대를 갓 졸업한 사람들도, 숭전대를 오래전에 졸업한 사람도 있었다. 그 외에는 연세대, 고려대, 외국어대, 전남대 학생들이었다.

그렇게 숙식을 같이하는 학생과 교수 사이가 되었으니 얼마나 훌륭한 인연인가? 일요일이면 교도관들의 간곡한 만류에도 불구하고, 그 감방에서 우렁차게 찬송가를 부르는 소리가 드넓은 교도소에 울려 퍼졌다. 인생이란 참으로 알다가도 모르는 것이다.

엄동설한에도

세월은 더디게 가도 계절은 바뀌고 있었다. 이화여자대학교 총장이었던 나의 누님은 법이 허락하는 한도 내에서 안양교도소로 나를 자주 면회 왔다. 올 때마다 과일, 사탕, 과자, 계란 등을 많이 사 가지고 와서 나에게 전해 주었다. 덕분에 우리 감방은 언제나 먹을거리가 넉넉했다.

어느 지방 대학을 다니던 한 가난한 학생은 그의 일생에 우리 감방에서처럼 잘 먹어 본 적이 없었다고 고백하였다. 매일 날계란을 먹을 수 있었고, 사탕도 마음대로 먹고도 남아서 대학생 죄수들에게 다른 감방에도 나누어 주라고 내가 부탁했다. 나는 나이로 보나 경력으로 보나 '좌장'으로 군림하며 '좌장' 대접을 받을 수밖에 없었나.

방마다 먹을 것을 나누어 주고 돌아온 그 학생이 나를 보고 이렇게 말했다. "분배가 어렵다는 것을 예전엔 미처 몰랐어요. 저마다 더 달라고 하니 나눠 주는 일이 여간 어렵지 않습니다."

이런 일도 있었다. 교도소 의무실에서 근무하는 이인수라는 사람은 반혁명 사건의 주모자로 사형을 언도받았는데, 감형되어 20년의 징역살이를 하게 되었다는 것. 물론, 그는 계급을 다 박탈당했지만 재판받기 전에는 대령이었다고 들었다.(7)

안양교도소 안에서도 그는 '이 대령'으로 통했다. 그는 취조를 받으면서 매를 많이 맞아서 재판장에 나올 때에는 업혀서 출두했다는 말도 들었다. 그는 우리 감방에 관심이 많았기 때문에 자주 찾아오곤 했다.

내가 우리 방에 같이 갇혀 있던 학생 죄수들을 모두 불러 놓고 좌장답게 명령했다. "내 말 잘 들어라. 이 대령은 그런 일만 아니었으면 별을 두서너 개는 달았을 터인데 아직도 대령이라니 말이 되지 않는다. 내가 너희들이 있는 앞에서 준장으로 진급시킬 터이니, 이제부터 이 장군이라고 불러라." 그날부터 이 대령이 이 장군이 된 것이다. 비록 봉급은 오르지 못했지만, 인격만은 제자리를 찾은 셈이었다.

엄동설한嚴冬雪寒에도 감방에는 난방 시설이라고는 전혀 없었다. 독방에 살라고 했으면 겨울나기가 더 어려웠을 터였다. 여럿이 모여 지내니 체온의 열기 덕으로 아침에 일어나면 비닐로 덮은 창문에 물이 줄줄 흘러내리고 있었다. 그런 생활을 경험해 보지 않고서는 알 수 없는 일이겠다.

좌장으로 있던 나는 감방 생활이 여간 편하지 않았다. 식사가 들어오면 가장 먼저 차려 주고, 잠자리도 살펴 주고, 자고 일어나면 침구 정리도 해 줄 뿐만 아니라 세숫물도 떠다 주니 그런 호강을 하는 사람이 대한민국에 과연 몇이나 되었겠는가? 나는 행운아 중 행운아였다.

이 대목에서 편저자의 개인 일화를 말해야 한다.(8) 2015년 정월, 고향 음식을 자랑하려고 김동길 교수를 우리 집으로 모시면서 당신 말동무로 민청학련 사건 때 같이 영어囹圄의 몸이 됐던 '감옥 동기생'인 강신옥 변호사도 청했다. 두 사람은 서대문형무소 9사 옥살이 동기생이었다. 평소 간이복장을 하는 변호사가 이날은 넥타이를 맨 정장차림이었다.

"오늘 웬일로? 어디 혼사라도 다녀오는 길인가요?" 했더니 정색으로 반응했다. "옥중에서 목격했던 바로, 예수를 따르는 사람의 모습이 어떠해야 하는지 몸소 보여 주던 이에 대한 존경의 마음으로 허투루 올 수 없었다!"

강 변호사는 옥중에서 당신도 김옥길 이화여대 총장이 동생 옥바라지로 반입한 옷, 이불 등을 꼭 같이 받았다며 새삼 감회에 젖었다.

나 김동길은 한 해의 춘하추동을 감방에 앉아 바깥세상을 내다보기만 하면서 살아야 했다. 그래도 봄에는 교도소 밖에도 꽃이 피고, 여름이 되면 무덥기 짝이 없고, 가을에는 낙엽이 지고, 겨울에는 눈이 내렸다.

구치소와 교도소 시설은 전근대적이라 하겠지만, 계절의 변화는 제 집에 살 때와 마찬가지로 느낄 수 있었다. 그러나 우리가 교도소 생활을 했던 때만 해도 감방에 난방 시설이 갖추어져 있지 않아서 혹독한 추위에도 떨면서 지내야만 했다. 그러나 수준 높은 생활을 하다가 잡혀온 죄수들은 여러 가지 핑계를 만들어 형무소 안에 있는 의무실에서 생활하였다. 거기에는 난방 시설이 갖추어져 있었다고 들었다.

앞서 말했듯 "국가 전복 음모자"로 몰려 1심에서 징역 15년, 자격정지 15년이 언도되었던 나는 항소를 포기했다. 안중근이 "더 큰 벌은 없느냐?"고 했다던 그 결기를 닮았던 셈으로 15년간 감옥에서 살 결심이 돼 있었다.

안양교도소 복역 중 특별사면을 받아 10개월 만인 1975년 2월 15일[4]에

4 〔편저자 주〕 특별사면 때 항소한 이들은 김동길과 같은 날, 같은 시간에 출소하지 못했다. 항소했기 때문에 검찰이 처리해야 할 서류가 하나 더 있어 김동길이 석방되던 날에 같이 나오지 못했다.

풀려났다. 하지만 가르치던 대학에서는 추방되고 10년 남짓 직장이 없어 문경새재 기슭에서 은둔 생활을 할 수밖에 없었다.

옥후기를 적게 됐다

옥중기獄中記가 있다면 당연히 옥후기獄後記는 더 많을 것이다. 전자의 예로 외국에서는 오스카 와일드(Oscar Wilde, 1854~1900: 아일랜드 극작가)의 옥중기가, 국내에서는 김대중 옥중기가 널리 소문났다. 김추사나 정다산이나 윤고산의 저작은 위리안치圍籬安置 중에 쓰인 것이니 전자에 해당한다. 김동길의 링컨 전기나 김지하의 시작詩作은 감옥에서 풀려난 뒤 적은 것이니 옥후기라 부를 수 있겠다.

링컨 일대기 집필 청탁 감읍

일을 못하게 되면 말이라도 하고 싶은 것이 사람이다. 일도 못하고 말도 못하게 되면 글이라도 써야 할 것이다. 글도 못 쓸 형편이라면 생각이라도 하면서 살아야 한다. 산다는 일마저 포기할 수 없는 노릇이 아니겠는가?

삭막한 오후, 하늘가에 흘러가는 흰 구름 조각이나 바라보고 서 있는 나에게, 책이나 한 권 쓸 의향이 없느냐고 묻는 이가 있었다. 서울 동숭동 대학로에 사무실을 두고 있던 샘터사 김재순[5] 이사장이었다. 고등학교 수준의 학력이면 누구나 읽을 수 있는 쉬운 말로 링컨의 일생을 간추려 달라는 부탁이었다. 나는 그 뜻을 고맙게 받아들여, 제한된 2백자 원고지 700장을 앞에 놓고 붓을 들었다. 그때가 1975년 여름이었다.

기실, 링컨 일대기 적기는 진작부터 소망했던 프로젝트였다. 연세대에서 서양사를 가르치는 도정에서 일단 교재용으로, 이어서 보통 사람의 교양서로 언젠가 한번 적어야 하지 않겠나, 마음먹은 적은 있었다. 그런데 현실 여건은 성취동기의 자연 발로가 되지 못했다. 외부 청탁을 받고서야 언론인들처럼 장차 마감이 있는 글, 《링컨의 일생》을 적게 되었다.

박사학위 논문은 전문성이 특징이고 그만큼 현학적이기 쉽다. 해당 전문 학계가 일차적 주요 소요처다. 보통 사람의 독서권과는 거리가 있다.

지식 근대화의 특성은 전문 분야의 대중화·세속화다. 경제발전이 발전도상국의 당면 현안으로 부상하는 사이 경제학 전문 용어가 신문 지면에 자주 등장하면서 시사용어로 내려왔다. 민주주의 열의가 높아지자 유명 정치가들의 전기가 독서계 화제가 되곤 했다.

현대 한국이 성장이 탄력을 받아 이른바 이륙 단계에 들어설 즈음 민주화를 갈망하는 국민의식이 바야흐로 개화하려는데 정국政局은 성장탄력 결집이란 명분으로 전제성專制性을 정당화하려 했다. 1970년 전후, 유신으로 치닫던 한국 정세 속에서 링컨이 읽힐 만한 분위기는 오히려 고조되고 있었다.

---

5 〔편저자 주〕 김재순은 대한민국 국회의원(제5·6·7·8·9·13·14대), 제13대 국회 전반기 국회의장을 지냈다. 평양 출생으로 1970년 교양지 〈샘터〉를 창간했다. 2006년 '자랑스러운 서울대인'으로 뽑혔다(《위키백과》 참조).

링컨 전문가 김동길이 링컨 일반 교양서를 적어야 할 개인적인 시간이 돌연 다가왔다. 1974년, 민청학련 사건에 연루되어 사회 일선에서 한 걸음 물러나야 했기 때문이다.

머리말 말미에 적은 소감

초판은 1976년에 나왔다. 베스트셀러인지, 스테디셀러인지 1991년에 2판을, 책이 나오고 40년 가까이 흐른 2015년에 4판까지 찍었다.

초판 머리말에 이어 재판에도 머리말을 보탰다. 거기 헌사로 내 손위 누님 한 분에게 고마운 뜻을 전한다. 초판 때는 당신 생전이고, 재판 때는 누님 사후였다.

> 어머니 없는 집에 누이가 어머니를 대신한다는 말이 있더니, 나도 이제야 그 말의 뜻을 이해할 수 있을 것 같다. 모친의 죽음에 커다란 충격을 받은 장 크리스토프의 탄식처럼, 어머님이 안 계신 이제, 성공이 나에겐들 무슨 큰 의미가 있으리오마는, 누님을 어머니처럼 모시는 기쁨으로 이 작업을 끝낼 수 있어서 다행이었다.
>
> 이 붓을 놓으려 함에, '사랑이 아름다워'라는 한 마디를 되새기며, 남자 50의 연륜을 어디다 두고 어찌하여 내 가슴은 이토록 뭉클해지는가?
>
> 1976년 1월 17일 어머님 생신날에 김동길 적음.

> 밖에는 개나리·진달래가 만발했는데, 내가 세상에 태어나서 처음 누님이 안 계신 쓸쓸한 봄을 맞이하는구나. 이 글을 쓰면서 왜 이렇게 자꾸만 눈

물이 흐르는가. 이제 내 나이 몇인데, 초판의 서문을 쓰던 때는 어머니 생각이 목에 메였었다. 이 책과 내 눈물 사이에는 무슨 깊은 인연이 있는 것일까.

신미년(1991년) 새봄에 김동길 적음.

이렇게 추모의 눈물을 받고 있는 어머니 그리고 누나는 어떤 인물인가. 우선 아들이 형무소에 구속되었다는 소식을 접한 어머니의 반응은 한마디로 대범하고 의연했다. 아들의 감옥행에, 주변 사람들과 지인들이 어머니에게 깊은 연민의 말을 털어놓지만 본인은 오히려 담담했다.

어머니 말이 났으니, 먼저 집안 내력을 옮겨 적는다.

제4장
나는 누구인가? 여기서 털어놓는다

일제 때 나서

나는 낭림산맥 기슭에 위치한 매우 험한 산골인 평안남도 맹산군에서 태어났다. 1928년 10월 2일, 내가 이 세상에 태어나던 때에 아버지는 평남 맹산군 원남면元南面 면장이었고, 어머니는 25세의 젊은 나이였다. 내 위로 이미 일곱 살 많은 누님과 네 살 많은 형님이 있었다.

깊은 산골, 내 고향 맹산

맹산군은 대동강이 발원하는 산골이다. 노랫말이 "에헤이에 양덕 맹산 흐르고 내리는 물은 감돌아든다고 부벽루浮碧樓로다"로 시작하는 우리 민요 〈양산도 타령〉의 '양산'은 평안남도 양덕군과 맹산군에서 한 자씩

따왔다.

우리 사회의 잘못을 지적하는 이들은 한국인이 지나치게 지연地緣, 학연學緣, 혈연血緣을 중요시한다는 점을 꼽는다. 동향 사람을 만나는 일이 즐겁기는 하지만 지나치면 사회가 병든다. 2015년인가 '물방울 화가' 김창열 화백이 찾아와 집에서 같이 점심을 먹었다. 김 화백이 "나도 맹산 사람이다"라고 하여 한편 놀랐고 한편 기뻤다.

창열과 나는 맹산이라는 험한 산골에서 비슷한 때에 태어났다. 태어난 곳이 또한 서로 그리 멀지도 않았다. 평양 태생 김병기 화백이 "맹산에서 인물 둘이 났어. 김동길과 김창열이야!" 했을 때 기분이 나쁘지는 않았다. 대동강 발원지 중 하나인 맹산군 깊은 산골에서 큰 인물 둘이 난 게 믿기지 않는다고 화백이 고개를 갸우뚱했을 때 평양 사람의 유세有勢 모습이 아닐까 싶기도 했다.

하기야 북창北倉까지는 철도(1939년 개통 평남중앙선)가 있고 거기서 내려 소리개 고개 30리를 걸어야 내가 태어난 고향집에 갈 수 있었다. 어쩌다 맹산 고을에 트럭이 한 대 오면 군의 남부에 위치한 원남면 아이들은 자동차 구경하려고 모두 모여 축제 분위기였다.

집안 내력

나의 조상들은 오랜 세월 평남 강서江西에서 농사로 연명했다. 우리의 본관은 황해도 풍천이다.[1] 《한국고사대전韓國故事大典》을 다 뒤져 봐도 풍천 김씨 중에서 문과文科에 급제하여 벼슬길에 올랐던 조상은 꼭 한 분이다. 정말 이름 없는 집안이었다. 아버지는 본디 고향 평남 강서에서 어린 시절 서당에 다녀 한문에 능했다. 6개월간 일본어 강습을 받아 일어도 유창했다. 일제 때 일본에 갔더니 일본인들이 "도쿄에서 오셨습니까?"라고 묻더란다.

아버지가 면장 일을 그만두고 광산에 손을 대, 밭을 팔고 논을 팔고 집을 팔아 넣었다. 하지만 패가망신 비운에 처하자 어머니는 우리 손목을 잡고 평양으로 나왔다. 처음 10년간 이사를 열네 번 했다. 노다지 꿈을 안고 아버지는 서북 광산들 사이를 헤매며 집에 돌아오는 일이 매우 드물었다. 어머니는 모진 고생을 할 수밖에 없었다. 따라서 어머니에 대한 동정은 아버지에 대한 원망을 더하게 했다.

아버지는 늙어서 늘 집에 계시다 편히 돌아가셨다. 어느 추운 겨울날 식구들이 아직도 내가 살고 있는 이 집 식탁에 둘러앉아 점심을 먹었는데, 대동아전쟁 때 일본군에 징집되어 소련·만주 국경 어디에선가 스물두 살 젊은 나이에 목숨을 잃은 나의 형 도길의 이야기가 나왔다. 아버지는 눈물을 감추기 위해 숭늉 그릇을 들고 마시면서 "너무 뜨겁다"고 했다. 나는 아버님 두 눈에 고인 눈물을 보았다. 그 오랜 세월 동안 아버지는 그 아들이 보고 싶어 괴로워하신 것이 분명했다.

---

1 〔편저자 주〕 풍천豊川은 황해남도 서북부에 있는 과일군의 옛 지명. 인구는 2,292명(2000년 기준)이다. 풍천 김씨의 주요 인물은 김옥길, 김동길 등이다(《위키백과》 참조). 4·19 혁명 때 대학교수 데모에 앞장섰던 고려대 사학과 김성식 교수도 풍천 김씨였다.

누나가 업어서 키웠다?

사촌들까지도 다 한집에 모여 살았던 우리 마을에는 유난히 맑은 시냇물이 흐르고 있었다. 내가 발가벗은 갓난아기 때 형에게 안겨서 찍힌 사진 한 장이 있었는데, 6·25 전쟁 통에 그 사진을 잃어버리고 말았다. 족히 화제가 될 만한 한 장의 사진이었는데 아쉽다.

나의 누나는 자기가 나를 업어서 키웠다고 줄곧 자랑했지만, 나에겐 그런 기억이 전혀 없다. 남보다 한 해 일찍 보통학교를 졸업한 나의 누나와 형, 그리고 나는 어머니 손을 잡고 시골집을 떠나 평양이라는 큰 도시로 나올 수밖에 없었다. 그때 나는 다섯 살쯤 되는 어린아이였다.

내가 여덟 살쯤 되었을 때 어머니를 따라 서울 필운동의 삼촌댁에 들른 적이 있었다. 나는 어머니가 왜 나를 데리고 서울에 왔는지 몰랐다. 삼촌댁에 여러 날 머물렀는데 그때 일 중 꼭 한 가지만 기억에 남아 있다.

그때가 1930년대 초반인데, 필운동 가까이 있는 사직공원이 새롭게 조성되고 있던 때였다. 축대를 쌓기 위해 삐뚤삐뚤한 돌들이 놓여 있는 사이로 어린 내가 뛰어다니다가 넘어지면서 이마 왼쪽이 돌 모서리에 부딪쳐 머리에서 피가 철철 흘러내렸다. 가까이 있던 어머니가 몹시 당황하여 어찌할 바를 몰랐다.

바로 그때, 한 젊은이가 달려들어 자기가 입고 있던 흰 와이셔츠를 찢어 내 머리를 싸매고 나를 안고 병원을 찾아 달려갔다. 그 병원이 어디였는지, 그 청년의 얼굴과 의사 얼굴이 어떠했는지 기억나지 않지만, 그 상처는 잘 아물어서 지금도 그 흔적을 이마에 간직하고 살고 있다.

남이 위급한 상황에 처해 있는 것을 보면 다들 도망간다고 잘못 알고 있는 사람이 많지만, 이 세상에는 자기를 희생하면서 남을 돕는 의로운 사람도 적지 않다. 나의 어머니는 나의 목숨을 구해 준 것이나 다름없는 그 의로운 청년에 대하여 한평생 고마운 마음을 지니고 있었다. 하지만 단 한 번도 그를 만나지도 못했고, 고맙다는 인사도 하지 못한 것을 늘 애석하게 여기셨다. 인생이란 그런 것이 아니겠는가?

평양으로 돌아와서

어머니가 무슨 뜻이 있어서 서울에 가셨는지는 모르지만, 내 짐작은 가능하면 서울에 정착할 마음을 가지고 계셨던 것 같다. 그럴 수 있는 환경이 아닌 것을 깨닫고 어머니는 누나와 형이 기다리는 평양으로 돌아와 그지 않은 셋방을 얻어 불안한 도시 생활을 시작했다.

어머니는 어린 우리들을 먹여 살리기 위해 안 하신 고생이 없었다. 남의 집 빨래도 삯바느질도 했다. 그러나 어머니는 단 한 번도 우리 앞에서 장차 살아갈 일을 걱정하신 적이 없었다.

나의 어머니는 내가 뱃속에 있을 때 맹산에서 어느 선교사로부터 세례를 받았다고 한다. 삼복더위에 재봉틀 앞에 앉아 바느질하면서도 언제나 어머니는 찬송가를 부르고 있었다. "내 영혼이 은총 입어 중한 죄짐 벗고 보니 슬픔 많은 이 세상도 천국으로 화하도다." 지금도 이 찬송은 나로 하여금 그 시절을 회고하며 눈물짓게 한다.

새벽 일찍 일어나 기도로 하루를 시작하셨고, 누구를 만나도 웃으시며 그 미소 띤 얼굴로 늘 우리의 손목을 잡고 교회를 다녔다. 어머니가

정하고 다니던 교회는 장대재 언덕에 있는, 평양에서 가장 오래된 장로교회 장대현章臺峴(장댓재)교회였다.(1)

아! 장댓재교회!

나의 인생은 이 교회에서 시작됐다고 해도 과언이 아니다. 내가 너무 어렸기 때문에 나는 여신도들만 출입하는 출입구로 들어가 어머니 옆에 앉아 예배를 보았다. 교회가 'ㄱ' 자형으로 되어 있었다. 한쪽 끝은 남자들이, 다른 쪽 끝으로는 여자들이 드나들었다. 내가 일곱 살 때 어머니가 나를 그 교회에 부설되어 있는 유치원에 보내 주신 덕분에, 그 당시에는 매우 드문 '유치원 어린이'가 되었다.

나는 그 교회에 다니다 해방을 맞았다. 그때 담임 목사가 처음에는 김관식 목사였고, 뒤에는 김화식 목사였다. 그 어른의 아들이 해방이 되자 아버지의 교회를 찾아와 성가대를 지휘했는데, 그가 바로 〈가고파〉 작곡가 김동진이었다. 그는 일제하에 만주에 있던 신경新京교향악단의 바이올린 주자였는데, 귀국하여 군복을 입고 성가대를 지휘했다.

김화식 목사는 공산주의는 잘못된 이념이라고 교회에서 여러 차례 설교하다가 적위대에게 붙잡혔다. 목사는 끝까지 굽히지 않고 그의 소신을 밝히다가 순교했다고 들었다.

어려서 교회에 다니는 큰 즐거움 중 하나는 성탄절 맞이였다. 이날이 되면 아이들에게 하나씩 막과자 봉지를 나누어 주었다. 그 나이는 예수 탄생보다는 그 과자 한 봉지가 더 반가운 일이었다.(2)

“말씀이 육신이 되어”

이 말은 처음 듣고는 무슨 뜻인지 잘 모를 사람들이 많을 것이다. 깊은 신학적 의미를 부여한다면 “하나님이 세상을 이처럼 사랑하사 독생자를 주셨으니”라는 말씀과 통하는 것이다. 나의 어머니 삶을 이해하기 위해서는 내가 이 말씀을 이해해야만 했다.

평양역에 기차 기적 소리가 울릴 때마다 나의 어머니는 혹시 아버지가 집에 돌아오시지 않을까 하고 기다렸을 것이다. 그러나 아버지는 1년에 한 번 정도만 집에 들렀다. 어머니는 무엇으로 그 어려운 삶을 꾸려 나갔을까? 육신이 되어 우리 가운데 계신 그 말씀 때문이었을 것이다.

나도 가끔 생각하며 위로를 받는다. 저녁밥을 지을 쌀이 떨어져도 걱정을 안 하고, 아이들 월사금을 제때 내지 못해도 한 번도 당황하지 않던 어머니. 그 믿음은 말씀이 있었기 때문이라고 나는 나이를 먹으면서 점점 확실하게 느낀다.

어머니는 전혀 걱정하지 않고 “산 사람 입에 거미줄 치겠냐!”라고 말씀하는 것을 여러 번 들었다. 끼니가 떨어졌을 때마다 번번이 오랫동안 얼씬도 안 하던 친척이나 친지가 “오래 찾아뵙지 못해 미안합니다”라면서 쌀자루를 어깨에 메고 우리 집에 들어서던 것을 지금도 기억한다. 우리는 그 쌀로 웃으며 저녁을 끓여 먹을 수 있었다.

이런 일도 있었다

내가 아직 유치원에 들어가기도 전 어린 나이에 길거리에서 장난치며 놀다가 한 젊은이가 타고 가던 자전거에 부딪쳐 쓰러졌다. 어머니는 멀리서 보고 달려왔지만, 그 자전거를 타고 가던 젊은이는 멈추어서 나를 일으켜 줄 생각도 하지 않고 도망치듯 달아나려는 것이었다.

그것을 보고 있던 동네의 구둣방 아저씨가 문을 열고 달려 나와 그 자전거를 세우고 그 젊은이의 멱살을 잡고 "이놈아, 어린애를 쓰러뜨리고 그냥 도망가면 어쩌느냐!"고 큰소리로 훈계했다. 나는 크게 부상은 입지는 않았지만, 우리 어머니는 얼굴 생김새도 볼품없고 몸집도 빈약하기 짝이 없던 그 아저씨를 언제나 대단한 영웅처럼 여겼다. 어쩌면 그런 광경을 보고 약한 자를 돕는 것이 매우 보람 있는 일임을 깨닫게 되었는지도 모른다.

우리가 사는 이 세상에는 억울한 사람들이 너무 많다. 그 구둣방 아저씨의 용기는 일본 도쿄의 사쿠라다몬櫻田門 밖에서 마차를 타고 가던 일본 천황 히로히토의 행렬을 향해 수류탄을 던진 이봉창 의사의 용기의 일부가 아닐까 생각한다. 나는 지금까지 그 아저씨를 존경하는 마음을 버리지 않고 있다.(3)

시험 보고 소학교에

내가 구두시험을 거쳐 소학교[2]에 입학했을 때는 그 학교 이름이 평양 상수공립심상소학교였다. 초등학교 교육이 의무교육이 아니었던 때라 소학교 입학도 경쟁이 불가피했다. 신체검사와 면접도 치르고 온 날, 나는 하루 종일 긴장했던 탓에 집에 돌아와 몸살이 났던 기억이 있다.

다행히 나는 합격했지만 시험에 떨어진 아이들도 적지 않았다. 5학년에 내 형 도길이 있어 나는 늘 든든하였다. 그러나 학부형 모임에 한 반 아이들의 어머니들이 학교에 오면 나는 왜 나의 어머니는 다른 애들 어머니보다 더 나이가 많아 보일까 생각했다. 그때 어머니는 32살밖에 되지 않았다. 다른 애들 어머니들은 옷도 잘 입고 화장도 곱게 하고 나타났지만, 나의 어머니는 아직도 시골티를 벗지 못해 늙었다고 생각했는지도 모른다.

나를 사랑해 주던 선생님들 이름은 지금도 기억하고 있다. 유치원 다닐 때는 권도실 선생, 소학교 때는 김태훈 선생이었다. 4학년 때, 가정방문을 온 담임선생님이 어머니에게 "저 아이는 크게 되면 아주 크게 될 것 같은데, 잘못되면 큰일을 낼 아이입니다"라 했다. 그 말을 들은 어머니는 아무 말 없이 그저 웃기만 했다. 나는 담임선생님이 내 집에 와 계신데도 가까운 곳에서 그 시절에 유행하던 〈눈물 젖은 두만강〉을 불러대고 있었으니, 담임선생님이 그런 평을 할만도 했다.(4)

---

2 〔**편저자 주**〕 초등교육기관의 명칭은 시대에 따라 변화했다. 1895년부터 1905년까지 소학교, 1906년부터 1937년까지는 보통학교라고 불렀다. 1938년 소학교로 환원됐고, 1941년 국민학교로 개칭되었다. 1996년부터 현재까지는 초등학교라는 명칭을 사용하고 있다.

상수에서 평고로

내가 소학교 상급반이 되었을 때 조선어 교과서가 없어지고 일본어 전용이 강요되었다. 뿐만 아니라 학교 이름도 소학교에서 국민학교로 바뀌었다. 상수학교 옆에 만수학교가 있었고, 그 옆에 평고(평양고등보통학교, 평양2중) 벽돌 건물이 우뚝 서 있었다. 만수학교는 무슨 이유에서인지 폐교되고 그 건물을 평고가 쓰게 되었다.

평고라고 불리던 중등학교 입학시험을 보고 평고 교정에 나붙은 합격자 번호를 보러 간 때는 1941년 3월. 수험번호 886, 내 번호가 거기 있었다. 그 자리에 아버님, 어머님, 누님, 형님이 다 계셨고 나는 열네 살 소년이었다.

중학에 입학했던 그해 12월에 일본군은 하와이 진주만을 기습하여 태평양전쟁이 시작되었다. 그 전쟁 때문에 겪은 고생과 수고는 말로 다 하기 어려웠다. '근로봉사'라는 이름으로 공부는 안 하고 밤낮 비행장을 닦는 일, 쇠붙이를 모으는 일에 동원되었다.

4학년이 되어서는 한여름 내내 용강 비행장 닦는 일에 동원되었다. 거기서 친구들과 같이 숙식하면서 흙을 파서 나르는 토목공사장에서 코스모스가 피어 가을을 알릴 때까지 날마다 중노동을 했다. 그때 레일 위로 밀고 다니는 '도라쿠'(트럭의 일본식 발음)를 타고 언덕을 내려가다 그 '도라쿠'가 뒤집혀 입은 왼쪽 손목의 상처가 74년이 지난 오늘도 희미하게 남아 있다.

내가 평양고등보통학교에 입학했을 때 총독부가 강제로 교명을 평2중으로 바꾸고, 일본인들 학교를 평1중이라는 이름으로 개칭했다. 이에 반대하는 우리 선배들이 교문에 달린 학교 간판을 여러 차례 몰래 떼어서 버리기를 반복했지만, 일본 군국주의를 이겨 낼 도리는 없었다.

내가 학업이 우수하다 하여 상을 받은 건 평생 동안 꼭 한 번뿐인데, 바로 소학교를 졸업할 때였다. 그때 우등상 부상으로 받은 일본어 사전《언원》이 어쩌다 38선을 넘어와 아직도 내 손에 있어서 나의 유일한 자랑거리로 남아 있다. 그 사전에는 '소행 선량', '학업 우등'이라는 도장이 분명히 찍혀 있다. 그러므로 그 누구도 내가 초등학교를 졸업했을 때는 우등생이었다는 사실은 의심할 수 없을 것이다.(5)

일본이 미국에 선전포고

내가 중학교 1학년에 입학했던 때는 1941년이다. 그해 12월 8일, 매우 추운 날이었는데 일본인 교사 가지와라가 우리에게 일본 문학을 가르치고 있었다. 갑작스레 학교에서 심부름하는 젊은 직원이 교실 문을 두드리고 들어와서 종이쪽지 하나를 일본인 선생에게 전해 주었다.

그 내용을 읽던 가지와라는 추운 날씨였는데도 얼굴이 갑자기 뻘겋게 달아올랐다. 그는 떨리는 목소리로 우리들에게 이렇게 전해 주었다. "대일본제국은 북미합중국에 선전을 포고하였고, 이미 일본이 엄청난 승리를 거둔 것 같다." 그는 다소 긴장했지만 기쁨을 감추지 못하는 듯하였다.

그날부터 일본이 패망한 1945년 8월 15일까지 일본인과 조선인은 다 함께 그 무서운 전쟁에 시달리며 살아야 했다. 식량도 물자도 구할 수 없는 궁핍한 세상이 되어 그들은 어쩔 수 없이 배급제를 실시했다. 겨우 입에 풀칠이나 할 수 있는 양곡밖에 주지 않았기 때문에 많은 사람들은 산에 가서 풀을 뜯어다 죽을 쑤어 먹어야 할 때가 많았다. 쌀은 공출제가 되어 쌀의 운반조차 감시하에 이루어졌고, 막판에는 콩기름을 짜고 남은 찌꺼기 대두박을 배급 주는 지역도 적지 않았다.(6)

정말 배고픈 세상을 살았다

그때는 한창 자랄 나이였는데, 제대로 먹지 못하니 목숨을 부지하기가 힘겨울 정도였다. 게다가 학교에서 공부를 제대로 하는 날보다 근로봉사 명목으로 동원되어 공부 대신에 노동을 해야 하는 날이 많았다. 여학생들은 군수물자 제조 공장에 가서 봉사하고, 남학생들은 한여름 비행장 닦는 일에 동원되었다.

막판에는 학도병을 모집하고, 조선에도 징병제도가 실시되어 나의 형 도길도 징병 1기생으로 소집될 날을 두려운 마음으로 기다리고 있었다. 그는 일제하에 일본인이 경영하던 소화공과(한양대의 전신)를 마치고 토목기술자 자격을 갖고 있었다. 그의 소집은 한참 미루어져 해방이 되던 해 6월에야 이루어졌다.(7)

평양역에 궂은비 내리고

형에게는 1945년 6월 어느 날 입대하라는 통지가 왔다. 형이 조그마한 보따리 하나를 어깨에 메고 지정된 날 평양 근교 선교리에 있는 일본 병영을 찾아가던 날, 식구들이 모두 따라나서서 동행했다. 그 부대 정문 가까이 가서 형은 우리에게 인사하고는 혼자 가깝고도 먼 그 길을 걸어갔다. 병영 문 앞에서 우리를 돌아보며 손을 한 번 흔들고 사라졌는데, 그것이 우리 가족이 마지막으로 본 형의 모습이었다.

형의 전사戰死 통지서가 우리 집에 날아든 것은 7월 어느 날이었다. 그는 군대에 가서 한 달쯤 뒤 목숨을 잃었다. 그의 유골을 간직하던 부대를 찾아 아버지와 어머니는 평양역에서 기차를 타고 만주 땅 어디론가 다녀와야만 했다. 며칠 후 아버지는 아들의 하얀 유골 상자를 목에 걸고 돌아왔다. 부모가 도착하던 날 평양역 광장은 궂은비가 내리고 있었다.

형을 잃은 동생의 마음이 그러했거늘 맏아들을 잃은 아버지 어머니의 마음이야 어떠했을까? 생각하면 지금도 가슴이 뭉클하다. 형의 유골은 매장할 곳이 없어 한동안 우리 기림리 집 선반 위에 놓여 있었다. 오죽하면 인생을 '고통의 바다'라고 했겠는가? 형이 그리워 잡기장에 글을 몇 줄 적어 놓았다. 〈형님 생각〉 조시弔詩다.

노래, 그림, 운동에 뛰어난 재주
착하고 말이 없던 형은 갑자생
일본군에 끌려가 소만 국경에
스물두 살 짧은 생을 마감하였지

선교리 너머 있던 일본 부대에
영장 들고 찾아가던 형의 뒷모습
마지막 돌아보며 빙그레 웃던
그 모습 나 어찌 잊을 수 있나

궂은비 내리던 평양역에서
아버님 가슴 위엔 흰 상자 하나
쓸쓸하게 돌아온 형님을 맞아
동생은 하염없이 눈물 흘렸다

세상은 변하는 것

맏아들의 전사 통지를 받고 나서 아버지는 고통스러운 표정으로 이렇게 말씀했다. "내 잘못이다. 내가 네 형을 먼 곳에 숨겨 두고 버텨 볼 생각도 했었는데!" 그렇게 말씀하는 아버지의 마음을 나도 이해할 수 있었다.

만일에 형을 어디에 숨겨 두고 우리 가족이 살았더라도 그 또한 얼마나 힘든 일이었겠는가? 헌병들이 매일같이 우리 집에 찾아와 식구들을 괴롭힐 뿐만 아니라, 친척들까지 틀림없이 시달림을 당할 것이니 그런 용단을 내리기 어려웠을 것이다. 전시 체제하에서 산다는 것이 얼마나 고통스러운 것인지 겪어 보지 않은 사람은 모른다.

아들을 잃은 부모의 마음은 어떠했겠는가? 나의 어머니는 비록 아들의 유골은 받아 돌아오기는 했지만 그 일이 사실이라고 믿지 않았다. 이제 해방이 되었으니 맏아들이 어디 숨어 있다가 살아서 돌아올 것이라는 허망한 꿈을 안고 매일 기다리고 또 기다렸던 것을 나는 안다.

인생이란 슬픈 것이다. 그래도 산 사람은 그 모든 슬픔을 이기고 살아야만 한다. 인생이란 그런 것이다.

국민학교 선생이 되어

태평양전쟁이 막바지로 치닫고 일본군 당국은 계속 미국을 무찌르고 있다는 허위 보도만 일삼았다. 하지만 알 만한 사람들은 모두 일본 제국의 패색이 짙어가는 것을 어렴풋이 느낄 수 있었다. 모든 국민을 한동안 속일 수 있지만, 모든 국민을 언제까지나 무한히 속일 수는 없다.

그들은 학제를 바꾸어 5년제를 4년제로 만들었고, 전문학교와 대학의 문과를 아예 모집하지 않았다. 나는 하는 수 없이 국민학교 교사 자격시험을 보고 합격하여, 평안남도 평원군 영유永柔읍에 있는 괴천공립국민학교에 부임하게 되었다.

평양에서 영유까지가 상당히 먼 거리였다. 기차를 타고 가다가 목탄버스를 갈아타고 영유읍에 도착하여 어느 여인숙에 하루를 묵었던 것 같다. 어머니가 싸 주신 김밥이 오랜 시간이 지나 신선하지 못했을 뿐만 아니라 맛이 좀 변한 듯한 느낌도 들었지만, 어머니 정성을 생각하여 그 김밥을 다 먹었다. 그래도 배탈은 나지 않았다.

이튿날, 4월 2일인가 3일이었던 것으로 기억한다. 아침에 학교를 찾아가 일본인 교장에게 인사하고 학생들이 전부 교정에 모인 자리에서 교단 위에 올라가 새로 부임한 교사 아무개라고 소개했다. 그날 아침, 교정에는 개나리꽃이 활짝 피어 있었다.

내 꿈은 여기서 좌절되는가

나는 남녀 학생이 40명쯤 되는 3학년 담임선생이 되었다. 그 반에는 체격도 좋고 잘생긴 학생이 한 명 있었다. 학생에게 "네 나이가 몇이냐?"고 물었는데 나와 똑같음을 알게 되었다. 정기탁이라는 그 학생과 나는 둘 다 1928년 출생으로, 18세 학생과 18세 선생의 맞대결이었다.

그러나 신분의 차이는 하늘과 땅이었다. 그 학생은 영유골에서 좀 떨어진 곳에서 농사를 지었는데, 벌써 장가를 들어 애아버지라고 들었지만 캐묻지는 않았다. 그는 스승인 나에게 매우 고분고분한 학생이었다.

3학년은 한 반뿐이었다. 본 교사는 교실이 부족하여 거기서 한참 떨어진 곳에 있는 이화정이란 건물에서 학생들을 가르쳤다. 얼마 뒤 어머니가 내 여동생 옥영이를 데려와서 잘사는 집 방 한 칸을 얻어 살림을 해 주면서 학교 선생인 아들을 지극정성으로 보살펴 주었다. 학교에서 다달이 받는 월급봉투로 그럭저럭 생활은 해 나갈 수 있었다.

아버지는 여전히 멀리 계셨고, 어머니는 이제 하나 남은 아들을 위해 최선을 다했다. '2, 3년 뒤에는 나도 군대를 가야 하는데 시골에서 선생노릇 하다가 이렇게 끝나고 마는가' 하는 적막한 생각이 나를 우울하게 만들 때도 있었다.(8)

도둑처럼 찾아온 해방

해방이 되고 나니까 "나는 그렇게 될 줄 알았다"고 예언자처럼 뇌까리는 자들이 많았다. 하지만 일본이 패망할 것은 확실히 알았던 조선인은 몇 되지 않았을 것이다.

해방이 되니, 영유골의 젊은이들이 제일 먼저 한 일은 그동안 어디에 감추어 두었는지 알 수 없는 태극기를 꺼내 막대기에 붙들어 매고 흔들면서 뒷산의 일본 신사神社 비슷한 사당으로 몰려간 것이었다. 일본인은 조선인을 휘어잡기 위해 신사나 신사에 버금가는 사당에 참배할 것을 강요했기 때문에, 그들이 그 사당을 보기 좋게 때려 부순 일은 매우 상징적인 거사였다.

일본 패망의 뉴스는 1945년 8월 15일 12시에 방송되었다. 중대 방송이 있을 것이라는 보도는 그 전날 밤부터 전해졌다. 다들 무슨 일인지 궁금하게 여겼다. 그 시골에 라디오를 가진 집이 몇 없었기 때문에 큰 가게에 사람들이 모여들어 그 중대 방송을 기다리고 있었다.

뜻밖에도, 녹음된 일본 천황 히로히토의 목소리가 들려왔다. 그는 다 죽어 가는 목소리로 "대일본제국은 연합국에 무조건 항복합니다"라고 요약할 수 있는 방송을 했다. 함께 그 방송을 듣고 있던 일본 교장이 고개를 떨구면서 "이렇게 빨리 망할 줄은 몰랐어"라고 한마디 내뱉었다.(9)

뽕나무 밭이 바다가 된다더니

세상이 몰라볼 정도로 엄청나게 사태가 변함을 두고 '상전벽해桑田碧海'라 한다. 대일본제국이 하루아침에 망하는 것을 보고 일본인만 크게 놀란 것이 아니었다. 식민지 35년을 경험한 조선인도 크게 놀란 것이 사실이었다.

우선 어제까지는 일본어만 사용하던 선생들이 갑작스레 조선어로 가르치는 것이 결코 쉬운 일이 아니었다. 출석부 학생들 이름이 모두 일본식 이름이어서 자기 성씨를 찾아서 출석부에 올리는 일도 쉽지는 않았다. 김씨, 이씨, 박씨로 자기 성을 되찾고 조선어로만 말해야 하는데, 학생도 선생도 쉬운 일이 아니었다. 이름을 부르면 학생들은 '예'라고 대답해야 하는데, 그들 입에서 한결같이 일본어로 '하이'가 튀어나와 학생도 선생도 민망하기 짝이 없었다.

각급 학교가 일대 변화를 겪었다. 2주일쯤 휴교가 필요했던 것으로 기억한다. 그 기간 중에 나는 평양 집으로 돌아가서 사태를 관망했다. 학교 친구들을 만났더니 우리에게 미술을 가르쳤던 니노미야라는 일본 선생이 분뇨 통을 메고 평양 거리를 걸어가는 모습을 보았다 했다. '설마 그런 일이 있었을까?' 의심하면서도 개벽된 천지가 눈앞에 전개되고 있는 것은 어김없는 사실이었다.

소련군이 평양 점령

영유에서 내가 가르치던 국민학교로 되돌아갈 수 없을 것 같았다. 학교에는 사표를 써서 보내고, 이 놀라운 변화에 어떻게 대처해 나가야 옳은가 생각해 보았다. 평양 시내는 차량이 많이 오가는 것도 아니었건만 소련군 병사들이 교통정리를 하고 있었다. 병사들은 하나같이 머리를 빡빡 밀어 깎은 상태였다. 그들은 군대의 감방에 수용되었다가 풀려난 자들이라 했다.

전차와 기차는 계속 운행되고 있었고, 소련 장교와 졸병들도 같이 타고 다녔다. 소련 군인들은 전과자이기 때문인지 도둑질을 잘하고 강도로 돌변하기도 했다. 내가 살던 동네에서는 집집마다 깡통을 여러 개 연결하여 어느 한 집에 도둑이 들면 그 깡통을 흔들어 요란한 소리를 내어 도둑이 들었다는 사실을 이웃에게 알려 주곤 했다.

어느 추운 겨울날, 내가 평양 신궁 앞을 지나던 중이었다. 그때 소련 병사 하나가 가게 앞에 내놓은 삶은 달걀 함지박을 통째로 들어 외투 속에 감춘 채, 주인이 잠시 한눈을 파는 틈을 타 날아나는 모습을 목격했다. 일본군 창고에서 약탈해 온 '개털 오버'를 내다 팔아 손목시계를 서너 개씩 양팔에 차고 뽐내며 돌아다니는 놈들도 적지 않았다.

내가 아니면 누가 전할까?

해방 직후 평양 시내에서 벌어진 소련군들의 횡포를 내가 아니면 누가 기억했다가 후세에게 전해 줄 수 있겠는가? 소련 병졸들은 이런 횡포뿐만이 아니라 부녀자들을 겁탈하는 만행도 비일비재하게 저질러 그 시대의 젊은 여성들은 전전긍긍했다.

한번은 기차를 탔는데, 장교용 객실 차량이 따로 있었고, 우리와 함께 기차를 타고 가는 병졸들 중에는 앉을 자리가 마땅치 않아 짐을 올려놓는 선반에 기어 올라가 잠드는 자들도 적지 않았다. 소련 사람들은 '흘레브'라는 흑색 빵을 먹었다. 병사들은 그걸 끼고 다니고, 때로는 베고 자기도 했다. 양말을 신고 장화를 신는 자는 없었고, 모두 헝겊 한 조각으로 엄지발가락부터 발을 싸는 '발싸개'를 두르고 장화를 신었다. 뿐만 아니라, 식사할 때 사용하는 포크와 스푼도 그 장화 속에 넣어 가지고 다니는 것을 보았다.

소련군 횡포에 대해 당시의 인민위원회에 호소하면 "우리를 해방시켜 준 해방군인데, 좀 봐주어야 하지 않겠소"라는 답밖에 없었다. 당국에 호소해도 개선책은 전혀 나오지 않았다. 소련군의 등에 업혀 등장한 김일성이라는 이름의 장군은 30대의 젊은 사람이었다. 그가 평양역 광장에서 강연하던 모습은 내가 생생하게 기억하고 있다.

김일성의 정체

김일성의 정체를 아는 사람은 몇 명 없을 것이다. 본명은 김성주라고 하고 그가 소련군 장교였다는 사실은 알지만, 일제강점기에 우리가 알고 있던 김일성 장군은 아니라는 것만은 확실했다. 독립투사 김일성 장군과 소련군 등에 업혀 평양에 입성한 김일성이 뭐가 다른가 하면 나이 차이가 너무 많았다.

나도 김일성이 평양 역전 광장에서 연설하는 모습을 직접 보았고 또 그 음성도 분명하게 들었다. 그가 30대 젊은이라는 것을 알고 놀라는 사람들이 많았다. 소련군에 의해 급조된 민족 지도자 김일성은 평양 근처에 자리 잡은 만경대라는 시골에서 태어났다. 그의 아버지의 이름은 모르지만, 그의 어머니의 이름은 강반석이었다.

그 시대에는 여사들에게 뚜렷한 이름이 있었을 리가 없고 다만 교회에 다니던 여성들만이 세례명으로 이름을 하나씩 얻어 갖게 되었다. 아마도 예수께서 베드로를 향하여 "너는 반석盤石이다"라고 하신 말씀에서 이름 따 김일성의 어머니 이름이 반석이 되었을 것이다. 만경대에 김일성 생가가 있어 평양을 방문하는 높은 사람들이 그곳의 안내를 받아 김일성의 어린 시절 이야기를 듣는 것이 하나의 관례처럼 되었다고 들었다.

해방된 평양의 이모저모

평양에서 추위를 참으며 그 겨울을 보내다가, 나는 하얼빈공대를 졸업하고 돌아온 삼촌 한 사람이 시작한 러시아어 강습소에 나가게 되었다. 그때 초보를 익힌 러시아어를 끝까지 배웠더라면 러시아어 통역이라도 할 수 있었을 터인데, 나는 강습소를 그만두고 내가 졸업한 상수학교에 교사로 다시 취업했다.

그때에는 학교 이름이 바뀌어 상수인민학교가 되었는데, 교장으로 부임한 남 씨는 안팎이 새빨간 공산주의자였다. 물론 유물론이나 유물사관을 제대로 익힌 사람들은 아니었지만, 도처에 공산주의자들이 고개를 들기 시작했다. 인민위원회가 조직되었을 뿐만 아니라 인민군의 전신인 적위대Red Army도 차차 눈에 띄게 되었다.

평안남도 인민위원회 위원장으로 조만식 선생이 취임했지만, 부위원장은 해방과 함께 출옥한, 본직이 사진사인 김유창 씨였다. 여러 해 동안 감옥생활을 해서 연단을 거듭했기 때문인지는 모르겠으나, 김유창은 문자 그대로 강철 같은 사람이었다. 본디 상수학교 자리는 소련군이 주둔하게 되어 상수인민학교는 옛날 일본인 학교로 이사할 수밖에 없었다. 바로 길 하나 건너 남산국민학교 자리에 평양남도 인민위원회가 자리 잡았다.

다시 평양 이야기로

김일성이 등장하고 평양의 분위기는 점점 더 살벌해지기 시작했다. 인민군의 전신인 적위대가 조직되었는데, 선발 기준이 무엇이었는가 하면 출신 성분이었다. 물론 정부의 높은 자리는 유물론에 심취하여 '공산당 선언'을 달달 외우며 1917년 러시아 혁명을 역사적 쾌거로 받아들이는 자들이 발탁되어 쓰인 것은 사실이다. 그러나 말단에서 일하는 자들에 대해서는 성분만을 따지는 사회가 된 것이다.

가장 알아듣기 쉬운 말로 표현하면, 평양 시내의 그 많은 냉면집에서 일하던 이른바 '중머리'들이 적위대 대원으로 뽑혔다는 소문이 자자하였다. 중머리란 냉면집에서 냉면을 배달하는 일꾼들에게 붙여진 이름이다. 대개는 시골에서 올라온 일자무식의 총각들로서, 냉면 배달이 차차 익숙해지면, 열 그릇이 넘는 냉면 그릇들을 나무판때기 쟁반 위에 올려놓고 얼음판에서도 자전거를 타고 배달 임무를 완수하는 젊은이들이었다.

김일성이 가장 믿고 의지하던 일꾼들은 그런 작자들이었다고 보면 된다. 우리 집은 가난하긴 했으나 학력은 높은 집안이었고 교회에 다니는 기독교 신자들이었기 때문에 김일성과 함께 고향땅에서 살기는 어렵겠다는 생각이 들었다.

가자! 남쪽으로

어떤 보이지 않는 손에 내가 휘감기는 듯한 느낌이 들기 시작했다. 1917년에 발발한 볼셰비키 혁명을 고스란히 반복해 보려는 김일성 아니 김성주의 폭정에 시달리다 못해 월남을 결심했다. 많은 친지가 이미 평양을 떠나 월남하였다는 소식도 들렸다. 내가 어머니를 모시고 허름한 옷차림으로 평양을 탈출하려고 기차역을 찾아간 것은 무더운 여름인 6월 중순경이었다.

원산을 거쳐 의정부로

그 시절 탈북자들이 택하는 월남 경로는 대개가 경기도 연백군 청단靑丹포구를 거쳐 개성으로 가는 방식이었지만, 그 노선은 이미 소련군의 감시가 매우 심했다. 뿐만 아니라 안내자를 잘못 만나 돈과 목숨을 잃어버린 불상사가 비일비재하다는 소문이 나돌았다. 결국 나는 원산을 거쳐 먼저 강원도 철원에 가서 거기서 서울로 가는 길을 모색하는 경로를 선택하게 되었다.

평양과 원산을 잇는 평원선을 타면 석왕사역을 지나게 된다. '석왕사역' 그 푯말을 차창으로 내다보면서 옛날 교과서에 실렸던 "내가 아버지를 모시고 석왕사에 간 것"으로 시작하는 문장의 한 구절이 떠올랐다. 이래저래 '명사십리'로 유명한 원산에 도달했을 때는 이미 날이 저물어

기차역에서 가까운 여관에 투숙할 수밖에 없었다.

아침이 되어 원산의 그 여관에서 어머니와 마주 앉아 아침상을 받았다. 상에는 금방 구워 올린 고등어 한 마리가 있었다. 나는 그렇게 물 좋고 맛 좋은 생선을 먹어 본 적이 없었다. 그 고등어구이 맛은 아흔이 넘은 오늘도 생생하게 기억하고 있다.

그러나 어머니와 나는 멀고도 험난한 길을 가야 하는 모자母子였다. 기차를 타고 우선 철원까지는 가야 하는데, 기차 안에서 월남하는 자라는 것이 발각되면 체포될 수밖에 없는 현실이었다. 나의 어머니는 임기응변에 재능이 뛰어난 분이었다. 원산에서 멸치 한 포대를 사서 내 등에 짊어 주시며, "기관원이 기차에 올라와서 너에게 어디에 무엇 하러 가느냐고 물으면, 멸치[3] 장사라고 대답하라"고 일러 주었다. 아들의 안전을 도모하는 어머니 배려였다.

기차는 만원이었다. 다행히 기관원이 나에게 아무것도 묻지 않고 그냥 지나가 버렸다.

철원역에서 무사히 기차에서 내려 나는 멸치 보따리를 짊어지고 경기도 연천을 향해 걸어가야 하는 상황이었다. 달빛도 없는 칠흑같이 어두운 밤이었다. 물론 안내자가 있었다. 우리 일행 중엔 김영성 권사와 그의 딸 정확실도 있었다. 정확실은 서문고녀 출신으로 월남하여 이화여대 영문과를 졸업했고, 훗날 국무총리가 된 이영덕의 부인이 되었다.

---

3 〔편저자 주〕 멸치 포대가 생명의 동아줄이 되어 주어 멸치를 말할 때마다 감회가 각별했던가. 맹산은 꼭 평양 어법으로 '메르치'라 발음했다.

세상이 이렇게 바뀌었으니

우리 일행이 38선을 넘던 그때가 농촌은 모내기가 끝날 무렵이었다. 논에는 물이 가득하였다. 칠흑같이 어두운 밤중에 논두렁길을 따라 남쪽으로, 남쪽으로 발걸음을 옮기는 우리들은 실족하면 논에 빠질 수밖에 없기 때문에 가슴을 조이며 걷고 있었다. 논마다 때를 만난 개구리들은 요란하게 울어댔고, 38선을 넘어야 하는 우리들 마음은 초초하기 그지없었다.

얼마나 먼 길을 걸었는지 지금은 전혀 생각나지 않지만, 간신히 연천까지 가서 38선을 넘을 때는 먼동이 트고 새벽이 밝아오고 있었다. 긴장을 더하는 개구리 울음소리를 들으며 밤새도록 강행군했는데, 어느덧 아침 해가 붉게 떠오르고 있었다. 드디어 우리는 38선을 넘어 탈북자들을 위한 수용소에 도달했다. 더 이상 개구리의 노랫소리가 들리지 않았다.

그 피란민 수용소는 한국 경찰과 미군이 함께 일하고 있었는데, 월남한 탈북자 모두에게 사정없이 DDT를 뿌려댔다. 월남 인사들과 함께 온이와 벼룩은 물론, 온갖 해충들을 몽땅 제거하는 방역 작업을 실시하던 광경이 오늘도 눈에 선하다.

드디어 서울

때는 1946년 6월 19일, 평양역을 떠나서 며칠이나 되었는지 까마득했다. 철원 근처에서 트럭을 얻어 타고 의정부를 거쳐 서울 명륜동까지 왔을 때는 무더운 여름 오후였다.

나의 삼촌은 진남포상고를 졸업하고 서울 화신상회에서 근무하고 있었다. 삼촌 댁은 예전의 작은 집에서 경성여의전 가까이 위치한 일본인이 살았던 적산가옥을 구입하여 비교적 큰 집으로 이사했다. 우리는 김영성 권사와 그 딸 정확실과 함께 그 집에서 며칠간 기거할 수밖에 없었다.

어머님은 누님 연고지도 감안했음인지 연희대와 가까운 곳에 이사 가기로 결심했다. 드디어 우리 가족은 아현동 마루턱에 있는 낡은 집 방을 얻어서 피란민으로 서울 생활을 시작하였다. 연희대까지는 고개를 넘어 이화여대 교정을 거치면 25분밖에 걸리지 않았다. 평양에서 소문난 부자였던 황갑영 씨와 그의 부인만이 단출하게 살던 큰 집이었다.

거기 방 두 칸을 세 얻어서 새 살림을 꾸렸다. 그 좁은 집에도 월남한 친지가 많이 찾아들었다. 우리 집은 언제나 북적북적했고 식객이 없던 날이 별로 없었다. 그런데 내 어머니는 그 어려운 살림을 잘도 꾸려 나갔다.

연희대생이 되다

그 시절에, 해방이 된 후 모든 전문학교가 대학으로 승격하였고, 여름에 입학시험을 보면서 학생들을 모집했다. 미국 선교사가 세운 학교이기 때문인지, 연희대에는 지원을 희망하는 젊은이들이 교문이 터질 만큼 많이 모여들었다.

평양에서 중학을 마쳤다는 나의 증언만을 믿고 백낙준 총장은 나를 전문부 문과에 받아 주었다. 짐작하건대, 김활란 총장이 백 총장에게 나의 입학을 부탁하였을 것이었다.

연희동산에 올라

그때는 그런 일이 다 가능한 시절이었다. 그렇지 않고서야 내가 어찌 그 무서운 경쟁을 뚫고 그 대학에 합격했겠는가? 농담이 아니라, 진담이다. 그러나 연희대가 나를 학생으로 받아 준 사실을 그때나 지금이나 후회하지는 않았을 것이다.

새로 짜인 연희대 교수진은 김선기, 홍순혁, 김윤경, 이호근, 서두수 교수 등을 비롯하여 모두 그 시대의 쟁쟁한 학자들이었다. 일제 말에 문과 학생 모집을 중단했기 때문에 대학에 진학하지 못하고 있던 인재들이 전문대학에 많이 몰려들었다. 학생들 중에는 훗날 극작가로서 명성이 자자했던 차범석과 같이 이미 여러 작품들을 발표했던 인물도 끼어 있었다.

그 당시 학제는 3년에 전문부 졸업장을 받을 수 있었고, 계속 대학 학부에 다니려면 또다시 시험을 치러야 했다. 1947년 나는 학부 영문과에 지원했고 아마도 간신히 입학이 허락되었을 것이었다. 학부 1학년 때 만난 동기생 중에는 학생 시절에 고시에 합격하여 뒤에 유명한 검사가 된 이병용과 외무부 차관을 지낸 전상진 등이 있었다.

누님이 학기마다 등록금을 마련해 주었다. 장학금으로 충당한 적도 몇 번 있지만 누님의 그 희생이 없었다면 나는 대학을 중퇴했을지도 모른다. 누님은 양장 한번 제대로 차려입은 적도 없고, 어머님이 손질해 주시는 치마저고리만 입고 다녔다. 얼굴에 분 한번 찍어 바르는 일도 없고, 반지나 목걸이도 없이 매우 소박한 삶을 살았다.

싸움꾼 대학생

대학생활, 무서운 게 없었다. 물론 어려서도 용기는 있었다. 나보다 크고 힘센 아이들과도 곧잘 싸웠다. 대학생이 되어서도 주먹싸움은 여러 번 했다. 한번은 당시 권투 국가대표 선수이던 주상점과 싸움이 벌어져 되게 얻어터진 일도 있었다.

잘못된 일을 보고 가만 못 있는 성격이어서 '싸움꾼'으로 이름이 나기도 했다. 그럼에도 기독학생회 회장,[4] 그리고 대학 초대 '민선' 총학생회장에 뽑혔다.

연희대 배움은 언더우드 일가의 은총이 컸다. 서울 신문로 새문안교회와 연희전문 설립자인 원두우元杜尤, Horace Grant Underwood에게서 교육을 받은 적은 없었다. 그러나 그의 아들 원한경元漢慶, Horace Horton Underwood과 그의 손자 원일한元一漢, Horace Grant Underwood,[5] 두 사람이 가르치는 과목을 택하여 그 두 사람은 나의 스승이 되었다.

아들과 손자가 둘 다 한국말에 능숙했다. 하지만 두 사람 강의를 들어 본 학생 입장에서 말한다면, 아들 원한경의 한국말이 손자 원일한의 그것보다 훨씬 훌륭했다. 아들 원한경에게 미국 문학사 강의를 들었고, 손자 원일한에게는 현대 영어를 배웠다. 원일한은 유식한 것이 지나쳐

4 〔편저자 주〕 기독교학생회 소식지 〈좁은 문〉(1948. 10. 23)에 백낙준 총장이 축사를, 회장 김동길이 장문의 창간사를 적었다.

5 〔편저자 주〕 신문에 우리말 신상 수상을 적기도 했다. 마산이 기억하는 글 하나는 서울 신촌 시장 장보기 일화. 그를 본 시장 바닥 아지매가 "그 코, 참 크다!"고 넋두리로 감탄했단다. 그때만 해도 외국 사람은 우리말을 모른다고 치부하던 시절이다. 한국 정착 연고가 오래인 원일한은 달랐다. 되돌아보며 한마디 해 줬다고 수필에 적었다. "내 코 큰 게 기분 나빠요?"

서 “유치하다”를 좀 더 유식하게 표현하기 위해 “유치적이다”이라 말하니 듣기가 좀 거북했다. 해도 두 분 모두 학생들을 열성적으로 가르쳤다.

원한경이 강의 시간에 학교 설립자 아버지의 이런 일화를 들려준 적이 있었다. 원두우는 사냥을 좋아해서 눈이 내리는 겨울에도 강원도 산골로 사냥 가는 것이 취미였다. 한번은 그가 강원도 어느 산골에서 조그만 구멍가게에 들렀는데, 그 초라한 가게 앞에 “없는 것 없음”이라고 쓰인 쪽지가 붙어 있었다. 원두우는 그 주인을 한번 시험해 보고 싶은 마음이 발동하여 가게 문을 열고 들어가 주인을 찾았다.

몇 가지 품목을, 그것도 그 가게에 없을 것으로 보이는 물건만을 거명하면서, 있느냐고 물었더니 번번이 “없습니다”라고 하더란 것. 속으로 ‘옳거니’ 하고 익살을 부릴 기회를 포착한 설립자는 “아니, 문 앞에 ‘없는 것 없음’이라고 써 붙였으니 다 있어야 할 것 아닙니까? 그런데 왜 내가 찾는 물건은 하나도 없다고 합니까?”라고 물었다.

질문과 질책을 받은 주인은 태연자약하였다. 서양인 선교사를 쳐다보며, “아니, 내가 없는 것 없다고 했지, 없는 걸 있다고 했습니까?”라고 응수하더란 것. 이 말에 원두우는 마음속으로 크게 탄복하며 아마도 한국인처럼 유머가 많은 국민은 드물 것이라고 감탄을 금치 못했다는 것.

미국 타자기의 유명한 메이커가 있었다. ‘Royal’이나 ‘Smith-Corona’보다 앞서 ‘Underwood’라는 상표로 팔리던 타자기였다. 세계 최대의 타자기 회사를 설립해 타자기를 직접 제작·생산한 이는 다름 아니라 연희대 설립자 원두우 목사의 형 존 토머스(1858~1937)였다. 그는 동생의 선교 사업을 물심양면으로 아낌없이 후원했다. 100여 년 전에 동생에게 5만 달러(현재 5,000억 원 이상)를 보내 신촌에 20만 평 땅을 구입하여 1915년 연희전문학교를 세우게 했다.

원두우 목사는 부유한 가정에서 태어나 안락한 삶을 누릴 수 있었는데, 모든 가족과 친지들의 반대에도 무릅쓰고 왜 이 먼 곳을 찾아온 것일까? 목사의 일차 희망 선교지는 한국이 아니고 인도였다. 그런데 한국이라는 생소한 국가에 파견할 선교사 한 명을 찾지 못하고 있다는 소문을 듣고 그가 한국 선교 활동을 결심하게 되었다. 당시의 서양 사람들은 한국이라는 나라가 미개한 나라라는 인식밖에 없었고, 아직은 선교지로 적합하지 않다는 생각을 갖고 있었다.

원두우 목사가 무슨 일이 있어도 한국 땅에 선교사로 가야겠다고 확고하게 결심한 것이 과연 그 혼자만의 힘으로 이루어진 것일까? 차원이 다른 어느 곳에서 "네가 가야지!"라는 음성이 들려오는 것을 그가 들은 것 아닐까? 그렇지 않고서야 어떻게 26세 젊은이가 그런 험난한 모험을 단행할 수 있었을까? 신앙심이라는 것을 빼고는 이해할 길이 없다.[6] 그의 신앙심은 어디서 온 것일까?

---

6 〔편저자 주〕 서울 새문안교회도 창립했던 일가를 일컬어 '신촌 원씨'라 했다. 교회에 세워진 공덕비는 원두우를 기려 한자로 '咸稱保羅(함칭보라: 모두가 바울이라고 칭하였네)' 문구를 새겼다.

언더우드 2세 부인 피격 사망

그런 내력의 연희대 캠퍼스 안에서 세상을 뒤흔든 일대 변고가 발생했다. 좌우대립이 극심했던 1949년 즈음이었다. 대립 시국은 3·1절 행사를 좌우 진영이 남산과 서울운동장에서 각기 개최했고 충돌로 이어져 경찰이 발포하고서야 수습될 정도였다.

3월 17일. 연희 대학촌의 원한경(언더우드 2세) 집에서 선교사 부인과 연대 교수 부인 20여 명이 모여 다과회를 열고 있었다. 그 전해 1948년 12월 9일에 프랑스 파리에서 열린 유엔 총회에서 46 대 6표로 대한민국이 승인된 것을 축하하고, 총회 참석 한국 대표였던 모윤숙 시인의 이야기를 듣기 위해서였다.

누군가 초인종을 눌렀다. 이후 사태는 그 아들 원일한이 훗날 적었다.

"어머니 에델(Ethel Underwood, 1888~1949)이 현관문을 열고 보니 한 청년이 있었다. 청년은 무조건 방 안으로 들어가겠다고 우겼고 그렇게 옥신각신했다. 소란을 틈 타 또 한 명이 어느새 뒷문으로 들어와 어머니를 향해 뒤에서 총을 쏘았다. 어머니는 백낙준 총장 부인 차로 세브란스로 옮기는 도중 운명하고 말았다."

에델 피살은 연희대 민주학련위 위원장 등 공산 학생 간부 3명의 소행이었다. 국내 언론은 "그 자리에 함께 있던 모윤숙 저격이 목적이었으나 실수로 에델을 죽인 것"이라 했다. 전쟁으로 가는 묵시默示였던가. 이 해에 에델을 시작으로 김구 등 많은 이들이 피살돼 '암살의 해'로 기록됐다. 에델 피살을 두고 공식적으로 친일·친미의 모윤숙 저격설로 굳어졌으나, 원일한은 회고담에서 이러한 설을 모두 부정하고 "공산당이 사회 혼란을 노린 것"이라 적었다.

연희대에서 영어를 가르치던 부인은 인물도 잘생기고 사람됨도 호인이었다. 학생들에게 〈3·1 독립선언문〉을 영어로 번역해서 제출하라는 숙제를 내준 적이 있었다. 힘든 숙제였지만 최선을 다하여 마무리를 짓고 제출했는데 며칠 안 돼서 불상사가 터졌다.

서울 구로구 천왕동에서 복지사업도 열심이던 에델이었다. 당시 한국 교계는 "은혜를 원수로 갚은 사건"이라고 분노했다. 영결식은 22일 새문안교회에서 학교장으로 치러졌다. "기독교인 등 수천 명의 사람이 거리에 나와 눈물을 흘렸고 운구행렬로 교통이 차단되어 마치 국장國葬을 치르는 듯했다."

황금의 음성 주인공

얼마 뒤 부인을 위한 추모예배가 연대 노천강당에서 열렸다. 학생 전원 참석에 각계각층 조문객도 자리했다. 김동길은 학생을 대표하여 추모 글을 적어 읽었다. 추모사에서 3·1 독립선언서를 영어로 옮긴 숙제는 제출했지만 채점한 숙제를 돌려줘야 할 사모님은 세상에 계시지 않다고 추모했다.

그때 총장 백낙준이 눈물을 흘렸다고 소문났다. "매우 우연한 일이기는 하지만, 그날의 추모예배가 김동길을 당시에 연희대의 명물이 되게 했다. 이 사실 때문에 김동길이 연대 총학생회장으로 선출된 게 아닐까 스스로 생각했다."(10)

재학생 조사弔辭에 김동길을 추천한 이는 영문학과 성운학聲韻學 강의 담당 김선기 교수였다.[7] 강의실에서 만났던 김동길의 타고난 미성美聲을 높이 산 천거였다. 기이한 것은 백낙준의 음성이 바로 '황금의 음성golden voice'[8]이었다고 김동길이 회고한 점이다. "푸른 산에 물이 흐르듯" 했다는 것.(11)

김동길을 처음 대면했을 때 누구나 직감했던 바는 당신의 낭랑한 목소리였다. 당신이 목소리 칭찬을 들을 때마다 김선기의 연희대 스승이기도 했던 유명 한글학자 외솔 최현배의 지독한 경상도 울산 사투리를 흉내 내곤 했다. 스승 말을 알아듣기 어려웠는데, 심한 정도가 이를테면 '해방'을 '해뱅'으로 발음했을 정도였단다.(12)

---

7 〔**편저자 주**〕 연희전문을 졸업한 김선기 교수는 일제 때인 1937년 영국 런던대에서 음성학을 전공했다. 연희전문 교수 시절, 1942년 조선어학회사건으로 함흥형무소에 투옥되었다. 1943년 기소유예로 출감했지만 학교에서 강제 해직되었다. 해방 이듬해 1946년, 연희대 영문학과 교수로 복직했다가 나중에 서울대 문리과대학으로 옮겼다. 1960년 편저자 마산이 대학에 입학했을 때는 학장이었다.

8 〔**편저자 주**〕 미국 사회심리학자 말로 상대방에 대한 인상이나 호감을 결정할 때 목소리가 미치는 비율은 38%, 견주어 외모·표정과 태도가 미치는 영향 비율은 각각 35%, 20%라 한다. 목소리는 다양한 주파수의 음이 혼합된 복합음이고, 이 주파수 음들이 섞이면서 화음을 형성한다. 화음 형성 주파수를 하모닉스harmonics라고 하는데, 일반인 목소리는 하모닉스가 4~6개 정도임에 견주어 좋은 목소리의 성악가는 10개 이상이 된다(김형자, "남에게 호감 주는 데 목소리 영향이 38% … 외모보다 중요," 〈조선일보〉, 2024. 8. 13).

6·25 동란을 살아 넘어

1950년 6월 25일, 일요일이었다. 종로 YMCA 강당에서 그날 오후 함석헌의 강연이 있었다. 직후 선생을 작은 방에 모시고 그날 새벽부터 점점 커져 가는 대포 소리를 들으며 몇 사람이 모여 앉아 우울한 표정으로 나라 앞날을 걱정하고 있었다.

"아무래도 일이 심상치 않을 것 같아. 느낌이 좀 다른데 … ."

선생은 긴 수염을 쓰다듬었다.

부산 피란

6·25가 터지던 그날 새벽부터 38선 근처에서 대포 쏘는 굉음이 들려오기 시작했다. 이튿날 월요일에는 서울 상공에 인민군의 미그 전투기가 요란하게 날아갔다. 그때 연희대 총학생회장이던 나는 학교를 지킨다고 목총을 들고 학생회 간부들과 학교에서 밤을 새웠다.

화요일엔 국군 패잔병들이 부상자들과 함께 힘없는 발걸음으로 교정을 지나 남쪽으로 사라져 갔다. 수요일 새벽에는 한강 쪽에서 엄청난 폭음이 들렸다. 이후 알게 된 사실이지만, 인민군의 남진을 차단하기 위해 한강 철교가 폭파된 것이었다.

그날 오후 박상래 교수가 우리를 찾아와, "인민군이 이미 서울에 들어왔다니, 제군들은 2~3일간 서울을 피해 남쪽에 잠시 가 있다가 돌아오면 어떤가?" 그러면서 여비가 든 봉투를 내게 건네주었다. 매우 위급한 때였다. 생각을 더 해볼 여유가 없었다.

우리는 서강西江에서 작은 쪽배를 얻어 타고 한강을 건넜다. 걷고 또 걸어서 안양으로 수원으로 강행군을 계속했다. 고달픈 피란길을 더듬고 더듬어 부산 해운대까지 갔다. 초라한 어촌에 지나지 않았던 해운대 길로이 비치Gilroy Beach[9]에 심상준[10] 사장이 경영하던 대원기업 전담의 미군 군수물자 하역작업 현장이 있었다. 거기서 노무자들 통역 노릇을 하면서 1950년 7, 8, 9월의 무더운 여름을 보냈다. 어느 허술한 여관에 묵으면서 출퇴근했던 그때 나이 스물셋의 청년이던 나는 서울이 수복되기를 애타게 기다렸다.

인민군에 의해 3일 만에 무너진 서울을 유엔군이 석 달 뒤 탈환했다. 9·28 수복이었다. 10월 7일경, 운이 좋아 부산 영도를 떠나는 경찰 경비정을 얻어 타고 인천을 향했다. 한밤중에 무서운 풍랑을 만나 10톤짜리 경비정이 침몰 위기에 직면했다. 풍랑이 하도 심해서 먹은 걸 다 토하고, 비가 억수로 쏟아져 물을 푸고 또 퍼도 그 많은 물을 감당할 수 없어서 죽을 지경이었다. 문득 정신이 들어 바울의 기도를 생각했다. "하나님, 나에게 사명이 있다면 살아날 수 있게 해 주십시오!"라고 기도했다. 선실로 돌아와 계속 물을 퍼냈다.

---

9 〔**편저자 주**〕 1945년 미군의 한국 진주 때부터이던가. 한국 지명 발음의 어려움을 피하기 위한 대안으로 영어 낱말을 가져다 붙였다. 전라도인가 전라남도를 하와이로, 부산을 플로리다로 부르는 식이었다. 아마도 해운대 해변 옆 수영부두를 길로이 비치로 불렀던 것으로 추정된다.

10 〔**편저자 주**〕 심상준은 1947년 대원기업 사장, 1950년 제동주식 사장. 지남호로 참치를 잡은 우리나라 원양어업의 개척자였고, 식품산업 개발 선구자였다.

그다음 날은 언제 그랬느냐 싶게 맑고 화창했다. 인천항에 무사히 도착한 나는 그 한밤의 짧은 기도 한마디 덕분에 이후 긴 세월을 더 살면서 일할 수 있었다고 확신한다. 곧, 사명이 있으면 사람은 죽지 않는다는 것을!

인천 앞바다에 도착하니 미군 함선 약 200척이 바다를 가득 메우고 있었다. 피란길에 나설 때 가족에게 연락할 틈도 없었기에 어머니 등의 안부가 궁금하기 짝이 없었다.

1 · 4 후퇴 즈음

9·28 수복 때 집에 돌아온 나는 얼마 뒤 중공군 남침과 때를 같이하여 내 친구 이근섭[11]과 함께 12월 19일 제2국민병으로 징집되었다. 창경궁에 집결, 장호원·수안보 등지를 거쳐 부산을 향해 강행군이 시작되었다.

6·25 전쟁이 터진 그해 겨울은 유난히 추웠다. 행군 중에 식량 배급이 제대로 될 리가 없었다. 소금 뿌린 주먹밥 한 덩어리로 끼니를 때우며 밤이 될 때까지 걷고 또 걸었다. 수안보 온천에서 처음으로 한 번 목욕을 하기까지 여러 날 세수도 하지 못했다. 일본 가옥에 온천장이 꼭 하나 있어서 전원이 거기서 '팔자에 없는' 온천을 하게 되었다. 중공군이 김일성 편을 들어 압록강·두만강을 넘어 남하하는 바람에 유엔군의 한반도 통일은 '이룰 수 없는 꿈'이 되었던 그 무렵의 일이었다.

뜨거운 온천을 한 번 하고 나오니까 묵은 때가 싹 없어지고 깨끗한 새

---

11 〔편저자 주〕 이근섭은 1929년 평양에서 태어나 연세대에서 영문학 학사·석사·박사학위를 취득하고 이화여대 영문학과 교수를 지냈다.

사람이 된 느낌이었다. 매일 목욕재계 하는 사람과 조금도 다를 바 없는 '회개한 죄인'이 된 것이다. 정말 날아갈 듯이 가벼운 마음이었다. 나름대로 신앙을 생각하는 삶을 살면서 가끔 수안보의 그 저녁을 회상한다.

제주도 모슬포의 신병훈련소로 가서 이근섭과 함께 훈련도 받았다. 하지만 나는 미 제5공군 공군대학Air University이란 수사기관에서 번역 일을 하다 입대하였기 때문에 군번도 받기 전에 차출되어 부산 초량역 구내의 미군 천막 사무실에서 근무하게 됐다. '공군대학'이라는 특이한 명칭을 가진 미 정보기관의 수사관이라는 직함을 받고, 거제도 포로수용소에서 포로와 면담하여 얻은 정보를 영어로 번역하는 일을 하면서 그 겨울을 보냈다. 공군대학에는 미국 대학의 사회학 교수들이 여럿 와서 함께 일하고 있었다. 한편, 친구 이근섭은 군번을 받고 어느 부대에 소속되어 군복무 기간을 다 마쳤다.(13)

중학 교사, 연희대 전임강사, 미국 유학

전쟁 중이던 1951년 연희대 영문학과를 졸업한 나는 임시수도 부산으로 피란 나온 진명학교[12]에서 영어를 가르쳤다. 1955년에는 백낙준 총장 발탁으로 연희대 문과대학에 전임강사가 되었다.

전임이 된 나는 가르치던 대학생들에게 규율 있는 행동거지를 강조하곤 했다. 내 훈육이 어떤 식이었던가는 그때 학생 김동건 아나운서가

12 4·19 때 목숨을 잃은 서울대생 6인 가운데 한 사람인 미대 응용미술과 3학년 고순자가 진명여학교 시절의 내 제자였다.

생생하게 증언해 주곤 했다. 명절마다 은사의 세배 자리 옆에 앉아서 세배객 앞에서 매번 털어놓던 연례행사였다.

> 그가 배석해 있을 시간을 예상해서 그 자리에 임석했기 때문에 편저자는 적어도 열 번 가까이 그 레퍼토리, 그 스토리를 들었다. 나중에 그 해프닝을 처벌 주인공 맹산이 직접 적었다.(14)

대학에 들어온 김동건을 처음 알게 된 것은 내가 신입생들의 지도교수로서 여러 학생들을 거느리고 광릉에 소풍을 갔을 때였다. 60~70명이 같이 갔던 것으로 기억하는데 그때도 그 모임의 사회자는 김동건이었다. 사회를 잘 보는 사람은 목소리가 좋고 말솜씨가 있고 눈치가 빨라야 하는데, 김동건은 그 모든 재능을 타고난 것이 확실했다.

광릉에 소풍 갔던 그날의 일은 잊을 수 없다. 점심을 먹기 위해 흩어지기 전에 미리 한마디 했다. "우리 대학은 술 마시는 것을 용납하지 않는다. 학교에서는 담배도 못 피우게 한다. 그런즉 한잔하고 추태를 부리는 일이 없어야 한다. 그런 일이 혹시라도 있으면 학교 당국에서 처벌할 것이다."

그렇게 일침을 준 후 점심을 먹고 다시 학생들을 모이게 하니 한 잔씩 한 학생이 여럿 있었다. 그걸 보고 가만히 있을 내가 아니었다. "술 먹은 사람 다 나와!" 내가 호령했다. 지금은 90이 넘어 노쇠했지만 그때는 나를 당할 사람이 없었다. 지도교수로서 학교의 입장에서 설명하고 술을 마셨다고 자백하는 자를 일렬로 세웠다.

"음주한 학생들이 있다는 사실을 알면서 덮어 줄 수는 없다. 담당 교수로서 나에게 재량권이 있는 건 사실이다. 두 가지 중 하나를 선택할 수 있다. 이 사실을 학교에 보고하여 그에 상응하는 처벌을 받겠는가? 아니면 이 자리에서 담당교수인 나의 처벌을 받겠는가? 즉결처분을 받으면 끝나는 일이다."

이 말에 불그레한 얼굴로 줄 선 학생들이 "즉결처분을 받겠습니다"라고 했다. 그리하여 20명에 가까운 범법자들의 뺨을 한 대씩 갈기는데 그 강도는 균형을 이루어 한결같았다. 그들의 얼굴이 빨개져서 어쩔 줄 몰라 하는데 '폭력교수'가 한마디 했다. "자 이제는 처벌이 끝났으니 여흥 시간을 갖도록 하자."

그때 사회를 맡은 김동건이 한마디 했다 "선생님, 어찌 이런 상황에서 여흥 시간을 가질 수 있겠습니까? 선생님이 노래라도 해 주셔야죠." 그래서 나는 영어 노래(I dream of Jeannie)를 불러 주었고 앙코르 요청이 있어 다른 노래를 또 한 곡 불렀다. 매 맞은 자들도 얼굴은 빨갰지만 기분이 좋아졌다. 그 뒤는 사회의 천재인 김동건이 맡아서 잘 진행되었다.

그때부터 나는 김동건을 잊을 수가 없다. 김동건의 어머니는 평양의 서문여고를 졸업하고 어느 국민학교 교사였다. 김동건은 황해도 태생인데 그의 어머니는 귀여운 아들 둘의 양육과 교육을 자기 언니에게 맡기고 일찍이 하늘나라로 갔다. 김동건은 자기를 키워 준 이모가 자기를 낳아 준 친어머니인 줄 믿고 자랐다. 이모님의 큰 사랑으로 어머니 없는 아이가 아니라 사랑이 흘러넘치는 어머니의 아들로 훌륭하게 성장했다. 그의 모습에서는 어린 시절이 불행했다는 인상을 조금도 찾을 수 없다.

얼마 뒤 1956년에 백 총장이 2년 약정 전액 장학금을 주선해 주었다. 미국 인디애나주 에반스빌Evansville대에서 연희대 수학을 인정해 주어서 1년 만에 그곳 역사전공 학사학위를 받을 수 있었다. 체류기간이 1년쯤 남아 블루밍턴의 인디애나주립대 대학원에서 1년간 더 수학했다.

2학년academic year[13] 유학을 마치고 1957년에 귀국하니 그사이 연희대는 없어지고 새로이 연세대가 탄생해 있었다.[14] 영문학과 대신 사학과로 복직한 나는 일반 교양과목인 서양문화사를 담당했다. 전공과목은 그 분야를 전공하는 학생들만 수강신청을 할 수 있지만, 문화사는 교양과목이기 때문에 어느 대학, 어떤 학과 학생이라도 수강할 수 있었다.

인기 교수 등극

교수들 중에는 열 개를 알아도 하나밖에 가르치지 못하는 교수가 있는가 하면, 하나만 알고도 열 개를 가르칠 수 있는 터무니없는 교수가 있을 수도 있다. 나는 후자에 속하는 엉터리 교수였음을 이 기회에 자백한다.

물론 인문학 관련 과목에 해당되는 사항이긴 하지만, 교재를 잘 준비해 가지고 교단에 서는 교수가 있는 반면에, 별 준비도 없이 등단하여 이 소리, 저 소리 하는 엉터리 교수도 있는 것이 사실이다. 공부를 많이 하고, 준비를 단단히 하고 교단에 서는 대부분의 교수는 학생들 앞에서 처음부터 긴장하여 덜덜 떠는 경우가 많다. 한편 준비 없이 학생들 앞에 서는 교수는 배짱 하나로 자기 자리를 지키는 부류의 사람이므로 처음

---

13 〔편저자 주〕 미국 대학의 1학년學年은 30주 강의가 기준이다. 대학에 따라 1학년을 2학기제 semester(15주 강의) 또는 3학기제quarter(10주 강의)로 운영한다.

14 〔편저자 주〕 1957년 세브란스의과대학과 통합하여 연세대학교가 새롭게 발족했다. 초대 총장은 백낙준이 취임했다.

부터 당당하고 끝까지 당당하게 강의를 할 수 있다.

내가 주로 가르친 것은 서양문화사. 나에게 무슨 해박한 역사에 관한 지식이 있어서가 아니라 그날그날 공부해 가면서 학생들을 가르쳤다. 지식이야 많든 적든 줄거리를 잘 잡고 이런저런 이야기를 덧붙이는 재주는 하나 가지고 태어났기 때문이었을까. 나의 강의실에는 다른 대학에서 와 도강盜講하는 학생들도 적지 않았다. 어떤 때는 복도에 학생들이 줄을 서서 내 강의를 듣는 광경도 흔히 볼 수 있었다.

그건 다 팔자소관. 실력이 뛰어나지 않더라도 잘 가르치는 DNA는 타고난 모양이다. DNA가 한몫을 하는 것인지, 나는 어느새 연세대의 인기 교수가 되어 있었다.(15)

다시 1967년, 백낙준 총장이 뉴욕의 유나이티드 보드United Board를 통해 학비와 생활비와 여비를 다 마련해 주면서 "다녀오게" 해서 보스턴 대[15]로 유학 갔다.

나는 '고학苦學'은 못하는 사람이다. 남의 집 마당의 풀을 깎거나 남의 집 부엌에서 그릇을 닦는 일을 해야 학비를 조달하는 처지라면 나는 학위를 받지 못했을 것이다. 남들이 "그것도 못 참느냐?"며 나를 비난하겠지만, 나는 태어날 때부터 그렇게 생긴 사람이어서 어쩔 수 없다. 딱히 학위 딱지가 더 필요한가, 그런 생각을 가진 적도 있었다.

아무튼 4년간 공부해서 1970년대 초에 링컨 연구로 박사학위를 받았음은 앞서 말했다.(16)

---

15 〔편저자 주〕 예수회 산하 Boston College(BC)와 달리, Boston University(BU)는 보스턴 감리교 그룹이 설립한 사립대학이다.

제5장
그 어머님에 그 누님

김동길의 어머니

어머니에 대한 경애도 김동길은 링컨을 닮았다. 링컨의 생모 낸시는 그가 아홉 살 때 세상을 떠났다. 아버지 토머스는 죽은 낸시와 혼인하기 전에 구혼한 적이 있었던 세라 부시도 그사이 과부가 되었음을 알고는 자연스럽게 재혼 부부로 결합했다.

링컨의 '어머니들'

고맙게도 새어머니는 각별한 관심으로 링컨을 사랑해 주었다. 그가 공부에 더욱 적극적이 된 것도 새어머니 세라 부시 덕분이라 했다.[1] 소년의 깊은 곳에 감추어진 큰 재능을 알아보고 그 재능을 키워 주려고 노력했던 새어머니였다.

그가 크게 성공한 먼 훗날 "나의 오늘, 나의 희망 — 이 모든 것이 다 천사와도 같은 내 어머니 덕입니다"라고 효성 어린 고백을 한 일이 있다. 링컨이 계모 밑에서 자란 사실을 아는 어떤 사람이 그 "천사 같은 어머니"란 어느 어머니를 가리키는 말이냐고 물었을 때 링컨은 "어머니면 어머니지 그 말을 따져야 할 까닭이 어디 있느냐?"고 반문했다.

필시 링컨의 마음에 두 어머니는 모두 천사와 같았다. 아홉 살에 잃은 친어머니를 그리워하지 않았을 리는 없지만, 열 살에 맞이한 새어머니도 그가 평생 따르고 섬겼으며, 죽는 날까지 그 사랑에 변함이 없었다.(1)

온양 방씨

내 어머니는 비범한 분이었다. 나는 어려서 한번 땔감을 한 단 외상으로 가져오라고 해서 나뭇집에 갔던 일이 있었다. 추운 겨울날이었다. 주인이 이미 외상이 있기 때문에 더 줄 수 없다고 하여 빈손으로 투덜거리며 집에 와서 어머니에게 그 사정을 말했다.

내 말을 다 듣고 어머니는 "괘씸하다" 하더니 그 나뭇집에 함께 가자고 했다. 다시 그 집에 가서 그 집주인을 야단쳤다. "맹산 애가 추워서 나무 한 단을 외상으로 달라고 왔는데, 그냥 빈손으로 돌려보내는 것은

1 〔편저자 주〕 "아버지 토머스는 물론 무식하였고 자기 이름 석 자를 겨우 그려 놓는 정도였으며, 생모 낸시는 그것조차 할 수 없던 문맹이어서 사인을 해야 할 곳에 'X' 자를 그어 책임을 면하는 형편이었다."(김동길, 1979: 61).

잘못된 일이 아니오?"

주인은 오히려 어머니께 사과하고 나무 한 단을 또 외상으로 보내 주었다. 아들의 자존심이 상하는 것을 그대로 둘 수 없었던 것. 그래서 비록 우리는 가난했지만 기가 죽지 않고 떳떳하게 자랄 수 있었다.

그 역경 속에서도 딸을 이화여전에 보내고 아들을 평양고보에 입학시킨 나의 어머니는 정말 대단한 여성이었다. 바느질, 빨래 일을 하면서 장녀 김옥길을 상급학교에 보낸 경위가 김 총장 일대기에 감동으로 적혔다.(2)

딸을 권번 대신 여학교 보낸 맹산 여인

초등학교 졸업 후 3년 동안 김옥길은 단 한 번도 여학교 진학의 꿈을 포기한 적이 없었다. 어머니 쪽 친척 되는 이가 찾아와서 삯바느질에서 손을 떼지 못하는 어머니의 고생을 보고 "옥길이를 평양 권번에 보내면 먹고살 걱정이 없어지는데 왜 말을 듣지 않느냐"고 나무라곤 했다.

김옥길은 당시 상황을 이렇게 회상한다.

"어머니 뜻은 달랐다. 남보다 3년 늦었지만 장녀를 평양 숭의여학교로 진학시켰다. 만일 그때 어머니가 학교에 보내지 않고 공장 직공이나 기생을 만들어 명월관이나 국일관에 팔아 버렸다면 나의 신세는 어떻게 됐을까. 공장에서 여공 노릇은 착실히 했을지 모르지만, 아마도 기생으로는 완전히 실패했을 것이다.(3)

옛적부터 평양 하면 기생도시로 소문났다. 왕조 말에 우국지사 매천 황현[2]이 나라 망치는 폐단으로 셋을 들었다. 평양 기생·충청도 양반·전라도 아전의 발호를 꼽았다.

나라 폐단에 더해 백성 민심으로 그러했다. 평양 기생 폐단으로 말하면 민담民譚으로 사람 입에 올랐던 〈이춘풍전〉도 소금 장수로 큰돈을 벌었던 이춘풍이 소금 배를 몰고 평양을 가서 기생놀이에 빠져 패가망신하는 경위를 이야기 줄거리로 삼았다.

6·25 때 종군화가단 부단장이던 김병기 화백이 9·28에 이어 유엔군이 북진하자 따라서 1950년 10월 말 고향 평양으로 올라갔더니 이미 평양 시내는 기생 장사가 시작되었더라고 했다.(4) 말하자면 기생이 평양의 대표적 도시산업이었다는 말이었다. 그런 도시 분위기에도 불구하고 방方씨 어머니 덕분에 김옥길은 장차 희대의 여성 지도자로 우뚝 설 수 있었다.

"못살면서 계집애 공부시킨다"고 빈정거리는 사람이 왜 없었겠는가. 어머니는 절대 화를 안 내고 되물었다. "뉘 집에선 돈을 쌓아 놓고 공부시키나요?" 그 딸이 이화여대를 나오고, 총장이 되고, 문교부 장관이 되고. 이런 꿈은 이 여성(어머니)의 가슴에서 나온 것이다.(5)

어머니가 장바구니를 들고 신촌시장으로 나서면 골목의 좌판 아지매들이 모두 안노인을 알아봤다. 찬거리를 덤으로 더 담아 주려 하면 "남는 것도 없는데 웬 덤이냐!" 손을 저었다. 그 아지매들이 당신이 1973년 5월 2일 세상을 떠났을 때 상가를 찾아 문상 줄을 섰다.

---

2 〔편저자 주〕 자결하기 앞서 지은 〈절명시〉 1수는 이러하다. "조수도 슬피 울고 강산도 찡그리오/ 무궁화 이 세계는 망하고 말았구려/ 등불 아래 책을 덮고 지난 역사 헤아리니/ 세상에 글 아는 사람 되기 어렵기도 하네."

어머니가 운명하실 때에는 이 아들이 그 어머니를 품에 안고 임종을 지켜봤다. 마지막 숨을 몰아쉬신 뒤에 어머니의 수척한 얼굴에는 엷은 미소가 떠올랐다. 내 눈에는 그 어머니의 얼굴이 천사처럼 보였다. 어떤 자리에서 '어머니'라는 낱말이 화제가 되면 까닭 없이 눈물이 흐른다. 그래서 공공장소에서는 '어머니'를 언급하는 경우가 생기지 않도록 노력한다. 누님과 작별한 지도 어언 25년이 되었다. 그때에도 물론 울었다.

인생을 70년 또는 80년 살다 보면 울어야 할 일이 있는 것이 사실이다. 식구들 중에서 누가 세상을 떠날 때 울게 된다. 나보다 몇 살 아래인 여동생 보길이 장티푸스에 걸려 어쩔 수 없이 세상을 떠났을 때, 형님의 전사 통지를 받았을 때도 울었다. 아버님께 국제전화로 마지막 문안을 드리고 며칠 뒤에 돌아가셨다는 소식이 전해져 보스턴의 하늘 높이 떠가는 흰 구름을 보며 하염없이 울었다.

그 어머니가 계신 곳엔 걱정이 없다. 70 인생을 항상 웃으면서 사셨다. 그 어머님에게 시조 한 수를 띄운다. 송시열이 읊었다고 전해지는 이 시조에는 태연하게 한평생을 살았던 나의 어머님 모습이 엿보인다.

> 청산도 절로절로 녹수도 절로절로
> 산山 절로 수水 절로 산수 간에 나도 절로
> 이 중에 절로 자란 몸이 늙기조차 절로절로

남자는 그런 곳도 가 봐야

김동길이 유신체제 비판으로 감옥에 갔을 때 당신 노모를 향해 주변에서 연민의 말을 많이 했다. 위로 말을 들을 때마다 모친 방신근은 오히려 태연했다. "갈 만한 곳을 갔다"는 뉘앙스였음은 사형 언도를 받은 아들에게 "상소는 하지 마라" 했던 안중근의 어머니가 연상되는 당신의 의연함이었다.

김동길 노년에 시니어 시티즌들과 함께 어울리던 모임이 있었다. 나는 그 모임에 참석하는 한 노장을 위해 라이드 편의를 제공하며 동행했다. 그 자리에 또 다른 저명한 노장인 백선엽 장군도 있었고, 그 곁에는 나보다 좀 연하로 보이는 이가 배석해 있었다. 백 장군을 수행해 온 이라고 생각하여 인사를 나누며 "백 장군을 따르는 후배 퇴역장성이냐?"고 물었다.

그의 대답은 사병 출신이고, 여기에 당신 종씨宗氏 방씨方氏 성 인연의 사람들이 모였기에 모임 간사에게 간청해서 배석했다는 것. 어떤 인연이냐 했더니 김동길 모친은 물론 백 장군 모친도 방씨였다며 자신도 방씨라 했다. 거기서 그치지 않았다. 이순신 장군 아내도 방씨였다고 덧붙였다.

어린 나이에 백선엽은 아버지를 잃었고 당신 어머니(방효열)가 온갖 궂은일을 다 하며 자녀를 키웠다. 때문에 그는 방씨 성을 가진 모든 여성에게 특별한 애정을 가지고 있었다. "방씨가 시집가면 뉘 집에 가나 그 집이 잘돼"라고 어머니 자랑을 했던 백 장군이 나와 특별히 친했던 까닭은 내 어머니가 방씨였기 때문이었는지도 모른다.(6)

그 누님

내가 교도소에서 '죄수' 생활을 하던 때 누님은 이화여대 총장이었다. 내가 1심에서 15년 징역, 자격정지 15년을 선고받던 공판정에도 나왔다. 합하면 30년의 중형이 선고됐을 때 나의 누님은 "하나님은 살아 계시다!"라고 했다. 그 말씀을 '긴급조치 위반'으로 그 자리에 묶여 나와 앉아 있던 친구 김찬국[3] 교수가 들었다고, 내게 전해 주었다. 그 판결이 얼마나 부당하다고 느꼈으면 "하나님은 살아 계시다!"란 한마디가 튀어나왔겠는가?

누님은 내가 서대문구치소에 수감되어 있을 때부터 면회가 허락되는 시간은 한 번도 놓치지 않고 면회하러 왔다. 영치금도 넉넉하게 넣어 주어서 동생은 '쥐털'이라 불리지 않고 '범털'이라 불리는 영광을 누리며 성실하게 복역하는 모범수 중 한 사람이 되었다.

동생은 감방에서

그해 1974년 겨울, 무슨 일로 오재경 전 공보부 장관이 이대 총장실에 갈 일이 있었다. 하도 방이 추워서 "아니 엄동설한에 왜 난방을 끄고 계십니까?" 물었더니 누님이 "동생은 온기 없는 감방에서 고생하는데 내가 따

---

3 〔편저자 주〕 김찬국은 경북 영주 출생으로 1954년 연희대 신학과를 졸업하고 1955년 뉴욕 유니온신학교 대학원을 수료했으며, 1956년에 연세대 신학대 교수가 되었다. 상지대 총장도 역임했다.

뜻한 방에서 일하고 싶지 않아서 그래요"라고 대답하더란다. 40여 년이 흐른 지금도 그 생각을 하면 저절로 내 눈에 눈물이 고인다. 어머님이 돌아가신 이듬해 일이었다.

누님은 내게 하늘같은 존재였다. 누님이었으므로 자랑하기가 좀 거북하지만 나 같은 사람과는 비교도 안 되는 뛰어난 인물이었다. 무슨 일에나 태연자약하게[4] 대처하던 누님, 어머님의 성격을 물려받아 어떤 역경에도 굴하지 않는 대범함을 보여 주던 누님이었다.

나보다 7년 위였다. 나의 기억에는 없지만 갓난아기 때 나를 자주 업어 주었다고 나에게도 자랑하고 사람들이 많은 곳에서도 서슴지 않고 자랑했다. 어느 해인가 우리 남매가 뉴욕에 본부를 둔 유나이티드 보드 주최 만찬에 초대받았다. 누님이 먼저 한마디 하고 내가 한마디 하게 되었다.[5] 단 위에 올라가 "내 뒤에 나오는 내 동생은 어렸을 때 내가 업어서 키웠습니다." 그 뒤가 내 차례인데 그 말을 듣고 사람들이 모두 웃었다. 몸집이 커다란 이 동생이 등단하니 그 광경이 우습게 느껴졌던 것.

4 〔**편저자 주**〕 태연자약 거동의 일환이었던가. 맹산이 지나가는 말로 내게 흘리길 한여름 더위에도 부채를 손에 쥐는 법이 없었단다.

5 그래도 그 자리에서 나는 내 짧은 메시지로 마무리 지었다. "I for Korea, Korea for the world, The world for Christ, And all for God." 이것은 일본의 대표적 크리스천 우치무라 간조內村鑑三가 죽기 전에 적어 놓은 자찬自撰 영어 비문이다. 내가 'Japan'을 'Korea'로 바꾸었을 뿐이다(〈파수꾼〉, 2016. 10. 16).

나도 아직 못 갔는데 … 내 문제부터 해결하고 나서

누님도 독신이었다. 그런데 초년에 어른들이 물으면 "잔칫집에 시집가겠다" 해서 둘러앉은 사람들을 웃기곤 했다.

그리고 계속 희망이 있다고 말하곤 했다. 나이가 찬 딸을 가진 부모들이 "우리 딸 시집 좀 보내 주세요" 하면 그는 으레 "나도 아직 못 갔는데 … 내 문제부터 해결하고 나서 생각해 보리다!"라고 의연하면서도 유연한 자세를 가졌었다.(7)

타고난 지도자

누님이 살아 계신 70년 세월 동안 그를 따르고 좋아하는 선후배가 무척 많았다. 지도력이 풍부한 한 시대의 유명 여성이었다. 일제강점기에 이화여전을 다닐 적에 김활란 박사나 이정애 선생의 사랑을 많이 받았다. 이화여전을 졸업하고 곧 이화여전 기숙사 사감으로 발령받았을 정도였다.

학교를 졸업한 뒤 6·25 전쟁이 터지기 전 1949년 우월 김활란 총장의 추천을 받아 우월이 졸업한 오하이오 웨슬리언Wesleyan대로 유학을 갔다. 거기서 학위를 하나 받고 계속 공부할 수도 있었지만 전쟁이 일어났다는 소식을 접하자 부산 피란 중인 이화여대로 곧장 돌아왔다. 모윤숙 시인 등과 합심하여 김활란 박사가 시작한 민간 외교 일선을 담당하여 한미관계를 돈독하게 하는 일에 최선을 다하였다.

영어에 'Born Leader'(타고난 지도자)라는 말이 있다. 사람을 끄는 힘, 사람을 거느리는 힘은 타고나는 것이다. 그런 인물이 간혹 나타난다. 미국 16대 대통령 링컨 같은 사람이 탁월한 지도력을 갖고 태어난 인물이었다. 학교 교육은 별로 못 받았지만 독학으로 변호사가 되었고, 주의원을 거쳐 공화당 대통령 후보가 되고, 마침내 미국 대통령이 되었다.

마흔에 대학총장

나이 마흔에 누님은 이화여대 총장이 되었다. "저는 총장이 될 만한 재목이 아닙니다"라며 극구 사양하였지만 김활란 총장이 "너밖에 할 사람이 없어. 내가 총장 노릇을 잘해 왔다면 앞으로 5년은 우리 대학이 잘될 것이니 안심하라"고 격려하면서 누님 고집을 꺾었다.

그가 이화여대 총장으로 있던 시절은 학교가 편안하고 무탈하였다. 군사 정권 때 유신반대를 외치며 교문을 나서는 학생시위대를 보호하기 위해 그는 망토를 입고 시위 행렬의 맨 앞에 섰다. 그 모습을 본 〈조선일보〉의 선우휘 주필이 "김옥길 총장은 이 나라의 대통령이 돼야 할 인물!"이라고 했다가 정권의 미움을 사기도 했다.

학생들은 그를 따랐고 교수들은 그를 존경했다. 누님이 어느 해인가 학교 일로 미국에 다녀왔다. 그때 어느 동창이 당시로서는 구하기 어려운 고가의 카메라를 한 대 사서 선물했다. 그는 돌아오자마자 그 카메라를 이화여대 음향센터 김은우 소장에게 넘겼다. 김 소장이 "총장 선생께서 개인적으로 쓰시라고 사 드린 이 값비싼 카메라를 왜 음향센터에 주십니까? 집에 두고 쓰시지요." 라고 묻자, 누님의 반응은 이러했다. "그 동창이 내가 이화여대 총장이니까 준 것이지, 총장이 아니라면 그런 비싼 카메라를 사 주었겠습니까? 마땅히 학교에서 써야죠."

김옥길은 학교 바깥에도 따뜻한 손길을 내밀었다. 그는 "돌에 맞은 새를 또 한 번 때리듯이 가까운 사람들의 배신과 외면이 두 배나 가슴에 비수를 꽂는 아픔이었고 눈물이 마를 날이 없이 캄캄한 질곡을 헤매고 있었다"던 박경리에게 다가갔다.[6] 민청학련 사건 '죄수'는 김지하 시인 말고도 당신 동생 김동길도 같은 처지였으니 동병상련同病相憐은 이런 경우를 두고도 나온 말이었다.

> 당국의 감시가 살벌하고 첨예한 가운데 독재 권력과 맞서 싸운 민주 투사의 집을 방문하는 일은 대단한 용기가 아니고서는 상상할 수 없는 일이었으니, 그는 정릉 골짜기에 살던 소설가의 집으로 거침없이 찾아가곤 했다. 칼날 같은 바람이 부는 혹독한 겨울날, 얼어붙은 어둠을 녹이듯이 마당에 들어서면서 "에미야!" 하고 박경리 씨의 딸이자 김지하의 아내인 김영주를 불렀다. 그가 가져간 꾸러미 속에는 턱받이며 속옷, 갖가지 모양의 앙증스러운 아기 옷들이 차곡차곡 쌓여 있었다. "에미한테는 아기 옷을 사 오는 게 제일 좋지?"(8)

---

6 〔편저자 주〕 박경리는 서사시 〈어머니가 사는 법〉에서 그 시절을 아프게 회고했다. "박정희 군사정권 시대/ 사위는 서대문 형무소에 있었고/ 우리 식구는 기피 인물로/ 유배지 같은 정릉에 살았다/ 천지간에 의지할 곳 없이 살았다." 금란원 시절, 어쩌다 서울로 출타할 때는 도중에 원주 단구동의 박경리 집을 들르곤 했고, 그사이로 박경리가 지어 준 옷을 김옥길이 즐겨 입었다(김형국, 2022).

물러날 때가

"어느 교수가 총장실에 찾아와 무슨 말을 해도 다 내가 아는 이야기인데, 그런 말을 계속 듣는다면 무슨 변화가 있을 수 있겠는가. 아마도 내가 물러날 때가 된 것 같아."

총장 임기 6년이 아직 2년 정도 남아 있을 때였다. 이화재단에 사표를 내고, 서울 신촌 집에 그대로 있어선 안 되겠다면서 서울을 떠나 살 만한 곳을 물색하러 나섰다. 나는 누님을 모시고 경기도 일대와 충청도 시골을 두루 다니면서 누님이 집을 짓고 살 만한 장소를 찾기 시작했다.

드디어 문경새재 가까이 터를 하나 찾았다. 온천장 수안보를 지나 문경새재 3관문에서 멀지 않은 연풍면 원풍리 산기슭이었다. 그래도 동생으로서《하늘을 우러러》,《링컨의 일생》등 저술하여 펴낸 책 몇 권이 당시 베스트셀러가 되어 수입이 어지간했기 때문에 시골에 땅을 사고 누님을 위해 집 한 채를 지어 드리는 일은 그리 어렵지 않았다.

누님은 한옥에서 살기를 원했다. 가까이 알던 김경환 건축설계사가 집 짓는 일과 시공, 업자 선택까지도 도맡아 해 주었다. 누님이 이화여대를 물러난 1979년에 어렵게 착공하여 그해 크리스마스 때, 지하층은 아직 시공이 덜 됐지만, 남매가 생활할 1층은 우선 마무리되었기에 완공도 되지 않은 시골집으로 이사 갔다.

전기도 들어오지 않고 살림을 도와줄 아주머니도 없었다. 누님이 밥을 짓고 국을 만들어 식사를 준비하고, 산에서 솔방울을 주워다가 땔거리로 삼으며 한겨울을 그렇게 살았다. 벽난로에 불을 때며 좀 살아 봤지만 해발 500m 고지 산바람은 정말 매서웠다. 그 후 조그마한 화덕도 하나 마련하여 우리 남매는 그럭저럭 그해 겨울을 넘길 수 있었다. 전기가 들어오고 전화도 가설된 것은 훨씬 뒤의 일이다.

누님이 은퇴 생활을 하던 그 무렵 대학에서 밀려난 나는 누님을 모시고 조용한 나날을 보내고 있었다. 특별사면을 받았지만 유죄 판결을 받은 처지라 대학 복직이 허락되지 않았기 때문이다. 공식적 직업은 없었지만, 글을 쓰고 책을 펴내 수입은 어지간했다. 때문에 생활비를 동생이 다 담당하는 것은 당연한 일이었다.

그러던 어느 날 누님은 나에게 이런 말을 했다. "우리 남매는 우리들 자신의 실력보다 지나치게 높은 평가를 받으며 살아왔어!" 진지한 한마디였다. 인간 김옥길도 자기가 이화여대 총장이 될 만한 인물은 아니라고 스스로 믿고 있었다. 나 또한 따지고 보면 박정희가 만든 중앙정보부와 그가 무리하게 선포한 유신헌법과 유신체제 때문에 허명을 날리게 된 인간에 불과하다는 사실을 스스로 인정하고 있었다. "실력보다 높이 평가된다"라는 누님의 준엄한 선고에 나도 동의할 수밖에 없었다.

누님의 무덤

나의 아버지 어머니를 모신 선산, 곧 가족묘지가 경기도 시흥에 있었다. 누님도 거기 모시고, 돌아가신 어른들의 일은 일단 끝난 것으로 알고 있었다. 그러나 조국 근대화의 물결은, 세상을 떠난 어른들의 오랜 잠을 깨운다. 시흥시로부터 통첩이 있었다. 일대 부지에 시흥 문화회관을 건설할 계획이니 이장하라는 것이었다. 국가 수용령을 거부할 수 있는 개인은 없다. 모실 곳을 찾지 못해 오래 고민했다.

나의 누님은 한평생을 이화여대에 바친 분. 까닭에 학교 당국은 경기도 가평에 마련한 이화수목원에 모시기를 원했다. 나는 "평범한 한 여성의 삶인데 그저 집안일로 끝내겠다"며 그 요청에 응하지 않았다. 그러나 이번에 김옥길 제자들은 "선생님은 '이화의 사람'이니 김활란 박사님이 묻힌 곳 가까이 묻혀야 합니다"라고 고집하여 내가 마침내 지고 말았다. 그리고 그의 뼈항아리 '안장식'이 많은 이화 식구들이 지켜보는 가운데 바로 이화수목원에서 있었다. 비는 멈추었으나 쌀쌀한 봄 날씨였다.(9)

우리가 평양에 살던 때 큰아버지 한 분이 세상을 떠났다. 장례식 날 온 식구가, 공동묘지가 있는 서장대로, 상여 뒤를 따라 걸어갔다. 그때 누님은 이화여전 학생이었다. 하관식이 끝나고 인부들이 삽질을 하여 그 위에 흙을 덮어 분묘 만드는 것을 지켜보면서 누님이 내게 했던 이 한마디를 내가 지금도 기억한다.

"동길아, 사람은 죽으면 다 저렇게 한 줌의 흙이 되는 거다!"

아름다운 날들의 추억

4월 17일은 돌아간 누님 김옥길 생신날이었다. 해마다 이날이 되면 점심에 150명쯤 되는 많은 손님을 우리 집 마당에 초청하여 냉면을 대접하는 일을 기쁨으로 삼았다.

2011년 90회 누님 생일 축하 모임은 충북 괴산군 연풍면 원풍리 11번지, 고사리마을에서 가졌다. 그는 정년 전에 이화여대를 은퇴하였고,

10년이라는 긴 세월을 이곳에서 외롭게 고생하며 살았다. 나 김동길은 10·26 사태 뒤 연세대에 잠시 복직했지만, 신군부가 등장하는 바람에 다시 밀려나 고사리마을에서 누님을 모시고 웃음과 눈물이 뒤섞인 아름다운 삶을 살았다.

고사리마을은 문경새재까지 걸어서 20~30분 거리에 있다. 뒤에는 신선봉이 높이 솟아 있어 험한 조령 기슭 야산 땅 7,000평에 금란정과 행랑채를 아름답게 지었다. 당신 60회 생신을 맞아, "이 땅과 집을 모두 이화학당에 기증하고 싶다"고 하기에 무조건 "그러세요" 했다. 그날부터, 그 땅과 집은 이화학당 소유였다.

동생인 내가 일이 있어 서울에 갔다가 버스 타고 와, 문경새재 제3관문 옆 '작은 새재'에서 내려 걸어오는 날이면, 툇마루에 앉아 나를 기다리던 누님의 모습이 오늘도 생생하다. 둘이 함께 바라보던 형언키 어려운 석양의 아름다움, 누님을 모시고 3관문까지 걸어 올라가 바위에 걸터앉았을 때, 주머니에서 사탕 한 개를 꺼내 주던 누님의 그 미소를 나는 죽는 날까지 잊을 수 없을 것이다.

제6장
독신 김동길

김동길은 결혼하지 않았다. 성년이 되어도 결혼하지 않음은 전래 통념상 정상이 아니라 여겨 그걸 지칭하는 말도 여럿인 것이 우리 사회다. 독신·미혼은 퍽 중립적인 해묵은 말이고, 노총각은 좀 속된 묵은 말, 비혼非婚은 요즘 뜨는 신조어다.

비하의 뜻으로 '반편半偏'이란 말도 있다. '반쪽'이란 말이면서 연장으로 '반피이'라는 경상도 사투리는 바보를 가리키는 말이던가.

독신자는 '반피이'

반편은 하루 24시간 가운데 절반인 밤이 불편한 사람이라고 주변에서 뒷소리하곤 했다. 우리 전통 사회에서 독신이 어떻게 인식되고 치부되었는지는 박경리의 《토지》의 한 구절이 시사적이다.(1)

"대목 일 배우는 것도 좋고 서울 가는 것도 나쁘잖다마는, 두만아."

"야?"

두만이는 손등으로 눈물을 닦으며 배 바닥에 부스스 주저앉는다.

"제발 이 곰보딱지(윤보) 뿐은 보지 마라."

"머라 카노."

"니 뿐 보지 말라 캤다."

"내가 우째서. 삼신三神이 만든 이 꼬라지하고 손님이 맨들어 준 곰보딱지 말고는 베릴 기이 하나도 없지."

"니가 사람가?"

"그러몬 짐승이가?"

"짐승도 처자식은 있지러."

"제기럴!"(고딕은 편저자)

기인 소리도 들었던 노총각

독신으로 살아가는 아들을 둔 방 여사는 그걸 염려하는 친지들 말을 들어야 했다. 그때마다 여사가 매번 틀어 놓던 '녹음錄音' 반응이 있었다. "늙은 시어머니, 구박받기 십상이라던데 나는 그런 염려가 없으니 그 얼마나 좋은가!"(2)

옛날 고향 친구들을 만나 들은 이야기도 전해 주었다. "아들 장가갔느냐?" 해서 "안 갔다" 했더니 "참 효자다!" 했단다. "며느리한테 엄청 당한다"면서 "장가 못 갔다고 걱정할 거 없어"란 말을 해 주던 어머니였다.

김동길도 이런저런 소리를 직접 많이 들었다. 그걸 홈페이지에 적었다.

경복고를 나와 연세대 문과에 입학한 학생 하나는 작고 얌전하고 예쁜 '미소년'이었다. 노래도 잘하고! 이 학생이 앞을 지나가면 여대생들이 환호성을 질렀다. 그중 간도 크고 덩치도 큰 여대생 하나는 그 남학생을 향해 이렇게 외쳤다. "얘, 젖 좀 먹고 가!"

나의 시대를 돌아보면, 나 또한 다소 '기인奇人'이라 할 수 있다. 이 나이가 될 때까지 장가 한 번 가 보지 못한 늙은 총각이 또 있겠는가? 중이나 신부가 아니고는 드물다.

아직도 늦지 않았다고 나를 놀리는 인간들도 있지만, 90에 장가들면 사람들이 나를 미쳤다고 할 것이다. 나는 결혼 안 한 것을 천만다행으로 생각한다. 한 여자만 바라보며 90년을 산다는 것이 불가능해 보인다. 어린 자식들 낳아 벌어 먹이느라 허리가 굽도록 일해야 했겠지? 감옥에 가서도 부양가족이 나 혼자뿐인 나는 태평했다.

숨은 사연

남자치고, 아니 남녀 불문으로 첫사랑이 없을 수 없다 했다. 짝사랑도, 못 이룬 사랑도 모두 사랑앓이 열병을 치르기 마련이라던가.

아흔 너머로 독신으로 살아온 긍재에게 당신의 여인 사랑은 어떠했는지 궁금해하는 사람들이 주변에 하나둘이 아니었을 터. 사랑 이야기가 으레 그러하듯, 낭설도 난무해 온 과거사에 대해 "네잎클로버는 시들고" 제하의 글(3)은 당신에게도 '포피리아의 연인'이 있었음의 실토였다. 당신 여인 사랑 자술의 정본正本 이야기가 될 만하다.

아주 아득한 옛날에, 내가 가르치던 대학의 영문과에 들어온 여학생 한 사람을 사랑하였다.[1] 그가 어디선가 구해서, 책갈피에 꽂을 수 있게 만들어 준 네잎클로버가 그때는 짙은 녹색이었지만, 수십 년의 세월이 흐르고 오늘 잎사귀에는 푸른빛이 전혀 없다. 이 북마크가 행운을 가져다주리라고 믿을 사람도 없을 거다.

그 당시만 해도 교수가 학생을 사랑한다는 것은 있을 수 없는 일이었다. 시대적 분위기나 도덕적 관념이 지금 같지 않았다. 사랑 때문에 학교를 사직한다는 것은 나로서는 상상도 할 수 없는 일이었다. 결국 그 학생은 졸업하고 멀리, 아주 멀리 떠났다. 나는 정년이 되어 퇴직할 때까지 그 교단을 지키며 살아왔다. 살고 또 살고 그리고도 또 살다 보니 이제 90을 바라보는 노인이 되었다.

그 네잎클로버는 내가 사랑하는 영어 시집(*The Golden Treasury*)의 책갈피에 끼워져 있다. 오늘은 366쪽의 〈포피리아의 연인〉[2]에 간직되어

---

1 〔편저자 주〕 맹산이 결혼할 뻔했던 제자 이름은 최영순. 어렵사리 마산이 알아냈다. 실의에 빠진 여인은 미국행을 택했고 나중에 백인과 결혼했다는 뒷이야기는 한참 나중에 들었다. 믿거나 말거나 순애보였음은 맹산이 당신 거실 서재의 해묵은 영문학 책갈피에 끼워 두었던, 그 여인이 주었다는 네잎클로버가 그 증거물이라는 말은 나도 직접 들었다.

2 〔편저자 주〕 〈포피리아의 연인Porphyria's Love〉은 인간의 이상심리를 포함한 복합적 내면심리를 자주 다루었던 브라우닝의 작품이다. 원래 제목 〈정신병원 독방Madhouse Cells〉이 시사하듯, 비정상적인 정신 상태에 빠진 화자話者는 사랑하던 여인의 변명을 듣고, 그 사랑을 영원히 지속시킨다는 명목으로 여인을 교살한다. 상대방을 의식하면서 독백하는 유형으로 브라우닝이 창안한 '극적 독백dramatic monologue'의 시형식이다(《두산백과》 참조).

있다. 이 시는 로버트 브라우닝의 작품인데 오늘 새벽에 또 읽으면서 새삼 감동했기 때문이다. 나도 이젠 이 네잎클로버와 꼭 같이 빛이 바래고 생기가 없다. 저는 시들고 나는 늙었기 때문이다.

내가 영원의 나라로 거처를 옮기면 아마 이 '정표情表'도 그 가치를 모르는 사람들이 쓰레기통에 버릴 거다. 나 아닌 어느 누구의 눈에도 이 네잎클로버가 행운을 가져다줄 것 같지 않기 때문이다. 쓰레기통에 버려도 나는 할 말이 없다.

그러나 남들이 다 깊은 잠을 자고 있을 이 새벽 4시에 눈을 뜨고 나는 브라우닝의 '사랑'을 되새기며 이 '네잎클로버'를 유심히 들여다보는데, '그 사람'이 한없이 그립다.

"바위고개 언덕을 혼자 넘자니/ 옛 님이 그리워 눈물 납니다/ 고개 위에 숨어서 기다리던 님/ 그리워 그리워 눈물 납니다."(4)

세월은 계곡을 흐르는 물 같고 시위를 떠난 화살같이 빨리 달려간다. 70년 전에 해방을 맞았다. 그때 나이가 열여덟이었다. 60년 전에 청운의 꿈을 안고 미국 유학길에 올랐다. 50년 전에는 연세대 교부저상이었다…. 50년 전에는 친구 이근섭과 저녁 먹고 나서는 함께 꼭 산책하였고, 제자 최영순은 건강하고 공부 잘하는 대학생이었는데, 나만 두고 다들 떠났다. "낙엽을 밟으며" 돌아오지 않는 그들을 나는 이 가을에 그리워한다. 산다는 것이 몹시 서글프게 느껴진다.(5)

참고로 〈포피리아의 연인〉의 한 구절을 읽어 본다. "그래서 그녀는 비바람을 뚫고 왔다./ 나는 그녀의 행복하고 자랑스러워하는 눈을/ 보았고 확인했다; 마침내 나는 알았다/ 포피리아가 나를 숭배했다는 것을; 놀라움은/ 내 가슴을 북받쳐 오르게 하고, 그것을 더해 갔다."

책갈피를 수습하려 했는데

당신이 세상을 떠난 뒤, 그 네잎클로버를 찾아 확인할 기회가 있을지도 모른다고 생각한 적이 있었다. 만년에 맑은 정신을 유지했던 김동길은 당신이 소장한 책 정리를 김형국에게 맡긴다는 말을 당사자는 물론 당신 홈페이지에 기고하던 교수 필자 여럿에게 공언했다. 하지만 갑작스런 발병과 중환자실 장기 입원 그리고 타계로 직계 유족들에게 제대로 전달되지 못했는지, 결국 맹산이 맡기려던 그 소임은 흐지부지되고 말았다.

처음 그 말을 김동길로부터 들었을 때 내가 도울 수 있는 바라면 소장한 책을 소용할 곳을 찾는 일이라고 여겼다. 퇴임 교수 책을 대학 도서관에서 환영하지 않은 지 오래임이 우리 사정일지라도 김동길 책은 소장자의 인품과 특성 덕분에 수용하겠다는 대학이 나오겠지 싶었다.

당신이 소장했던 책은 링컨 관련 책과 영문학 책이 대종을 이루었다. 그 가운데 링컨 관련 책은 링컨을 연구하는 전문기관을 수배해서 전달하고, 영문학 책은 이화여대 영문학과로 가야 하지 않을까, 그리 생각한 적이 있었다. 영문학과로 책을 인계한다면 그에 앞서 목록을 작성해야 할 것이고, 그때 나는 책장을 넘겨보며 그 사이에서 혹시 네잎클로버를 찾을 수 있지 않을까 기대했었다.

짝사랑 화살이 내게도

미국으로 유학 가기 직전 김활란 총장의 청으로 먼저 세상을 떠난 그의 벗을 기리는《우리 친구 이정애》일대기를 꾸미는 일에 노천명 시인 등과 함께 참여했다.

"모가지가 길어서 슬픈 짐승이여/ 언제나 점잖은 편 말이 없구나/ 관이 향기로운 너는/ 무척 높은 족속이었나 보다"라는〈사슴〉시를 닮았다던 노천명이 책 출간을 보지 못하고 유학을 떠난 맹산에게 편지를 보내왔다.

거기서 맹산을 "산나물과 같은 사람"이라고 적었다. 6·25 직후 노천명이 수필집을 냈는데 거기에 당신이 찾는 사람은 "산나물과 같은 사람"이라 적은 적이 있었는데, 맹산이 그런 사람이라고 자복한 시인의 편지였다. 오래 귀하게 간직해 왔다가, 어찌 된 영문인지 잃어버리고 말았다. 그 인다까옴을《백년의 사람들》에 적었다.(6)

여난女難도 닥쳤다

'053'(시외전화 대구 지역번호)으로 시작되는 전화번호가 뜨면 '벨'이 아무리 오래 울려도 나는 그 전화를 받지 않는다. 그 전화가 대구에 사는 어떤 40대 여성이 거는 전화인 줄 알기 때문에 절대 받지 않는다. 그런 실례가 어디 있느냐고 꾸짖을 사람도 있겠지만 겪어 보지 않고는 아무도 모른다.

이 여인은 '010'으로 시작되는 휴대용 전화도 갖고 있다. 그 전화가 하도 나를 괴롭히기에 당국에 신고하여 비용을 얼마 내고 그 번호만은 내 셀룰러폰에 뜨지 못하게 조치해서, '053'으로 시작되는 일반 전화로만 나를 괴롭힐 수 있다. 당국에 알아봤지만 일반 가정 전화는 그런 조치를 할 수 없다고 답했다.

새벽 2시에도 오고 3시에도 온다. 자는 사람을 깨우기 위한 고약한 취미라고밖에는 생각되지 않는다. 어제 새벽에도 스무 번쯤 걸려왔다. 왜 그러느냐고 물으면 "사랑하기 때문"이라는데 "어쩌자고 90이 되어 쓸모없고 볼품없는 이 김 노인을 사랑하느냐"고 반박하면 못된 수작을 늘어놓기에 아예 상대하지 않는다.

남들이 좋아하는 일을 다 하기도 어려운 세상에 태어나 하필이면 남들이 싫어하는 일만 골라서 하는가? 그가 정신과 의사의 도움을 받고 살아간다는 말은 들었지만 정신과에서도 어떻게 할 수가 없는 모양이다.

그러나 이 여자가 칼을 들고 다니는 흉악한 여자는 아니다. 그렇다면 나도 이 여인의 고통의 10분의 1이라도 덜어 주기 위해 전화의 벨소리를 최대한 줄이고, 그 괴로운 벨을 앞으로도 참고 들어야 할 것 같다.(7)

맹산 집에는 기회 있을 때마다 냉면 파티 공개행사가 열린다. 특히 당신 생일 때는 인연이 있고 없고 간에 "상놈 발덕"으로 그 자리를 찾아오면 누구나 누드 냉면을 즐길 수 있었다. 그 여성이 그런 공개행사가 있는 줄 모를 리 없었다. 한번은 나도 못 보던 여성이 한복 앞치마에 단을 단단히 묶고는 분주하게 손님 대접의 발걸음을 옮기는 모습을 본 적이 있었다. 냉면대접 대행사를 주관하는 여인들이 여럿이었지만, 그 여성을 신경 쓰는 내색을 하는 분위기는 아니었다.

독신자에 대한 오해

결혼하지 않은 독신자에 대한 우리 사회의 오해라 한다면 절대 금욕자로 상정하는 무심함이다. 이 때문에 난감한 경우를 당하기도 했다.

1992년, 일흔을 바라보는 나이에 국회의원 선거에서 강남(갑)에 입후보하고 유세차 현대고등학교 앞을 활보하고 있을 때 많은 여고생들이 "오빠, 오빠" 하면서 내 뒤를 따라왔다. 그러던 중에 말같이 잘생긴 여고생 하나가 내 귀에 대고, "선생님, 정말 총각이세요?"라고 물었지만 나는 대답하지 못하고 웃기만 했다.(8)

편저자가 친했던 독신자는 유명 출판인이었다. 1980년 봄 군부세력 등장으로 그만 폐간되고 만 한글전용 월간지 〈뿌리깊은나무〉 발행인이었다. 월간지 사진 편집을 맡고 있던 발행인의 절친 강운구 사진작가도 독신이었다.

독신자 성생활도 화제로 오른, 좀 자유분방한 우인들 모임 자리였다. 시선이 자신에게 모인다 싶었는지 그는 분연히 한마디 했다. "뒷소문에 우리나라 기혼 남자들은 외도도 어지간하다고 듣고 있다. 가정적으로, 사회적으로 문제가 될 만도 하겠다. 그런데 내가 알고 있는 독신자들의 성 접촉은 기혼자 외도보다 덜하다는 점은 자신 있게 말할 수 있다."

실례의 말인지 모르겠지만, 당신 언행에서 적어도 두 명의 미국 여배우에 대한 짝사랑인지 연모인지 모를 흔적을 내비쳤다. "눈만 몇 번 껌벅거려도 녹아떨어지지 않은 남정네가 없었다"고 엘리자베스 테일러를 '치명적 여인femme fatale'으로 종종 인용하곤 했다.

〈**도판 2**〉 마릴린 먼로 기념우표, 32센트짜리 20장 묶음(1995). 출처: 게티 이미지.

또 한 사람은 마릴린 먼로. 전설적인 육체파 배우로 뭇 남성을 홀렸다. 노틀들에게 특히 그러했음은 6·25 참전 미군을 위문하러 군복 차림으로 희대의 미국 희극배우 호프와 함께 전쟁 진흙탕의 한반도를 찾았던 전력에 "한 점 더 준" 한국 남성들이 많았기 때문이다. 맹산은 만년까지 미국 연방우정청US Post에서 1995년에 발행한 먼로 기념우표 시트를 당신 사랑방 서가 앞에 오랫동안 안치하고 사랑했다(〈도판 2〉 참조).

독신자의 자유

성욕을 억제하며 사는 것은 힘들지만, 보람은 있지 않나! 성욕이 없어서 범죄조차 할 수도 없는 상태라면 그것은 비참한 일일 것이다.

"고자는 신부가 될 자격이 없다!" 이 말을 듣고 나 혼자 "옳거니" 했다. 유혹을 물리치는 쾌감도 어지간한 성취감과 맞먹는데, 도대체 유혹을 느끼지도 않는 사나이가 "대단하다"라는 말만 들으면서 산다는 자체가 민망한 것이다.(9)

> 아무튼 독신이란 소신껏 자유스럽게 언행하는 데 유리하다. 누구 말로 독신자는 짝사랑의 자유를 누린다 했다. 그 어느 누구도 짝사랑의 대상을 삼을 수 있고, 짝사랑 상대방의 눈치를 받지 않아도 되고, 하룻밤에 만리장성을 쌓고 허물어도 아무 탈이 없다 했다. 이 대목, 독신자의 자유에 대한 참말은 가까운 후배에게 진지하게 더 구체적으로 피력한 적 있었다.(10)

내 가장 가까운 친구 한 분이 〈사상계〉를 이끌고 독재에 저항했던 장준하 동지다. 감옥생활을 함께한 적이 있었다. 나야 세발 막대에[3] 거칠 것이 없으니 당당할 수가 있고 감옥 속에서도 생산적인 시간을 가질 수 있었다. 그러나 장준하 형은 본인 고통은 전혀 개의치 않고 오로지 자나 깨나 밖에 있는 부인 안부와 자녀들 생활 형편, 그들이 겪어야 할 고통, 그 형편에 노심초사하는 모습을 보였다.

---

3 〔편저자 주〕 남성 비하의 속언.

시대적으로 한 목소리를 내며 한 길을 걷자면 여러 갈래로 부딪히기 마련인데, 가장 힘겨운 것이 처자를 거느릴 적의 고통일 것이다. 나도 생각하건대, 부당한 간섭이나 정의롭지 못한 것에 부러질지언정 굽히는 삶을 살고 싶지 않았고, 그러자면 운신이 편한 상태로 있는 것이 좋겠다 싶어 독신을 지탱해 왔다.

또 하나는 우리 어머님의 달관한 인생관이다. 만약에 어머님이 "독자이니 김씨 가문 대를 잇기 위해서라도 필히 결혼해야 한다"고 주장해 마지않았다면 아마도 차마 거역하지 못했을 것이다. 그러나 어머니는 크게 배운 분은 아니었으나 신앙적으로 한 경지에 들어간 분이어서 "네 인생은 네가 알아서 사는 거니까, 어미 생각 말고 본인 결단대로 인생을 요리하라"고 자유로운 세계를 열어 주셨다.

결혼 부채질

1992년은 선거의 해였다. 3월, 14대 국회의원 총선이, 12월에는 12대 대통령을 뽑는 대선이 있었다. 이를 위해 현대그룹 창업자 정주영이 정당을 만들고 현실 정치에 뛰어들었다. 이 정당 정치를 위해 정주영은 나를 찾았다.

그 자리에서 정주영은 뜻밖에도 이렇게 말했다. "이제 머지않아 대통령 선거가 있을 터인데 우리가 만드는 당의 대통령 후보는 국민 사이에 인기가 좋은 김 교수가 나가야지요."

그 후 곧 통일국민당이라는 새로운 당이 출범했다. 그는 당대표가 되었고, 나 김동길은 최고위원이 됐다. 그 신당은 현대의 그 많은 직원을 동원해 날마다 활발하게 움직였다. 그해 3월 총선에서 지역구와 전국구를 합해 31명을 당선시켰고, 나는 서울 강남(갑)에 출마해 당선됐다.

그리고 우리 당은 그해 12월에 실시될 대통령 선거 후보를 선출하기 위한 후보지명 전당대회를 5월로 예정하고 있었다. 전당대회를 며칠 앞두고 정주영은 내가 빌려서 살던 압구정동 현대아파트로 혼자 찾아와 대뜸 이렇게 말했다.

"김 교수, 결혼을 하고 가정을 이루어야 해요."

엉뚱한 이야기를 들은 내가 "나이도 이제 예순이 넘었고 결혼할 때는 지났습니다"라고 대답했더니 그는 이렇게 덧붙였다.

"김 교수도 결혼해서 가정이 안정되어야 해요. 김 교수가 결혼한다면 내가 200억 원은 줄 수가 있는데."

나는 분명히 대답했다.

"앞으로 내가 결혼하는 일은 결코 없을 것입니다."

그다음 날 이른 아침 광화문 당사에서 만났을 때 그는 내게 말했다.

"이번 대통령 선거에는 아무래도 내가 나가야겠어요. 나는 이번밖에 기회가 없지만 김 교수는 아직 나이가 있으니까 다음 대선에 출마해도 될 겁니다."

총선에서 국민당이 30석 이상 이기고 나니 주위에서 정 회장을 부추겼다. "CNN이 조사했는데 회장님이 압도적으로 된다"는 식이었다. 나는 그 말뜻을 파악하려고 망설이다가 단 한 마디도 따지지 않고 "그럼 그렇게 하시지요"라고 대답했다.(11)

제7장
스승과 우정의 그늘

인생행로에서는 각급 스승을 만나기 마련이다. 누군가가 스승이 없었다고 말하면 그 삶은 물으나 마나다. 스승을 찾아 나서는 마음이 생길 때 "세 사람이 길을 가면 반드시 거기에 내 스승이 있다三人行 必有我師"는 공자 말은 언제나 정당하고 유효하다.

김동길은 누구보다 링컨을 스승으로 크게 내세운 사람이었다. 뿐이겠는가. 그는 스승 명단에 올려야 할 분은 모두 40명 내지 50명은 될 것이라 했다. "그분들은 나의 장래에 크나 적으나 기대를 걸어 주었던 분들로 기억한다"고 회상했다.

하지만 그의 삶에 특히 영향을 준 스승은 두 분이다. 바로 백낙준과 함석헌이다.

선각 백낙준

먼저 편저자의 옛 기억부터 말하고 싶다. 용재 백낙준의 고명은, 6·25 발발로 알거지가 된 나라에서 초등학교 3학년 아홉 살이던 내가 공부하던 국정 교과서를 통해 처음 알게 되었다. 미국에서 원조받은 종이(갱지)로 찍었다는 문교부 장관 명의의 확인·감사의 말을 통해서였다. 그 내막은 마산이 백낙준의 《나의 종강록》을 통해 뒤늦게 알았다.(1)

> 6 · 25 직전 문교부 장관에 취임했고, 전쟁이 발발하자 초등학교 교과서 공급 문제가 발등에 떨어진 불이었다. 그때 임시수도이던 부산에서는 교과서용 종이는 고사하고 공문서용 종이도 부족했다. 1951년 미국에 간 기회에 그곳 라디오를 통해 한국 어린이들이 교과서도 없이 강가와 산비탈에 모여 공부하는 실정을 설명하여 아시아재단[1]으로부터 교과서 인쇄용 종이 1천 톤을 기증받았다. 종이는 생겼으나 인쇄할 곳이 없어 대구에서 임시용 교재를 겨우 인쇄하여 전국에 배부하였다.

편저자 마산의 대학원 스승 이한빈이 하버드 경영대학원을 졸업하고, 전시 한국으로 배를 타고 돌아오던 1951년 여름, 샌프란시스코에 당도했

---

1 〔편저자 주〕 아시아재단The Asia Foundation은 "아시아태평양 지역에서 가장 역동적이고 복잡한 환경에서 비용 효율적인 프로그램을 제공하는 경험 많은 리더"라고 스스로를 소개한다. 1970년에 미국 정부장학금USAID으로 유학을 갔던 편저자는 석사과정 2년까지 지원받았지만 반년 정도 더 머물면 박사과정도 진학할 수 있겠다 싶었다. 고맙게도 연장 체류 장학금은 아시아재단에서 받을 수 있었다. 그 시절 한국 교육기관장 가운데 아시아재단과 접촉해서 미국에 유학시킨 선배 선각들이 여럿 있었고, 그 유학생들을 아시아재단 장학생이라 불렀다. 재단 본부는 샌프란시스코에 있다.

을 때 대미교섭차 그곳으로 왔던 백 장관과 마주쳤다. 백낙준은 젊은 경영학도의 성취를 금방 알아보고, 연희대 교수로 오라고 임명 백지수표를 내밀었다.

이한빈은 정부 예산국 고위직으로 특채되어 그때는 교직으로 나가지 않았지만, 백낙준은 장차를 기약하겠다는 뜻이었는지 연희대가 교수관사용으로 분양하던 땅 한 필지를 알선해 주었다. 나중에 스위스 대사를 그만둔 이한빈이 거기에 집을 지었는데 김옥길·김동길의 대신동 집에서 불과 50m 정도 떨어진, 역시 '대신동 집'이었다. 편저자 대학원 시절에 지도교수로부터 초대를 받아 1960년대 말 자주 출입했던 그 집은, 내 마음의 성소聖所였다.

백낙준의 입신

백낙준 하면 연세대를 상징하는 인물로 당대 사람들에게 각인되어 있었다. 그 연유를 살피지 않을 수 없다.

학부에서 그가 전공을 서양사로 결정한 것은 선진국인 그들의 걸어온 발자취를 배워 우리 민족의 새로운 발전에 이바지하려는 뜻이었다.(2) 학부를 마친 뒤 프린스턴신학교Princeton Theological Seminary(미국 장로교 교단 산하 최초 신학교)에서 신학을, 이어 1925년 예일대학원에서 종교사학을 전공했다.

프린스턴신학교에서는 외국에 나가 있는 선교사들이 안식년을 맞아 연장교육을 받곤 했다. 그런 선교사 중에 연희전문학교의 관계자를 만나, 백낙준은 함께 일을 해보자는 제안을 받았다. 승낙하자, 교원이 되려면 학위를 취득해야만 일본 당국이 허락한다 해서 종교사학 전공으로 박사학위를 받았다. 그 길로 연희대에 몸담게 되었다.

친일의 오명과 진실

'진실화해'라는 말이 무색하게, 특히 노무현 정부 시절 친일 단죄가 강행될 때, 이 나라의 유명 사학 경영자들은 모두 친일분자라는 '레드카드'를 받았다. 연세대의 백낙준, 고려대의 김성수, 이화여대의 김활란까지 모두 오명을 뒤집어썼다.

한 사람 식자로 되돌아보면, 일제강점기에 나라의 앞날을 위해 우국지사들이 조국을 위해 할 수 있었던 최선의 일은 무엇이었을까. 그것은 단연, 인재를 길러내는 일이었다. 그 밖에 다른 시도가 과연 있을 수 있었겠는가. 그런 맥락에서 여기 백낙준 글귀 하나를 인용한다.

"내가 연희전문학교에 왔을 때 최현배 님은 교육학, 철학, 윤리학을 강의하고 있었다. 우리는 의미가 상통하여 한국어를 가르쳐야 되겠다고 생각하였으나, 일본 총독부의 교육정책에 위반되므로 최현배 교수가 교과 내용을 유인물로 만들어 과외로 가르쳤다. 이때에 철자법 통일안 등이 나오고 최현배 님의 대저《우리말본》은 그분이 사시던 행촌동 집을 잡혀서 간행했는데 … ."(3)

말씀의 주인공

나는 1946년 연희대에 입학하여 처음 백낙준 총장을 만났다. 일주일에 한 번 '총장 시간'이 있어 본관 소강당에서 백 총장의 말씀을 들었다. 그 시간의 가르침이 나의 한평생 방향을 정해 주었다고 해도 지나친 말은 아니다.

백 총장 입에서 흘러나오는 말씀은 문자 그대로 '청산유수'였다. 어쩌면 그렇게 말씀을 잘하시는지 감수성이 예민하던 젊은 가슴에 큰 충격을 주었다. 옆자리에 앉아서 가져온 책을 읽고 있는 학생은 제정신이 아닌 것 같았다. 열 권의 책을 읽는 것보다도 그 시간에 듣는 강연이 나에게는 피가 되고 살이 되었다.(4)

피가 되고 살이 되는, 기억에 남는 이야기는? "사람의 값어치가 얼마나 되느냐? 어떤 학자의 말에 의하면 유황, 칼슘 등의 성분을 금전으로 환산하니 1달러 50센트밖에 되지 않는다고 하던데, 그래 사람이 1달러 50센트짜리로 만족해야 옳으냐?" 했다. 그 후 30여 년의 나의 인생은 '사람의 값어치가 1달러 50센트보다 더 된다는 사실을 입증하기 위한 분투와 노력으로 엮어진 것'이다.(5)

학생 때의 일화도 떠오른다. 백 박사가 국제회의에 초대를 받아 참석해야 하는데, 그때만 해도 연희대에 총장 전용차가 없었다. 신과대학 박상래 교수가 백 총장 여행 사실을 알려 주면서 "자네가 내일 아침 백 총장 댁에 가서 선생님의 여행 가방을 들고 시내까지 모시고 갈 수 있겠는가?" 물었다.

그런 영광스런 기회를 왜 놓치겠는가. "갈 수 있습니다"라고 대답하고, 다음 날 아침 백 총장의 북아현동 댁으로 갔다. 여행 가방을 들고 선생을 모시며 북아현동 언덕을 넘어 시내로 가던 그 아침의 기억은 지금도 선명하다. 백 총장은 중간중간 돌아보며 "무겁지?"라고 물었고, 나는 "무겁지 않습니다"라고 답했다.

소공동에 있던 옛 반도호텔 자리에서 여의도 간이 비행장으로 가는 차량을 기다릴 때, 미군 병사가 피우던 담배를 땅에 던지고 밟지도 않고 그대로 지나갔다. 가까이 있던 한국인 하나가 그리로 달려가 땅에 떨어진 꽁초를 주워 피우는 걸 본 백 박사는 이렇게 말했다.

"사람이 저렇게 자존심이 없어서야 어떻게 사람 구실을 하겠는가. 남이 피우다 던지고 간 꽁초를 주워서 피우다니 얼마나 한심한가."

나 김동길은 한평생 그 한마디를 잊지 않고 기억했다. 선생은 어려서 '신동'이라 칭찬받을 만큼 총명했다. 하지만 예일대에서 박사학위를 받기까지는 무척 고생이 많았다. 그럼에도 단 한 번도 자세를 굽힌 적이 없었다고 들었다.

스승 시련 방패가 되어

4·19는 자유당이 저지른 부정선거에 대해 "선거를 다시 하라!"라는 구호에서 시작되었다. 그 물결은 정계를 뒤흔들었고, 사회 전반에 큰 파장을 일으켰다. 그 가운데 대학사회도 조용하지 않았다.

대학가에서는 사립재단 이사회를 향해 "총장 물러나라", "이사장 물러나라"라는 현실적 구호가 터져 나왔고, 학교는 여간 혼란스러운 것이 아니었다. 평상시에는 총장에게 한마디도 못하고 얌전하기만 하던 교수들도 4·19를 맞아 자신의 힘을 의식했는지 만용을 부리며 "대학도 바뀌어야 한다"고 큰소리를 치니 학생들은 더욱 흥분할 수밖에 없었다.

내가 보기에, 백낙준 총장의 위대함을 모르고 하필이면 그 혼란한 때 학교를 흔들어 난장판을 만드는 교수들이 참으로 한심했다. 그것은 결코 교수가 할 바가 아니라고 생각했다. 그러던 차 뜻이 같은 교수 7명이 뭉쳤다. 국문학과 최현배, 영문학과 최재서·이봉국, 신학과 김하태, 역사학과 홍이섭·나, 철학과 조우현 등 이른바 '7 교수'라 불리던 이들이었다. 당시 나는 "위대한 것은 이해되지 않는다To be great is to be misunderstood"는 에머슨[2]의 말 한마디를 들고 나와 난세를 탕평蕩平했다.

민청학련 사건으로 나와 김찬국이 감옥에 갇혔을 때 백 박사가 서러워 우신 일이 한두 번이 아니었다고 들었다. "나를 한 번 보시려고 안양교도소의 부소장실 추운 방에서 기다리고 계시던 그 모습을 내가 꿈에들 잊을 수 있으랴!"(6)

백 박사는 자제들이 모두 미국에서 자리 잡아 서울엔 한 분도 없었다. 그래서 정월 초하루가 되면 나는 늘 선생 댁을 찾아가 접빈객接賓客을 자처하면서 하객을 맞았다. 자신의 집에서는 손님을 맞은 적이 없었다. 백 박사가 돌아가시고 사모님만 남았을 적에도, 새해 첫날에는 사모님을 찾

---

2 〔편저자 주〕 에머슨(Ralph Waldo Emerson, 1803~1882)은 미국의 철학자 겸 시인·강연자·수필가였다. 그는 에세이 〈자립Self Reliance〉의 다음 문단에서 이 문구를 구사했는데, 이는 매우 강력한 의미를 지닌다. "피타고라스·소크라테스·예수·루터·코페르니쿠스·갈릴레오·뉴턴, 그리고 육신을 취한 모든 순수하고 지혜로운 영혼이 오해를 받았다. 위대하다는 것은 오해를 받는 것이다." 여기서 사람들이 대중과 다른 생각 때문에 어떤 인물을 오해한다면, 그 사람은 실제로 위대한 사상가일 수 있다는 맥락을 그는 강조했다.

아가 종일 모시고 세배 오는 사람들을 맞았다. 그러면서 적었다. "스승을 모시던 그날들이 오늘은 무척 그리워진다."(7)

김동길의 스승 받들기에 대한 백낙준의 감회가 없을 수 없었다. 은퇴기념 《나의 종강록》에 적고도 남았다.(8) 책자 끝부분에 '스승, 벗, 제자' 제하로 적었다.

> 스승으로 직접 배운 것은 아니나 링컨과 윌슨W. Wilson(미국 28대 대통령)을 마음의 스승으로 여겼으며 많은 영향을 받았다.
>
> 끝으로 사적인 이야기이다. 내가 지금 사형제가 다 미국에 가 있어 외롭게 지내는 터라, 제자 김동길은 정신적으로 많이 나를 도우려고 하고 나 또한 의지하고 지내는 터이다.

백낙준 회고록을 만나면 김동길이 링컨을 연구하게 된 먼 배경도 감이 잡힌다. 탓인가 용재도 링컨식 유머를 들어야 했던 처지였다.

용재가 잔혹한 일제의 탄압 속에서 일하던 시절, 그와 친분이 있는 당시의 명사들 사이에 말 못할 농담들이 오갔다. 수주 변영로가 용재 백낙준에게 전화를 했는데, 비서가 그 전화를 받고 우연히 대화 내용을 듣게 됐다. 수주가 용재를 향해 "백 박사는 영어 이름이 'George Paik'이라니 나는 그게 하나밖에 없는데 당신은 어떻게 백 개나 가졌소?"라고 농담을 하니, 용재는 낄낄거리고만 있더라는 것이다. 그 시절에 그런 농담들을 하면서 일제 치하의 억울함을 달랬던 것이 아닐까 짐작해 본다.(9)

유머는 이렇게 육담肉談도 마다 않던가. 엮은이가 학부 사회학과를 다닐 적 학과 원로 교수 일화도 그랬다. 이상백 교수는 대구 부호의 자제로 〈빼앗긴 들에도 봄은 오는가〉의 시인 이상화(李相和, 1901~1943) 동생이었다. 일제 강점기 때 와세다대 농구선수로 활약했고, LA올림픽(1932)에도 참가했으며, 1950년대는 우리나라 최초로 IOC 종신위원으로 뽑혔다.

이분은 만년에야 결혼했다. 탓에 그분 성시盛時는 '노총각'이었다. 당신이 미혼이라서 그랬는지 특히 제자들 주례 간청은 일체 응하지 않았다. 그럼에도 경사 참여 사양이 마음 불편했던지 항상 에둘러 늘어놓던 변명이 있었다. 당신은 경상도 사투리 발음을 고치지 못해 결혼식에서 신부에게 꼭 당부해야 핵심 당부가 욕지거리로 들릴 수 있다는 것이었다. 신부에게 "내조의 공을 세우라"는 뜻의 '내조지공內助之功' 사자성어가 자칫 신랑에게 "남성 구실, 제대로 하라"는 말로 들릴 수 있기 때문이라 했다.

시대의 스승 함석헌

함석헌 선생의 가르침을 받기 시작한 것은 1948년이었다. 선생은 신의주 학생 사건으로 고난을 겪다가 마침내 단신으로 월남하여 "대한민국 전체의 교사"로 서게 되었다. 본디 평안북도 용암포 출신으로 아버지는 고향의 한의사였다. 시골 용암포에서 초등학교를 마치고 평양고보에 입학할 만큼 어려서부터 매우 총명하고 우수한 학생이었다.

1919년 3월 독립운동이 불길처럼 온 나라에서 일어나던 그 무렵에 그가 그 운동에 몸을 던진 것은 너무나 당연한 일이었다. 학적부에서 제명하라는 당국의 명령에 어쩔 수 없이 평양고보에서 퇴학당한 그는 이승훈이 경영하던 오산학교로 옮겨가게 되었다.

선생은 한평생 당신이 남강 이승훈의 제자인 사실을 매우 자랑스럽게 여겼다. "내가 죽으면 땅에 묻지 말고 해골 표본을 만들어 박물교실에 남겨 두라"고 남강은 유언 한마디를 남겼다. 육신은 죽었으나 정신은 살아남아서 후배들에게 큰 가르침을 전하고자 했던 것이다. 선생은 남강의 큰 뜻에 깊이 감동을 받았다고 자주 말씀했다. 남강의 젊고 발랄한 정신은 함 선생이 나라 사랑을 향해 더욱 큰 꿈을 안고 인생길을 헤쳐 나가는 바탕이 되었다.

일요일 정기집회

'함석헌의 일요일 정기집회'는 종로 YWCA 강당에서 오후 2시쯤 열렸다. 오산학교 다닐 때 스승이었던 다석 유영모도 그 모임에 참석하곤 했다. 그날은 새벽부터 38선 근처에서 대포 쏘는 소리가 요란하게 들렸고, 그 소리는 서울 살던 우리에게 점점 더 가까워졌다.

그다음 날 월요일, 당시 연희대 노천강당에서 함석헌의 강연이 예정되어 있었다. 당시 요샛말로 하자면 연희대 총학생회장이던 나는 학생들 앞에 선생을 소개했고, 벽보에 '종교시인 함석헌'이라는 글귀를 적어 붙였다.

맑은 날씨였다. 벌써 상공에는 소련이 북에 넘겨준 MIG 전투기가 요란한 소리를 내며 날아가고 있었다. 학생들이 모두 하늘을 쳐다보니, 선생은 "그 소음에 귀를 기울이지 말고 내 말을 들어요!"라고 한마디 하기도 했다. 수요일과 금요일도 선생의 강연 집회가 예정되어 있었으나, 인민군이 이미 서울에 침투한 뒤라 월요일 강연 한 번으로 끝나고 말았다

부산 피란생활 동안에도 선생은 정기적으로 강연을 이어갔고, 나와 친구들은 어김없이 그 모임에 참석했다. 50대 함석헌은 더욱 날카롭고 예언자적이었다. 선생의 입에서 흘러나오는 말씀으로 우리는 마음껏 성장했다. 그는 어떤 의미에서 한국의 모든 젊은이들의 우상이기도 했다.

부산 피란생활을 청산하고 서울로 돌아온 뒤에도 그의 공개 강연은 계속되었다. 5·16 군사정변이 터지자 그는 군사정권 반대의 일선을 담당하고 거침없이 비판했다. 박학다식한 그는 군사 쿠데타가 동양 고전에서도 안 좋은 일(불상사)로 여겨진다며 당시 장준하가 이끌던 〈사상계〉

에서 종횡무진 정면 공격을 시도했다. 당시 군부 제2인자이던 김종필이 함석헌을 가리켜 "정신 나간 노인"이라고까지 악담했다.

민족의 갈 길 제시

그는 거침없이 한국의 젊은 지성들에게 민족의 갈 길을 제시했다. 18년이나 이어진 박정희 군사정권이 유신헌법과 유신체제를 선포했을 때 '유신반대'를 부르짖으며 교문을 박차고 나와 1979년 10·26 사태를 불가피하게 만든 대학생들은 대부분 함석헌의 투지에 감동한 젊은 지성이었다.

하지만 10·26 사태 이후 뒷수습을 할 만한 민주 세력이 없었기 때문에 신군부의 등장을 막지 못했다. 그리하여 전두환, 노태우, 김영삼으로 이어지는 불행한 조국의 역사가 꼬리를 물 수밖에 없었다는 것이 나의 생각이었다.(10)

> 세상은 계속 크고 작은 굴곡이 이어지는 난세의 연속이다. 편저자도 그런 사람 대열의 일원이지만, 맹산 연고 인사들은 대신동 집을 찾아 시국의 추이와 향방을 놓고 예지의 말을 듣고자 했다. 그때마다 그는, 한민족 역사는 불의와 파행이 닥칠 때마다 민족 마음속에 잠재된 역사적 의혈義血의 DNA가 살아남아 기어코 난국을 극복해 온 역사라 말했다.
>
> 이 신조가 누구보다 함석헌의 믿음에서 왔다. 성삼문, 안중근, 윤봉길 등이 보여 준 의거에 담겼던 정신을 말함이었다. 여기 성삼문을 기리는 함석헌의 웅변이 있다.(11)

그 죄 없는 육신六臣은 그 죽게 된 한국을 위하여 값을 대신 내지 않으면 안 되었다. 그들의 죽음으로 한국은 살았다. 만일 한 사람도 죽은 사람이 없다면, 아무도 죽은 사람이 없는 대신 한국은 전체로 죽었다. 이 때문에 이들은 죽게 된 한국을 구하기 위하여 그 선지피를 역사의 제단祭壇 위에 붓지 않으면 안 되었다.

함석헌은 김동길 같은 일어세대의 깊은 존경을 받았지만, 대한민국 탄생 이후 학교 문에 들었던 이른바 한글세대에게는 당신 성가가 예전 같지 않았다. 사회의식이 강한 대학생들은 함석헌의 특강을 듣는다고 달려갔지만, 한편으로는 "여자를 너무 밝힌다"고 소문나면서 결벽성을 지닌 청년들이 발길을 끊는 현상도 나타났다. 김동길도 함석헌에 대해 적으면서 그 대목을 말하지 않을 수 없었다. 괴테 같은 천재들에게 나타날 수 있는 인간적 행태라고 감싸는 말이었다.

나이가 60, 70이 되어서도 함석헌은 "사랑만은 어떻게 할 수가 없어"라고 고백했다. 그가 열일곱 살에 결혼했던 사모님은 오랜 세월 병상에 누워 있다 돌아가셨다. 누구보다 감정이 풍부했던 함석헌이 이성을 사랑한 사실이 놀랄 일은 아니었으나, 그가 어떤 여성을 사랑하는 것 같은 눈치만 보이면 주변 '속물'들이 모두 들고일어나 스승인 그를 비난했다.

함석헌은 이런 말을 한 적이 있다. "독일 문호 괴테는 70, 80이 될 때까지 젊은 여성들을 사랑했는데, 왜 한국 사람인 나는 그러면 안 되나" 하며 탄식 아닌 탄식을 하기도 했다. 내가 보기에는 괴테가 천재였던 것처럼 함석헌도 천재였다.(12)

그런 우정

그 사람을 그대는 가졌는가

동서양이 다 같이 낱낱 사람들의 '책선責善'을 강조해 왔다. 벗 사이는 서로 "선을 권장하는" 사이라 했다. "친구는 또 다른 나"라 했던 우정론의 선창자 키케로도 "자연이 우리에게 우정을 준 것은 서로서로 악덕의 동반자가 아니라 미덕의 조력자가 되게 하기 위해서"라 했다.(13)

그 책선이 어느 수준이어야 할지는 20세기 후반 한국 지성사에서 큰 자취를 남긴 함석헌이 은유시로 그 높은 경지를 미리 말해 놓았다.

만 리 길 나서는 길
처자를 내맡기며
맘 놓고 갈 만한 사람
그 사람을 그대는 가졌는가

온 세상이 다 나를 버려
마음이 외로울 때에도
"저 맘이야" 하고 믿어지는
그 사람을 그대는 가졌는가

탔던 배 꺼지는 시간
구명대 서로 사양하며
"너만은 제발 살아다오" 할
그 사람을 그대는 가졌는가

그때 그 시절, 우정의 기억

내 친구 이근섭은 6·25 사변 때에도 나와 함께 군에 소집되어 부산까지 행군하여 함께 걸어갔고, 제주도 모슬포에 마련되었던 신병훈련소에도 같이 들어갔다. 나는 백 총장이 주선해 준 전액 장학금을 받아 미국에서 유학중이었는데, 내가 없는 동안에 이근섭이 친구 심치선이 소개해 준 연대 영문과 출신 규수와 사귀게 되었다는 소식을 듣게 되었다.

그는 미국에서 공부하던 나에게 한국으로 돌아오는 길에 부산에 들러서 강숙자라는 여자를 한번 만나 봐 주면 좋겠다는 연락을 하였다. 내가 만나 보고 틀렸다고 하면, 자기는 그 여자와 결혼할 마음이 없다는 것이었다.

우리 두 사람의 친분으로 볼 때, 그런 일도 있을 수 있었다. 그런 우정이 우리 두 사람 사이에 있었기 때문이었다.(14)

> 이근섭 교수를 앞세웠던 아내는 일요일 김옥길기념관 지하에 열리는 예수모임은 꼭 당신 언니와 함께 부지런히 나왔다. 그런데 자리에 앉사바사 졸기 시작해서 모임이 끝날 때까지 졸았다. 참석자 모두가 아는 해프닝이었다. 맹산도 지나가는 말을 한마디 흘렸다. "그렇게 조는데 하나님은 언제 만나누?"

제8장
역사와 역사학

나는 대학 학부와 대학원에서 역사를 전공했고 학위도 받았다. 서양사, 특히 미국사美國史를 전공하면서 나름대로 역사의 주제를 파악했다고 자부한다.

역사란 무엇인가

"역사가 무엇이냐?"는 물음에는 수천, 수백 가지 답이 있다.

그 가운데 카는 "과거와 현재의 끊임없는 대화"라 했다.(1)

랑케는 "모든 시대는 신 앞에서 동등하다" 했다. 각 시대가 고유의 특수성을 지니고 있으며, 그 시대의 고유한 맥락에서 이해되어야 한다 했다. 랑케는 독일의 역사학자다. "한 시대는 그 자체로 신 앞에 선다"며 지난 일을 지금의 잣대로 재단하는 것은 옳지 않다 했다. 랑케가 역사가의 책임을 요약하길, "그것은 단순히 그 일이 정말 어떻게 일어났는가를 말해 주는 것뿐이다It will merely tell how it actually happened." 그 말은 역사가의 임무가 과거를 심판하는 것이 아니라는 뜻으로 풀이된다.(2)

베커[1]는 "인간 존재에 대한 영원한 수수께끼의 풀이인 역사는 항상 새롭게 다시 쓰이며, 따라서 모든 역사는 현재의 역사"라 했다. 이 말대로, "인간 생존의 영원한 수수께끼를 풀어 보기 위해" 우리는 역사를 공부한다. '인간 생존의 영원한 수수께끼'는 아직 풀리지 않았다. 좀처럼 풀리지 않을 거다. 그러나 우리는 꾸준히 그 노력을 할 수밖에 없다.(3)

역사의 주제

역사 주제는 한 마디로 '자유'다. 그래서 나는 후배들에게 "역사의 주제는 자유"라고 가르쳤다. 그것이 내가 파악하고 터득한 진리라고 믿는다. 오늘날 한국뿐만 아니라 미국, 일본, 중국, 러시아에서도 절실하게 필요한 것이 바로 "루스벨트의 4대 자유Four Freedoms"라고 확신한다. 4대 자유는 "세계 어디서나Everywhere in the world" 적용되어야 한다.

1 〔편저자 주〕 미국 독립전쟁과 미국·유럽 계몽주의 시대를 연구한 코넬대 역사학 교수다.

어디서나 4대 자유

미국 32대 대통령 프랭클린 루스벨트는 1941년 1월 6일, 의회에 보낸 '연두교서'에서 4대 자유를 말했다. 첫째, 말하는 자유·글 쓰는 자유, 둘째, 신앙의 자유, 셋째, 궁핍으로부터의 자유, 넷째, 공포로부터의 자유가 그것이다.

이 네 가지 자유를 말하면서 루스벨트는 매번 '세계 어디서나'를 덧붙였다. 이러한 자유가 미국과 영국, 프랑스에서뿐만 아니라 한국과 일본, 중국, 독일에서도 반드시 존중돼야 한다는 뜻이었다.

그날, 그 자리에서 미국 대통령은 미국이 마땅히 나아가야 할 길을 분명히 제시했다.

소련의 질곡에서 벗어나 헝가리가 해방되고 얼마 뒤에 부다페스트를 방문한 적이 있었나. 강 하나를 사이에 두고 부다와 페스트가 함께 사는데, 페스트에 있는 '칼마르크스대학교'에 들렀다. 그런데 그 대학은 이미 '자유대학교'로 교명을 바꾸었다. 마르크스가 '자유' 때문에 그 자리에서 밀려난 것이다.(4)

자유에 사랑이

그렇다면 역사의 일부라고 할 수 있는 각자 인생의 주제는 무엇인가? 그건 '사랑'이다. 모든 인간이 추구하는 행복의 핵심이 바로 '사랑'이다. 사랑받을 수 있고 사랑할 수 있으면 그것이 행복이고 그것이 천국이다.

사람은 사랑을 통해서만 영원에 도달할 수 있다. 미국 소설가 하우얼스가 "영원과 나는 하나다"라 했다. 사랑으로 말미암지 않고는 "Eternity and I are one"이 될 수 없다. 사람은 사랑 때문에, 죽어도 살 수 있다고 나는 믿는다.(5)

바람직한 역사에 희생이: 역사적 의혈

어디로 가는지 알 길은 없지만, 하도 목이 말라 케냐 어디선가 강물에 뛰어들어 물을 마시고 있었다. 먼저 뛰어든 물소 한 마리가 악어에게 물려 발버둥치고 있었다. 그 많은 짐승들은 그 광경을 보자마자 모두 강을 뛰쳐나와 육지로 도망가서 목숨을 건졌고, 그 한 마리만이 희생양이 되었다.

희생 없이는 어느 하나 바람직한 일이 이루어질 수 없다는 것이 인류의 역사요 인간의 현실이다. 교황청의 잘못된 권위에 도전하여 마침내 종교재판에서 화형이 언도된 보헤미아의 젊은 수도승 후스(John Huss, 1370~1415)의 희생이 없었다면, 루터도 칼뱅도 없었을 것이고, 나 같은 사람은 종교 없이 세상에 살다가 갔을지도 모른다.

만약 우리 근세사에 안중근, 이봉창, 윤봉길 같은 '희생양'이 나타나지 않았다면, 한국인은 잃어버린 독립을 되찾을 수 있었을까. 그들의 희생이 없었다면, 이승만과 박정희도 타고난 DNA를 잘 가꾸어 대통령으로서 큰일을 이룰 기회는 없었을 것이다. 그런 생각을 하면, 민족의 제단 앞에서 스스로 희생 제물이 된 어른들에게 고개를 숙이지 않을 수 없다.

그런 큰 제물, 그런 큰 인물이 된다는 것은 쉬운 일이 아닐 뿐더러 누구나가 할 수 있는 일도 아니다. 자기 분수를 알고 날마다 "검소한 생활과 고상한 생각"에 힘쓰는 민초가 있어야 한다는 생각도 아니 할 수 없다. '평범'이 '비범'을 뒷받침하는 것이 역사에 엄연한 하나의 '룰'임을 부인할 수 없다.(6)

역사는 영원한 교사

우리가 사는 오늘의 세상을 조금이라도 올바르게 이해하기 위해 우리는 어제 있었던 일들을 열심히 공부한다. 누가 뭐라고 해도, 역사는 언제나 우리에게 교훈을 준다. 그런 의미에서 역사는 우리들의 영원한 '교사教師'라고 해도 틀린 말이 아니다.[2]

시인 김상용[3]은 만나고 헤어지는 인생무상을 이렇게 읊었다. "오고 가고 나그네 일, 그대와는 잠시 동행이 되고." 우리는 나그네처럼, 잠깐 들렀다 떠날 수밖에 없다. 하지만 역사는 언제나 인류의 벗이 되어 여기에 남을 것이다.

---

2 〔편저자 주〕 당나라 태종의 언행록인《정관정요(貞觀政要)》는 역사를 '세 개 거울'에 비유했다. 첫째는 동경(銅鏡)으로 자신의 얼굴을 비춰 보는 거울이다. 자신의 용모, 얼굴을 비춰 보며 단정하게 하는 것이다. 둘째는 인경(人鏡)으로 타인의 거울이다. 남의 행동거지를 보고 자신을 바르게 하는 것이다. 셋째는 사경(史鏡)으로 과거라는 역사의 거울이다. 지난 역사를 돌이켜 보고 오늘의 교훈과 경계로 삼는다는 것이다.

3 〔편저자 주〕 월파 김상용 시인은 경기도 연천에서 태어나 릿쿄대 영문학과를 졸업하고, 이화여대 교수를 역임했다.

역사관: 역사를 보는 눈

역사를 '위인들의 전기'라고 잘라서 말한 역사가가 있다. 그리고 민주주의는 '보통 사람들의 시대'를 말하는 것이라고 주장하는 이들이 많다. 그런데 보통 사람들의 시대인 지금 두드러진 인물은 별로 나타나지 않고 고만고만한 사람들이 모여서 저마다 제가 잘났다고 주장하여 민중이 신뢰할 만한 지도자를 찾기가 어렵다.

민주주의란 본디 보통 사람들 가운데서 특출한 지도력을 가진 인물이 등장하는 정치적 이념이라고 말할 수 있다. 그런 관점으로 역사를 본다면 20세기는 19세기만 못하고, 아직 시작된 지 얼마 안 되었지만 21세기는 20세기만도 못하다는 평가를 면치 못할 것 같다.

제1차 세계대전, 제2차 세계대전이 터졌을 때만 해도 그 전쟁들을 수습하고 강화회의를 주도할 만한 국제적 정치지도자들이 있었다. 그러나 오늘의 세계는 잘못된 철학과 이념을 가진 젊은이들이 도처에서 총질로 인명을 살상하는 졸렬한 일들을 되풀이하는 한심한 세상이 되었는지라 그런 자들을 퇴치할 수 있는 세기적 지도자가 나타나기도 어렵다.

나는 19세기에 지대한 관심을 가지고 살아왔다. 그 세기에는 베토벤이나 링컨을 위시하여 다윈이나 마르크스 같은 각양각색의 인물들이 여러 분야를 망라해 등장하면서 대단히 풍성한 시대를 이루었다. 이제 한 인간이 '석양에 홀로 서서' 매우 재미없는 역사의 현장을 노려보고 있을 뿐이다. 도대체 영웅이 나타나지를 않으니, 영웅을 숭배할 마음인들 생기겠는가?(7)

역사는 바꿀 수 없다

어제 있었던 일을 오늘 와서 "없었다"고 한다고 해서 있었던 일이 없어지진 않는다. 1910년 일본은 한국을 통째로 삼켰다. 2천만 동포는 1919년에 3·1 운동으로 맞서서 평화의 함성을 질렀지만 일본은 듣지 않았다.

1937년 일본은 '노구교사건'을 계기로 중국 대륙을 침략하기 시작하여, 그해 12월 난징으로 쳐들어가 30만 명을 학살했다. 당시 일본 중의원 사이토 다카오 의원은 중국 침략을 규탄하는 연설을 하여 중의원에서 추방되었다.[4]

독일의 메르켈 수상은 일본에 가서 아베 총리를 만나 "역사를 바꿀 수는 없다"는 취지로 연설했다. 아베와 일본 언론은 메르켈 연설에서 그 대목은 빼 버리고 보도했다. 그들은 끝까지 역사를 왜곡할 뜻을 굳힌 것 같다. 하나님은 죄인을 용서할 수는 있지만, 역사적 사실은 바꾸지도 않

4 〔편저자 주〕 1940년 2월 일본 제국의회 중의원 본회의에서 입헌민정당의 사이토 다카오(藤隆夫, 1870~1949) 의원이 '지나사변 처리에 관해' 대정부 질문을 한다. 중일전쟁이 진흙탕 싸움이 되면서 일본 국민의 전쟁 피로감이 깊어지던 때였다. '세계 평화에 기여하는 대동아 질서'라는 전쟁 명분의 실체를 묻는 한편, 전쟁 장기화로 국력 손실을 초래한 군부의 독선과 무능을 지적하고 정부의 대책을 추궁했다. '뜬구름 잡는 명분으로 수많은 인명을 희생시킨 어리석음', '성전聖戰의 미명 운운' 등 직설적 표현을 마다하지 않고 한 시간 반 동안 이어진 사이토의 웅변에 의회가 술렁거렸다. 군부 위세에 눌려 눈치만 보던 의원들 사이에서 간간이 박수가 흘러나왔고, 연설 뒤 눈물을 그렁거리며 사이토 손을 부여잡는 의원도 있었다. 파시즘 광기에 빠져 있던 당시 시대상 속에서 그의 소신은 '불경不敬'으로 취급되었고, 결국 의원직 제명이라는 정치적 사망 선고를 받는다. 2년 뒤 치러진 총선에서 무소속으로 출마한 사이토는 군부와 우익의 집요한 방해에도 출마구에서 최다 득표로 당선되었다. 유권자들이 투표로써 그의 신념을 지지한 것이다(신상목, "우리 안의 파시즘," 〈조선일보〉, 2020. 7. 10).

고 바꿀 수도 없다. 아베와 그의 추종자들은 일종의 환각과 착각에 사로잡혀 일본을 미화하는 작업에 열을 올리고 있다. "제 탓이다. 제 잘못이다"라고 말하고 싶지 않아서 억지를 쓰는 거다.[5]

사실에 눈을 감고 허망한 환상만 보며 나르시시즘narcissism에 시달리는 일본을 동정하는 마음도 없지 않다. 물에 빠져 죽을 것이 뻔해서다.(8)

참사회주의 유산

1948년 대한민국 정부가 수립되고 한동안 사회가 안정되며 공산당의 침투가 일단 봉쇄된 상태에서, 조소앙의 사회당이 출범했다. 그해 12월에 있었던 창당대회에서 초대 대통령 이승만은 다음과 같이 축사를 했다.

"공산당과 싸우는 나라에서는 사회당이 반드시 있어야 합니다. 우익 정당 일색인 마당에 사회당이 생긴다니 반갑고, 더구나 조소앙 선생이

---

5 〔편저자 주〕 내 나름으로 일본을 알기 위해 일부러 '흑역사탐방dark tour'을 했던 적이 있었다. 히로시마·나가사키 피폭被爆기념관이 보여 준 그 처참상은 필설로 다 할 수 없었다. 일본 군국주의에게 엄청나게 당했던 한민족의 일원인 나도 연민의 마음을 금할 수 없었던 형편에서 일본인들은 스스로가 피해자라는 인식이, 이걸 더 넘어 평화주의자라는 성찰이 그만 국민적으로 체질화되고 말았다. 그만큼 제2차 세계대전 때 유태인 말살을 자행했던 나치독일의 만행을 철저히 사죄해 온 현대 독일과 극명한 대조를 이룬다. 패망 직전, 완전 무방비 상태였던 우리의 신라 경주처럼 옛 문화가 찬란했던 독일의 고도古都 드레스덴Dresden을 향해 영국 공군사령관 주도로 연합공군 폭격기가 연사흘에 걸쳐 융단폭격을 가해 무려 3만 5,000명에서 최대 25만 명의 무고한 민간인을 몰살시켰던 사실史實을 놓고 공습 60년이 되던 2005년, 독일 나치당이 "독일에 저지른 홀로코스트"라고 목소리를 높였다. 이에 대해 당시의 독일 수상 슈뢰더Gerhard Schröder는 "원인과 결과를 뒤바꿔 역사를 곡해하려는 어떤 시도도 용납하지 않을 것"이라며 일소에 붙였다.

이 당을 이끈다니 더욱 반갑습니다."

그리고 한참 세월이 흐른 오늘날, 조소앙의 교육 균등·정치 균등·경제 균등, 곧 '삼균주의'를 표방하는 식견 있고 양심 있는 진보적 정당이 이 땅에 존재하지 않는다는 것은 슬픈 일이다. 조소앙은 '공산주의 불가'를 이미 선언했다. 무산계급의 독재도 독재이므로, 그는 공산주의 반대를 표명하고 서구적 진보세력을 만들어 보려고 노력했다.

오늘날 역사의식이 분명치 않아 우왕좌왕하는 한국의 '사이비 진보세력'에 비하면, 옛 선배들이 훨씬 현명했다. 그런 지도자와 그런 정당이 생기면 혼란에 혼란을 거듭하는 이 나라의 정계에 참신한 새바람이 불어올 것이 확실하다. 조소앙의 꿈을 되살릴 수 있는 그런 정치적 지도자의 출현을 고대한다.(9)

정체불명 '민중사관'

나는 한평생 역사를 공부하고 40년 가까이 대학에서 가르치다 물러난 사람이다. 사실만을 바탕으로 역사가 기록되고, 그런 상황에서만 역사 이해나 역사 해석이 가능한 것으로 알고 있다. 사실을 밝힐 생각은 전혀 없고 다만 목전의 이익에만 급급한 개인이나 집단이 '사실'을 무시하고 멋대로 역사를 풀이한다는 것은 있을 수 없는 일이다.

아이들이 처음 배우는 역사 교과서가 정체불명의 '민중사관民衆史觀'으로 일관, 해괴망측한 내용으로 뒤범벅이 되었음은 한심하다 못해 통탄스러운 일이다. 투명한 안경알도 일단 닦아 놓고, 있었던 일들을 돌이켜 봐야지, 처음부터 색안경을 쓰고 과거를 돌아본다는 것은 언어도단이다. 문제는 그 색안경은 어디서 누가 준 안경이냐는 것이다.

북한의 〈로동신문〉의 눈으로 대한민국 역사를 풀이하면 잘못일 뿐만 아니라 왜곡이나 허위를 바탕으로 한 '선전'일 수밖에 없다. 인민공화국을 정당화하기 위해 대한민국을 헐뜯을 수밖에 없을 것 아닌가. 해방 직후 남로당 입장에서 이승만을 평가하면 비방밖에 할 수 없다. 대한민국의 정체성을 인정하지 않을 뿐만 아니라 북한에서 하는 일을 모두 정당화하는 자들이 대한민국 아이들이 배우는 역사책을 쓰는 것 자체가 있을 수 없는 일이다. 이런 난센스가 되풀이되지 않기를 바랄 뿐이다.(10)

자유민주주의, 대한민국의 사북

매일 글을 한 편씩 써서 인터넷 홈페이지에 올린다. 독자에게 읽히는 글을 쓰기보다는 내가 하고 싶은 말을 한다는 것, 내가 쓰고 싶은 글을 쓴다는 것이 나의 생활신조다.

놀라운 것은, 나의 칼럼을 읽었다는 사람들의 조회 수를 보면, 내가 심한 말투로 남을 때리거나 야단친 글은 (부끄럽게도) 독자가 많았고, '꼭 읽어 주었으면' 하는 간절한 마음으로 쓴 글은 읽은 사람이 많지 않다는 사실이다. 매우 실망스러웠다.

그럴 줄을 알면서도 나의 중심을 잃지 말고 꼭 해야 할 말은 하자고 다짐했다. 중심을 잃으면 개인도 집단도, 나아가 국가도 민족도, 쓰러지기 마련인 것.

폈다 닫았다 하는 부채마다 '사북pivot'이 있다. 이게 망가지면 그 부채는 버려야 한다. 개개인이 각자의 중심을 잡아야 나라도 중심을 잡고 흔들리지 않는다. 대한민국의 중심은 마땅히 어디에 있어야 하나? 대한민국이란 큰 부채의 '사북'은 무엇인가? 그 '사북'은 어디에 있나?

그 '사북'이 다름 아닌 '자유민주주의'임을 나의 동족인 한국 국민들에게 알려 주고 그들을 일깨워 주기 위해 나는 매일, 새벽마다 일어나 글을 쓴다.(11)

나는 무엇을 위해 사는가

나는 한평생 역사를 공부했고 역사를 생각하며 살아왔기 때문에, 대한민국이 마땅히 가야 할 길에 대해 일종의 확신을 가지고 있다. 그 길이 자유민주주의로의 길이라는 사실은 의심의 여지가 없다.

마찬가지로 대한민국 헌법이 말한 대로 자유민주주의는 마땅히 수호돼야 하고 민족 통일도 마땅히 자유민주주의 원리와 원칙을 따라 이뤄져야 한다는 것이 확고부동한 신념이다. 예나 지금이나, 역사를 공부한 사람으로서, 자유민주주의가 인류의 갈 길이라고 확신한다.

나는 앞으로 살아서 일할 수 있는 모든 시간과 정력을 바쳐 자유민주주의를 설명하는 일에 전심전념하리라 마음먹고 있다. 그것도 대학생이나 지식인 상대가 아니라, 밭에서 농사짓는 농부들이나 공장에서 기름 묻은 옷 입고 일하는 노동자들이 알아들을 수 있도록 아주 쉬운 말로 자유민주주의를 해설하는 작업을 하고 싶다.(12)

중국 이웃: 축복 또는 저주?

국민국가nation-state 한국은 세계적·세계사적 틀 속에 있다. 지정학적 정좌定座에 대한 자기 확인은 불가피하다. 특히 김동길이 주창한 바는, 오랜 역사를 걸쳐 예속되어 온 중국 틀에서 벗어나 자유민주주의 서방세계에 더욱 가까이 다가가야 한다는 것이다. 중국의 정체에 대한 올바른 인식과 친서방 행보는 그가 줄곧 힘주어 말한 바다.

중국이 우리나라에 매우 가까운 이웃이라는 사실은 한반도에게 축복인가? 저주인가? 세계 고대문명의 4대 발상지 중 하나인 중국, 유유히 흐르는 황하를 끼고 형성된 농경사회가 만들어 낸 문물·제도가 우리의 5천 년 역사를 이룩함에 있어 지대한 영향을 미친 사실을 누가 감히 부인할 수 있겠는가. 한자 문화가 중국에서 비롯되었음은 물론, 공자·맹자·노자·장자가 모두 중국 출신이다.

그러나 수나라와 당나라만이 우리를 괴롭힌 것이 아니다. 그 뒤에도 송·원·명·청이 한반도에 백화가 만발하는 것을 극력 반대하는 가운데, 우리를 못살게 굴었다. 청나라만 훼방을 놓지 않았어도 우리는 개화에 성공했을 것이고 일본보다 먼저 선진국 대열에 합류할 수 있었을 것이다.

6·25 전쟁이라는 민족상잔의 비극을 겪게 된 배후에는 중국이라는 대국이 도사리고 있었다. 한반도의 민주적 통일을 눈앞에 두고도 통일의 영광을 누리지 못한 것도 마오쩌둥毛澤東의 중공군이 인해전술로 우리의 통일을 방해했기 때문이다. 북한의 인민공화국이 와해될 때를 대비하여 중국의 상당한 군사력이 압록강·두만강 일대에 진을 치고 있다

는 정보도 계속 우리를 괴롭힌다.

1989년 천안문 사태에 단 한 사람의 사상자도 없다고 발표하던 중국, 2008년 5월에 발생한 사천성 대지진의 사망자 수를 덮어 두었다가 1년 뒤에야 8만 7,000명쯤 희생되었다고 발표하는 중국. 이런 대국이 가까이 있다는 사실은 은근히 걱정스럽다.(13)

대국의 횡포

옛날 우리가 어릴 적에는 중국을 대국이라고 하면서도 중국 사람을 '되놈'이라고 얕잡아 불렀다. 그런 호칭이 통용된 이면에는 무슨 까닭이 있을까?

그것은 우리나라와 중국 사이의 오래고 오랜 역사적 갈등을 모르고는 이해가 불가능한 모순적 태도라고 여겨진다. 조선인은 중국의 방대한 영토와 엄청난 인구, 공자와 맹자를 낳은 도덕과 문화에 경의를 표하면서도, 중국인 관리들의 횡포에 반감을 갖고 있었던 것 같다.

그렇다면 오늘날 중국이 대한민국을 대하는 태도는 어떠한가? 중공군은 대한민국이 유엔군과 힘을 합하여 인민군의 남침을 물리치고, 실지 회복의 꿈이 곧 이루어지게 된 바로 그 시점인 1950년 1월, 이른바 인민해방군을 동원하여 김일성을 돕기 위해 '인해전술'을 구사하면서 38선을 넘어와 1·4 후퇴를 불가피하게 만들었다. 우리는 고귀한 피를 흘리며 국토 통일을 시도하였지만, 중국의 방해로 그 꿈은 좌절되고 말았다.

오늘날에도 김정은이 핵무기와 핵폭탄을 만들어 "남조선을 불바다로 만들겠다"는 협박·공갈에, 우리는 방어용 '사드'를 배치할 수밖에 없었다. 그러나 중국은 이를 구실 삼아서 행패를 부리며 우리를 못살게 군다.

그래서 우리는 중국이 미국을 대신하여 세계 질서의 주축이 되려고 안간힘을 쓰는 꼴을 가소롭게 여긴다. 중국은 이름만 중국中國이지 중국이 못 되는 소국小國이기 때문이다.(14)

중국의 시대?

'멍크 디베이트Munk Debates'라는 토론회가 해마다 두 차례씩 캐나다 토론토에서 열린다. 권위 있는 포럼이라 한다. 최근 '디베이트'에서는 "21세기가 중국의 시대가 될 수 없다"는 입장을 고수한 키신저 팀이 낙승했다는 신문기사를 흥미롭게 읽었다.

중국이 무엇으로 세계를 이끌어 나갈 것인가. 폴 케네디의《강대국의 흥망》(한국경제신문사, 1990)에 대한 한 서평이 지적한 대로, 태평양 새 시대의 주역은 높은 수준의 민주주의와 높은 수준의 도덕과 높은 수준의 생산성을 갖춰야 한다. 그런데 나부터 중국산 물건은 좋아하지 않는다.(15)

중국이 정이 떨어지는 까닭: 노벨상 대 공자상

중국 민주화 투사 류샤오보[6]에게 노벨평화상을 수여한 서방세계에 분통을 터뜨린 중국 정부는 노벨상보다 더 큰 (상금이 많은) '공자상'을 제정했다. 아직 이 엉뚱한 대상에 대해 자세한 내용은 듣지 못했지만, 그것이 사실이라면 오늘의 중국은 정말 한심한 나라라는 생각이 앞선다.

한때는 '공자 배격'에 열을 올리던 중국 공산당이 어쩌다 공자를 찬양하는 입장으로 돌변한 것일까. 만일 중국이 노벨상에 버금가는 또는 그보다 몇 배 더 가치 있는 상으로 '마오쩌둥상'을 제정한다면 그래도 이해가 간다. 하기야 오늘의 중국의 경제적 번영을 가능케 한 것은 마오쩌둥은 아니다. 그의 초상화가 아직 천안문에 걸려 있긴 하지만 '부강 중화인민공화국'의 꿈은 덩샤오핑이 이루어 놓았다고 하는 게 옳다. 그렇다면 그 상의 명칭은 '덩샤오핑상'이 돼야 마땅하다.

돈만 있으면 노벨상에 맞먹는 대상을 만들 수 있다는 그런 생각부터가 잘못된 것이다. 노벨평화상에는 평화를 갈망하던 발명가 노벨의 숭고한 정신이 스며 있다. 공자평화상이 정말 제정되고 수상자가 결정이 되고 산둥성 곡부에서 시상식이 거행되는 그날이 만에 하나 온다면, 공부자 자신이 혀를 차며, "이게 무슨 짓인가. 남부끄러운 줄 알아야지" 하실 것이 분명하다. 돈 있고 힘 있으면 무슨 짓이라도 할 수 있다는 그런 어리석고 한심한 생각을 공자께서 꾸짖을 것이 분명하다.(16)

---

6 〔편저자 주〕 류샤오보劉曉波는 중국 변호사이자 작가로, 중국 반체제 운동 및 인권운동을 이끈 주역이다. 2010년 노벨평화상을 수상했고, 2017년 7월 간암으로 타계했다.

덧붙이자면, 공자평화상Confucius Peace Prize은 2010년 천안문 6·4 항쟁과 관련된 민주운동가 류샤오보가 옥중에서 노벨평화상 수상자로 결정되자 중국의 중국국제평화연구센터라는 단체가 노벨평화상에 맞불을 놓기 위해 만든 상이다. 중국의 정치적 목적에 따라 2010년부터 시상했는데, 러시아의 푸틴(2011), 짐바브웨의 무가베(2015), 캄보디아의 훈센(2017) 등이 수상자였다. 2018년, 소리 소문 없이 평화연구센터를 해산하며 폐지해 버렸다.[(17)]

태평양 시대와 마주한 한국

대한민국의 중국 예속은 통일신라를 출발점으로 잡는다면 무려 천년에 걸친 역사다. 이런 한반도가 '탈脫중국'의 길을 걷게 된 계기는 일본 제국을 이긴 미국 주도의 연합국 승리와, 그 뒤를 이은 이승만의 통찰력과 리더십 덕분이었다.

민족지도자 이승만은 오늘날의 자유민주주의 체제를 선택하였다. 6·25 전쟁의 고비에서 최빈국이던 대한민국은 세계 제1의 강국과 상호 동등한 지위로 한미동맹을 체결하여 중·소 공산주의 침략을 막아낼 수 있었다.

자유진영에 서다

다시 말해 독립 대한민국이 자유진영 대열에 선 것은 이승만 리더십이 공덕이 컸다. 선집選集에 기고한 정치학자 최명의 지적을 김동길(2017)이 크게 공감했다.

10대의 이승만은 배재학당에서 서양의 학문과 기독교에 접하게 된다. 특히 그는 자유·평등·인권 등의 서양 혁명사상을 배우면서 미국식 민주주의를 신봉하게 된다. 그리고 배제학당에서 이승만은 '위대한 스승' 서재필을 만난다.

이승만의 사상 형성에는 서재필의 영향이 매우 컸다. 서재필은 갑신정변 중심인물의 하나다. 정변 실패 후 미국에서 오랜 망명생활을 하다가 귀국하였다. 의학박사이자 개화파 지식인이었다. 독립협회를 창립하여 한국인의 개화와 계몽을 주도하고 있었다. 나는 이승만의 이와 같은 초기의 배움이 그가 말년에 이룩한 자유민주주의 대한민국 건국의 시원始源이라고 생각한다.

자유민주주의에 대한 그의 신념은 미국 유학과도 무관치 않다. 학부부터 시작하여 5년 만에 석·박사학위를 취득한 것은 초고속 진행이다. 한국이 하루빨리 새로운 시대로 발돋움해야 한다는 긴박감이 그에게 큰 힘을 실어 주었기 때문이라고 생각한다. 새로운 시대란 무엇인가? 말할 것도 없이 그것은 한국의 독립이다.

역사사회학자 송복은 한반도 역사에서 세 번의 위대한 만남이 있었다 했다.(18) 곧, 고대는 김춘추와 김유신의 만남, 중세는 류성룡과 이순신의 만남, 현대는 이승만과 미국의 만남. 이승만이 미국을 만남으로써 훗날 우리 역사는 하늘과 땅 차이로, 오늘날 남과 북의 차이만큼 달라지는 새로운 역사의 장이 펼쳐졌다. 그때 미국을 만난 이승만이 없고, 상하이임시정부 독립투사들만 있었다면 오늘날 대한민국이 존재할까? 당시 독립투사 누구도 근대 국가를 본 일이 없고 자유민주주의 시장경제를 아는 사람이 없었다. 상하이임시정부의 건국강령을 보면 모든 산업은 국유였다.

> 역사의 큰 흐름은 어느 개인도, 어느 집단도, 어느 민족도, 어느 국가도 막을 수 없다는 사실을 김동길이 누차 강조해 왔다. 30년 전에 그는 이미 "태평양의 새 시대의 주역은 한국이다"라고 주장했다.

당시 많은 사람이 "역사를 공부했다는 사람이 어떻게 저런 소리를 하는가. 《정감록》이라도 믿고 하는 황당무계한 소리인가" 했을 것이다.(19) 그러나 오늘의 한국을 유심히 관찰하는 이는 그의 말에 귀 기울일 것이다.

그동안 상황은 많이 달라졌다. 오랜 세월, 중국에 시달리고 일본에 의해 고통받던 그런 한국이 아니라는 것은 이미 자타가 공인하는 사실이다.[7] 김일성의 남침으로 생긴 동족상잔의 비극을 잘 극복하고 민주주의

---

7 〔**편저자 주**〕 여야 5당 지도부 등 대미 의원외교 대표단이 2019년 2월 중순 방미했다. 일정 중 펠로시 하원의장을 만난 자리에서 문희상 국회의장이 당신 필적을 선사했다. 글귀는 "萬折必東". 이 사자성어 '만절필동'은 황하 흐름을 두고 "일만 번을 굽이쳐 흘러도 반드시 동쪽으로 향한다"는 공자 말이다. 임란 뒤 조선 임금 선조는 "만절필동 재조번방萬折必東 再造蕃邦" 곧 "명나라 군대가 왜적을 물리치고 우리나라를 다시 찾아 주었네"라고 썼다. 그때 조선 왕조는 그랬지만 서구를 배워 자유민주국가로 환골탈태한 대한민국이면 태평양의 물결 영접을 말해야 할 자리가 아닌가. 황하를 들먹이는 조선조의 중국 은혜 글귀를 미국 정치권력에 원용한 노릇이라니, 우리 정치인들 식견은 앞뒤를 모르는 참으로 밑바닥이 아닌가 싶었다.

를 살려냈을 뿐만 아니라 군사적·경제적 측면에서도 세계가 주목하는 강국으로 부상했다.(20)

준비 없이는 안 된다

철학자 칼 야스퍼스 말대로, 역사에는 근원이 있고 목적이 있다. 누구도 분명히 알지 못하고, 어떤 지식만 가지고도 판별이 안 된다. 다만 '애매모호한 상징들ambiguous symbols'의 번쩍임을 보고 역사의 근원과 목표를 감지할 뿐이라고 야스퍼스는 말했다.

우리는 일찍이 한국의 시대가 올 것을 감지하고 감격을 금치 못했으며, 이제 그날이 머지않았음을 느낄 수 있다. 우리는 과연 그날을 위해 꾸준히 준비하고 있는가?

폴 케네디 교수가 당부한 대로, 5천 년 역사에서 처음 주어진 이 기회를 놓쳐서는 안 된다. 첫째, 수준 높은 민주주의의 수호자가 되었는가? 둘째, 도덕적으로 흠잡을 데 없는 정직한 국민인가? 셋째, 이웃에게 베풀 줄 아는 겨레가 되었는가? 넷째, 나아가 우리가 만드는 물건 'Made in Korea'가 세계에서 가장 좋은 제품이 되었는가? 이런 질문에 대해 스스로 점검해야 한다.(21)

태평양 시대를 맞기까지

오리엔트에서 발달한 농경문화가 에게해에 자리 잡은 많은 섬들과, 거기에 뻗어 있는 희랍반도에 산재한 크고 작은 도시국가들에게 적지 않은 자극을 주었다. 그 결과, 아테네와 스파르타는 역사에 길이 남을 거대한 도시를 만들었다. 특히 아테네는 서양 문명의 발상지로 알려질 만큼, 학문과 예술, 그리고 문화적 유산에서 인류가 우러러볼 만한 위대한 도시국가를 형성했다.

그 뒤를 이어 로마가 등장했고, 동서로 갈라진 로마 제국이 몰락한 뒤에는 서양 문명의 중심은 스페인으로 가지 않고 지중해 시대는 종말을 고했다. 1588년 스페인의 무적함대가 엘리자베스 여왕의 영국 해군에 의해 대서양에서 격침된 사건이 전환점이 되었다.

이후 영국이, 그 뒤엔 미국이 대서양을 중심으로 세계를 주름잡는 대서양의 시대를 열었다. 독일·프랑스·이탈리아 등 유럽 여러 나라가 헤게모니 쟁탈전에 나섰지만, 영국과 미국은 이 도전을 다 물리치고 오늘에 이르렀다.

그러나 이 서양의 시대도 바야흐로 황혼기에 접어들었다. 서구의 몰락이 머지않았다고 내다보는 역사가들이 태평양의 새 시대를 예언했다. 역사의 큰 흐름을 누구도 거역할 수 없다. 이 새로운 시대의 문을 열고, 400년 전 영국의 역할을 담당할 나라가 동양 삼국 중 어느 나라인가? 중국인가? 아니다. 일본인가? 아니다. 주역은 한국이다. 한국일 수밖에 없다. 영국이 작은 나라였음을 잊지 말기를.(22)

한 문명권이 몰락하면

문화culture와 문명civilization[8]은 구별해야 한다는 역사가들이 있었다. 희랍과 로마는 서양 문화의 기초를 마련하였고, 여기에 기독교가 파고들어 서양 문화는 활력을 얻어 전성기를 맞이하였다. 영국이 대략 300년 동안 이 무대의 주역을 담당했지만, 지난 100년 동안 그 주역이 교체되어 미국이 등장한 사실을 시인하게 된다.

그 문화가 문명으로, 어쩔 수 없이 변질되어, 이제는 처참한 몰락의 위기를 맞이했음을 또한 시인하게 된다. 런던을 보아라. 뉴욕을 살피라. 그곳 젊은이들은 전혀 꿈이 없고 노인들은 전혀 희망이 없다. "나는 영국인이다" 또는 "나는 미국인이다"라는 국적이나 신분이 별로 자랑스럽게 느껴지지 않는 예기치 못한 현실이 벌어진 셈이다.

서양 문명을 주도하던 영국과 미국이 퇴장하면 어느 민족, 어느 국가가 새로운 문화권을 형성하고 세계 무대를 주름잡게 될 것인가? 그것이 늘 궁금할 뿐만 아니라 흥미진진하게 전망해 왔다. '한자 문화권'의 새 시대가 될 것인가? 아니면 '한글 문화권'의 새 시대가 도래할 것인가? 그것이 나의 최대의 관심사다.

외솔 최현배 스승의 뜻을 받들어 나는 이미 30년 전에 태평양의 새 시대가 온다고 주장하였고, '한글 문화권'이 세계의 새로운 문화권으로

---

8 〔편저자 주〕 인류가 이룩한 물질적·기술적·사회구조적 발전. 자연 그대로의 원시적 생활에 상대하여 발전되고 세련된 삶의 양태를 뜻한다. 흔히 문화를 정신적·지적 발전으로, 문명을 물질적·기술적 발전으로 구별하나 그리 엄밀히 구별할 수 있는 것은 아니다(《표준국어대사전》 참조).

등장하여 한국이 그 주도권을 장악하게 되리라고 '예언'한 바 있다. 그때에는 비웃는 사람들이 많았지만, 요새는 그런 사람이 없다. 내가 "어리석은 꿈꾸는 사람"이던가.(23)

대한민국이 태평양의 새 시대의 주역이 돼야 한다는 그 사명감 하나만 뚜렷하면 우리는 산다. 조국은 일어난다. 그 사명을 젊은이들로 하여금 깨닫게 한다면 '승리는 우리의 것'이다.(24)

꿈 실현 기관형성: 태평양시대위원회

> 한 시대, 한 사회의 경영 비전은, 그 수준이 어떻든 이를 감당할 기관을 형성하는 것이 정석定石이다. 행정학은 이를 기관형성institution- building이라 한다. 곧, 과정을 체계화하고 이를 담당할 조직을 만드는 일이다. 김동길은 이름하여 '태평양시대위원회'를 만들고, 포부도 말했다.

한국의 내일에 큰 기대를 거는 한국인의 수가 점점 늘어나고 있는 사실은 부인할 수 없다. 그런 사람들 중에서도 나만큼 우리 겨레의 미래에 큰 희망을 걸고 사는 사람은 드물 것이다. 나의 그런 꿈은 묵시나 계시를 받아서 생긴 꿈이 아니다. 한평생 생각하고 공부하고 기도해서 얻은 하나의 결론이다.

나는 사실《정감록》을 한 번 다 읽어 본 적도 없고, 어떤 도사나 예언자의 말에 매혹된 적도 없다. 다만 수십 년 전에 제주대에 초청강연을 가서 젊은 후배들과 넘실거리는 태평양의 물결을 바라보면서 내 가슴에 떠오른 하나의 영감, 곧 '인스퍼레이션'이었다.[9] "태평양의 새 시대의 주역이 돼야 할 한국"이라는 그 꿈 하나가 내 삶의 전부다.

《태평양의 새 시대가 온다》라는 제목의 소책자는 10만 권이 넘게 팔리면서 널리 읽혔다. 그래서 '태평양시대위원회'라는 사단법인체가 생기기도 했다. 나는 지난 수십 년, 이 꿈을 전하고자 전국을 누비고 다녔다. 때로는 어려움을 겪기도 하였지만, 나이 80을 넘은 이날까지도 그 꿈에 살고 그 꿈을 위해 산다.

우리 눈앞에 전개되는 태평양 새 시대에 우리 조국이 주역을 담당해야 한다는 큰 꿈만 있으면, 일본이 못하는 일, 중국이 못하는 일을 해야 한다는 그 사명감만 뚜렷하다면 우리가 못할 일은 없다.

"천백세 조령祖靈이 오등을 음우陰友하며 전 세계 기운이 오등을 외호外護하나니 착수가 곧 성공이라. 다만 전두前頭의 광명으로 맥진驀進할 따름인저."(25)

〈3·1 독립선언문〉의 이 마지막 부문을 현대문으로 읽으면 이러하다.

"먼 조상의 신령이 보이지 않는 가운데 우리를 돕고 온 세계의 형세가 우리를 밖에서 보호하고 있으니 시작이 곧 성공이다. 다만, 앞길의 광영을 향하여 힘차게 곧장 나아갈 뿐이다."

---

9 〔편저자 주〕 참치잡이 선장 출신으로 유명한 동원그룹 김재철 회장(2025, 《인생의 파도를 넘는 법》, 문학동네)은 집무실 벽면에 유라시아 대륙 지도를 거꾸로 걸어 놓았다. 세계지도를 거꾸로 보면 한반도는 단순히 대륙 끝에 매달린 작은 반도가 아니라, 태평양으로 향하는 천혜의 전진기지이자 동북아 전략의 요충지임을 알 수 있다는 그의 지론이다.

트루먼 시티, 대한민국 정체성 제고를 위해

미 8 군의 그 용산기지[10]는 역사적으로 보존해야 할 가치가 있는 도심의 공간이다. 이미 기지의 상당 부분이 한국 측에 반환되어 전쟁기념관을 세우는 등 기지 자체가 많이 축소된 상태다. 노무현이 대통령의 자리에 있었을 때 미 8군을 향해 "빨리 나가라!"고 호통치는 바람에 평택 근방에 새로 미군 군사기지를 만드느라 알력이 많았음을 지금도 기억한다.

용산 미8군 기지, 그 역사

용산 미 8군의 2,677,698m²(약 661에이커)의 땅을 놓고 서울시는 "그 땅은 서울시에 소속된 땅이니까 우리가 마음대로 처분하겠다"는 식으로 나온다. 용산구청장도 한마디로 "그 땅이 용산에 있으니 내가 관여해야 한다"고 주장한다. 그 땅에 눈독을 들이는 정상政商 모리배의 눈에는 불이 난다고도 한다.

그 땅은 일제 때는 일본군의 연병장이 있던 곳이었다. 일본군의 무장해제를 급선무로 여겼던 미군이 용산 일대를 군사기지로 접수한 것은 지극히 당연한 일이었다. 1948년 대한민국 정부 수립 후에도 용산기지가 미군 관리하에 있다는 사실이 조금도 이상하지 않았다.

---

10 〔편저자 주〕 인계철선trip wire은 주한미군 2사단을 지칭하는 말이다. 북한군의 예상 남침로 중 한강 이북 중서부 전선에 집중 배치되어, 한반도 유사시 미군의 자동 개입을 보장한다는 의미에서 붙여진 명칭이다(《시사용어사전》 참조).

비무장지대·용산기지의 유엔 기증

내 생각부터 말한다. 되도록 빠른 시일 내에 대통령이 휴전선의 비무장지대 — 폭 4km, 길이 248km에 이르는 방대한 토지 — 와 용산 미 8군 기지 전체를 유엔에 기증할 의사가 있음을 밝히는 것이 마땅하다. 이는 세계평화를 위해 존재해야 할 대한민국이 전략적 고지를 점령하는 일이라고 믿는다.

단군이 선포한 건국이념인 '홍익인간'은 현대적으로 표현하면 '세계평화'이다. 따라서 앞으로 자유민주주의로 통일된 한반도는 태극기를 들고 애국가를 부르며 이 성스러운 사업의 선구자 역할을 해야 한다. '영원한 도시'라고 불리던 로마의 중심부에 바티칸 시티Vatican City가 있듯이, 유엔이 관리하는 작은 도시 하나가 서울의 한가운데에 존재한다는 사실이 가지는 세계사적 의미를 한번 곰곰이 생각해 볼 필요가 있다.

트루먼 시티의 조성

나는 그 작은 도시의 이름을 트루먼 시티Truman City로 정할 것을 제안한다. 한반도의 대한민국이 오늘의 번영을 누리게 된 것은, 북한 인민군이 불법 남침을 감행하자마자 트루먼 미국 대통령이 미군의 한반도 파병을 결정하고 강행했기 때문이다.[11] 그래서 나는 용산기지가 트루먼 시티가 되기를 바란다.

북한이 소련이나 중공과 같은 공산독재국가들의 사주를 받고 38선 전역에서 남침을 감행한 것은 1950년 6월 25일 새벽의 일이었다. 아무 준비도 없이 갑작스레 동족에게 폭행을 당한 대한민국은 어쩔 줄을 모르고 후퇴에 후퇴를 거듭할 수밖에 없었다. 한반도가 전쟁으로 불바다가 되고 공산군에 의해 대한민국의 자유와 민주주의가 짓밟히게 되었다는 소식을 접하자마자 당시 미국 대통령 트루먼은 미 육해공군의 총사령관으로서 미국의 젊은 장병들에게 "즉시 달려가 한국을 도우라"는 명령을 내렸다.

달려온 미군의 상당수는 대한민국이 지구 어디에 붙어 있는지조차 잘 모르면서도 그것이 미국의 젊은이로서 마땅히 해야 할 일이라 믿고 달려왔다. 그 결과, 5만 명 이상이 목숨을 잃고, 10만 명 이상이 부상을 당했으며, 8,000명 이상이 행방불명이 되었다. 유엔 깃발 아래 모인 16개국의 젊은이들의 참전은, 지도에서 소멸될 위기에 처한 대한민국을 살려 오늘에 이르게 했다.(26)

---

11 〔편저자 주〕 트루먼이 원폭 투하를 결행한 덕분에 한반도 남쪽이나마 자유진영으로 남을 수 있었다. 일본 정치학자 오코노기 마사오(小此木政夫)는 《한반도 분단의 기원》(나남, 2019)에서 "원폭 완성이 수개월만 빨랐다면 소련은 대일 참전 기회를 잃었을 것이고 한반도 분할 점령도 없었을 것"이라고 했다. 반면 핵실험이 7월을 넘겼다면, 소련이 한반도 전체를 장악했을 수도 있다. 그나마 대한민국이 있게 된 것은 핵실험 예정일 악천후에도 배수진을 친 채 실험을 압박한 맨해튼 계획 책임자 그로브스 대령(Leslie Grovers Jr., 1896~1970) 덕분이라고 자위를 해야 할까"(〈문화일보〉, 2023. 8. 23).

트루먼 외손자의 방한

트루먼 대통령의 손자인 클리프턴 트루먼 대니얼(저널리스트·배우, 트루먼 대통령 무남독녀 마거릿의 장남)을 김윤덕 기자가 인터뷰했다.(27)

> 할아버지는 역대 최저 지지율로 퇴임한 대통령인데, 그 가장 큰 이유가 6·25 전쟁 파병이었다. 따라서 내 유년 시절 '트루먼의 손자'라는 사실은 그리 자랑스러운 일이 아니었다. 퇴임 후 20년이 지나면서 할아버지에 대한 평가가 달라지더라. 한 록밴드가 1973년 '해리 트루먼'이란 싱글 앨범을 내고 "미국은 트루먼 대통령이 필요해"라고 노래했을 만큼! 지금은 미국의 위대한 대통령 10명 중 한 분으로 꼽힌다. 한국에서도 할아버지에 대한 관심이 높아진 것 같아 기쁘다.
>
> 미국 내 비판 여론에도 불구하고 트루먼은 왜 파병을 결정했을까?
> 어떤 선전포고도 없이 기습적으로 침공했다는 사실부터 할아버지를 매우 화나게 했을 것이다. 또한 소련과 중국의 참전으로 공산주의 독재가 한반도를 포함해 제3세계로 확장할 가능성을 막기 위해 개입을 결정하셨다고 생각한다.
>
> 할아버지를 힘들게 한 건 결정을 내린 뒤 겪어야 했던 후폭풍이었다. 6·25만 해도 영국 총리는 참전 5개월 만에 철수하자는 제안을 강력하게 했다. 할아버지는 한국의 자유와 독립을 지키기 위해 내린 파병 결정이 자신이 가장 잘한 일 중 하나라고 하셨다.

내가 만일 대통령이라면 이런 일들을 척척 해치울 수 있을 텐데, 요새처럼 내가 이 나라의 대통령이 되지 못한 것을 원망스럽게 생각하는 때는 일찍이 없었다.(28)

제9장
역사는 위인들 전기

역사학자 김동길의 글쓰기는 시대 통사通史나 편년사編年史[1] 쪽이 아니다. 당신의 링컨 연구서처럼, 역사적 인물 평설評說 쪽이다.

기실, 역사적 인물 쓰기의 '역사'는 오래고 오래다. 동양 쪽은 사마천의 《사기史記》〈열전列傳〉이, 서양 쪽은 플루타르코스의 《영웅전》이 대표적이다. 전자는 중국 역사서로 고대 중국의 여러 인물과 사건을 다루었고, 그 인물들의 업적과 생애를 기록했다. 후자도 비슷하게 고대 그리스 역사가인 플루타르코스가 카이사르, 알렉산드로스 대왕, 폼페이우스 등 고대 영웅들을 아름다운 문체로 서술한 전기다.

영웅담은 서술이 가치중립적이지 않다. 권선징악勸善懲惡, 곧 착함을 권면하고 못남을 나무라는 식이다.

1 〔편저자 주〕 역사적으로 중요한 사건을 연대순으로 기록한 역사.

역사를 위인으로 읽기

"역사는 위인의 전기." 이렇게 잘라서 말한 사람은 영국 역사가 칼라일이었다. 그런 결론은 논란의 여지가 있겠지만 일리가 있음은 누구도 부인할 수 없을 거다.

주몽 동명왕이 없었다면 중국인들이 오늘도 두려워하는 고구려는 세워지지 못했을 것이고, 김춘추와 김유신이 나타나지 않았으면 통일 신라의 꿈은 이루어질 수 없었을 것이다. 왕건 없는 고려를 상상할 수 없고, 이성계가 없었으면 조선조의 개국은 불가능하였다.

일제강점기 35년 동안에 이승만과 김구가 없었다면 이 겨레에게 '해방'을 맞을 자격은 없었을 것이다. 열강들의 신탁통치에 정면으로 반대하고 나선 독립투사들이 있었기에, 대한민국이 승인을 받을 수 있었다. 이승만이 있었기에 불법남침을 감행한 인민군을 물리치고 우리의 독립을 사수할 수 있었다.

조국의 역사를 나는 그런 눈으로 바라본다. 그래서 나는 정몽주 앞에 고개를 숙이고, 세종대왕 앞에 무릎을 꿇는다. 성삼문과 '사육신'이 무덤을 헤치고 살아 나오면 나는 앉았던 자리에서 벌떡 일어나 그 어른들에게 경의를 표하겠다. 역사를 읽는 감격은 바로 거기에 있다. 역사를 움직인 위인들을 만나서, 그들의 얼굴을 보고, 그들의 말씀을 듣고, 그들과 대화를 나누는 것보다 더 기쁜 일은 없을 것이다.(1)

> 위인들 일대를 적는 노릇은 일본의 유명 기독교인 우치무라 간조(内村鑑三, 1861~1930)의 저술도 크게 참조했을 것이었다. 참조란《대표적 일본인》(우리말 번역, 2011)을 말함이고, 당신의 스승 함석헌은 바로 간조를 따랐던 사람이었기에 하는 말이다. 간조는 누군가.

미국 농학자인 윌리엄 클라크가 세운 삿포로농학교를 다니던 중 친구의 전도로 기독교인이 되었다. 대학생 시절 그는 친구들과 기도 모임을 구성하여 신앙생활을 했다. 모임은 성직자와 평신도의 구분이 없는 민주적 공동체였다. 대학을 졸업한 1882년, 간조와 친구들은 삿포로독립교회를 통해 서구식 교회가 아닌 일본식 교회를 설립하고자 했다.

1884년, 미국에서의 사회운동과 애머스트대Amherst College 유학으로 신앙 실천의 중요성과 신앙의 확신을 굳혔고, 하트퍼드신학교에 입학하여 신학을 공부했다. 성직을 특권으로 보아서 성직자가 되지는 않았다. 1888년 일본에 돌아왔고, 도쿄에 있는 제일고등중학교 교원으로 취직했다.

하지만, 1891년 일본 천황의 절대권력 상징인 '교육칙어' 봉독식 때 경성 들여 예를 다하지 않은 '불경 사건'으로 천황을 숭배하는 존황파尊皇派들에게 미움을 샀다. 이로 인해 보복 테러의 표적이 되어 아내와 자식 그리고 직장을 잃었다.

우치무라는 교원으로 활동하면서 글을 쓰기 시작했는데,《나는 왜 기독교인이 되었는가?*How I Became a Christian*》등을 저술했다. 한국 교회는 우치무라 간조의 신학을 무교회주의라고 해서 불온시하기도 했다. 하지만 이는 무교회주의를 잘못 이해한 것이다. 무교회주의는 기존 교회에 대한

반발이 아니라, 성서의 권위를 존중하는 복음주의다. 교회가 아닌 성서가 기독교 신앙의 원천이라는 '오직 성서Sola Scriptura주의'다.

그는 성서가 하나님의 영감으로 기록된 하나님의 말씀임을 믿는다고 고백하였다. "나의 신앙은 예수 그리스도의 십자가 보혈로 말미암아 얻은 구원에 대한 감사일 뿐이다." 그가 무교회주의를 주장한 이유도 기독교 신앙의 근거는 가시적 교회, 즉 예배당이 아닌 성서뿐이라고 보았기 때문이다. 그에게 영향을 받은 제자로는 한국의 무교회주의 개신교 운동가인 김교신, 함석헌, 송두용, 최태용 등이 있다.(2)

우치무라가 책에서 다룬 인물은 다섯 명이다. 막부 시대를 종결시키고 메이지유신을 가능케 했던, 우리는 정한征韓주의자라며 경계해 왔던 사이고 다카모리(西鄕隆盛, 1828~1877), 에도 시대 중기 다이묘로서 행정개혁을 성취하여 미국 케네디 대통령, 한국 김영삼 대통령도 높이 평가한 우에스기 요잔(上杉鷹山, 1751~1822), 에도 시대 후기의 농업개혁가 니노미야 손토쿠(二宮尊德, 1787~1856), 일본 양명학의 시조 나카에 도주(中江藤樹, 1608~1648), 일련종日蓮宗의 시조인 가마쿠라 시대의 승려 니치렌(日蓮, 1222~1282)이다.

책자 인물전

김동길이 책자로 처음 적었던 인물전은 《어떤 사람이기에》(1978). 여기에 동서 명인에 공사公私 인연이 혼재되어 있다.

- 아버님 생각
- 한평생을 웃음으로 — 나의 어머니
- 크롬웰의 꿈
- 사랑을 가르친 페스탈로치
- 루터의 흥분
- 바울의 일생
- 독야청청 이상재
- 윌슨의 비극
- 인도의 양심 — 간디
- 걸어서 정상에 오른 벤저민 프랭클린
- 갈릴레오는 무릎을 꿇어도
- 봉사로 일관한 꾀꼬리 나이팅게일
- 그리운 사람 강성갑
- 월든 호숫가의 소로
- '바보' 이순신
- 그 큰 나무 그늘에서 — 백낙준
- 새야 새야 파랑새야 — 전봉준
- '님의 침묵', 그 속마음을 — 한용운
- 가장 멋있게 살다 간 베토벤

• 인仁의 길을 간 사람 — 소크라테스
• 어떤 사람이기에 — 에이브러햄 링컨

갈릴레오, 링컨 등과 함께 이순신, 전봉준이 다루어져 동서 명인의 혼재를 보여 준다. 당신 부모와 함께 베토벤, 나이팅게일이 다루어져 공사 동행이다. 인물 수필집이 문고판으로 출간될 수 있었음은 그만큼 애독자가 많았다는 말이다.

김동길 글쓰기의 특장은 제목 또는 부제를 반어법反語法으로 구사한 점이었다. 이순신이라면 책이나 보통 사람 입에서 나오는 관형사는 '민족의 태양' 또는 '불멸의 이순신'이다. 그런 충무공을 '바보'라고 불렀다. 예의 관행대로 반어법은 강조법의 하나다. 승진이 지지부진한데도 상사의 하명下命이 사적이라 여겨지면 거절했다. 부박한 세상인심에 비추어 말하면 한마디로 늘 푼수 없는 인격이었던지라 바보라는 뒷소리를 들을 만했다.

세계의 위인들

세계사적 시각에서 바라본 위인론도 틈틈이 적었다.[2] 다만 책자가 아닌 단신短信 형식으로 홈페이지 〈자유의 파수꾼〉에 적었다. 2017년 1월 16일부터 2월 6일까지 총 24회 매일 적었다. 해외 일정이 잡힐 경우 그 기간만큼 미리 적어 두는 방식이었다.

- 보리수나무 아래서(석가)
- 곡부에서 만난 공자
- 소크라테스는 그렇게 죽었다
- 사도 바울의 일생
- 성 어거스틴의 참회
- 마틴 루터의 분노
- 본회퍼라는 사나이
- 콜럼버스가 발견한 것
- 워싱턴의 결단
- 링컨과 남북전쟁
- 정치가 처칠
- 드골이 없었으면
- 아담 스미스의 예언

2 〔**편저자 주**〕 1999년 미국 출간의 《1천 년, 1천 인*One Thousand Year, One Thousand People*》이 뽑은 10위까지 인물은 ① 구텐베르크(독일), ② 콜럼버스(이탈리아), ③ 루터(독일), ④ 갈릴레이(이탈리아), ⑤ 셰익스피어(영국), ⑥ 뉴턴(영국), ⑦ 다윈(영국), ⑧ 아퀴나스(이탈리아), ⑨ 다 빈치(이탈리아), ⑩ 베토벤(독일) 등이다.

- 찰스 다윈의 고민
- 마르크스의 용기
- 갈릴레오의 실험
- 에디슨 덕분에
- 이태백이 놀던 달
- 셰익스피어의 비극
- 장하도다 베토벤
- 단테를 생각하면
- 브라우닝과 함께 봄을
- 테니슨과 함께 지는 해를
- 아, 세종대왕!

이 인물전엔, 오랜 시 사랑이 개입한 덕분인지, 희대의 시인도 네 명 들었다. "시 삼백에 사심이 하나도 없다詩三百 思無邪"던 《논어》 말을 숭상해온 시 사랑답게 이태백, 셰익스피어, 브라우닝, 테니슨을 적으면서 그들의 대표적 문학작품 또는 이미지도 함께 거명했다. 이태백은 어린 시절 불렀던 구전 동요 〈달아 달아 밝은 달아〉로, 셰익스피어는 4대 비극으로, 브라우닝은 〈봄의 노래〉("일 년은 봄/ 하루는 아침/ 아침은 일곱 시/ 산기슭의 이슬 진주처럼 빛나고/ 종달새는 하늘에/ 달팽이는 가시덤불에/ 하느님 하늘에 계시오매/ 인생만사가 그릇됨이 없어라")로, 테니슨(Alfred Tennyson, 1809~1892)은 〈사주沙洲를 넘어서〉 시구와 함께 적었다. 세계적 인물로 우리나라의 세종대왕을 거명한 것은 국수적 착안이 아니라 세계사적 평가를 인용한 것이다.

한국 위인전[3]

마하트마 간디, 마틴 루터 킹, 넬슨 만델라가 세계적 인물이 된 것은 결코 우연한 일은 아니었다. 그들은 자존심을 지키며, 비록 힘은 없었지만, 압제자들과 목숨을 걸고 싸웠다. 얼마나 장한 일인가. 생각만 해도 자랑스러운 삶이었다고 느낀다. 그들은 모두 우리 인류가 국적을 초월하여, 자부심을 갖고 살아갈 수 있게 한 이들이다.

인간에게 주어진 시간이 그렇게 긴 것은 아니다. 잠깐 사이에 끝나는 것이 인생이다. 권력 앞에, 돈 앞에 비굴한 사람이 되지 말고 떳떳한 사람이 되자. 언제나 어디서나 위풍당당하게 살아 보자.(3)

"떳떳하게 살아라"

하나님이 흙으로 아담을 빚으시고 성령을 불어넣으실 때 하신 말씀이 "떳떳하게 살아라"였으리라 나는 믿어 의심치 않는다. 국민 모두가 나라를 잃고 포로가 되어 종살이를 하던 그 35년 세월에도, 안중근이 나타나 이토 히로부미를 그렇게 해치울 수 있었기 때문에 우리는 떳떳할 수 있었다. 이준이 분통이 터져 쓰러졌고, 이승만과 김구가 그렇게 싸웠고,

---

3 〔편저자 주〕 한국 위인 시리즈는 2016년 11월 말 당신이 중국 장강 크루즈로 부재할 기간을 대비하여 미리 적어 놓은 것이었다.

이봉창과 윤봉길이 그렇게 목숨을 바쳤기 때문에 우리는 긍지 있는 민족으로 여기까지 올 수 있었다. 나는 그래서 한국에 태어난 사실을 자랑스럽게 생각한다.

하루하루가 어렵고, 새로 만나는 시절이 답답하기도 한 세월이라 싶어 마음이 그만 가라앉는가. 그때마다 걱정스런 얼굴로 내 사무실을 찾는 이가 하나둘이 아니다. 내가 처방 삼아 들려주는 말은, 우리 역사에서 나타났던 우국지사들의 행적을 기억하며 심기를 되찾으라는 것이다. 신명을 바쳤던 그들 행적을 나는 한 마디로 '의혈義血'이라 부르곤 했다. 그 언설을 글로 적자니 열두 분 의혈이 가려 뽑혔다.

〈단심가〉, 정몽주

우리가 여러 차례 국난을 당했지만 이겨 낸 사실을 생각하면, 그 정신이 이 나라의 선비와 지사들에게 지혜와 용기를 주어 난국을 타개하는 데 큰 힘이 되었음을 알 수 있다. 예컨대, 고려조가 괴승 신돈과 같은 자에게 농락을 당해 파멸의 위기에 몰렸을 때도 정의롭고 담대한 선비들이 의인이 되어 무너져 가는 왕조에 큰 빛을 던졌다. 정몽주, 이색, 길재라는 세 사람의 선비였다. 그들을 삼은三隱이라 일컬어 민중은 우러러보았다.

정몽주는 여러 차례 새롭게 출발하는 왕조를 도와 달라는 부탁을 받았을 것이다. 그러나 그의 답은 매번 "아니오"였다. 조선조 3대 왕으로 즉위할 이방원은 포은에게 최후통첩을 시조 한 수에 담아 보냈다. 속칭

〈하여가何如歌〉라 불리는 석 줄의 시조다.

"정 선생, 그 고집 좀 버리세요. 고려조도 조선조도 다 같은 왕조인데 어느 왕조를 섬긴들 어떻습니까? 순리대로 삽시다. 만수산의 칡넝쿨이 서로 얽히듯 우리도 서로 한데 어울려 오래오래 재밌게 살아 봅시다."

그것은 어쩌면 최후통첩일 수도 있었다. 정몽주의 마지막 답도 석 줄의 시조로 엮어져 있다.

> 이 몸이 죽고 죽어 일백 번 고쳐 죽어
> 백골이 진토 되어 넋이라도 있고 없고
> 임 향한 일편단심이야 가실 줄이 있으랴

단호한 'No'였다. 그래서 그는 자객들의 손에 맞아 선죽교에서 피를 철철 흘리며 세상을 떠났다. 고려조는 무너졌지만, 포은은 무너진 고려조를 정신적으로 살렸다.(4)

세 번 물음, 성삼문

민중의 힘이 역사의 원동력이라는 말도 틀린 말은 아니지만, 민중은 이름이 없고, 그들을 움직이는 지도자의 이름만이 역사에 남는다. 역사책에는 위인들의 이름만 남아 있다.

위인이란 남다른 능력을 타고난 사람이다. "장수는 엄마 배를 뚫고 나온다"는 끔찍한 말이 있다. 이는 서양의 '제왕수술帝王手術, Caesarean' 전설을 연상케 한다. 줄리어스 시저가 그렇게 태어났다는 이야기가 전해진다.

위인의 소질이나 능력을 타고나는 사람은 상당수 있지만 그 소질이나 능력을 발휘할 기회를 만나는 사람은 몇 되지 않다. 그래서 "영웅은 난세에 나타난다"는 말이 생겼을 것이다. 프랑스대혁명이 일어나지 않았다면 우리는 나폴레옹의 이름도 들어 보지 못했을 것이다.

성삼문은 그의 어머니가 그를 낳기 직전 하늘에서 "낳았느냐?"라는 물음이 세 번 있었기 때문에 그의 이름을 삼문三問이라 지었다는 말이 전해진다. 태어날 때부터 뭔가 다른 데가 있었다. 그는 열 살이 되었을 때 이미 훌륭한 문장을 엮었다고 하니, 가히 신동으로 알려졌다.

그는 나이 스물아홉에 문과중시文科重試에 장원급제 하였고, 시종여일이 나라의 선비로 살았다. 왕명으로 경연관이 되어 세종의 총애를 받았으며, 정음청에서 정인지, 최항, 박팽년, 신숙주, 강희안, 이개 등과 함께 한글 창제를 위해 힘썼다. 당시 요동에 유배된 중국 한림학사 황찬에게 열세 차례나 내왕하면서 한글을 다듬었고, 마침내 세종 28년에 '훈민정음'이 반포되기에 이르렀다.

1455년 세조가 조카인 어린 단종의 왕위를 찬탈하는 것을 보고 선비 성삼문을 이를 좌시할 수 없었다. 그는 "옳은 일을 보고도 하지 않는 것은 용기가 없기 때문이다"라고 가르친 공자의 정신을 이어받아 '단종 복위'를 위해 세조 살해를 치밀하게 계획했다. 그러나 김질이라는 배신자의 밀고로 계획은 발각되었고, 자결하지 않은 모반자들은 처형되었다. 성삼문 등은 거열車裂당했다. 정의를 위해 목숨을 바치고 당당하게 저승으로 떠났다. 그는 떠나면서 〈사세가辭世歌〉 한 편을 남겼다.(5)

북소리 덩덩 울려 사람 목숨 재촉하네　　擊鼓催人命
고개 돌려 바라보니 지는 해는 서산에　　回頭日欲斜
황천 가는 길에는 여인숙도 없다니　　黃泉無一店
이 밤을 뉘 집에 묵어 갈 건가　　今夜宿誰家

상유십이, 이순신

만일 이순신이 태어나지 않았으면, 그가 1576년 식년무과에 급제하여 정읍현감, 전라좌도수군절도사, 삼도수군통제사에 임명되지 않았더라면, 아마도 오늘의 대한민국은 지구상에 존재하지 않았을 것이다. 임진왜란으로 한반도는 영구히 일본 열도의 일부가 되고 말았을 것이다. 끔찍한 상상이지만 있을 수 없는 일은 아니었다.

아무 준비도 없이 도요토미 히데요시가 보낸 10만 왜군의 침략을 당해 조정은 박살나고, 임금은 의주로 도망가고, 백성은 수도 없이 굶어 죽고 맞아 죽고 찔러 죽고 밟혀 죽었다. 한반도는 문자 그대로 아수라장이 되었다.

이순신은 거북선을 만들고 수군 훈련에 만전을 기했다. "왜군은 틀림없이 쳐들어올 것이다." 그는 이미 그 사실을 알고 있었다.

임진왜란이 터졌을 때 그는 불혹의 마흔을 훌쩍 넘긴 장년의 수병 장군이었다. 전투마다 승리하여 왜군의 침입을 저지했지만, 중상모략이 난무하여 걷잡을 수 없던 그 시절 그는 왜군과 내통했다는 무고로 재판을 받았고 '백의종군白衣從軍'이라는 사형에 버금가는 중형을 언도받아 졸병으로 출정하기도 했다.

그런 일이 한 번이 아니었다. 두 번째 '백의종군' 형이 선고되었을 때 그는 살고 싶지 않았다. 《난중일기》에 "나는 죽고 싶다"라고 솔직한 심정을 털어놓았다. 효성이 지극하던 충무공이 모친상母親喪을 당했을 때니 그의 가슴은 미어질 듯했을 것이다. 그래도 그는 싸움터로 향하여 떠났다. 삼도수군통제사, 오늘날 해군 중장급이던 그가 졸병으로 종군한 것이다.

조정이 뒤늦게 그의 억울함을 깨닫고, 백의종군 중이던 그에게 다시 그 지휘권을 맡기며 "미안하다"고 하였을 때 그는 "그럴 수 없다"고 하지 않고 단호히 "하겠습니다"고 대답했다. 조정은 "왜적을 물리치기만 하면 된다"고 아마 사정했겠지만, 충무공의 결의는 단호했다. "어쩌자고 그런 허약한 말씀을 하시옵니까? 이놈들을 박살을 내야죠!"

그가 조정에 올린 장계는 간단명료한 여덟 글자뿐이었다. "상유십이 순신불사尙有十二 舜臣不死."(아직 12척이나 있으니, 순신은 죽지 않습니다) 이 여덟 글자를 눈물 없이 읽을 수는 없다. 오늘날 위기에 처한 조국을 생각할 때 더욱 그렇다.

"아직도 열두 척의 배가 남아 있고, 아직도 이순신 죽지 않고 살아 있습니다." 그런 그의 정신이 조국을 살렸다. 울돌목 해전에서 대승을 거두고 마지막으로 노량에서 왜적을 대파하였다. 기함旗艦의 갑판 위에서 지휘하다가 적의 흉탄을 맞고 쓰러진 그의 나이 53세였다.

오늘도 광화문 네거리에 서 있는 충무공 이순신을 우러러보며, 한국인으로 태어난 사실을 자랑스럽게 생각한다.(6)

항소 포기, 안중근

안중근이라는 이름은 어려서부터 듣고 자랐다. 그가 누구였는지 잘 알지는 못했지만 일본 정계의 거물을 만주 땅 하얼빈에서 권총으로 쏴 죽인 우리나라의 애국자였다고 알고 자랐다. 그러나 순사가 있는 데서는 그의 이름 석 자도 입 밖에 내놓으면 안 된다고 어른들이 일러 주었다. 그렇게 '무서운 사람'이 안중근이었다.

그는 어려서부터 총명해 한학에 능했고, '군사놀이'를 즐기며 사격에도 뛰어나 장차 장군이 될 만한 재능도 타고났다. 대대로 벼슬하던 집안에 태어나 먹고사는 일이 그리 어렵지 않았지만, 1905년 을사늑약으로 군사권과 외교권을 일본에 빼앗기자 분개했다. 1907년 7월 강원도에 들어가 의병을 일으켜 싸우다가 북간도로 옮겨갔고, 결국 블라디보스토크에서 망명생활을 하면서, "이 원수를 어떻게 갚을까" 궁리했다.

그는 의병대를 조직하고 좌익장군左翼將軍이 되어 두만강을 건너가 일본군 50명을 사살했다. 또한 이토 히로부미가 러시아 재무장관을 만나러 그해 10월에 러시아에 온다는 정보를 입수하고, 그를 사살하기 위한 만반의 준비를 갖추었다. 이토가 언제 어디서 코코체프를 만나는지 알아내고 안중근은 1909년 10월 26일 오전 9시, 중국인 복장을 하고 하얼빈역에 나타났다. 그의 품에는 브라우닝 자동 권총 한 자루가 있었다.

그는 기차에서 내린 이토가 의장대의 사열을 끝내고 환영 나온 외교관들과 악수하려는 그 순간 다가가 권총의 방아쇠를 당겼다. 세 발의 총알이 이토의 가슴에 명중했고, 이토는 피를 철철 흘리면서 쓰러졌다. 당황한 일본의 수행원들은 피를 흘리는 그를 안고 특별 열차에 올려 눕혔다. 아직 숨이 끊기지 않은 그는 “이거 누가 한 짓이야?”라고 물었단다. “한국 청년이랍니다”라는 수행원의 대답을 듣고 “모치론”(물론 그렇겠지)이라고 한 마디 하고 숨을 거두었다. 총에 맞고 15분쯤 지난 뒤였다.

재판정에서 일본인 재판장이 사형을 선고했을 때, 안중근은 태연히 재판장을 향해, “이보다 더 가혹한 형벌은 없느냐?”고 물었고, 항소를 포기했다. 1910년 3월 16일에 여순감옥에서 그의 사형이 집행되었다. 나라를 송두리째 일본에 빼앗기기 5개월 전에 그 꼴을 보지 않고 그는 하늘나라로 갔다.

안중근이 간직했던 독립정신은 1945년 8월 15일까지 꾸준히 이어졌다. 안중근이 없었으면 대한 독립도 없었을 것이다.(7)

실패가 성공, 이봉창

사람의 크기란 그 정신에 있는 것이지 그가 가진 몸집이나 외모나 재산, 학식이나 업적에 있는 것이 아니다. 비록 뜻했던 바를 성취하지는 못했지만, ‘실패’를 통해 영원히 ‘성공’한 인물이 있다. 우리 근세사의 대표적 의사義士 이봉창이다.

그는 1931년 상하이로 가서 혁명투사 김구를 만났고 그의 권유로 ‘한인애국단’에 입단했다. 일본 천황 히로히토를 암살하기로 맹세한 그는 12월 일본으로 건너갔다. 무슨 일이라도 마음만 먹으면 해치울 수 있는 ‘무서운 관상’을 타고난 특이한 인물이었다.

1932년 1월 8일, 일왕이 연병장에서 관병식을 마치고 니주바시로 돌아올 때, 그는 사쿠라다몬 밖을 통과할 일왕을 기다리고 있었다. 당대 막부의 막강한 권세를 독차지했던 대원로 이이 나오스케가 암살당해(1860) 쓰러진 바로 그곳에서 일왕 행차를 기다리다가 준비한 수류탄을 던졌으나 근위병이 부상을 입었을 뿐 일왕은 무사했다. 이봉창의 거사는 실패로 끝났고 그는 사형당했다.

그는 실패했고 그의 삶은 비극으로 마감이 되었으나 그의 꿈은 결코 좌절되지 않았고 '살신성인殺身成仁'의 더 큰 꿈으로 이어진 것이다. 그는 자신의 몸을 조국의 제단에 바침으로써 조국에 대한 보다 더 큰 사랑을 이룬 것이다. 그의 그 꿈은 후배인 윤봉길 의사에 의해 중국 땅 상하이의 홍커우虹口공원에서 성취되었다.

때는 1932년 4월 29일, 일왕의 생일을 축하하는 그 모임에서 윤봉길이 던진 점심 도시락에 숨긴 다이너마이트가 터지는 바람에 일본군 사령관 시라카와는 붕 떴다가 떨어져 며칠 뒤 병원에서 사망했다. 일왕은 죽지 않고 살아남았지만, 생일잔치가 그렇게 아수라장이 될지는 몰랐을 것이다. 그의 생일잔치는 전 세계에 일본의 치부를 여실히 드러낸 셈이다.

이봉창 실패의 고통이 없이 윤봉길의 회심의 미소가 과연 가능했을까. 나는 거듭 생각해 본다.

1930년대는 뜻있는 한국인들에게 극심한 시련의 계절이었다. 일본 제국주의에 맞선 저항이 거의 불가능하게 여겨지던 10년이었다. 중국을 침략한 일본은 날마다 승전 소식을 전했고, 일본이 이른바 '대동아공영권'의 맹주가 되는 것이 확실해 보였다.

그때 일본 천황의 '공공연한 암살'을 시도한 서른두 살의 늠름한 사나이가 있었다. 그는 한국 청년이었고 이름은 이봉창이었다. 그의 의분義憤

은 오늘도 이 겨레의 가슴속에 약동하고 있다. 그는 이 백성의 구겨진 자존심을 살려 주었다.(8)

"물 한 그릇" 윤봉길

중국 상하이에 있는 홍커우공원은 세 번쯤 들러 보았다. 지금은 그 공원의 이름이 루쉰공원으로 바뀌었다. 마오쩌둥이 이곳에 작가 루쉰의 무덤을 마련하고 공원 이름도 '루쉰'으로 바뀌었다. 마오쩌둥의 독특한 글씨로 그렇게 돌에 새겨져 있다.

윤봉길은 충청도 덕산 사람이다. 호적이 정확하다면 그는 1908년생이다. 중농 집안에 태어나 농사를 짓는 한편 야학을 열어 민중 계몽에 앞장섰던 시골의 선각자이기도 했다. 관습대로 일찍 장가들어 부인도 있고 아이들도 있었다. 일본 정부의 각종 압박으로 농촌이 점점 더 살기 힘들어지는 현실에 그는 분개하였다.

대책이 없을까 고심하던 어느 날 그는 상하이에 가기로 결심했다. 사전에 무슨 연락이 있었는지는 알 길이 없다. 독립기념관 관장으로 임명된 윤 의사의 손녀가 이런 말을 했다.

"할아버지는 떠나는 날 아침에 저의 할머니에게, '나 물 한 그릇 주시오'라고 부탁하고 그 물 사발을 받아 마시면서 한 마디도 말씀을 안 하시고 할머니를 마주 보지도 않았답니다."

그는 다시는 돌아오지 못할 먼 길을 떠나면서 '이것이 내 아내를 보는 마지막이 될 것이다'라는 사실을 왜 몰랐겠는가! 허름한 여장으로 마당에 서서 아내에게 '물 한 그릇'을 달라던 이 사나이의 심정을 헤아릴 때 한국인 눈에는 눈물이 맺힌다. 진정, 처절한 인생의 한 장면이다.

> 사나이 우는 마음 누가 알리오
> 울래야 울 수 없는 사나이 마음

그는 상하이로 떠났다. 김구가 조직한 '한인애국단'에 이미 가입한 윤봉길이었다. 단장 김구와 함께 커다란 태극기 앞에서 찍은 사진 한 장이 남아 있다. 바로 그 태극기는 학병으로 끌려서 중국에 갔다가 광복군에 입대한 〈사상계〉의 장준하가 여러 해 간직하고 있다가 죽기 전에 이화여대 박물관에 기증했다.

윤 의사의 '선서문'도 남아 있다.

> 나는 적성赤誠으로써 조국의 독립과 자유를 회복하기 위하여 한인애국단의 일원이 되어 중국을 침략하는 적의 장교를 도륙하기로 맹서하나이다.
>
> 대한민국 14년 4월 26일 선서인 윤봉길 한인애국단 앞.

그리고 그는 29일 상하이 홍커우공원에서 일본 천황의 생일을 축하하는 일본인 요인들과 현지 사령부 장군, 장교들이 앉은 자리를 향해 도시락 사제 폭탄을 던졌다. 굉음과 함께 여럿이 죽고 부상당하고 식장은 아수라장이 되었다. 윤 의사는 군사재판에서 사형 선고를 받고 일본 땅 가나자와에서 총살되었다. 그의 시신은 몰래 길바닥에 암매장되었으나, 훗날 발굴되었다. 윤봉길 의사 충헌비는 가나자와 교외에 우뚝 서 있다.(9)

나라가 어지러울 때 그리운 안창호

나의 아버지는 도산 안창호를 직접 만난 적이 있다는 사실을 늘 자랑스럽게 생각하셨다. 도산은 얼굴을 찡그리는 일이 없고 언제나 웃는 낯이었다고 했다. 그가 민족 지도자로 명성이 자자하던 어느 날 그의 집무실에 고향에서 형님이 찾아와 평양 시내에서 일하고 싶으니 직장을 하나 구해 달라고 부탁했다.

"잠깐 기다리세요"라고 한 마디 하고 사무실에서 나가 한참 만에 돌아온 도산의 손에는 지게가 한 틀 있었다. 그걸 본 형이 놀라서 "웬 지게냐?"라며 의아스러운 표정을 지었다. 도산이 형에게 이렇게 말했다. "형님은 이 지게로 짐을 지시면 입에 풀칠은 할 수 있을 겁니다."

아버지로부터 이런 도산에 관한 일화도 들은 적이 있다. 언젠가 서울에서 기차를 타고 평양으로 도산이 돌아오는데 그의 금 회중시계를 노리고 차에 오른 소매치기가 있었다. 이놈이 기회를 잡으려고 그의 주변을 맴도는데 눈치가 빠른 도산이 그놈에게 그런 기회를 주었을 리가 만무했다.

그러나 소매치기는 평양역에서 내려 집으로 가는데도 계속 따라왔다. 한적한 골목길에서 도산이 멎어서서 뒤따라오던 그 소매치기에게 금시계를 풀어 주었다. "너 이 시계 가져라. 일해서 벌어먹어야지!"라고 한마디 꾸짖고 그는 유유히 사라졌다. DNA가 이렇게 남다른 인물이 가끔 인류의 역사에 탄생한다. 도산은 그런 소질을 타고난 큰 어른이었다. 아무나 할 수 있는 일은 결코 아니다.

한국 감리교의 감독을 지낸 이환신 감독이 언젠가 이런 이야기를 했다. 도산이 대범한 사람이었지만 매우 까다롭고 좀스러운 면이 있었다고 한다. 밥상을 받고 손으로 상 밑을 한 번 쓸어 보며, "이렇게 먼지가 많아서 되겠냐"고 야단치더란다. 미국 서해안에 살았을 때는 한인들의 집을 찾아 화장실과 화단을 점검하면서 "미국 사람들이 볼 때 더럽거나 지저분하면 안 된다"고 했다. 뿐만 아니라 한인들의 집 마당에 꽃나무를 심어 준 일도 있었다.

안창호는 일찍이 민족의 참상을 보고 느낀 바가 있어 19세 소년의 몸으로 '독립협회'에 가입해 '사면초가四面楚歌'인 왕조가 주체성을 잃지 않게 하기 위해 노력했다. 을사늑약이 체결되자 언론과 교육으로 민족을 깨우치려 노력했다. 한일병합(1910) 뒤에는 중국과 미국 망명생활이 불가피했다. 그 와중에도 흥사단을 조직해 겨레의 정신 교육에 힘을 쏟았다.

한때는 상하이임시정부의 내무총장 겸 국무총리 대리를 지낸 적도 있지만 벼슬자리에 대한 욕심은 전혀 없었다. 그는 평범한 인물이 아니라 매우 비범한 사람이었다.

도산 10주기 추모 모임이 당시의 명동 시공관에서 있었다. '5·10 선거'를 앞둔 이승만이 그 자리에 나와 한마디 했다. "집안이 어지러울 때에는 어진 아내가 그립고, 나라가 어지러울 때에는 훌륭한 재상이 그립다." 그렇게 3년 후배인 애국운동 선구자 도산 안창호를 그리워했다.(10)

천하의 수재 춘원 이광수는 항상 근엄하게만 여겨지던 도산 안창호를 상하이로 찾아가 면담한 적이 있었다. 춘원은 도산에게 "선생님, 저도 독립운동을 하고자 하는데, 저에게는 큰 약점이 하나 있습니다. 저는 여자를 매우 좋아하는 사람인데, 이런 사람도 독립운동에 가담할 수 있겠습니까?"

도학자 같은 대답을 기대했던 춘원은 뜻밖의 답을 듣고 무릎을 치며 감탄했단다. 도산은 "남자가 여자를 좋아하는 것은 당연한 일이니 탓할 수는 없지요. 그러나 예쁜 여자를 곁눈질하여 바라보진 마세요. 바로 보다가 뺨을 맞는 한이 있어도요!" 그 유머에서 도산의 위대함이 엿보인다. 오늘도 도산과 춘원의 이 대화를 전해 듣고 감탄하는 청중이 많다.(11)

언제나 태연, 이상재

나에게는 월남 이상재가 친할아버지처럼 느껴진다. 월남은 1850년에 태어나 1927년에 세상을 떠났다. 내가 태어난 1928년에 이미 이 세상에 계시지 않았으므로, 나는 그 어른을 뵌 적이 없고, 월남이 내 머리를 쓰다듬어 준 일도 있을 수 없다.

대학 시절에 나의 친구이던 신영일이 어느 헌책방에서 1929년에 발간된 구식 제본《월남 전기》한 권을 구해 내게 건네주었다. 그날부터 이 책을 탐독하였고, 나는 구한말과 일제강점기를 거쳐 가장 존경하는 스승으로 그를 모시게 되었다. 매일 마음속에 모시고 살게 되니, 이 어른이 나의 친할아버지처럼 느껴지게 된 것이다.

나는 월남의 그림자라도 보이는 모임에는 기를 쓰고 참석했고, 충청도 한산에 있는 '월남의 집'도 여러 번 가 보았다. 그의 동상이 종묘 앞 공원에 건립되었을 때에도 가서 축사 한마디를 했다. 강연을 하면서 월남을 언급한 일도 수천 번은 될 것이다.

한전韓電 사장을 지낸 손자 이홍직 선배가 은평구 녹번동에 살고 있었는데,《월남 이상재 전기》를 쓸 생각이 있어 그 선배를 직접 찾아간 적이 있다. 그 손자가 배재학당을 졸업하던 날 졸업식에 참석한 월남이 축사에 앞서 던진 해학적 한마디를 기억하는 나는 이 선배에게 이렇게 질문하였다. "선생은 할아버지(월남)를 모시고 함께 보낸 시간도 적지 않으셨을 텐데, 그 할아버지의 가장 두드러진 특색이 무엇이었습니까?"

그 선배는 곧 답을 주었다. "우리 할아버님은 매사에 태연하신 분이었습니다." 그 말을 듣고 나는 내 무릎을 쳤다. "그렇지요. 자연스러운 분이셨지요. 그래서 언제나 태연하셨지요." 위대한 사람은 무슨 일이 생겨도 태연하고 자연스러운 사람이다. "쥐 한 마리 때문에 태산이 요란하게 굴어서야 되겠냐"는 가르침이 있었다. 오늘의 우리 사회가 이토록 혼란한 것은 월남 같은 지도자가 없기 때문이다.

월남은 자기보다 아홉 살 위인 판서 박정양과 가까운 사이였다. 박 판서가 주미공사(미국 특파 전권대사)로 임명된 것은 '한미수호통상조약'이 체결되고 5년이 지난 뒤였다. 이상재는 서기관 자격으로 박 공사를 수행하게 되었다. 1882년 미국의 해군 제독 슈펠트R. Schufeldt가 청나라 이홍장의 반대를 물리치고 조선의 문호 개방에 성공해 공사 일행이 미국에 갈 수 있었다. 월남이 끼어 있던 공사 일행은 칭찬받을 만한 일을 많이 하고 돌아와 고종은 기쁨을 감추지 못했으나 청나라의 분노는 극에 달했다. 하는 수 없이 공사 박정양을 옥에 가두었다.

그러던 어느 날 월남은 부름을 받아 대궐에 들어가 고종 앞에 부복하였다. 그때 고종이 말했다.

"이번에 수고가 많았어. 이 기회에 벼슬 한 자리 하지"

충신 이상재가 대답하였다.

"아뢰옵기 황송하오나, 모시고 갔던 어른은 옥중에 있는데 모시고 갔던 놈이 벼슬할 수는 없는 일이옵니다."

감탄한 고종이 물었다.

"그럼 아들은?"

"제 아들놈이 무식해서 벼슬이 가당치 않사옵니다."

사양하고 어전을 물러나는 이상재를 보며 고종이 입속말로 중얼거렸다.

"저런 신하만 있으면 나라가 되겠는데."(12)

죽는 순서, 이승훈

남강 이승훈은 독립선언서에 서명한 33인 중 한 분이다. 3·1 운동의 봉홧불이 올라가기 얼마 전에 젊은 사람들이 오산학교로 남강을 찾아가 말했다.

"곧 대규모로 독립을 위한 민중의 궐기가 벌어질 터인데, 남강 선생께서 '민족 대표'의 한 분이 되셔야 한답니다."

남강은 1919년에 이미 50대 중반을 넘어선 초로의 인생이었지만, "내가 이제 나이가 많아서 그런 일은 못해"라고 하지 않고, 이렇게 답했다.

"내가 늙어서 요를 깔고 누워 앓다 죽을 줄 알았는데, 이제야 제대로 죽을 길을 찾았구나. 가자!"

그는 분연히 일어나 서울로 가서 '민족 대표'가 되었다.

밖에 나가서 일을 보고 '운동 본부'에 들른 남강이 물었다.

"서명이 다 끝났냐?"

실무를 맡은 젊은이가 대답했다.

"아직 서명을 받지 못했습니다."

남강이 왜냐고 묻자, 그 젊은이가 어색한 표정을 지으며 말했다.

"기독교 대표들은 '우리가 대표 수가 제일 많으니 우리 이름부터 쓰는 게 도리가 아닌가?'라고 하고, 천도교 대표들은 '그래도 우리가 민족 종교의 상징인 천도교 대표들이니 우리 이름이 먼저 나와야 한다'고 우겨서 서명이 아직 안 되고 있습니다."

그 말을 듣자 남강 이승훈은 격한 어조로 꾸짖었다.

"이 사람아, 그 순서가 죽는 순서야. 천도교의 손병희 이름부터 먼저 써 줘!"

그래서 '독립선언서'에 손병희 이름이 먼저 나왔다는 말을 나는 나의 스승 함석헌으로부터 직접 들은 바 있다.

하루는 남강이 식구들을 다 모아 놓고 가족회의를 열었다.

"논마지기 얼마 남은 것 다 팔아서 학교에 주자."

남강이 말문을 열었다. 그 말에 질려 버린 가족들이 탄식에 가까운 하소연을 했다.

"아버님, 그걸 다 팔아서 학교에 주면 우린 뭘 먹고 삽니까?"

남강이 이렇게 대답했다.

"학교에 돈이 없어서 교직원 월급도 못 주고 있다는데 우리가 가만있을 수는 없지 않아? 다 학교에 주고, 우리는 학교 근처에 가서 학생 하숙을 하면 밥은 먹어!"

식구들은 할 말을 잃었다. 남강은 집안 살림보다 학교가 열 배나 소중했기 때문이었다.

남강은 유기 장사, 도자기 장사를 해서 상당한 재산을 모았고, 평양에 회사도 설립한 바 있었다. 하지만 도산의 강연을 듣고 민족 교육이 시급함을 깨달았다. 그래서 1907년 오산학교를 설립했다.

죽음이 임박한 남강은 가족들에게, 친지들에게, 오산학교 교직원들에게 이렇게 당부했다고 들었다.

"내가 죽거든 나를 땅에 묻어 뼈까지 썩게 하면 안 된다. 내 뼈로 인체 해골 표본을 만들어 학교 박물실에 두고 학생들의 공부를 도와야 한다!"

그것을 일본 당국이 못 하게 막았다. 남강 이승훈의 해골에도 민족정신은 살아 있기 때문에! 오늘도 나는 남강 이승훈에게 직접 배운 적은 없지만, 마음속으로는 그에게 경의를 표한다. 나도 남강의 제자다.(13)

한국 간디 조만식

고당 조만식과 악수를 나누는 그런 영광스러운 기회는 없었지만, 나는 고당의 음성을 멀리서나마 들을 수 있었다.

평남 평원군 영유읍에 있는 괴천공립국민학교에 교원으로 있을 때 해방을 맞았다. 평양 기림리에 있던 내 집으로 돌아왔을 때 소련군이 평양 시내의 교통정리를 하고 있었고, 평안남도 인민위원회가 조직되고 적위대도 모집되었다. 인민위원회 초대 위원장은 고당 조만식이 임명되었다.

우리 아버지와 잘 알던 국민학교 교장을 오래 지낸 어른이 평양시 학무국 책임자가 되어 나를 내가 졸업한 상수국민학교(뒤에 인민학교) 교사로 임명했다. 그 상수학교 교사는 소련군이 쓰게 되었으므로, 나는 일본인 중학교가 쓰던 교사로 옮겨갔다. 바로 길 건너 조만식이 위원장인 평남 인민위원회 사무실이 마련되었는데, 그 건물은 일제강점기 때 일본인들의 소학교(국민학교) 건물이었다.

조례시간에 고당은 인민위원회 공무원들을 모아 놓고 확성기를 대고 일장 연설을 했다. 그 가운데, "앞으로 사람들이 겨드랑이에 무슨 장치를 해 놓고 개개인이 하늘을 날아 왕래하는 날이 올 것이오"라는 내용도 있었다. 그 말씀을 들은 지 꼭 70년의 세월이 흘렀다. 아직 그날이 오지 않았지만, 그 가능성은 70년 뒤인 오늘, 누구나 생각할 수 있는 미래가 되었다.

고당은 일본 유학을 마치고 돌아와 오산학교 교사가 되었다. 소월 김정식이 오산학교 학생이던 시절에는 고당의 영향을 많이 받았다. 소월은 조만식을 그리워하며 유명한 〈J.M.S.〉라는 시 한 수를 남겼다.

3·1 운동이 일어나자 고당은 독립운동을 지휘하였고 1년이나 감옥살이를 했다. 그가 조선물산장려회를 조직한 것은 1922년의 일이었다. 요샛말로 '국산품 애용 운동'이라 할 수도 있다.

조선의 동포들아 이천 만민아
두 발 벗고 두 팔 걷고 나오너라
우리 것 우리 힘 우리 재주로
우리가 만들어서 우리가 쓰자
우리가 만들어서 우리가 쓰자.(14)

고당은 영국 시인 윌리엄 워즈워스가 일러 준 대로, "생활은 검소하게, 생각은 고상하게 Plain living and high thinking" 살기 위해 한평생 힘썼다. 그는

〈**도판 3**〉 육잠스님, 〈守拙〉(수졸), 한지에 먹, 36 × 43cm, 2024.

"고향을 묻지 말라"고 우리에게 가르쳤다. 그래서 나도 만나는 사람들에게 고향을 물어본 적이 없다. 출신학교도 묻지 않았다. 이 어른 밑에서 직접 배운 적은 없지만 고당은 나의 영원한 스승이다.

고당은 오산학교 교장도 지냈고, 평양에 있는 숭인상업학교 교장 일도 보았으며, '신간회' 결성에도 참여한 바 있다. 그는 해방이 되자 조선민주당을 창당하고 당수가 되었다. 김일성이 고당에게 평남 인민위원회 위원장 자리를 오래 맡길 리가 없었고, 전하는 말에 따르면 그는 곧 숙청되어 고려호텔에 연금되어 6·25를 맞았다. 유자들이 "월남하셔야지요"라고 권하면 "나라도 이 땅을 지켜야지"라며 월남을 거절했고, 거기서 김일성 일당에 의해 처형되었다고 들었다. 하지만 이 어른의 피살 날짜를 기억하는 사람은 없다. 조만식은 인도의 간디처럼 '고상하고 용감하게' 살았다.(15)

고당의 검소한 생활 방식을 동양 고전은 '守拙(수졸)'이라고 적는다(〈도판 3〉 참조). 김동길도 수졸 자구를 아주 좋아해서 당신 개인 카드에 즐겨 인용하곤 했다. 이 금언金言은 "근검절약해〔儉〕 살면서, 이웃을 사랑하고〔慈〕, 감히 남보다 앞서려고 하지 말라〔不敢爲天下先〕"는 노자의 《도덕경道德經》 67장 삼보三寶의 가르침과도 맞닿는다. 동양 쪽 지혜는 당호堂號 등으로 즐겨 썼다.

글씨를 쓴 육잠스님은 한국의 소로로 이름났다. 경상도 땅 거창·영양에 이어 함양에서 홀로 집을 짓고 단신으로 생활하면서 붓글씨도 참선의 방편으로 삼아 왔다. 그 일상이 《단순하게 소박하게》(전충진, 2021, 나남)에 핍진하게 그려져 있다.

《백범일지》 김구

김구와 이승만, 두 사람 이름은 어려서부터 듣고 자랐다. "두 분은 조국의 독립을 위해 해외에서 투쟁하고 계시다." 입에서 입으로 전해지는 이 한 마디는 일본 식민지에서 핍박받으면서 절망적 삶을 이어가던 '조선의 젊은이들'에게는 희망의 태양이었다.

해방 후 우리가 평양에 살던 때만 해도 평양 시내의, 모든 담벼락에는 '조선민주주의 인민공화국 만세!' 혹은 '김구·이승만을 타도하자!'는 슬로건이 대서특필되어 있었다. 뒤에 김구·김규식이 '남북협상'을 하기 위해 북에 갔을 때 김구 이름은 지워지고 오로지 '살인강도단 두목 이승만을 타도하자'는 표어가 나붙어 있었다고 한다. 내 눈으로 보지는 못했지만!

백범 김구는 가까이서 본 일이 있다. 나는 그가 '위맹지상威猛之相'[4]의 관상을 타고났다고 생각했다. 1948년 가을, 당시 연희대 캠퍼스에서는 일제 말기에 일본인이 철거한 설립자 원두우 박사의 재건 동상 제막식이 열렸다. 초대 대통령으로 취임한 이승만과 남북협상을 고집하던 김구·김규식이 모두 한자리에 앉아 기념식을 거행을 지켜보았다.

먼저 축사에 나섰던 초대 대통령이 한 말은 내 기억에 남아 있지 않다. 하지만 김구가 한 말은 지금도 생생하게 기억한다.

"여러분, 원두우 선교사의 이 동상은 또다시 무너뜨릴 수 있습니다. 그러나 그의 정신은 영원히 무너지지 않습니다. 무너뜨리면 또 세우고, 또 세우게 될 것입니다."

김구의 이 예언은 적중했다. 6·25 전쟁 중 연희 캠퍼스는 인민군이 점령했었는데, 수복 후 돌아와 보니 인민군이 원두우 동상을 조준하여 사격 연습을 했던 탓에 매우 흉한 모습이 되어 있었다. 그래서 철거한 뒤, 똑같이 다시 만들어 제자리에 세웠다.

마지막 축사를 위해 등단한 김규식은 손으로 동상을 가리키며, "저 얼굴이 대한민국 초대 대통령을 만들었습니다"라고 말했다. 그는 이어 미국 작가 호손Nathaniel Hawthorne의 《큰 바위 얼굴*Great Stone Face*》의 이야기를 들려주었다. 천식이 있어서 조금 숨이 찬 듯 보이던 김규식은, 이

---

4 〔편저자 주〕 8가지 유형의 얼굴로 사람을 판별한다는 이른바 '안면팔상顔面八相' 관상법은 ① 威(위), ② 厚(후), ③ 청(淸), ④ 怪(괴), ⑤ 孤(고), ⑥ 薄(박), ⑦ 惡(악), ⑧ 탁(濁) 등 8개 키워드로 분류한다. 김병기는 淸인 '청수지상淸秀之相'에 든다. 사람이 티 없이 맑고 깨끗하여 준수하게 보이는 상이란 말이다.

승만이 원두우 선교사의 권면으로 독실한 크리스천이 된 사실을 알고 있었다.

그날 연희 동산에서 내가 가까이서 본 김구의 얼굴은 지금도 내 기억에 생생하다. 그가 상하이에서 조직한 한인애국단이 없었다면, 1932년 두 차례에 걸쳐 '대일본제국'을 흔들었던 이봉창과 윤봉길의 의거는 결코 없었을 것이다. 철없는 안두희가 사정도 모른 채, 서대문 경교장에서 불세출의 애국자 김구를 살해하는 만행을 저질렀다.

백범은 비명에 갔다. 그러나 그가 남긴《백범일지》는 이 겨레의 가슴마다 나라 사랑의 정신을 끊임없이 일깨워 줄 것이다.(16)

위대한 역사 인물 이승만

우남 이승만이 1948년부터 12년 동안 이 나라를 통치할 때는, 나는 그가 유능한 인물이란 사실은 알고 있었지만, 그가 위대한 역사적 인물이라고는 인정하지 않고 살았다. 아마 자유당의 장기집권을 미워했기 때문이었을 것이다.

그러나 4·19 시위가 벌어지고 경무대의 발포 사건이 일어난 뒤, 그는 "국민이 원한다면"이라는 한마디를 남기고 미련 없이 하야下野해 걸어서 사저인 이화장으로 돌아가겠다고 고집했다는 말을 듣고, 나는 우남이 결코 평범한 인물이 아님을 깨달았다.

내가 미국에서 공부하던 시절, 한동안 우표수집에 열을 올린 적이 있다. 우연히 우표 가게에서 1940년에 발행된 기념우표 시리즈를 발견했는데, 폴란드를 위시하여 외세에 압박받는 열 나라의 국기가 그려져 있었다. 그 열 번째가 태극기였다. 미주에서 건축사로 활약하는 한편 우표 수집 대가로 알려진 이병두 선배를 만나서 "어찌하여 태극기가 미국 기념우표에 나왔는가?" 물었다. 선배 말이 "그건 이승만이 미국 연방정부의 우정 책임자를 찾아가 직접 담판해서 얻어 낸 결과일 것"이라고 내게 알려 주었다.

허정 대통령 권한대행의 주선으로 다시 하와이에 간 85세의 노대통령은 생활비가 넉넉지 않아 허술한 숙소에서 지내다가, 결국 허술한 병실에서 쓸쓸히 세상을 떠났다. 하지만 방문객에게 고국의 정치 상황을 단 한 번도 묻지 않았다고 한다. 우남은 최인규 등이 부정선거를 모의하고 있다는 사실조차 알지 못했다. 그 사실을 알게 된 순간, 그는 하야를 결심한 듯하다. 부정선거로 대통령 자리를 지킬 수 없음을 그는 알고 있었다.

그는 '독선과 아집의 정치가'라는 비난을 아직도 면할 수는 없지만, 그 '독선과 아집'이 없었다면 오늘의 대한민국도 없었을 것이다. 그의 독선이 대한민국을 낳았고, 그의 아집이 대한민국을 지킨 사실을 부인할 수는 없다. 이승만이 없었다면 대한민국도 없었을 것이라고 나는 믿는다.(17)

위인 배우기

수학여행도 틈틈이

'기관형성의 고수高手' 맹산은 취지를 찬동하는 동호인과 회원을 모으고, 모임 이름을 지어, 활동을 이끌곤 했다. 회원들을 데리고 가는 이른바 '수학여행' 주선도 그중 하나였다(〈도판 4〉 참조). 2009년 9월 2일, 태평양시대위원회 회원 25명이 떼를 지어 하얼빈으로 향했다.

하얼빈을 향해 떠나는 마음

1909년 10월 26일 아침 9시 30분, 대한제국 의병대장 안중근은 이토 히로부미를 향해 세 발의 총알을 발사, 명중시켰다. 그 엄청난 위업을 성취한 지 꼭 100주년이 되는 2009년 가을 문턱에서, 우리는 안중근의 용감하고 고귀한 정신이 서려 있는 하얼빈 역두 그 자리를 찾아갔다.

그 까닭은 "이로운 일이 보이거든 그 일이 옳은 일인가 아닌가 생각해 보고〔見利思義〕, 아무리 위험한 일일지라도 마땅히 해야 할 일이면 네 목숨을 바쳐라〔見危授命〕"라고 가르친 안 의사의 그 정신이 그리웠기 때문이었다. 목숨이 아까워, 죽어야 할 때 죽지 못하고 오늘까지 살아온 비겁한 우리들은, 사죄하는 마음으로, 통곡하는 심정으로, 임의 정신을 그리워하며 하얼빈으로 향해 떠났다.

〈도판 4〉
일본 수학여행 안내

누구를 원망하겠는가. 우리가 모자라서 통일도 이루지 못하고, 이 나라의 정치가 이토록 한심하다. 안 의사의 그 정신만이 우리 조국을 살릴 수 있다.(18)

가나자와 추모 여정

태평양시대위원회의 '매유회梅遊會'는 윤봉길을 기리는 모임이자 그 현장을 찾아 떠나는 수학여행 모임이다. 의사義士의 아호 '매헌梅軒'에서 첫 글자를 따온 이름이었다.

먼저 일본의 제2교토라 불리는 유서 깊은 가나자와金澤를 찾았다. 옛

적에 일본육군형무소가 있었던 곳으로, 윤봉길 의사가 이곳에서 처형되었음을 기억해서였다.

1932년 4월, 상하이 홍커우공원에서 열렸던 일제의 전승 기념식장에서 일본주둔군 사령관 시라카와 요시노리(白川義則, 1869~1932) 대장이 폭사했다. 이후 일제는 윤봉길 의사를 오사카로 압송한 뒤, 한 달 만에 복수 차원에서 대장이 지휘했던 부대와 인연이 있는 가나자와로 옮겨 하루 만에 처형했다.

국내 단체 '윤봉길 의사 추모사업회'가 재일교포 독지가의 도움으로 2025년 4월 말, 이시카와현 가나자와에 추모관을 건립·개관했다. 그런데 우익 단체 소속으로 추정되는 인사가 재일동포 단체인 재일본대한민국민단(민단) 지방본부 사무실 벽을 들이받는 사건이 발생했다.[5]

홍커우공원 탐방

가나자와를 찾는 수학여행에는 함께하지 못했지만, 마산도 중국 상하이 홍커우공원은 찾았다. 이번 여행은 의거 현장을 탐방하는 중국·일본 크루즈 여행(2018. 1. 5~11) 일정에 따라 진행되었다. 상하이까지는 비행기로 이동했고, 이어 대만은 배를 타고 가는 크루즈 여행이었다.

---

5 〔편저자 주〕 범인은 혐의를 인정하며, "윤 의사 추모관 건립에 항의하기 위해 범행을 저질렀다"고 밝혔다(〈동아일보〉, 2025. 3. 4).

홍커우공원으로 이동하는 길에, 김옥균이 피살되었다던 여관 옆을 지났다. 홍커우공원 안에는 윤봉길 의사 기념관이 있었다. 기념관의 이름 '매원梅園'도 역시 의사의 아호에서 따온 것이었다. 마침 홍매가 막 봉우리를 올리고 있었다.

"대장부가 집을 떠나 뜻을 이루기 전엔 살아 돌아오지 않는다丈夫出家生不還"라는 윤 의사의 말은 지금도 대한국인의 심금을 울린다. 당시 중상을 입어 다리가 불구가 되었던 일본 영사는 바로 1945년 9월 2일, 미주리 함상에서 일제 항복문서에 서명한 시게미쓰 마모루(重光葵, 1887~1957) 일본 외상이었다. 미군은 그를 5층 높이 배 위로 목발을 짚고 힘겹게 걸어 올라오게 했다. 한국 사람으로서 그 영상을 바라볼 때, 매헌 열사의 의혈이 거둔 역사적 반전 드라마가 아닌가 싶었다.

인물한국사에 후학들도 동참

나는 기회 있을 때마다, 내 말에 귀 기울이는 후학들에게 항상 권면하는 바가 있다.[6] 나라와 사회가 걱정스러우면 인물한국사를 한번 적어 보라고 권유하는 것이다. 나 역시 필자로 참여해 나온 것이 《이 나라에 이런 사람들이》(김형국 편, 2019, 기파랑)이다.

책에 수록된 글 제목과 필자를 나열하면 다음과 같다.

---

6 〔편저자 주〕 김황식 전 국무총리의 일본의 역사적 인물 서술(《일본인 88인의 이야기: 인물을 통해 알아보는 일본》, 나남. 2025)이 김동길 서당 출입의 낙수落穗였던지는 소문을 듣지 못했다.

- 세종대왕, 한글을 창제하다 (최정호 연세대 명예교수)
- 천년의 인물, 이순신 (김형국 서울대 명예교수)
- 나라 구하러 나선 유승儒僧 (안경환 서울대 법대 명예교수)
- 아 월남 이상재! (김동길 연세대 명예교수)
- 안중근, 동양 평화를 외치다 (장석흥 국민대 교수)
- 안창호, 무실역행의 통합적 지도자 (안경환 서울대 법대 명예교수)
- 이승만, 건국의 아버지 (최명 서울대 정치학과 명예교수)
- 백선엽, 6 · 25 전쟁 하면 생각나는 임 (김형국 서울대 명예교수)
- 전쟁터에서 꽃피운 인간사랑 닥터 현봉학 (이성낙 가천대 명예교수)
- 선비의 전형 박태준 (송복 연세대 명예교수)
- 나의 스승 함석헌 (김동길 연세대 명예교수)
- 김수환 추기경 – 너희와 모든 이를 위하여 (봉두완 전 방송인)
- 문화 독립운동가 전형필 (이성낙 가천대 명예교수)
- 박경리, 포한이 원력이던 소설문학 (김형국 서울대 명예교수)

책 편집을 맡았던 김형국 교수의 말은, 구성안을 살펴본 최명 교수가 대상 인물 중 이승만이 반드시 다루어져야 한다고 말했고, 직접 집필을 자청했다고 전했다. 한국 현대사에 대한 최명 교수의 분명한 소견은 무척 흡족하게 느껴졌다.

책이 출간된 직후 나는 가까운 동지들을 다시 불러 모았다. 〈동아일보〉 편집국장 출신 남시욱도 내 집을 찾아왔다. 그때 거기서 의견 합일은 있었지만, 모두가 다망했던 탓에 더 이상 진척은 보지 못했다.

세상을 걱정하는 마음은

> 미국의 경우, 현역 정치가들조차 세상에 대한 기대로 역사적 인물에 대한 이야기를 즐겨 적었다. 그 가운데 유명 저술은 케네디 대통령이 상원의원 시절 8명 미국 정치가에 대해 적은 《용기 있는 사람들*Profiles in Courage*》로, 당신 일대의 훈장처럼 회자되었다.
>
> 해군장교 출신으로 2008년에 공화당 대통령 후보가 되었던 매케인 상원의원도 《사람의 품격*Charater is Destiny*》(2006)이란 제목으로 32명 '정직한' 인물에 대해 적었다. 여기에는 링컨, 간디, 처칠, 엘리자베스 1세 여왕 등도 적었지만, '아주 작은 이름'도 포함되어 있다.[7]
>
> 매케인은 베트남전쟁 포로로 풀려난 뒤 스탠퍼드대에 다닌 지성이었고, 그의 저작은 두고두고 읽을 만한 책으로 손꼽혔다. 맹산도 그를 극존경하며 홈페이지에 여러 차례 기록한 바 있다.

해군사관학교 출신 매케인은 해군 조종사로 베트남전쟁에 참전하였다가 비행기가 격추되는 바람에 5년 반 동안 전쟁포로 생활을 했다. 그의 할아버지와 아버지는 모두 미 해군 최초의 4성 장군이기도 했다. 그럼에도 아들을 다른 나라의 격전지에 보낸 것은 미국의 군인 정신과 전

---

7 〔**편저자 주**〕 마산에게 무명이었던 인물이지만, 이 책을 통해 새롭게 알게 된 대단한 인물이 미국의 사회철학자 에릭 호퍼(Eric Hoffer, 1902~1983)였다. 그는 정규교육을 받지 않고 평생을 떠돌이 노동자로 살며 사유했던, 이른바 "길 위의 철학자"였다. 내가 미국 유학을 무려 5년이나 하고도 그를 전혀 몰랐다는 사실이 안타까울 따름이다. 학위라는 라이선스를 따는 데 몰두하는 동안, 정작 미국 사회의식의 흐름에는 눈을 닫고 있었음을 돌아보면 부끄럽기만 하다.

통을 보여 준다. 6·25 전쟁에서도 목숨을 잃은 미군 장성이나 고위 관료의 아들이 여럿 있다. 한국에서는 매우 보기 드문 사례라고 할 수 있다.

구사일생으로 포로 생활에서 풀려난 매케인은 정치에 뜻을 두고, 2선 하원의원, 6선 상원의원을 거쳐 미국 보수 정치를 대표하는 거물로 성장했다. 그는 두 차례나 공화당 대통령 후보로 뽑혔으나 뜻을 이루지는 못했다. 그러나 상원에서 타의 추종을 불허하는 업적을 남겼다. 특히 베트남전쟁 참전 경험을 바탕으로 미국과 베트남의 국교와 친선을 위해 큰 노력을 기울여 오늘의 베트남을 만들었다고 해도 지나친 말이 아니다.

정계에서 매케인을 '독불장군Maverick'이라 부른 것은, 정당에 구애받지 않고 국익을 위해서는 당파를 초월하여 활동한 정치인을 존경하는 뜻이 담겨 있다.(19)

제10장
현대사 백년의 실사구시 인물론

집필 방식

김동길은 〈조선일보〉 요청으로 현대사 백년의 인물론 연재를 시작했다. 매주 토요일 54회(2017. 11. 18 ~ 2019. 12. 22)를 게재했다. 이어 당신의 홈페이지 〈석양에 홀로 서서〉(2019. 1. 5 ~ 2019. 11. 16)에 46회를 연재했다. 연재 당시에는 인물 출생연도를 따지지 않았으나, 100회분을 단행본으로 엮을 때는 출생연도 순서로 배열했다. 《백년의 사람들: 김동길 인물한국현대사》(나남, 2020) 발간에 즈음해서 거기에 편저자가 발문을 적었다.

김동길의 인연 연결망

사람 인연 연결은 사람 일에 비례한다. 일은 직함인데 김동길로 말하자면, 대학교수·해직교수·초대형 인기강좌 교수·영문학자·철학자·역사가·저술가·대중강연자·교회설교가·시인·수필가·문학평론가·정치학자·정치평론가·시사평론가·정치가·시민사회운동가다. 인명록이 밝힌 그의 이력 내지 직책의 나열이다.

그리고 또 있다. '범법자'였다. 유신시대, 긴급조치를 어겼다. 이후 지탄받기는커녕 정반대로 그 시절은 물론 두고두고 유명세를 누려 왔다. 그렇게 각계 인연을 쌓을 수 있었던 세월도 장구長久했다.

그가 펼쳤던 폭넓은 활동만큼이나 다양한 각계 사람을 만났다. 대통령 자리에 올랐던 이도, 그리고 대통령이 되려던 사람들도 줄을 이었다. 각계 각층의 만남이 날줄이라면, 90 졸수卒壽를 훌쩍 넘긴 장수의 세월은 씨줄이었다. 정말 많고 많은 사람을 직접 만났고, 보았고, 들었고, 배웠고, 읽었고, 느꼈다. 그리하여 그는 누구 말대로 '인물수집가'라 불릴 만하다.

돌이켜 보면, 사람 만남의 긴 세월이 국가·사회적으로 일찍이 없었던 급변의 시기와 겹쳐 있었다. 바야흐로 한민족의 기개가 폭발했던 1919년 기미독립운동을 기점으로 따지면 100년을 헤아리는 시간대였다. 우리 현대사 100년은 식민 치하의 압제받던 망국민에서 민주국가 시민으로, 보릿고개의 절대가난에서 삶의 질을 따지는 단계로 도약한 격동의 세월이었다. 그동안 주요 각계에 등장했던 '변화역군'들과 긍재의 관계망도 형성되었다.

관계망에 대한 불교철학의 말은 특히 옳다. 인드라망因陀羅網이라 했다. "부분이 전체 속에 들어 있고, 역으로 전체가 부분 속에 들어 있다"고 했다.

그만큼 개인사는 사회사와 서로 접합·관통하고 있다. 그리하여 태생에 더해 교육으로 벼려진 감수성이 충만한, 시·수필·산문에 두루 정통한 '문필가man of letters'의 붓끝으로 그려낸 사람 이야기는 흥미진진할 것이 틀림없음은 이미 예고된 바나 다름없었다.

재미있는 사람 이야기

사람 이야기는 재미있다. 신문·잡지 지면이나 방송매체에서 문답형 인터뷰나 인간탐방이라는 이름의 기사로 사람 이야기를 즐겨 적음은 "사람이 역사도 만들고 지리도 만드는" 주인공이기 때문이다.

이 맥락에서 1980년대 중반에 소설가로도 이름이 높던 언론인 최일남(1932~2023)이 월간지 〈신동아〉에 매달 화제의 인물을 골라 시국담을 듣고 적었던 글이 '최일남의 인간기행'이란 이름으로 연재되었다. 나중에 선집 3권(《그 말 정말입니까》, 《우리시대의 말들》, 《오늘을 살며 내일을 바라며》)으로도 묶어졌다. 바로 그 첫 권에 김동길 교수에 대한 인터뷰 이야기가 먼저 등장하는, 해방 후 최대의 사람 이야기 모음이었다. 사람 이야기가 그렇게 40여 회나 장기 연재되었던 것은 1980년 언론인 대학살 때 억울하게 쫓겨난 최일남의 호구지책糊口之策 제공 핑계에다 그의 수더분하고 구수한 명문장 덕분이었다.

이렇게, 분야별 사람 이야기 모음집도 주로 언론계 출신이 꾸미곤 했다. 문화통 기자가 27명의 예술인과 종교인 인품을 그렸는가 하면(이흥우, 1987, 《사람의 향기》), 진보계열 사람 14명을 그린 사람 이야기 모음집(남재희, 2016, 《진보 열전》)도 있었다.

인터뷰 기사나 교유기交遊記가 간헐적이라면, 예사로 사람 이야기가 종이 언론에 등장하는 경우는 부고訃告기사다. 신문을 받아들면 독자들의 눈길이 제일 먼저 닿는 곳이 바로 부고란이란 조사통계도 있다. 그렇게 독자의 관심이 많다면 지면도 거기에 부응할 것이 당연한데, 〈뉴욕타임스〉나 영국의 세계적 유력 시사주간지 〈이코노미스트〉가 거기에 상대적 특장이 있다고 진작 정평 났다.

부고에 등장하는 인물은 사회적 영향력의 파급이 괄목상대할 만한 이가 선별됨은 물어보나 마나다. 거기에 이른바 '착한 사람'이 많이 등장하는 것은 어디든 문명사회를 지향하기 때문일 것이다. 반대로 파급력이 부정적인 경우도 있는 것이 현실인데, 이를테면 〈뉴욕타임스〉 부고란에 알 카포네, 아이히만, 빈 라덴도 이름을 올렸다.

비문 인물론

긍재의 인물론은 부고 인물론이기보다 비문碑文에 가깝다. 김일성을 빼고 거의 전부가 대한민국을 위해, 이 민족을 위해 공덕을 쌓으려 애썼던 작고 인물의 일대기 또는 살아 있는 인물의 반생기인 점에서, '나쁜 놈'도 기사화되는 부고와 다르다. 그리고 대단히 압축적인 산문에 이어 한 사람의 일대를 운문으로 끝내는, 말하자면 '명銘'도 덧붙이는 전통시대 서술방식(심경호, 2018)으로도 글을 마무리한다는 점에서 비명碑銘을 닮았다.

이를테면 한국 향가 연구로 큰 공적을 쌓았던 이의 일대를 말하다가 "양주동은 천재였다"는 끝말에 이어 긍재가 좋아하는 영국 시인 랜더의 자부심 어린 도도한 시구 "나 아무와도 다투지 않았소 / 다툴 만한 상대를 만나지 못했기에"로 붓을 놓는다. 혹은 6·25 전쟁의 영웅 백선엽에 대한 말문을 닫으면서 그의 존재는 큰 산을 닮았다며 "뭇새들 높이 날아 다 사라지고 / 외로운 구름 한 점 흘러가는데"로 시작하는 이태백의 〈홀로 경정산과 마주 앉아〉를 읊조리는 식이다.

때로는 해당 인물의 일대기 끝에 실제로 비석 돌에 새겨진 당신이 적었던 비문을 아예 덧붙인 경우도 있었다. 묘사 인물만 알았던 것이 아니라 가족과도 왕래했던 경우 나중에, 이를테면 채명신·김복동·김응섭 등 그 유족들의 비문 적기 앙청을 긍재가 사양하지 않았기 때문이다.

개인적 인상부터 말하기도

긍재의 사람 이야기는 글쓰기의 가장 기초라는 기승전결 같은 구조감이 특별히 느껴지지 않는다. 황장엽을 말하면서 대뜸 "형님 같다"는 당신의 개인적 인상부터 말한다. 이야기 주인공에 대해 세상 사람들의 마음을 쉬이 그리고 넓게 열게 할 요량으로 "형님", "아우"라고 말하며 호칭의 친근감도 원용하는 필법이다.

딱히 짚이는 기승전결은 느껴지지 않아도 글을 읽고 나면 대상인물에 대한 상像이 잡히는 게 긍재 글의 매력이다. 그건 당신이 묘사하려는 대상인물의 상일 뿐만 아니라 긍재 당신의 인생관이나 세계관도 함께 묵시적으로 비쳐진 상이다.

진정으로 읽힘은

그런 사람 이야기가 진정으로 읽힘은 대상 인물에게 다가가는 당신의 시각이 넓은 공감대를 지녔기 때문일 것이다.

인물 일대를 대국적 잣대로

사람마다 허물이 대소 간에 어디 하나둘이겠는가. 긍재가 "인생은 괴로우나 아름다운 것"이라 입버릇처럼 말하는 인생론도 따져 보면 괴로운 것을 넘어 또는 수많은 시행착오 끝에 이른바 출세한 사람이 일구어낸 빙산氷山의 일각一角 같은 아름다움도 '괄목상대刮目相對', 곧 "눈을 비비고 상대방을 바라보자"는 뜻이다.

이는 박정희에 대한 평가에서 극명하게 드러났다. 4천 년 역사의 절대가난한 나라를 부자 나라로 만든 공적은 유신독재로 당신 긍재를 감옥에 보내면서 갖가지 반민주 행태를 자행했던 무리수를 능가한다고 보았다.

역지사지 세계관, "악의를 품지 않고"

또한 글에서 다룬 인물 상당수가 일제강점기를 살아냈던 행적을 말할 때도 준용한 시각이 있다. 고보를 졸업하고 국민학교 교사로 한 학기 지냈고, 징병에 끌려갔던 단 한 분 가형家兄이 종전 직전에 전사했던 가화家禍를 겪으면서 온몸으로 그 시대를 아프게 경험했던 처지에서 말할 수 있는 "입장을 바꾸어 생각하는" 역지사지易地思之의 세계관이었다.

그리고 링컨이 남긴 가르침을 명심하자는 뜻도 있었다. "아무에게도 악의를 품지 말고 모든 사람을 사랑으로With malice toward none; with charity for all."

이 말은 그가 남북전쟁 중에 한 말이 아니라 북군의 승리가 확실시되고, 승리한 공화당이 패배한 남부를 어떻게 재건할 것인가 하는 과제를 염두에 두고 던진 한마디다.(1) 링컨이 남긴 이 한마디의 교훈은 일제강점기 청산에 다시 한번 꼭 참고해야 할 말이다.

만절을 보고

공칠과삼의 평가기준에 더해, 긍재는 "만절晩節을 보면 초지初志를 안다"는 시각으로 사람을 바라보았다. 곧 "나중에 늙어 드러난 선행善行에서 젊은 날에 제대로 알려지지 않았던 내심의 실체가 뚜렷하게 밝혀진다"고 여기는 기조였다.

긍재는 이런 세계관이 분명 한민족 구성원과 두루 공감할 수 있다고 확신했다. 이 기조로 여러 인물론에서 거듭 말하고 있다.

해방 직후 이른바 친일파를 단죄하려고 조직된 반민특위는 일제에 군용기를 헌납했던 조선인 제일 부자 박흥식을 조사대상 1호로 삼았다. 그 결과, 뜻밖에도 일제의 종로경찰서가 그를 요시찰인으로 결정했다는 서류를 발견했다. 그저 안창호가 1937년 대전 감옥에서 병보석으로 풀려날 때 그 보석금을 박흥식이 제공했기 때문이었다.

인촌 김성수의 경우도 마찬가지였다. 〈동아일보〉와 보성전문이란 '유명' 조직체를 식민 치하에서 꾸려갈 적에 나중에 '복배腹背'의 심산으로 권력의 실체인 조선총독부 앞에서, 시골에서 땅 파먹는 농투성이가 아니라면, '면종面從'해야 할 고심의 사안이 얼마나 많았겠는가.[1] 그래야만 훗날

---

1 〔편저자 주〕 문재인 대통령 주재로 열린 국무회의에서 인촌 김성수의 건국공로훈장 서훈을 취소하기로 의결했다. 이에 한 식자가 글로 개탄했다(서지문, "이런 부관참시", 〈조선일보〉, 2018. 2. 20). "인촌 선생은 독립운동가라면 사상·노선·방법을 막론하고 지원했고,

을 위해 백성도 가르쳐 놓고 인재도 키워 놓는다고 믿었던 복심腹心의 정체는 6·25 전쟁 직전에 감행된 대한민국 토지개혁 찬동에서 잘 드러나지 않았던가.

인촌은 대한민국 헌법 기초위원 중 한 사람이었다. 당신이 운영해온 바로 고려대의 유진오 교수가 들고 온 농지개혁법에 동의했음은 물론, 자진하여 3천 정보가 넘는 막대한 농토를 국가에 헌납했다. 그러면서도 단 한 번도 공치사를 한 일이 없었다. 북한은 6·25 개전 결정에서 남침을 감행할 때 농지가 없는 소작농민이 대거 호응해 줄 거라고 믿었다. 그 이전에 이미 경자유전耕者有田의 토지개혁이 남한에서 이뤄진 것을 간과한 꼴이었으니, 대한민국 생존 역사의 물꼬가 인촌 같은 혜안 인사의 적덕에 크게 힘입은 바라 하겠다.

창씨개명도 끝내 거부했고, 일제가 주겠다는 남작 작위도 거절했다. 그러나 보성전문 농장의 닭들이 굶주려 비실거리는 꼴을 보고는 총독부 축산과 서기를 찾아서 '사정'해 사료를 얻어다 먹였다. 굶주린 닭을 먹이듯 민족 기업, 언론, 학교를 살리고자 일제에 고개를 숙인 것이 민족 반역인가? 총독부에 불려 갔을 때, 탄원하러 갔을 때 인촌 선생의 굴욕과 비애를 생각하면 죄스러워진다."

역사는 역사가가!

역사가의 일차적 임무는 과거에 있었던 일들을 사실대로 알아내는 것. 랑케에서 토인비에 이르기까지 역사가의 그 사명은 한결같았다. 사실이 아닌 것을 사실인 줄 알고 있다면 그런 일들을 확실히 밝히는 것이 역사가가 해야 할 일이다. 다만, 역사에 대한 이해는 시대에 따라 달라질 수 있다.

그러나 국가권력이 정치적 목적 때문에 과거사를 파헤치고, 그 권력을 정당화하기 위해 그 집권 세력의 구미에 맞게 풀이한다면, 이는 절대 용납해선 안 될 일이다.[2]

어떤 정권이 친일파 명단을 만들고 그것을 바탕으로《친일인명사전》까지 만든다고 하자. 후손들의 교만이 여전히 눈에 띄는 경우는 국민적 훈계가 필요한 것은 사실이다. 그러나 그들의 인격을 무시하거나 아무 일도 못 하게 가로막는다면 민주주의의 기본 원리를 침해하는 것이다.

이렇게 말하는 이 사람의 아버지는 독립투사는 아니었지만, 친일파나 민족반역자도 아니었다. 해방된 다음 해 대학에 입학했더니, 같은 반 동기생 중에 일제 때 중추원 참의를 지낸 사람들의 아들이 두 명이나 있었다.

일제 말기에 내 누님은 사상범으로 몰려 평양경찰서 유치장에 구금되어 여러 날 고생했다. 내 형님은 일본군에 끌려가 소만蘇滿 국경 어디에서 전사했다는 통지서를 받았다. 나의 아버지 어머니는 맏아들의 유

---

2 〔편저자 주〕"우리는 현 정부의 업적을 위해 지난 정부의 업적을 훼손시키려 한다. 정권이 바뀔 때마다 더 심해진다. … 정권을 위해 100년의 역사를 이용하는 불행이 지속되어서는 안 된다"(김형석, "이승만·박정희는 반역자?… 대법원 '백년전쟁' 판결 유감,"〈조선일보〉, 2019. 12. 7).

골을 찾기 위해 그곳까지 다녀오셨다.

그럼에도 나는 중추원 참의의 아들들과 끝까지 사이좋게 지냈다.(2)

친일반민족행위자 명단

그간 친일파 논란은 민족문제연구소에서 펴낸《친일인명사전》(2009)과 참여정부(제16대 대통령 노무현이 이끈 대한민국 정부)가 발족시킨 국가기구가 4년간 활동해서 펴낸 '친일반민족행위자 명단'(2009)이 근간이다.

그 외에 후자의 기구에서 활동했던 인사가 개인 차원에서 펴낸 책도 있다(정운현, 2016,《친일파의 한국 현대사》). 부제가 "나라를 팔아먹고 독립운동가를 때려잡던 악질 매국노 44인 이야기"인 이 책은, 제일 먼저 명성황후 시해 가담 뒤 일본으로 도망갔다가 조선에서 건너간 자객(고영근)에게 피살된 우범선을 "아버지의 범죄, 아들의 속죄: 을미사변 가담한 우범선과 아들 우장춘"이란 제하에 다루었다. 한말 사람 우범선을 포함시켰다면 을사오적은 왜 다루지 않았는가. 그리고 사회정의의 입장에서 연좌제가 가장 타기할 만한 정치·사회적 관행임을 모르지 않을 터인데 아들 우장춘[3] 육종학자도 거명한 것이 정의를 앞세운 공준公準에 합당한지 정말 묻지 않을 수 없는 일이었다.

---

3 〔편저자 주〕 우장춘(禹長春, 1898~1959)은 일본 도쿄에서 출생한 대한민국 농생물과학자이다. 광복 후 일본에서 한국으로 건너왔다. 아버지 우범선의 오류가 그에게 일평생 동안 짐이 되었지만, 대한민국의 식물학과 농학 활성화의 견인차 역할을 했다. 부산에 그의 업적을 기리는 박물관이 있다. 사위가 일본 교세라京セラ 창업자, 일본 전경련 회장을 역임하는 사이 경영학 베스트셀러를 다수 출간했던 이나모리 가즈오(稲盛和夫, 1932~2022)다.

장지연 훈장 취소 소동

〈조선일보〉 김태익 논설위원은 "위암 장지연韋庵 張志淵 선생 친일 문제는 결국 정부가 위암에게 줬던 건국훈장을 도로 빼앗는 것으로 끝났다"로 시작되는 짧은 글(2011. 4. 12)에서, 이런 결정을 내린 우리나라 정부 보훈처의 서훈심사위원회가 어떤 인간들로 구성되었기에 장지연 선생에게 주었던 훈장을 도로 빼앗았는지 매우 궁금하다 했다.

김 논설위원은 "궁금하다"고 하였지만 나는 그자들이 "괘씸하다"고 말하고 싶다. 장지연의 외손도 아니고 사돈의 팔촌도 아니지만, 우리가 1세기를 두고 을사늑약 체결에 즈음하여 "오늘 (나는) 소리 내어 크게 통곡하노라"라는 제목의 글을 써서 민족을 울린 애국 언론인 제1호이던 장지연 선생을 친일파로 몰고, 이제 마치 역사를 바로잡은 듯 의기양양한 그자들을 생각하니 분통이 터진다.

수여했던 훈장을 빼앗는다는 것은 후손인 우리를 바보로 만드는 것이며, 역사를 뿌리째 흔드는 것이다. 위암이 친일파라고 이런저런 증거를 들고 나온 것이 민족문제연구소라는 민간단체라고 한다. 사실을 사실이라고 들고 나오는 것을 문제 삼으려는 것이 아니라 그 사실에 대한 풀이를 제멋대로 하는 것을 받아들이는 보훈처가 '대죄'를 범한 것이란 말이다. 이렇게 되면 위암에게 '건국훈장'을 수여한 당시의 대통령과 정부의 모든 관련 인사들이 처벌을 받아야 마땅한 것 아닌가.

오늘의 대한민국 정부가 제정신이 아니다. 영국의 청교도혁명은 17세기에 있었고, 의회파 군대를 이끌고 왕당파의 군대를 무찌른 올리버 크롬웰은 찰스 왕의 목을 치고 새로운 공화국을 수립했다. 그러나 그가 죽은 지 2년 만에 왕정은 복고됐고 크롬웰은 독재자의 낙인이 찍혀 역적이 되고 말았다. 하지만, 200년 뒤 역사가 토머스 칼라일이 그의 편지와 연설문들을 편집하여 세상에 내놓음으로써 크롬웰이 영국 역사상 최대의 영웅임을 입증했다.

오늘의 대한민국에 살면서 인민공화국에 사는 김정일의 시각으로 한국 역사를 풀이하는 것은 잘못이다. 특히 우리가 존경하는 일제강점기의 인물들을 모조리 친일파로 몰아붙이려고 혈안이 된 이들에게 우리 정부가 놀아나선 안 된다. 이 악당들의 진정한 의도는 역사를 바로잡으려는 것이 아니라 대한민국을 정신적으로 약화시키려는 것이다. 정부는 이들에게, "백 년 뒤에나 입을 열어라"라고 일러 줘야 마땅하다. 누가 뭐래도 장지연의 애국심은 의심의 여지가 없다고 믿는다.(3)

정파 목적 친일 단죄

진보를 표방한 정권들이 친일 단죄를 멈추지 않으며 정파적·이념적 이득을 구하려고 하는데, 그 암묵적 지향이 정말 개탄스럽다. 호족이나 왜족이 조선을 침략했을 때 힘을 합쳐 물리쳐야만 나라의 정체성을 제대로 유지했을 터이지만, 그것이 역부족인 지경에서 위정자들은 내부에서 속죄양을 찾았다. 그 결과 우리끼리 싸우게 된 것이 오늘날 정치·사회 지평에까지 이어졌다고 한 사회학자가 논평했다.(4) 요지인즉 이러하다.

일반적 친일파는 미당 서정주未堂 徐廷柱의 사례처럼 일본의 권력이 무서워 현실에 순응하며 살아가던 시민들이다. 이분들의 '종천순일從天順日'[4]이란 한마디로 모두 친일파이고 부일파이다.

독립투사 애국지사야 그렇다 하고, 애국도 독립운동도 해보지 않은 사람들이 《친일인명사전》을 만들어 해방 70년이 지났는데도 여전히 친일파 규정 규명에 열정을 쏟는 이유는 무엇인가? 그들은 왜 친일 세력을 그렇게 증오하는가?

그 이유 또한 명백하다. 만일 친일 세력이 대한민국의 건국에 동참하지 않았다면 오늘날의 대한민국은 존재할 수 있었겠는가. 그들이 또 대한민국의 발전과 산업화에 이바지하지 않았다면 오늘날 대한민국의 대성공은 가능했겠는가.

도대체 친일 세력은 어떤 사람들인가. 대개는 일반 국민보다 공부를 많이 한 사람들이고, 영리한 사람들이고, 동시에 영악한 사람들이었다. 친일 세력 친일파를 가장 증오하고 가장 반대했던 이승만 대통령이 그들을 달리 보고 기용한 것은 그들의 쓰임새였다. 그들이야말로 공산세력을 막고 분쇄할 수 있는 가장 좋은 세력이며 가장 유용한 재목이라 본 것이다. 이야말로 이이제이以夷制夷다, 적으로 적을 막는 것이다.

일반 국민은 순진했고, 공산주의가 무엇인지도 몰랐으며, 더구나 그들이 어떤 세상을 꿈꾸는지, 어떤 나라를 만들려는지 어렴풋이나마 짐작하거나 상상할 수 있는 지식을 갖고 있지 못했다. 당시 신생 독립하는 모든 나라의 경험에서 보듯이 국민은 공산세력의 먹잇감에 지나지 않았다.

그러나 친일세력, 친일파들은 달랐다. 그들은 공산주의자에 대한 지식

---

4 〔편저자 주〕 미당未堂 서정주의 시 제목 〈종천순일파從天順日派〉에서 따왔다. 일제강점기를 살았던 자신의 행적을 무심하게 적었다. 장장 19쪽에 달하는 긴 서사시다.

이 있었고, 거기에 싸울 능력이 있었고, 그들을 막고 분쇄할 의지가 있었다. 해방 2개월 후인 1945년 10월 미국으로부터 귀국한 이승만 박사가 이들 친일세력, 친일파를 기용한 것은 너무나 당연했다. 현실적으로 불가피했던 것이다. 결국 그들을 막고, 그들 조직을 파괴하고, 마침내 그들 세력으로부터 대한민국을 지켜내는 데 지대한 공헌을 한 것이 이들 친일세력, 친일파들이었다.

우리나라 좌파 · 좌편향 세력들이 집요하게 친일파를 공격하는 것은 식민시대의 그들 행위를 증오하는 것이 아니라, 해방 후 대한민국 건립에서의 그들의 지대한 공헌을 증오하는 것이다. 그들이 아니었다면 대한민국은 존재하지도 않았고, 드디어는 김일성 주도하의 남북통일이 되었을 것이기 때문이다.

그래서 그들은 이북에서의 친일파 기용은 언급을 회피했다. 반대로 이북은 친일파를 완전히 소탕했다고만 지금도 거짓 주장하고 있다. 친일파의 유능함과 유용성은 이북도 이남이나 마찬가지였다.

남한이 친일세력을 '이이제이' 했다면 이북은 친일세력을 '이이호제以夷護制' 했다. 친일파라는 적을 기용해서 그들 몸을 지키고 그들 체제를 보호한 것이다. 그것도 남쪽보다 더 노골적으로 더 높고 센 자리에 김일성이 친일파를 갖다 앉혔다. 그들은 숨기려 노력했지만 그 친일파들의 면면은 예나 이제나 잘 밝혀져 있다.

서툰 반일

2003년, 제16대 국회 임기 중 민족정기를 세우는 국회의원 모임 회장을 맡아 친일반민족행위자 708인 명단의 발표를 주도한 시민단체장 출신 국회의원이 있었다. 그런데 나중에 그녀 아버지가 바로 만주국 공안국 특무경찰로 독립운동가들을 탄압하다가 일제 패망 후 소련에서 수감되었다는 사실이 밝혀지면서 희대의 자승자박自繩自縛극이 벌어진 적도 있었다.

뿐인가. 문재인 정권(2017~2022)은 곧잘 한일 문제에 대해 외교적 해법을 얘기하면 '토착왜구土着倭寇'로 몰았다. 그런데 문 대통령은 느닷없이 2021년 '외교 해법'을 강조했다. 그렇다면 그도 '토착왜구'가 아닌가.

저의는 딴 데 있었다. 도쿄올림픽 때 김정은을 불러 남북 쇼를 하려고 일본에 굽힌 것이었다. 정작 일본은 문 대통령의 저자세를 받아들이지 않았다.(5)

이 대목에서 새삼 우리 사회 식자들이 경청하는 100살의 철학자 말을 길게 인용해야겠다.(6)

> 많은 국민은 무엇 때문에 친일파 명단을 만들어 발표했는지 이해하기 어렵다. 그들이 애국적 업적은 묻어 두고 국가적 반역자를 심판할 특권은 누가 주었는지 모르겠다. 이번에 대법원에서 이승만과 박정희를 친일파로 판결한 일도 그렇다. 후일에 사법부의 후배들과 역사학자들이 어떤 비판을 내릴지 걱정이다. 그런 판결을 대법원이 할 수 있는지도 묻지 않을 수 없다. 국론을 분열시키려는 의도가 있었다면 국민의 심판을 받아야 한다.

분별력으로 한일관계 바라보기

비행기를 타면 부산에서 후쿠오카까지 한 40분 걸린다. 대마도는 더 가깝다. 서양 사람들은 외모만 보고는 한국인과 일본인을 구분하지 못한다. 그렇게 가깝고 닮은 이웃이 일본이요 일본인이다.

일제강점기에도 우리가 미워한 일본인은 헌병이나 순사(순경)였지 결코 일반 서민은 아니었다. 그들은 깨끗하고 부지런하고 친절한 사람들이었다. 안중근, 이봉창, 윤봉길을 사형에 처하고 유관순, 윤동주를 감옥에서 죽게 만든 일본인들은 그 나라의 수상이나 식민지의 총독이다. 하오리·하카마에 게다를 끌고 다니는 보통 일본 사람을 선량한 한국인이 미워할 까닭이 없었다.

오늘도 그렇다. 조상 때부터 같은 논에서 벼농사 지으면서 살아온 노부부, 3대째 '스시집'을 경영한다는 멀끔하게 생긴 칼잡이, 4대째 '소바집'을 운영한다며 "우리 집이 원조입니다"라고 자랑하며 미소 짓는, 얼굴에 주름 잡힌 이 집주인 아주머니를 우리도 웃으면서 바라본다.

그러나 일본의 지배계급은 다르다. 그들은 대대로 높은 자리를 차지하고 옛날의 '다이묘大名'나 '한슈藩主'처럼 행세한다. 그들은 총리대신 자리에도 오르고 아버지와 아들이 대신이 되기도 한다. 한국인 눈에는 근대화된 나라도 아니고 민주국가도 아니라는 생각이 든다. 다나카 가쿠에이 같은 서민 출신 총리도 있었지만, 그런 경우는 정말 '가뭄에 콩 나기'다. 그래서 그런지 다나카는 유일하게 감옥살이를 한 국무총리였다고 기억한다.

아베나 아소나 스가의 고정관념을 우리 힘으로 바꿀 수는 없다. 그들의 생각이 민주화되기를 바라봤자 '부지하세월'일 것이다. 우리나라 대통령의 자리에 오른 11인 중에서 조상 때부터 양반인 집안은 이승만과 윤보선 두 사람뿐이고 나머지 9인은 모두 문벌 없는 가난한 집안에 태어났다. 그것이 우리와 일본이 다른 점이다.

나는 한국이 민주화되는 것이 한국을 위해서만 아니고 일본의 서민 대중을 위해서도 바람직하다고 믿는다. "민주화된 한국을 보라!"고 그들이 외치고 나올 때 일본의 전통적 지배계급은 설 자리를 잃게 된다. 한국과 일본의 친선을 방해하는 자들은 일본의 특권계급이다. '주권은 국민에게 있다'는 사실을 일본의 대장간 주인이나 우동집 아저씨가 깨닫게 돼야 한일 친선의 꿈이 이루어진다.

그 책임이 오히려 한국과 한국인에게 있다고 생각하지 않는가? 그래서 한반도의 민주적 통일이 반드시, 속히 이루어져야 한다.(7)

100명 일대 적기 대장정

" '백년의 사람들'을 적는 과업이라면 최소한 100명은 다뤄야 하지 않겠나." 그런 말을 집필 시작 즈음 맹산이 주위 사람들에게 흘리곤 했다. 그러자면 2년쯤 시일이 소요될 것이라는 계산이었다. 스트레스가 많은 그 대업을 9순 노인이 맡고 나선 의욕수에 새삼 박수를 보내면서 한편으론 지금까지 그랬듯 건강이 받쳐주어야 할 것이라고, 편저자부터도 그랬지만, 기구祈求하던 이도 적잖았다.

글깨나 적어 온 편저자가 보기로 그 의욕수는 특출했다. 특히 오른팔이 붓을 쥘 수 없었으니, 당신의 구술口述을 충실한 비서장이 받아 적어야 한다. 여느 필자 같으면 원고지나 화면에 직접 적어야 교정을 제대로 할 수 있다고 한다. 내 경우에도 그런 작업을 적어도 세 차례를 거듭해야 글이 완성된다고 여겼다.

견주어, 그 구술이 글로 옮겨진 맹산의 작문은 내용과 전개에 차질이 없었다고 비서장 홍의빈[5]이 증언했다. 좋은 학자가 많았다던 서울대 문리과대학교수 가운데, 받아 적으면 바로 교과서가 된다는 그런 분도 있긴 했다. 반면 인문학 전공 대학에서 일하면서도 문장이 수준 이하인 교수가 적지 않았음은 나중에 알았다.

---

5 〔편저자 주〕 1998년, 자가용 운전과 인쇄작업 돕기로 김동길 킹덤의 일원이 되었다. 호모 파베르(공작인)의 전형으로 주인의 타계 때까지 킹덤의 운용을 전방위로 돕는 '숨은 손'이란 인상을 편저자는 받았다.

9순 노인 의욕수

그래저래 재미있게 읽어 온 것이, 한 해를 기록할 즈음이던 2018년 말에 그만 12월 22일 자 54회 김일성 이야기로 〈조선일보〉 연재는 끝나고 말았다. 신문사 사정으로 갑자기 연재가 중단되자, 듣자 하니 긍재 당신도 신문사가 진득하지 못함을 아쉬워하는 기색이라는 소문이 나돌았다.

섭섭함도 잠시, 긍재는 스스로에게 약속한 대로 당신의 홈페이지를 통해 연재를 속개했다. 그 처음이 바로 당신의 고향 친구 방우영의 〈조선일보〉 중흥조를 다루었다. 그리고 마침내 2017년 11월 11일에 시작한 연재가 2년 만인 2019년 11월 16일에 당신의 애제자 김동건 '국민 아나운서'에 대한 글꼭지로 끝났다.

대단한 집념과 지성의 성취라 할 것이다. 일주일에 한 꼭지씩 짧은 글에서 사람의 전모를 파악하는 일은 정말 아무나 할 수 있는 일이 아니다. 손가락 근력이 떨어져 직접 글을 적지 못하는 상황에서 받아 적어 주는 실무적 조력자가 거들긴 했지만, 긍재의 비상한 기억력으로 인물의 삶 줄거리를 잡지 않고는 완성할 수 없었던 '사람 이야기 대장정'이었다.

사람 대하소설

사람 이야기의 굽이굽이는 "대하소설을 쓰고도 남는다" 함이 세간의 유행어다. 그럼에도 2백자 원고지 14매를 통해 한 인간의 역사를 말할 수 있음은 초점의 뚜렷함과 동시에 여운의 넉넉함 덕분이었다고 나는 보았다.

세상 이미지, 그 가운데 특히 사람 이미지의 묘사에 대한 탐구는 우리 전통은 초상화가 시도하던 바였고, 서양 예술계는 초상작가는 물론 일단의 사진작가도 추구하던 바였다. 조선시대에 주로 선비를 그렸던 초상화의 아름다움을 말하자면 '전신사조傳神寫照', 곧 대상 인물의 정체성을 대표할 만한 정신성의 도출에 진력했고, 그것이 성공적이었다는 평가를 받았다.(8)

한편, 비슷한 발상법으로 서양의 현대 사진작가 행적 가운데 당대의 규범으로 우뚝 선 것이 '결정적 순간decisive moment'의 포착이었다. 이를 말하고 실행했던 프랑스의 카르티에 브레송에 따르면 그건 "렌즈가 맺는 상像은 끊임없이 움직이지만, 그것이 시간을 초월한 형태와 표정과 내용의 조화에 도달한 절정의 순간"이라 했다.[6]

분명한 초점은 주변으로 파급의 여운이나 잔향이 진하기 마련이다. 그건 초점의 방사放射가 사랑이기 때문이다. 큰 서화가들이 가졌다던 흉중구학胸中丘壑, 곧 "마음속에 언덕과 골짜기의 심상이 있다"는 말에서 그 언덕과 골짜기는 산이요 물인 것. 그 자연에 반사 내지 투영된 것이 사랑의 마음

---

6 〔편저자 주〕 카르티에 브레송(Henri Cartier-Bresson, 1908~2004)은 "그걸 위해 무엇보다 내면의 침묵을 추구한다. 나는 표정이 아니라 개성을 번역하려고 노력한다"고 말했다(Clément Chéroux, *Henri Cartier-Bresson*, Aperture, 2015; Tobia Bezzola, ed., *Henri Cartier-Bresson and Alberto Giacometti: The Decision of the Eye*, Kunsthaus, Zürich, 2005).

그것 아니겠는가. 긍재도 바로 흉중구학의 경우에 들었음을 말해 주는 언술이 사람 이야기의 큰 줄기가 되었다.

얼마 전 타계한 김우중은 한국 압축 경제성장의 랜드마크 같은 상징탑이었다. 그를 전경련 회장 자리까지 올렸던 산하 많은 업체들이 국내외 정세의 악조건으로 그만 허물어지고 말았다. 그런 그를 긍재가 한마디로 껴안았다. "끝까지 성공하는 사람만이 영웅은 아니다."

술술 읽힘은?

긍재 글이 사람의 정체성을 '콕콕' 집어내는데도 '술술' 읽힘은 어디서 연유할까. 역시 글은 사람이라 했는데, 긍재의 경지가 바야흐로 종심소욕불유구從心所慾不踰矩, 곧 "하고 싶은 대로 하여도 법도를 어기지 않았다"는 그런 무르익음 덕분이 아닐까, 생각한다.

사람 이야기처럼 논란의 여지를 남기는 글도 없을 것이다. 전직 대통령 같은 경우, 좀 더 신랄하게 꼬집어야 할 대목이 있었다고 여기는 독자들도 적지 않았을 터고, 나도 그런 기분을 느낀 적도 있었다. 그럼에도, "뒷맛에 뒤끝이 없음"은 노경의 필자가 유호덕攸好德, 곧 결국은 사람을 감싸려는 인덕이 넉넉하게 스며들었기 때문일 것이다.

연장으로, 이를테면 긍재가 정신적 영향을 많이 받았던 함석헌의 글에서도 글 읽는 재미가 듬뿍 느껴지는 감칠맛 나는 대목이 있었다. 1960년대 초에 대학을 다니던 시절, 당대의 스승으로 함석헌의 이름이 자자했다. 뜻있는 선후배들이 열심히 함석헌이 이끄는 씨알모임에 나간다는 소문이 났다.

그러던 어느 날 그 모임에 회의를 느끼고 더 이상 나가지 않는 친구들을 만났다. 까닭을 물었다. "그 어른이 말과 글과는 달리 알고 보니 호색이라 크게 실망했기 때문"이라는 것이다. 그런 줄로만 알았다. 하지만 나는 훗날 《뜻으로 본 한국역사》를 유심히 읽었다. 사고의 자유로움과 깊이가 진하게 느껴졌다. 민족은 곧 정신력이란 명제도 마음을 울렸다. 반해서 뒤늦게 생각해 보니, 그 시절 젊은이들의 사람 보는 눈은 무척 단조單調·短調적 결벽증에 얽매였었다.

이래저래 나도 긍재의 〈조선일보〉 연재 글에서 함석헌을 새로 만났다. 일흔이 넘어서도 10대 후반 처녀를 사랑했던 괴테를 인용한 뒤 함석헌도 그런 경우가 아니었을까, 하고 글이 이어졌다. 그래도 과거 소문을 기억하는 독자들은 고개를 갸우뚱할 것이다.

그런데 그다음 구절은 더 이상 논란을 입막음하는 절구絶句였다. "둘 다 천재였다!" 세상 사람은 천재에 대해선 더 왈가왈부하지 않는다. 천재는 절대 개념이기 때문이다. 그 점을 지적해 함석헌에 대한 논란을 종결시킨 것이 바로 긍재의 고단수 글쓰기였다.

'백년의 사람들'은 누구?

이승만(李承晩, 1875~1965) 1940년대 미 우표 '핍박받는 나라' … 그의 설득으로 태극기 | **조만식**(曺晩植, 1883~1950) "이 땅 지키다 죽어야지" … 조선의 간디'는 끝내 월남을 거부했다 | **조소앙**(趙素昻, 1887~1958) '삼균주의' 주장 … 납북된 뒤 김일성 요구 거부하다 비극적 최후 | **최남선**(崔南善, 1890~1957) 천재였던 그가 친일로 … 역사의 방향을 착각한 건 아닐까

원한경(元漢慶, 1890~1951) 한국을 그토록 사랑한 선교사 언더우드 아들 … 부인과 함께 양화진 묘지에 | **김성수**(金性洙, 1894~1955) 자신에겐 인색했던 인촌 … 농지개혁법 지지하며 900만 평 헌납 | **이광수**(李光秀, 1892~1950) 2·8 독립선언서 기초한 춘원 … 무슨 까닭에 친일의 길을 갔을까

정인보(鄭寅普, 1892~?) 국학진흥을 위한 헌신에 … 우리는 위당을 '조선의 국보'라 하였다 | **조병옥**(趙炳玉, 1894~1960) "너, 나 죽으면 문상 올 거지" … 조의금 미리 받아 쓴 천하의 설물 | **신익희**(申翼熙, 1894~1956) 대선후보로 유세 가다 호남선 안에서 급사 … 나라의 운이 이것밖에

최현배(崔鉉培, 1894~1970) 한글학자 외솔, 정작 사투리 심해, 해방을 '해뱅'이라 발음해 웃겨 | **백낙준**(白樂濬, 1895~1985) "백 박사는 어떻게 백 개나 가졌소" … 일제 치하에서도 농담 주고받아 | **이기붕**(李起鵬, 1896~1960) 이승만 정권의 제2인자 … 4·19 직후 일가족 집단자살로 생을 마감

김활란(金活蘭, 1899~1970) 자기 한 몸 부끄러워져도 이화 지킨 그녀 … 돌 던질 수 있을까 | 박태준(朴泰俊, 1900~1980) "우리 오빠 말 타고 …" 한국인 정서를 아름답게 어루만져 준 동요와 가곡 150여 곡 작곡 | 신봉조(辛鳳祚, 1900~1992) 이화를 사랑하고 지켜낸 그 … 보랏빛 반딧불 풀꽃으로 피어나다

오천석(吳天錫, 1901~1987) 시대를 앞서간 위대한 교육자 … 그가 쓴 《스승》 15만 부나 매진됐다 | 함석헌(咸錫憲, 1901~1989) 평생을 하루 한 끼 … 말과 글 '양면도' 휘두른 시대의 사상가 | 한경직(韓景職, 1902~2000) 99년 기적 같은 여정 … 집 한 채, 땅 한 평, 통장 하나 가진 적 없어 | 양주동(梁柱東, 1903~1977) "내 주둥이가 둘이니 말 잘하는 게 당연" … 자칭 국보라 칭했던 기인

박흥식(朴興植, 1903~1994) 일제에 비행기 헌납한 박흥식 … 일본경찰은 왜 그를 감시했을까 | 이은상(李殷相, 1903~1982) 당대의 뛰어난 천재문인 … 〈가고파〉 등 주옥같은 작품들 한국인의 애창곡으로 | 박은혜(朴恩惠, 1904~1963) 경기여고 학생들에게 "가장 필요한 것은 자존심"이라고 가르친 미인 교장 | 문창모(文昌模, 1907~2002) 85세 고령에 국회의원에 당선되어 기네스북에 오른 의사

이병철(李秉喆, 1910~1987) 삼성보다 나라를 더 걱정했다는 창업주, 그가 살아 돌아온다면 … | 모윤숙(毛允淑, 1910~1990) 그토록 사모했던 '시몬'은 누구일까, 혹시 춘원은 아니었을까 | 김성태(金聖泰, 1910~2012) 아내 패물 팔아 유학길 오른 축구선수 … 한국 가곡을 개척하다 | 노천명(盧天命, 1911~1957) 모가지가 길어서 슬픈 짐승이여 … 기댈 데 없는 외로움을 읊다

장기려(張起呂, 1911~1995) "정말 김일성의 맹장수술을 하셨습니까?"… 웃기만 할 뿐 북에 남겨둔 아내 그리며 평생 독신 | **이준묵**(李俊黙, 1911~2000) 가장 평범했기에 가장 위대하다고 느껴진 인물 … 선량한 부모의 아들딸이 다 잘된다는 말 입증 | **강성갑**(姜成甲, 1912~1950) 애국자이며 순교자인 그를 따르고자 결심했던 나 … 6·25 때 총살당하는 비극

김일성(金日成, 1912~1994) 평양역서 강연했던 양복차림 젊은이가 동족상잔 비극 일으키다니 … | **손기정**(孫基禎, 1912~2002) 일장기 가슴에 달고 마라톤에서 우승했지만 시무룩했던 민족의 영웅 | **김기창**(金基昶, 1913~2001) 청각장애 딛고 탁월한 작품 남긴 한국화의 대가 … "동심의 세계로 돌아가는 겁니다"

김동진(金東振, 1913~2009) 평안도 사투리의 〈가고파〉 작곡가, 음악계서 그를 따돌린 이유가 … | **김연준**(金連俊, 1914~2008) 해방 후 세계적 대학 만들어 … 타고난 사업가 재질에 천부적 음악가 재질도 | **홍이섭**(洪以燮, 1914~1974) 한국과학사 등을 최초로 연구 정리한 한국사학계 거목 … 연탄가스 사고로 비명횡사

박목월(朴木月, 1915~1978) "북에는 소월, 남에는 목월" … 〈이별의 노래〉, 〈나그네〉 등 명시 남겨 | **서정주**(徐廷柱, 1915~2000) 누가 뭐라 비난해도 한국시단을 대표하는 위대한 시인 … 〈국화 옆에서〉는 나의 애송시 | **김종영**(金鍾瑛, 1915~1982) 한국 근대조각의 선구자 … 화가로서도, 서예가로서도 뛰어난 작가

정주영(鄭周永, 1915~2001) 대선 출마 선언 전날 찾아와 "김 교수 결혼하면 200억 줄 수 있는데 … " | **박두진**(朴斗鎭, 1918~1998) 청록파 시인의 한 사람 … 기독교적 신앙으로 무장한 기백 있는 선비 | **김병기**

(金秉騏, 1916~2022) 흠모해 왔던 피카소, 북 허위선전 믿고 그린 그의 6·25 작품에 분노

박정희(朴正熙, 1917~1979) 나를 감옥에 넣었지만 보릿고개 시대로 돌아갈 수는 없다 | **김응섭**(金應燮, 1917~1989) 그 손끝에서 매화가 방긋이 웃고, 난초도 한들한들 바람결에 흔들렸건만 … | **김자경**(金慈璟, 1917~1999) 우리 시대 가장 저명했던 소프라노, 한국 첫 오페라단 창단 … 글씨도, 바느질도, 유머도 선수

장준하(張俊河, 1918~1975) 〈사상계〉 발행인으로 박 정권 비판 앞장서 … 산 잘 타기로 소문난 그가 추락사라니 | **현승종**(玄勝鍾, 1919~2020) 진정 많은 사람들이 존경하고 흠모하는 어른 … 맑은 바람과 같은 선비로 100세 | **오재경**(吳在璟, 1919~2012) 다재다능했던 이 시대의 가장 핸섬한 사나이 … 언론계, 관광업 등의 발전에 기여

임원식(林元植, 1919~2002) 작곡, 지휘, 오페라 등 음악의 천재 … 서울예고 창설, 육성 | **차경섭**(車敬燮, 1919~2017) 세계적 수준의 산부인과 세운 병원·의료계의 성현군자 | **백선엽**(白善燁, 1920~2020) 하극상에 미련 없이 군을 떠난 전쟁영웅 … 이듬해 5·16이 터졌다

김형석(金亨錫, 1920~) 깨끗하게 한평생을 살아온 철학자 … 100세 넘겨서도 현역으로 노익장 | **김상협**(金相浹, 1920~1995) 호남 출신 대쪽 교육자 박정희는 장관, 전두환은 총리 맡아 달라 간청했다 | **김순애**(金順愛, 1920~2007) 목련꽃 그늘 아래서 최초의 여성 작곡가를 그리워하네

안병욱(安秉煜, 1920~2013) 저명한 철학자 … 그의 말과 글에는 나라를 사랑하는 교훈이 스며 있었다 | **선우휘**(鮮于輝, 1922~1986) "어떤 정

신 나간 놈들이 쿠데타 했어?" 육군본부로 달려가서 일갈했다 | 강영훈(姜英勳, 1922~2016) 5·16 반대한 육사교장 통장 잔액 0, 자손에겐 한 푼도 물려주지 않았다

현봉학(玄鳳學, 1922~2007) 흥남철수 작전 미군에 읍소해 성공시킨 한국의 쉰들러 … 대한민국 역사를 바꾸어 | 김수환(金壽煥, 1922~2009) "내가 가장 잘하는 말은 거짓말 … " 성직자의 투명한 고백이 찡했다 | 이범석(李範錫, 1922~1983) 매사에 긍정적, 낙관적이던 호남아 … 미얀마에 가기 싫다더니 결국 아웅산에서 순국

황장엽(黃長燁, 1923~2010) 주체사상, 황장엽 작품이라지만 그는 결코 공산주의자가 아니었다 | 김대중(金大中, 1924~2009) 그의 입엔 지퍼가 … 친했던 시절에도 자신에 대해 털어놓지 않았다 | 차범석(車凡錫, 1924~2006) 대한민국을 대표하는 연극인이자 극작가 … 꼬장꼬장한 성격에 선비정신 투철

천관우(千寬宇, 1925~1991) 유신에 맞섰던 강직한 언론인 … 땅 문제로 신군부에 발목 잡혔다 | 신상옥(申相玉, 1925~2006) 납북·탈북 이어진 '풍운아 영화인' … 저네 아픔의 상징이었나 | 김종필(金鍾泌, 1926~2018) 낭만적 기질의 그에게 권력 넘어갔다면, 정치판 달라졌을 수도

이영덕(李榮德, 1926~2010) 기독교에 바탕한 민주교육의 후계자 … 그의 부인은 나와 함께 같은 날 38선 넘은 인연 | 이동원(李東元, 1926~2006) 30대 외무장관으로 한일국교 정상화 추진 … 칭찬도 많이 받고, 욕도 많이 먹어 | 최은희(崔銀姬, 1926~2018) 영화 같았던 미녀 여배우의 파란만장한 일생 … 그녀도 꽃이 되어 해마다 봄이 되면 다시 피어날 건가

채명신(蔡明新, 1926~2013) 베트남전의 영웅, 그는 왜 장군 묘역 대신 사병 묘역 원했나 | **박경리**(朴景利, 1926~2008) "난 몸이 쑤시고 아파야 글이 나와요" 《토지》의 작가가 털어놓았다 | **김남조**(金南祚, 1927~2023) 한국문단 3대 여성 시인 … 자연과 인간, 나라 사랑은 늘 간절했다

박태준(朴泰俊, 1927~2011) "우리가 박태준 수입할까" 일본 제철소에 간 중국 덩샤오핑이 말했다 | **김영삼**(金泳三, 1927~2015) 칼국수만 먹는 그에게 묻고 싶었다 "아드님이 먹은 건 먹은 것 아닙니까" | **방우영**(方又榮, 1928~2016) 언론계의 거목 … 조선일보 사장으로 용전분투, 나와는 대학시절 이래의 절친

조순(趙淳, 1928~2022) 한국 현대 경제학 초석 세우고 정계 입문한 '조자룡' … 민선 서울시장 등 역임 | **천상병**(千祥炳, 1930~1993) "이 세상 소풍 끝내는 날, 가서 아름다웠다 말하리라" | **노신영**(盧信永, 1930~2019) 대통령도 시험 보고 되는 것이라면 그는 진작 대통령 했을 것 | **함태호**(咸泰浩, 1930~2010) 식품사업으로 번 돈 모두 사회에 환원 … 사후 그의 통장엔 잔고 0원

전두환(全斗煥, 1931~2021) 집 냉면 초대에 측근 50명 몰고 와 … 그의 '보스 기질' 참 굉장했다 | **백남준**(白南準, 1932~2006) 세계적 명성의 행위미술 천재 … 좀 모자란 듯한 외모의 천진난만한 사람 | **노태우**(盧泰愚, 1932~2021) '물태우' 놀림 받으면서도, 그는 박정희나 전두환처럼 될 수 없었다 | **법정**(法頂, 1932~2010) 수필가로 유명했던 스님 … 한평생 부처님을 닮아 보려고 험난한 수도의 길 걸어

김복동(金復東, 1933~2000) 전두환, 노태우와 육사동기생의 중장 출신 … 언제나 당당했던 사나이 | **이용만**(李龍萬, 1933~) 6·25 때 소년

병으로 참전 … 어깨에 박힌 총알은 빼냈지만 척추의 한 발은 아직도 | **이어령**(李御寧, 1934~2022) 그가 원하든 원하지 않든 국민의 마음속에 그의 기념관은 이미 만들어져 있다

이영일(李英一, 1934~) 영어사전을 한 장씩 찢어 다 외울 만큼 영어 도사가 돼 미국기업 사장 등으로 활약 | **김장환**(金章煥, 1934~) 세계가 알아주는 교계의 거물 … 이 한심한 나라에 그를 보내 주신 하나님께 늘 감사 | **조용기**(趙鏞基, 1936~) 세계 최대의 개신교 교회 설립 … 왜 끝까지 존경받는 성직자가 되지 못했을까?

김우중(金宇中, 1936~2019) 대우그룹은 해체됐지만 … 끝까지 성공하는 사람만이 영웅은 아니다 | **김동건**(金東鍵, 1939~) 당대의 가장 유명한 아나운서 … 예의 바르고, 인간관계가 철저한 사람 | **최불암**(崔佛岩, 1940~) 한국인이면 누구나 아는 탤런트 … 그의 투박한 얼굴에는 정다움과 이로움이 잘 조화돼 | **이주일**(李朱一, 1940~2002) 외아들 장례 3일 만에 방송 출연 … 5천만을 웃긴 희대의 코미디언

김지하(金芝河, 1941~2022) 진보가 뭔지도 모르고 친북이니 종북이니 … 투사는 용납할 수 없었다 | **이병박**(李明博, 1941~) 좌도 아니고 우도 아니고 … 중도를 간 사람은 대개 우왕좌왕 | **조영남**(趙英男, 1945~) 그를 짜다고 욕하는 사람들도 있지만 … 하늘이 내려주신 그 목소리는 따를 사람이 없다

최인호(崔仁浩, 1945~2013) 소설로 젊은이들 열광케 하고 그는 '별들의 고향'으로 갔다 | **박근혜**(朴謹惠, 1952~) 옥중 대통령, 불행한 민초들에게 보은하는 날 오기를.

의외 등락登落 인물

김동길의 감각에서 오를 만한 사람이 빠진 경우나 오르지 못하겠지 싶은 사람이 오른 경우가 있었다. 전자는 노무현이고, 후자는 김일성이다.

대한민국 정국을 논함에 역대 대통령을 거명하지 않을 수 없는 집필 방식이었음에도 16대 노무현은 따로 다루지 않았다. 맹산의 논란거리 글 적기로 대신하려 했던가.

김일성은 대한민국의 천적이고 그 부재를 갈망해 온 북한 출신 사람이라 여겨 특별히 다루었다. 해방 직후 그의 연설을 들은 바 있다 했다.

제11장
시평時評은 '현대사 적기'

신문 기고

역사학자는 인문주의자의 큰 범주에 든다. 인문주의자는 사람을 가르치는 사람이다. 사람을 가르치는 데는 글과 말이 무기다. 그래서 '문통文通'과 '언로言路'란 말이 나왔고, 통로란 말도 나왔다. 인문주의자는 주로 대학 교단이나 언론 기관, 미디어를 통해 자신의 생각을 전달한다.

김동길은 대학 안팎에서 의사소통 매체를 통해 당신의 소견을 열심히 그리고 영향력 있게 피력해 왔다. 유력 지상紙上 언론의 자유기고가[1]로 활약했고, 국내외 한인 모임의 유명 강사로 이름을 날렸다. 라디오, 텔레비전 등 지상파 매체뿐만 아니라 유튜브 같은 뉴미디어까지 적극 활용했고, 대학과 소규모 배움 공동체에서 소신을 적거나 말해 왔다.

1 〔편저자 주〕 칼럼column을 적는 사람. 칼럼은 신문이나 잡지 따위의 특별기고 또는 그 지면을 가리킨다. 주로 시사·사회·풍속 따위에 관해 촌평한다.

시시비비 직설의 언론

정규 공영 방송이나 유튜브 같은 민간 방송이 등장하기 이전에는 지상紙上 매체가 사회 공기公器로서 유력했던 시절이 오래였다. 공정 보도의 기치를 내건 언론은 현대사 적기의 일환一環이라 했다. 각계 현상에 대해 시시비비是是非非를 가린다는 명분을 앞세웠다. "옳은 것은 옳고, 틀린 것은 틀렸다"를 따지고 살피겠다는 말이었다. 결국 실사구시實事求是, 곧 사실에서 진실을 구하겠다는 취지였다.

그렇다는 언론인데 실상은 "옳은 것이 옳다"〔是是〕보단 "틀린 것은 틀렸다"〔非非〕 또는 "아닌 것은 아니다"에 치중하고 만다. 개가 사람을 물면 뉴스거리가 아니기 쉽지만, 사람이 개를 물면 뉴스거리가 된다. 그렇다는 것은 당연히 그래야 한다는 점에서 그대로 넘어가는 편이고, 아닌 것은 문제이기 때문에 세상 사람이 관심을 쏟아붓는다. 해서 언론은 비비非非이기 쉽다. 김동길 어법의 하나로 질타 어법, "이게 뭡니까"로 치닫는 것도 바로 그런 연유다.

언변도 마찬가지였다. 2011년 종합편성채널 개국 이후 그는 또다시 전성기를 맞았다. 각종 시사 프로그램에 '최고령 출연자'로 나오면서도 정확한 언변, 정연한 논리와 유머로 시청자를 사로잡았다. TV조선 〈뉴스쇼 판〉에 출연했을 당시 그가 나오는 시간대만 되면 시청률 곡선이 정점을 찍을 정도였다.

당시 한 방송 관계자는 그를 이렇게 평가했다. "그는 에둘러 말하는 법이 없다. '직구'다. 그러나 반드시 논거가 붙는다. 중국 고전과 영국 역사, 그리고 미국 헌법까지. 감성은 팔딱팔딱 스무 살 청춘이고, 도저到底한 지식은 200살 현자다. 직설에 통찰이 더해지니 철학이 된다."

자유민주주의의 가치를 지켜야 한다고 강조했던 그는, 종북從北의 위험성을 "백성을 이끌고 섶을 지고 불로 가는 사람들"에 비유하며 "좌우의 문제가 아니라 대한민국 생존의 문제"라고 경고했다.(1)

대활약 칼럼니스트(자유기고가)

칼럼은 기자 또는 논설위원이 자신의 이름을 걸고 적는, 시무時務, current affairs 또는 사회 현안에 대한 논평이다. 여기에 때론 시각과 문장이 뛰어난 외부 필진도 청해 보탰다. 이른바 자유기고가의 약진이었다.

아마 20세기 후반에 유력 신문 지면에서 초대한 자유기고가 가운데 가장 널리 읽힌 필자가 바로 김동길 교수였을 것이다. 유신시대 전후로 유무형의 검열이 사라져 갔다는 말이다.

이전만 해도 김동길은 이런 일을 겪어야 했다. 시방 유력지에 털어놓았던 사연은 1970년대 초 〈동아일보〉 칼럼 기고 때의 해프닝이었다.

지금으로부터 45년쯤 전의 일이다. 문학과지성사 대표인 김병익 씨가 〈동아일보〉 기자이던 시절 나에게 연재 칼럼을 써 달라고 부탁한 적이 있었다. 원고 매수가 매우 적은 칼럼이라 짧게 써야만 했다. 여러 편을 쓰던 중 하루는 칼럼 제목을 "내가 대통령이라면"이라 붙였다. 지금도 기억나는 내용 일부는 이렇다.

그 혹독하던 일본 군국주의하에서도 시인 홍노작2이 "나는 왕이로소이다"라는 제목으로 시 한 수를 읊고도 무사하였거늘, 오늘 민주사회에 사는 대장부가 "내가 대통령이라면"이라는 제목으로 짧은 글을 한 편 쓴다 고 해서 무슨 문제가 되겠느냐.

이런 넋두리로 시작된 칼럼이었으나, 그 당시에는 〈동아일보〉에 실리지 못했다. 그 후《길은 우리 앞에 있다》라는 나의 저서에 수록되었으나, 그 책도 판매 금지되어 읽은 사람이 몇 되지 않았을 것이다.(2)

논객 김동길

유신시대가 끝난 뒤 세상이 요동칠 때, 시대의 국면을 해석하고 비평하는 언로가 확장됐다. "난세에 영웅 난다"고 특별히 이름났던 논객을 꼽을 만하다. 신문사 자체 인력으로 〈동아일보〉의 최일남·김중배 논설위원, 〈조선일보〉의 이규태[3]가 있다. 대학 쪽 외부 인사로는 김동길, 송복 등이 거기에 들었다.

자유기고가로 활동해 온 김동길은 1980년대 중반 〈한국일보〉 목요칼럼 "동창을 열며" 필진에 합류했다. 거기에 기고한 "나의 때는 이미 끝났다"라는 칼럼(1985. 4. 4)은 세상의 비상한 주목을 받았다. 사람들의 이목을 집중시킨 정도에서 폭탄 발언이란 말을 들을 정도로 컸다. 고전적 표현을 빌려 "낙양의 지가紙價"를 올렸다는 말도 들었다.

---

2 〔편저자 주〕 노작 홍사용은 경기도 용인 출신의 시인이었다. 대표작으로 〈나는 왕이로소이다〉, 〈백조는 흐르는데 별 하나 나 하나〉 등이 있다.

3 〔편저자 주〕 칼럼 장기 연재 기록의 보유자였다. "이규태 코너"만 해도 구술한 마지막 칼럼이 2006년 2월 23일 자 〈조선일보〉에 실렸다. 그의 나이 49세이던 1983년 3월 1일부터 74세에 이르는 만 25년, 8,391일에 걸친 대장정이었다(최정호, 2021: 108).

논란 기고 토픽 셋

하나, 이른바 '3김 낚시론'

〈한국일보〉의 "동창을 열며" 칼럼을 연재한 때는 박정희는 가고 전두환이 들어선 그런 시기이었다. 그 무렵 한국 정치를 그동안 휘어잡고 좌지우지하던 YS·DJ·JP라는 영어 이니셜로 통하던 김씨 세 사람에게 "이젠 제발 정계를 떠나 조용히 낚시나 하면서 여생을 보내는 것이 좋겠다"는 내용의 글을 한 편 올렸다. 암울한 5공화국 아래서 민주화 투쟁이 한창이던 때 발표된 터라, 이 칼럼은 이른바 '3김金 낚시론'으로 인구에 회자되며 세간에 큰 파장과 격론을 불러일으켰다.

글은 김영삼·김대중·김종필을 일컫는 이른바 3김에게 "이제 당신들의 시대는 끝났으니, 정치는 40대에게 맡기고 산 좋고 물 맑은 곳에서 고기나 낚으며 조용히 여생을 보내라"고 권유하며 '3김 퇴진론'을 주장했다. 1980년 초 '3김'이 서로 자기가 대통령이 되려고 싸우는 바람에 '서울의 봄'이 허망하게 무너졌다는 원죄를 알라는 것이 필자가 던진 붓끝(筆鋒)의 핵심이었다.

당시만 해도 민주화 투쟁 지도자로서 특히 '양김'을 지지하고 따르던 국민이 상당수였다. 당연히 칼럼은 양김 지지자들로부터 엄청난 반격을 받았다. 뒤에 모종의 배후가 있는 것 아니냐는 의혹까지 불러일으킬 정도였다.

낚시론 후일담, 3김의 볼멘 반응들

당시 DJ는 이 칼럼을 접하곤 "어디 낚시하기 좋은 장소를 가르쳐 주면 그렇게 하겠다"며 웃어넘겼다. 견주어 YS는 "언론의 자유가 보장된 사회라면 나올 수 있는 하나의 이야기"라고 정색했다.

짧은 칼럼 하나가 폭탄처럼 터져 나는 하루에 100통 이상의 독자 편지를 받는 유명 논객이 되고 만 것. 그 편지들을 분류하면 "속 시원한 이야기이며 내가 하고 싶었던 이야기다"라는 내용이 98통이었고, 2통은 왜 갑자기 그런 글을 썼는지 이해하기 어렵다는 일종의 투정이었다.

〈한국일보〉 칼럼 한 편이 그토록 큰 반응을 불러일으킬 줄은 나 김동길도 미처 몰랐다. 그 글을 읽고 소설가 이병주는 나에게 이런 말을 한 적이 있었다.

"김 교수, 나도 평생에 그런 글 한 편만 쓰고 죽었으면 한이 없겠소."

물론 반은 농담이고 반은 격려이었겠지만, 당대의 저명한 작가 중 한 사람인 그가 그런 말을 하는 것을 듣고 글 한 편의 영향력이 대단하다는 사실을 실감했다.

낚시론 연유

"나의 때는 이미 지났다."

이 한 마디는 미국 하버드대 퓨지가 총장 임기를 상당 기간 남겨 놓고 이사회에 사표를 던지면서 남긴 말이었다. 당시 하버드대 학생들 중 극소수가 대학 당국의 인종 차별에 항의하며 대학 행정관을 점거하여 대학 당국의 행정 업무를 완전히 마비시키자, 이 문제를 놓고 퓨지 총장은 교무위원회를 소집했다. 거기서 경찰을 불러야 하느냐, 부르지 말아야 하느냐는 문제로 의견이 갈렸다.

최종 결정은 총장이 내릴 수밖에 없었다. 퓨지는 "세속의 범접을 허용 않는다"는 상아탑으로 경찰을 불러들이기로 결심했다. 이에 따라 경찰이 들어와 행정관을 점거한 학생들을 모조리 들어내어 학교의 행정 업무는 정상화되었다. 점거 학생들은 순순히 귀가해 그 뒤 아무 일도 없었다.

그럼에도 퓨지는 자기 판단이 꼭 옳은 것이 아니고 자기 자신은 이미 시대에 뒤떨어진 하버드대 총장임을 자각하고 스스로 물러났다. 그 당시 그 일이 하도 감동스러워서 대통령을 꿈꾸던 3김에게 제발 대통령 될 꿈을 포기하고 정계를 은퇴해 달라고 당부했던 것이다.

그 글 때문에 "돌에 맞고 칼에 찔린" 것은 사실이지만, 내가 받은 격려의 편지와 분노의 편지의 비율은 98 대 2였다. 그때도 국민은 내 뜻에 찬동하고 있었다. 3김은 물러나야 한다고 믿고 있었다.

2김은 대통령을 지냈고, 1김은 국무총리의 자리를 유지할 수 있었다. 하지만 대한민국의 오늘은 이 꼴이 되고 말았다. 그들은 어찌하여 후배에게 길을 열어 주는 미덕을 발휘하지 못했던 것일까.(3)

둘, 북한에서 내 필력을 보았던 황장엽

남북 대결이 첨예한 우리 사회에서 북한 요인의 귀순은 큰 뉴스가 아닐 수 없었다. 김일성종합대 총장, 주체사상연구소장 등을 역임한 북한 고위 인사 황장엽이 대한민국으로 망명한 것이다.

1997년 1월 30일, 김정일 지시로 북일 수교 및 경제원조 문제를 논의하기 위해 방일했던 황장엽은 일본 자민당 정책위원장과 면담해 그 문제들을 거론하려 했다. 하지만 미국 압력을 받은 일본이 황장엽 면담을 거부했다. 아무런 소득도 얻지 못한 그는 2월 12일 바로 중국의 북한 대사관으로 들렀다가 다시 한국 총영사관으로 가서 전격적으로 탈북의 뜻을 전했다. 천신만고 끝에 마침내 4월 20일, 중국에서 한국으로 들어왔다.

'어떻게 그런 활극이 가능했을까?' 내가 의심에 젖어 있던 어느 날, 우리 육군 정보기관으로부터 전화를 받았다. "우리가 황장엽 선생의 신변을 보호하고 있는데, 황 선생이 김동길 교수를 한번 만나게 해 줄 수 있냐고 하셔서 연락드립니다." 나는 그를 만나고 싶다고 전했고, 우리 만남은 군의 한 막사에서 곧 이루어졌다.

어찌하여 나를 점지했을까. 필시 각종 매체에 등장하는 내 글을 보았고 그 문향文香이 작용했음이 분명했다.

문향을 찾았던 전 김일성대 총장

그를 처음 만났을 때, 내가 받은 강한 인상은 두 눈이 바이칼호수처럼 맑다는 것이었다. 단둘이 앉아 장시간 이야기를 주고받는 가운데 나는 그가 본디 공산주의자가 아니라는 사실을 깨달았다. 망명 후 그와 함께 철학 공부를 여러 해 동안 함께한 이동복 씨 생각도 나와 비슷했다.

결과적으로, 내가 한평생 살며 알고 사귄 인물 가운데 황장엽은 유독 친형처럼 느껴지던 사람이었다. 그가 태어난 평안남도 강동이 내가 태어난 맹산에서 그리 멀지 않다. 황장엽은 나의 형보다 1년 먼저 태어났기 때문에 징병을 면했으나 그 대신 징용에 끌려갔다. 일본 주오대에 다니다가 징용으로 끌려가 삼척 시멘트 공장에서 일하는 중에 해방을 맞았다.

그는 서울에 와서 일자리를 찾았으나 구하지 못했다. 고향으로 돌아가 평양에 있는 모교 평양도립상업학교에서 교편을 잡게 됐다. 똑똑한 사람이라 노동당은 그를 당원으로 끌어들였고 어쩔 수 없이 당의 명령을 따라 움직일 수밖에 없는 정당인이 됐다. 김일성대에서 수학한 그는 우수학생으로 선발되어 러시아 모스크바국립대에서 철학을 전공했다. 1955년에 철학 박사학위를 받고 평양에 돌아와 김일성대 교수로 취임하였고 나중에는 총장 자리까지 올랐다.

주체사상

황장엽은 김일성대에서 가르치던 시절, 자신의 철학과 사상을 집대성해 원고지 1,600장에 옮겼다. 그리고 김일성에게 먼저 한번 읽어 달라고 부탁했다. 몇 달이 지나도 소식이 없었다. 이후 김일성을 만났을 때 물었다. "제 글을 읽어 보셨나요?" 김일성은 "한두 장 읽어 보니 지루해 못 읽겠더라" 하고 웃어 넘겼다고 한다.

그 뒤 그 논문을 김정일이 가져다가 황장엽이 주창한 '인간중심'을 빼고 그 자리에 '주체사상'을 집어넣어 황장엽의 이론처럼 선전했다. 뿐만 아니라 권력세습 가능성까지 삽입해 황장엽의 생각과는 전혀 상관없는 이념으로 개조했다고 한다.

황장엽은 당 요직에 있었을 때 받은 보고만으로도 150만 명 이상 북한 동포가 굶어 죽었고, 북한 경제가 매우 어렵다 했다. 그는 김정일의 포악한 정치를 신랄하게 비판하면서도 평화통일 가능성을 비치기도 했다. 아마도 김정일 정권의 붕괴를 확신하는 듯하였고, 그 일의 주동인물은 장성택이라고 점찍고 있었던 것 같다.

내 집으로 여러 번 그를 초대하여 점심을 같이하며 더 많은 이야기를 주고받았다. 그는 항상 죽음을 각오한 열사烈士 같았다. 김일성·김정일의 인민공화국을 두둔하다 실망한 사람이 황장엽 한 사람만은 아닐 것이다. 주체사상이 황장엽 작품이라지만 그는 결코 공산주의자가 아니었다.

황장엽은 모스크바국립대에 가서 공부를 시작하던 초기부터 이미 마르크스·레닌주의의 모순이 무엇인지 파악할 수 있었다고 했다. 변증법대로 설명하자면 '테제'(正)와 '안티테제'(反) 사이의 갈등은 영원히 계속되어야 한다는 것이 그 철학의 논리라 할 수 있다. 계급 없는 사회가 실현되고 그런 사회가 출현함과 동시에 변증법적 충돌이 끝난다는 주장이 허구임을 황장엽은 깨달았던 것이다.

그는 철학 박사학위를 받고 귀국했지만, 인생 어느 시점에서도 마르크스·레닌주의를 신봉한 적이 없었다.

한 유물론자의 비극

내가 황장엽을 마지막으로 만난 것은 내 생일인 2010년 10월 2일, 우리 집 마당에서였다. 손님들이 많았던 탓에 오래 함께하지도 못했다. 그는 젊었을 때 모스크바에서 교육받은 탓인지 헤어질 때 우리 풍습에는 없는 포옹을 했다. 친형처럼 느껴지던 그의 양복 안주머니에 내가 얇은 봉투를 넣어 드리면서 "안녕히 가세요"라고 했을 때 나를 바라보던 그의 맑은 두 눈은 수심이 가득했다.

내가 강연차 해외에 나가 있던 그해 10월 10일, 그는 아침마다 즐기던 좌욕 도중 심장마비로 세상을 떠났다. 나는 외국에 있어 그의 빈소를 찾아가지도 못했다. 마르크스·레닌주의자가 아님에도 유물론자처럼 살아야 했던 그의 비극적 삶을 되새겨 본다. 김일성 눈에 들어 그 대학 총장까지 지냈지만, 그는 김일성을 존경한 적이 없었다.

그가 스스로 조국이라고 불렀던 대한민국조차 그를 자유롭게 살게 하지 못했다. 그는 자유가 있다고 믿었던 남쪽으로 넘어왔지만 뒤따라 탈북을 시도했던 그의 아들은 붙잡혀 총살당했고, 아내와 딸은 행방조차 모른다고 들었다. 그는 자유와 민주주의가 반드시 승리할 날이 온다고 확신하고 있었기에, 그 모든 희생을 각오했을 것이다.

결국, 87년의 파란만장했던 삶을 조용히 마감하고 하염없이 험하고 먼 길을 홀로 떠난 것이었다.[4] 인생 가시밭에 쓰러져 피 흘리던 황장엽. 오로지 죽음만이 그에게 안식을 안겨 주었다고나 할까.

셋, 대한민국 대통령이 이런 말을 할 수 있나

김동길은 노무현 대통령 시대를 지독한 난세로 치부했다. 대통령이라 부른 적이 없었다. '노무현 씨', '노 씨', '당신'이 그가 사용한 호칭이었다. 한국 현대 100년을 수놓던 100인 인물 평전에서 역대 대통령 가운데 거명되지 않은 이는 노 씨가 유일했다. 그의 시각은 이랬다.

노무현 씨가 대통령 자격으로 핀란드를 방문했다. 그는 그곳에서 "북한이 발사한 대포동 미사일은 미국까지 가기에는 너무 초라하고 한국에 오기에는 너무 큰 것"이라며 "미사일 실험이 무력 공격을 위한 것이 아니라 정치적 목적에 의한 것으로 무력적 위협으로 생각하지 않는다"고

---

4 〔**편저자 주**〕 "가장 시급한 문제가 북한의 독재를 무너뜨리는 일이다. 김정일 독재는 김일성보다 10배 정도 더 심하며, 그 본질적 특징은 스탈린식 계급독재에 봉건가부장적 전제주의를 접목시킨 것"이라 했다〔황장엽(2010), 《회고록: 나는 역사의 진리를 보았다》, 시대정신 참조〕.

밝혔다고 전해진다. 핀란드 사람들은 워낙 순진한 사람들이라 노 씨의 발언에 일리가 있다고 생각했는지 모르지만, 산전수전 다 겪은 한국인의 귀에는 정신 나간 소리처럼만 들린다.(4)

당신은 북한의 미사일 발사가 군사적 성격이 아니라 정치적 목적이라고 했는데, 정치와 군사가 그렇게 동떨어진 것이 아닌 것도 모르고 있단 말이오. 북은 점차 더 죽을 고비로 가는데, 노무현 씨, 착각 마시오.(5)

노 씨는 지도자의 자격을 전혀 갖추지 못한 채 지도자가 되었고 해를 거듭함에 따라 그의 자질 부족은 더욱 명확하게 드러나고 있다. 지난(2006년) 11월 2일 그는 대한무역투자진흥공사에서 열린 한 모임에서 북핵 위협을 과장하지 말라고 했다. 뿐만 아니라 핵 때문에 남북 간에 군사적 균형이 깨어지지 않는다고 했다. "포용정책밖에 다른 길이 없다"는 그의 주장이 제정신으로는 할 수 없는 말이다. 어쩌다 저런 사람을 대통령으로 뽑고 국민은 이 시련을 겪어야 하는가.(6)

보통 사람들은 대통령까지 된 사람은 그래도 속에 뭔가 든 것이 있겠지 생각한다. 그렇게 생각하는 것이 당연하다고 할 수 있다. 그런데 노 씨가 16대 대통령으로 취임하고 나서 한 짓을 낱낱이 살펴보면 속에 아무것도 든 것이 없지 않은가 생각하게 되는 경우가 비일비재하다.

노무현의 언행은 우선 일관성이 없어서 어느 말이 본심인지 알 수가 없다. 한때 "반미가 뭐가 나쁩니까?"라고 하기에 "아, 이 사람은 반미주의자로구나"라고 생각했다. 그런데 어떤 때는 아닌 밤중에 홍두깨 내밀듯 "친미도 하고 친북도 해야 한다"는 식으로 엉뚱한 말을 내뱉으니 도무지 종잡을 수가 없다.(7)

먹었으면 먹었다고

인류 역사의 어느 시대에나 인간에게 가장 소중한 것은 진실이다. 진실이 없으면 사람은 사람 구실 못하게 마련이다. 그런 자가 공직의 높은 자리에 앉으면 많은 백성이 고생할 수밖에 없다.

노무현 씨는 정말 딜레마에 빠졌다. 그가 5년 동안 저지른 일들은 다음 정권이 어떻게 바로잡는다고 해도 도덕적 과오는 바로잡을 길이 없다는 것이다. 국민에게 사과하는 의미에서 자살하거나, 아니면 재판을 받고 감옥에 가서 복역하는 수밖에는 없겠다.(8)

노무현 투신자살

그다음 달, 곧 2009년 5월 (23일), 뜻밖에도 노무현 전 대통령이 투신자살했다. 아연, 김동길의 글은 5공 시절 3김에게 물러나라고 권한 이른바 '낡시론' 이후 또다시 온갖 비난의 표적이 됐다.

> 그 비난의 이유는 뭔가요? 그 비난이 타당하다면 노 전 대통령이 마지막 순간에 김동길 교수의 충언을 액면 그대로 해석하는 방식으로 받아들였다는 말일까요? 글쎄요. 저는 그랬을 거라는 생각이 들지 않습니다.(9)

김동길은 얼마 뒤 그 글에 대해 "그렇다고 죽다니 말이 되느냐"고 직접 말했다. 또다시 '필전筆戰'이 되었다. "글이 말썽을 일으켰다"는 뜻으로 '필화筆禍'란 말이 흔히들 익숙하지만, 이 경우는 "글로써 옳고 그름을 서로 겨룸"이니 필전이었다.

나는 자살을 권장한 게 아니다. 의젓하게 구속되고, 감옥에서 10년 살라면 10년 살고, 그런 인물이 되란 뜻이었다. 그의 말 때문에 대우건설 남상국[5] 사장이 자살했고, 안상영[6] 전 부산시장이 자살했지 않나. 우리가 대학입시에 실패해 아파트에서 자살하는 학생들을 얼마나 야단치는가. 그런데 어른 중 어른인 대통령이 국민에게 보여 준 게 뭔가. 자살이라니, 끝까지 살아야지.(10)

자살한 사람을 국민장에?

참을 수 없는 일이 연이어 일어났다. 텔레비전도 신문·잡지도 모두 '노사모'의 입장에서 보도하고, '침묵하는 다수'의 의견이나 심정은 완전히 무시해 버렸다. 이 땅에 무슨 언론의 자유가 있다고 말할 수 있겠는가.(11)

---

5 〔편저자 주〕 2004년 3월 11일 생방송 기자회견에서 노무현 대통령이 "대우건설 사장처럼 좋은 학교 나오시고 크게 성공하신 분들이 시골에 있는 별 볼일 없는 사람에게 가서 머리 조아리고 돈 주고 그런 일 이제, 좀 없었으면 좋겠다"고 말하자, TV 생중계를 보던 남상국은 곧바로 아내 차를 타고 한남대교로 가서 낮 12시쯤 투신자살했다(《나무위키》 참조).

6 〔편저자 주〕 2003년 10월 뇌물수수 혐의로 구속되어 조사받다가, 2004년 2월 4일 부산구치소 내에서 안상영 부산시장이 자살하면서 유서를 남겼다. "저 노무현이는 그렇게 악독한 인간입니다. 저 노무현은 강금실을 시켜 서울 구치소 잡범들 방에서 잡범들이 저를 무수하게 구타하게 하면서 마지막까지 열린우리당 입당하라고 몰아붙였습니다. 저는 죽음의 길로 걸어가면서 저 부정한 노무현 정권에 죽음으로 항거합니다."

노무현은 비리에 연루되어 빠져나갈 구멍이 없었다. 패가망신의 막다른 골목에서 어쩔 수 없이 택한 궁여지책이 자살이었다. 땅에 떨어진 자신의 명예를 회복할 수 있으리라는 기대가 있어서가 아니라 그걸 이겨낼 힘이 없었기 때문에 저지른 일이다.

사람이 스스로 목숨을 끊는 극단의 행위는 궁지에 몰렸거나 억울하기 짝이 없다고 판단될 때 순간적으로 벌어지는 비극이다. 그런 일을 또는 그런 인간을 미화하는 일은 국민의 건전한 도덕교육을 위해 있어서는 안 될 일이다.

나는 처음부터 국민장을 반대하는 입장이었다. 그런데 언론은 왜 나를 한 번도 텔레비전 화면에 비춰 주지 않고, 부모가 세상을 떠났을 때보다 더 심하게 방성통곡하는 비정상적인 사람들의 모습만 보여 주는지 이해할 수 없다. 한국의 언론매체는 편파적이라는 비난을 면할 수 없을 것이다.

이명박 대통령은 어쩌자고, 비리에 연루되어 검찰 조사를 받다가 궁지에 몰려 자살한 사람의 장례를 감히 국민장으로 하는 것을 허락한 것인가. 나는 이해 못할 일이다. 왜 생각이 다른 사람의 입장은 완전히 무시하고 이치에 어긋난 결정을 내린 것일까.

노무현 국민장

대한민국의 열두 번째 국민장國民葬이 치러지는 날이다. 국민장의 장의 위원장은 관례상 현직 국무총리가 맡는 것으로 알려져 있으나, 식전이 진행되는 동안 뜻하지 않은 문제들이 생길 것이라는 예감이 들었다.

대통령이 보낸 화환을 사양한 것이 아니라 밟아 버렸다는 말을 듣고서 소름이 끼쳤다. 그래도 되는 것인가. 봉화마을까지 문상을 갔던 정부 요인들이 문상도 하지도 못하고 쫓겨 왔다는 소식은 진실로 눈물겨웠다.

지도자의 반열에 있던 사람이 자살한 사실을 못마땅하게 생각한다는 사람의 목소리는 한마디도 들리지 않았다. 오로지 '성자'의 죽음을 애도하는 듯한 국민적 분위기만 존재했다. 자살이 옳은 일인가 아닌가 하는 논쟁은 전혀 없었다.

노무현 씨의 자살을 숭고한 최후로 여기며 애도하는 문상객이 줄을 지어 분향하는 광경은 천주교회 추기경의 죽음을 연상시켰다.(12)

죽음의 굿판 비판

분신자살에 대한 비판은 옛적 강경대 사건 때 "죽음의 굿판을 멈추라"는 김지하의 기고문(13)이 불러온 파문을 연상시켰다. 1991년 4월 명지대생 강경대가 시위 중 전경의 구타로 사망한 사건을 계기로 발생한 연쇄 분신 파동은 온 사회에 충격을 주고 있었다. 칼럼에서 김지하는 생명주의 사상을 근거로 목숨을 버리면서 하는 민주화 시위를 저주의 굿판에 비유했다. "자살은 전염한다. 당신들은 지금 전염을 부채질하고 있다. 열사 호칭과 대규모 장례식으로 연약한 영혼에 대해 끊임없이 죽음을 유혹하는 암시를 보내고 있다"면서 운동권 세력이 연이은 자살을 조장하고 있다고 공격했다.

심지어 이 칼럼에는 학생들처럼 죽음을 강요당했던 자신의 지난날이 스며 있다고 주장했다. 박경리가 타계한 직후 박경리상 시상식 자리에서 시인의 아내 김영주가 눈물로 전한 그간의 안타까움도 하나였다. 운동권은 "시인이 죽어 줘야 한다"고 뒷소리를 해댄다는 것.(14)

칼럼을 계기로 운동권 근본주의자들이 김지하와 돌아섰다. 2022년 시인의 장례식에서 완연했다. 상청喪廳에 운동권 인사들은 얼씬도 하지 않았다는 것이 내 목격담이자 나중에 들었던 후일담이었다.

인신 제물의 비판과 어우러져 명지대생 강경대 사건에 관한 김동길 연세대 교수의 강의시간 발언도 학생들의 반발을 불러일으켰다. "김동길 교수, 그의 '자유민주주의'란 무엇인가?"란 제목의 대자보가 연세대 도서관 앞에 나붙었다. '서양문화사 강의를 듣는 한 연세 학우'란 이름으로 붙은 이 대자보는 "김 교수가 지난달(1991년 4월) 29일 1교시 서양문화사 시간에 '입학한 지 2개월 된 신입생이 사회의 문제의식을 얼마나 느끼고 행동했기에 그를 열사라고 부르는가?' '그는 배후조종한 선배들에 이끌려 시위 도중 도망가다가 맞아 죽은 것일 뿐' 등 김 교수 특유의 비약 논리로, 강씨의 죽음을 수많은 학생들 앞에서 하찮은 죽음으로 만들어 버렸다"는 주장이었다.

엮은이도 무척 불편했던 노무현 시절

노무현이 당선된 16대 대통령 선거가 끝나고 보름쯤 지난 2003년 정초. 지기들 신년모임에서 느닷없이 편저자가 "충청도 오적五賊"[7]이라 귀띔해 주는 친구가 있었다. 충남 태생으로 대전에서 자랐고 충청도에서도 주요 정부기관장을 지낸 적 있는 친구였다. 유세 도중에 노무현 후보가 충청도로 수도를 이전하는 공약을 내걸자 그 부당함을 언론에 투고했고, 전공인 '국토개발학' 동지들과 함께 폈던 반대 시민운동을 염두에 둔 말이었다.

당선된 뒤에 공약을 두고 당선자가 "재미 좀 봤다!"고 격에 맞지 않는 말을 내뱉었다. 무엇보다 적진敵陣 가까이에 수도를 유지함을 대적對敵 의지의 상징으로 여기는 것이 수도학首都學의 주요 입장인데, 그런 대사를 두고 '정치적 꼼수'라 자복自服하는 말 모양새가 무척 불편했다.

당선 직전, 노 후보는 "국가적 대사인 행정수도 건설은 국민의 참여와 합의가 선결조건"이라며 "당선되면 1년 이내에 국민적 합의를 도출하여 국민투표로 최종 결정하겠다"고 공언했다. 그러나 실제로는 약속과 달리 강행을 위해 법안까지 통과시키자, 일단의 식자들은 곧바로 수도 이전 반대운동을 펴기 시작했다.

---

7 〔**편저자 주**〕 내가 〈동아일보〉(2002. 12. 27)에 "수도 이전, 지금은 때가 아니다"는 제목으로 신행정수도 건설을 반대하는 내용의 기고문을 적었기 때문이다. 우리 근세사에 최대 치욕을 안긴 인사들이 바로 을사오적乙巳五賊인데, 여기에 한이 맺힌 백성들은 그 뒤 공적公敵 또는 가장 뚜렷한 훼방꾼을 일컫는 용어로 널리 사용해 왔다. 그 숫자가 딱히 다섯이 아닐지라도 '오적'이라 이름 붙이는 수사법이 이 땅에 통용되었다.

충청도 오적

그 일환으로 2004년 여름, 헌법소원을 청구할 때 편저자도 청구인 중 한 사람으로 참여했다. 국민투표 약속을 지키지 않은 것에 대해 한마디 말도 없던 대통령이 그즈음 "서울 한복판에 거대한 빌딩을 가진 신문사가 수도 이전 반대 여론을 주도하고 있다. 행정수도 이전 반대는 대통령에 대한 불신임운동이자 퇴진운동"이라고 딴말을 했다.

얼마 뒤 2004년 10월, 헌법재판소가 신행정수도 건설은 위헌이라는 엄정한 판결을 내렸다.(15) 그럼에도 '행정중심복합도시'란 교묘한 이름으로 입법을 감행했고, 2007년 7월 말에는 기어이 기공식을 올렸다. 거기서 청와대와 국회까지 모두 이전해야 한다고 했다. 말이 행정중심복합도시이지, 헌재가 위헌이라 판결한 신행정수도, 아니 신수도 건설의 초석을 놓았다는 뜻이다. 헌법 수호자가 아니라 거리낌 없는 헌법 훼손자의 몸짓이었다.

이후 세종시 현황

2000년대 초 수도 이전이 나라의 현안으로 떠올랐을 때, 외국 사례 조사를 했던 적이 있는 현역 언론인이 후일담을 적었다.(16)

> 노 전 대통령의 신행정수도법은 2004년 10월 헌법재판소의 위헌 결정으로 무산됐지만, 충청권에 어필하는 정치 상품으로 등장한 이상 끈질기게 살아남았다. '기업인' 출신 이명박 전 대통령은 반대했는데, '정치인' 박근

혜 전 대통령은 세종시 원안을 관철시켰다. 이후 선거판에서 행정수도 세종, 공기업의 지방 분산 같은 노무현식 '균형 발전론'은 정치인들이 애용하는 단골 프레임으로 등장했다. 문제는 명분은 그럴듯한데 투입 대비 부가가치 창출 효과는 별로 없는 '세금 나눠 먹기 발전'이라는 데 있다.

인구 절반이 수도권에 몰린 초집중 현상은 한국 사회의 가장 심각한 문제임에 분명하다. 하지만 그에 대한 처방으로 '행정수도 이전'을 선택한 것은 갈비뼈 골절에 어마어마하게 값비싼 반창고를 붙이는 것과 같다. 행정수도란 쉽게 말하면 세금으로 월급 받는 공무원에게, 엄청난 세금 들여 새 사무실 지어 주고 이사시키는 것이다. 그 많은 세금을 그리 쓰지 말고 경제적 부가가치를 창출하는 마중물로 써야 한다. 가령 서울에 집결한 기업, 대학, 연구소에 파격적 인센티브를 제공해 남하시키고, 대전의 KAIST, 대덕연구단지와 연계되는 민-관-학의 세계적 '두뇌도시'를 만들고자 했다면 어땠을까.

노통, 함부로 말

시정의 빈정대는 말투로 이 말 저 말 정처定處 없이 하는 사람을 두고 '어쩌다 변호사'라 별칭한다던데, 악의의 그 뒷소리를 들을 양인지 나라의 도덕적 상징 자리에 앉고도 바로 그 짝이었다. 어디 그뿐이었는가. 취임 이래 다반사로 설화舌禍를 몰고 온 대통령의 말 같잖은 말 가운데 나에게 가장 큰 충격을 준 말이 있었다.

"대통령 못해 먹겠다!"

세상살이에서 꼭 하고 싶은 말이더라도 절대 하지 않아야 할 말이 있다. 어버이 된 사람에겐 자식 키우기가 어렵고 어려운 일. 자칫 "어버이 노릇 못하겠다"는 말이 입가에 맴돌지만, 절대로 내뱉지 말아야 할 말도 바로 그 말이다.

감히 말하건대, 어느 면에서 대통령 노릇이 어버이 노릇보다 절대로 어렵지 않다고 나는 생각한다. 역사적으로 전무후무하다고 했을 정도로 성인군자 링컨이 그랬듯이 어떤 최고권력자도 자식은 마음대로 못한다. 하지만 선량한 정책이라면 위정 책임자는 마음에 품은 대로 나라의 진로를 요리할 수 있다.

2007년 8월, 정년퇴임을 앞둔 나는 교수 자리가 얼마나 좋았는지 새삼 통감했다. 국록을 먹는 국립대 교수가 통치자가 기를 쓰고 실행하려는 국책사업을 반대한다고 몇 년간 동분서주했음에도 쫓겨나지 않았으니 교직은 철밥통이 분명했다. 그래서 장기근속 교직자에게 정부가 관행대로 포상한다는 훈장을 나는 사양하기로 작심했다.

교육부 주관의 포상 계획에 따르면, 대상자는 포상 조서를 직접 작성해 제출해야 한다. 내 교육 이력에 대해선 대학본부 등이 이미 잘 취합·파악하고 있는데도 조서를 제출하라니, 관료제 번문욕례繁文縟禮의 전형이다. 학교 직원 말에 따르면 훈장 사양의 전례가 거의 없기 때문에 사유를 적은 포상 포기서를 제출해야 했다. 그사이 내가 교육받은 대학에서 가르칠 수 있었음은 국은國恩이었음을 밝히고, '포기'가 아닌 '사양'이라고 적어 제출했다.

아무리 일신상 선택일지라도 훈장 사양이 흔치 않아서인지 소문이 났다. 주위에서 그 까닭을 물으면서, 훈장에 박힐 대통령 이름이 싫어 포기한 것이 아니냐며 선입견으로 짓궂게 묻는 사람도 있었다. '소이부답笑而不答'이라고 웃을 뿐 답하지 않으면 수긍하는 꼴이지 싶어 그런 추궁은 당치 않다고 답했다. 1999년 11월 신문에, 그것도 조중동 중 하나에 실린 내 짧은 수필을 잘 읽었다는, 당시 국회의원이던 노 씨의 이메일 팬레터를 받은 적이 있다는 말도 덧붙였다. 변명으로 통했을까.

동향 선비의 고언

송복 연세대 사회학과 교수는 노무현과 마찬가지로 경남 김해 출신이다. 소문에 고향 출신의 명망 선비에게 입각入閣도 제의했다는 소문도 나돌았다. 내 고향 마산도 김해와 무척 가깝다. 이금이 작가의 인기소설(17) 속 세 주인공 가운데 한 여성은 마산으로 시집왔을 정도로 통혼권通婚圈이었다.

김대중에 이어 노무현도 고교 졸업생인 사실에 대해 송복 교수가 고언을 서슴지 않아 김동길 교수 못지않게 필화를 당했다. 경위는 "노무현 당선자가 말을 가리지 않고 하는 게 자연스럽고 좋다는 사람들도 많지 않습니까?"라는 물음에 대한 답이었다.(18)

> 노무현 당선자는 대학 교육을 못 받았어요. 겨우 한 것은 사법시험에 합격했다는 건데, 사법시험 합격은 교육이 아니라 자격증 따는 거죠. 자격증은 무식해도 따요. 그 분야만 달달 외워 시험을 잘 보면 되니까요. 정식으로 교육을 받아야 합니다. 대학 4년 동안 빌빌 놀고 나와도 대학 4년을 공부했느냐 아니냐는 굉장한 차이가 있어요. 대학 분위기를 안다는 건 중요하죠.
>
> 김대중 정부 초기에 "제왕帝王의 난파선難破船"이라는 제목으로 신문에 칼럼을 썼어요. "국정을 하도 어지럽히니 난파선이다. 김대중이라는 사람이 대학 교육을 못 받아서 그렇다"는 내용이었죠. 그것 때문에 엄청난 지탄을 받았는데,[8] 그 뒤 다시 왜 대학 교육을 못 받으면 지도자가 될 수 없는가를 쓴 일이 있어요.

지도자의 가장 중요한 요건은 '형안총이炯眼聰耳'입니다. 형안은 눈이 밝아야 한다. 총이는 귀가 밝아야 한다는 뜻입니다. 눈 밝음과 귀 밝음이 지도자의 중요한 요건입니다. 눈 밝음은 사람을 알아보는 것이죠. 사람이란 금맥과 같아요. 사람 하나하나가 다 가치를 갖고 있어요. 그런데 그 사람의 가치, 능력을 잘 파악해 적재적소에 앉히는 게 형안입니다. 그러려면 눈이 높아야 해요. 눈이 그냥 높아지지 않아요. 훈련을 받아야 합니다. 어떤 훈련이 가장 좋냐, 대학 훈련입니다.

대학을 다녔다는 건 인재의 풀 속에, 인재의 호수 속에서 놀았다는 거죠. 누가 큰 고기이고 누가 피라미인지 알아요. 대학 공부를 제대로 한 사람은 인재를 볼 줄 아는 눈이 저절로 만들어져요. 총이라는 건 세상 사람 소리를 듣는 거죠. 우리 얼굴에 미각·시각·청각이 있는데 듣는 게 가장 어려워요.

대학은 보는 훈련뿐만 아니라 듣는 훈련을 하는 장소입니다. 한 학점 따려면 16시간을 갖다 바쳐야 합니다. 140학점을 따려면 2,240시간을 바쳐야지요. 거기다 자기 동료와 늘 하루에 두세 시간씩 세미나와 토론을 합니다. 대학 4년이면 3천~5천 시간 이상 귀 훈련을 받는 거지요. 친구는 교수 하나하나와 똑같아요.

---

8 〔편저자 주〕 그즈음 북한산 등산길에 송복 교수 내외와 마주쳤다. 아내 말이 그 칼럼이 나가고 난 뒤 당신 집 전화통에 불이 났다 했다. 그런 소란(?)을 만나니 그런 필화筆禍가 따로 없었다는 볼멘 소리였다.

제12장
공부 조직의 달인

김동길은 배움 조직의 달인이었다. 스스로 '킹덤kingdom'이라 일컬었듯이 조직이 금방 만들어지고 자리 잡았다. 링컨사상연구소Institute of Lincoln's Ideology는 그중 하나이고, 공부 모임 링컨아카데미는 그 산하였다.

링컨아카데미

김혜선 박사의 인도로 2014년 가을 김동길 문하로 출입하게 된 편저자는 에이브러햄 링컨의 탄신 206주년을 기념해 2015년 2월 12일 그가 창립한 링컨사상연구소의 링컨아카데미도 처음 모임을 가졌다.[1] 그 경위는 조직자(김동길)가 당신 홈페이지에 자세히 기록했다.

---

1 〔편저자 주〕 편저자는 2015년 4월 12일 모임에 처음 참석했다.

어제(2015. 2. 12)가 링컨의 206번째 생일이었다. 이를 기념하여 조그마한 모임을 하나 시작했다. 이름하여 '링컨사상연구소'.[2] 한 20여 명이 모여 '링컨아카데미'를 발족하며 점심에 조촐한 냉면 파티를 가졌다.

왜 206회 생신날, 이 모임을 시작하는가? 사실 200주년이던 2009년에 시작해야 마땅했는데 그럴 형편이 못되어 6년이나 끌다가 이제 겨우 첫 모임을 갖게 된 것이다. 나는 역사상 모든 정치 지도자들 중에 링컨이 가장 두드러진 인물이고 앞으로도 이런 정치가가 나타나기는 어려울 것이라고 생각한다.

링컨을 처음 알게 된 것은 일제 때인 1939년 내가 당시 초등학교 교과서에 나온 링컨 이야기에 큰 감동을 느낀 바로 그때였다고 기억한다. 시골의 초라한 통나무집에서 태어난 가난한 어린이가 자라서 미합중국이라는 엄청나게 큰 나라의 대통령이 되었다는 이야기에 감동했다.

가슴속 깊이 그런 꿈을 간직하고 살다가 젊은 나이에 미국 유학을 가게 되었다. 거기서 미국 역사를 공부하게 되었고, 미국 남북전쟁에 관심을 갖게 되었다. 박사학위 논문의 주제를 링컨으로 잡고, 그에 관한 책들을 읽으며 기념품도 모았다. 그 장서와 기념품들은 모두 우리나라 국회도서관에 기증했다. 아마 그 큰 집 어디선가 낮잠을 자고 있을 거다. 지난 70여 년간 링컨은 나의 삶의 믿을 만한 길잡이였다.(1)

---

2 〔**편저자 주**〕 김동길 킹덤의 링컨사상연구소는 이사진 탄생도 맹산의 머리에서 나왔다. 2016년 3월 11일 발표한 이사진은 강성학(소장, 고려대 명예교수), 김원식·김기영·이용만(전 재무부 장관), 김형국·조창조·정덕구(전 산업자원부 장관), 김동길·정우철·황무영·윤장우(재무), 홍의빈(총무) 등이다.

링컨사상연구소 산하의 아카데미인 만큼 연구활동이 없을 수 없다. 2016년 2월 12일부터 2017년 1월까지 매달 주제 발표가 예고되었다. "링컨과 21세기"(발표자 김동길, 2016. 2. 12; 링컨탄신기념식)에 이어 매달 링컨의 건강, 여인들, 교육, 성격, 전쟁, 총사령관, 정치가, 아버지, 암살 음모, 죽어도 사는 사람 등의 주제를 내걸었다.

참여는 자발 또는 지명에 따랐다. 링컨아카데미의 열성 참가자 나경원 당시 국회 외교통일위원장의 연구 발표는 링컨 대통령의 재취임사(1865. 3. 4) 성찰이었다. 남북전쟁으로 갈라졌던 민심의 통합 구상을 말하고 거기서 찾을 수 있는 우리 통일에 대한 시사점에 대한 제언이 있었다.

명단에는 이화여고 교장을 지낸 심치선[3]도 포함되었고, 나도 마지못해 주제 발표자로 이름을 올렸다. "링컨과 아이들"이 주제였는데, 편저자는 링컨과 그의 장남 사이 부자 관계를 살폈다.

아내를 '못 말린' 링컨

우리 속담에, 자식에게 부모는 "문서 없는 종"이라고 했다. 동양식 어법으로 성인이던 링컨도 별수 없었다. 아버지 백으로 어렵사리 로버트는 하버드대Harvard College[4]를 졸업했고, 남북전쟁 종전 직전 북군에 입대했다. 그

3 〔편저자 주〕 심치선은 이화여고·계원예술학교 교장을 거쳐 연세대 교육학과 명예교수를 역임했다. 오랫동안 김동길 주변에서 맴돈 사실을 엿들은 인사들이 어찌 두 분 인연이 결혼으로 맺어지지 않았나 묻곤 했다. 그러면 가까이 기라성 같은 재색겸비의 이화여대 교수들이 즐비한데 어찌 거기 낄 수 있었겠나, 반응했단다. 내가 목격한 바로 심 교수는 맹산 앞에서는 얼어붙은 듯 전혀 입을 떼지 못했다. 링컨 공부 발표도 말을 못한다며 입을 다물었다.

4 〔편저자 주〕 지금의 Harvard College of Arts and Sciences.

때 아내 메리[5]는 아들이 징병되면 안 된다고 우겼다. 큰 아들의 전사 가능성을 감당하기 어렵다며 대통령을 압박했다.

링컨은 난감했다. 겨우 이런 말로 달랬다. "우리 아들이 우리에게 사랑스럽듯, 다른 사람들의 아들도 그들 어머니에게는 마찬가지!"라고. 이 말에도 메리의 조바심은 어쩌지 못했다.

1865년 1월, 영부인을 못 이긴 링컨은 부득불 북군 사령관 그랜트에게 사신私信을 적는다. "대통령으로서가 아니라 당신 친구로서 편지를 적는다"며 로버트를 장군의 직할 휘하에 두도록 간청했다. 그때만 해도, 20세기 초 세계 최강국이 된 미국의 지도층이 보여 준 노블리스 오블리제의 좋은 사례[6]와는 거리가 있었던 것. 링컨의 아들 편애를 두고, 군자 중 군자도 아들 때문에 마음이 굽어 버렸으니 그걸 무척 인간적이었다고 말할 것인가.

---

5 〔편저자 주〕 영부인 메리는 링컨과 정반대로 사교성이 뛰어나고, 화려함을 좋아하는 성격이었다. 1842년 연애 결혼했다. 결혼 후 링컨의 변호사 업무도 순조로워 연수입이 1,200달러에 달해 당시 주지사 보수와 같은 금액이었지만, 메리는 경제관념이 없었다. 질투와 히스테리 증상도 심해 가정생활은 행복하지 않았다. 미국 작가 데일 카네기는 "링컨이 암살된 것은 그의 결혼에 비교하면 비극이라고 하기에 부족하다"라고까지 말했다. 링컨의 암살이 정신이상을 초래해 메리는 64세를 일기로 죽을 때까지 정신병원에서 보냈다.

6 〔편저자 주〕 6·25 참전 유엔군 총사령관 밴플리트 대장의 외아들이 1952년 4월 4일, 야간 폭격에 나갔다가 실종됐다. 그가 생전에 어머니에게 보낸 편지는 다음과 같다. "사랑하는 어머니에게. 눈물이 이 편지를 적시지 않았으면 합니다. 어머니, 저는 자원해 전투비행 훈련을 받았습니다. B-26 폭격기를 조종할 것입니다. … 아버님께서는 모든 사람들이 두려움 없이 살 수 있는 권리를 위해 지금 한국에서 싸우고 계십니다. 드디어 저도 미력한 힘이나마 아버님에게 힘을 보탤 시기가 도래한 것 같습니다. 어머니 저를 위해 기도하지 마십시오. 그 대신 미국이 위급한 상황에서 조국을 수호하기 위해 소집된 나의 승무원들을 위해 기도해 주십시오. 그들 중에는 무사히 돌아오기만을 기다리는 아내를 둔 사람도 있고, 애인이 있는 사람도 있습니다. 저는 최선을 다할 것입니다. 이것은 언제나 저의 의무입니다."

아들은 1865년 2월 대위 계급을 달고 장군의 전속부관이 되어 남북전쟁 마지막 몇 주간 복무했다. 아버지 덕분에 실전實戰엔 노출 안 되는 장군 지근至近 보직이었다.

아들에게 '무른' 링컨

로버트와 아버지 사이는 줄곧 거리감이 있었다. 한창 아들의 인격형성기에 하루에 50km씩 마차를 타고 순회재판을 따라다니느라, 정치모임에서 연설하느라 아버지는 바빴다.

링컨 부자의 소원한 관계는 링컨과 그 아버지 사이와 비슷했다. 당신 아버지로부터 별로 받은 것이 없었던 링컨은 당신 자식은 여유롭게 키우려 했다. 그들에게 기율을 따지기보다 방치하는 편으로, 동양적 기준에서 보면 좀 '무른' 아버지였단다.(2)

한데 아들 로버트의 '버릇없음'을 밥상머리 교육의 빈약 내지 부재 탓이라고 간단히 치부하기는 어렵다. 동양 윤리도 아버지가 자녀를 선도하려고 채근했다가는 오히려 역효과가 나기 십상이라고 여겼다. "잘되라고 책해서는 안 되는 법不責善"이 맹자의 가르침이었다.

"군자가 자기 아들을 가르치지 않는 것君子之不教子은 무엇 때문입니까?" 라는 물음에 맹자가 답했다.(3)

"세勢가 통하지 않기 때문이다. 가르치는 데는 반드시 올바른 것을 가지고 해서 통하지 않으면 그것에 이어 성을 내게 되는데, 그것에 이어 성을 내면 도리어 해치게 된다. 아버지는 나를 가르치는 데 올바른 것을 가지고 한다지만, 아버지가 하는 것, 곧 성을 내는 것이 올바른 데서 나오는 것이 아니라고 여기게 되면 그것은 부자父子가 서로 해치는 것이다. 부자가 서로 해치면 나쁘다. 옛날에 "아들을 바꿔서 가르쳤고易子而教之", 부자간에는 잘되라고 책하지는 않았다. 잘되라고 책하면 사이가 멀어진다. 사이가 멀어지면 상서롭지 못하기가 그보다 더할 게 없다."

부모 자리의 숙명

링컨가에서 자녀를 키운 내력은 현대 우리 사회의 단면을 연상시킨다. 우리 시대 부모세대 가운데 특히 무학無學인 경우 "내가 배우지 못한 게 포한"이었다며 자녀 교육에 모든 것을 쏟아부었다. 그 과정에서 불책선의 금도는 오불관언인 채 "범애비에 개자식 없다"고 책선을 거듭해서 부자관계가 비뚤어진 경우도 허다했다.

살 만해진 오늘의 우리 중산층은 자신의 지위를 자식들에게 대물림하거나 확대재생산하려고 '광분狂奔한다.' 사람은 초등학교에 들어가기 전에 가정의 어머니 무릎에서 완성된다[7]는 그 품성 함양은 외면한다. 그리고 아주 어려서부터 아이들을 공부의 극기훈련장으로 경쟁의 격투기장으로 내몬다. 맹자가 경계해 마지않던 자녀들에게 보여 줘야 할 불책선의 미덕은 하릴없는 공염불이 되고 말았다.

---

7 〔편저자 주〕 태평양전쟁 종전 때 일제 필리핀 주둔군 사령관 야마시타 도모유키(山下奉文, 1885~1946)가 전범으로 교수형을 당하면서 형장에서 남긴 말이다.

링컨의 유머

링컨아카데미의 첫 회 발표는 킹덤의 개창자 김동길이었다. 내가 엿본 열성 참석자 한 분은 김황식 전 국무총리.[8] 발표는 링컨의 여러 면모 가운데 하나인 그의 유머 감각에 대한 것이었다.

웃기를 좋아한다. "웃는 집 대문으로 온갖 복이 다 들어온다笑門萬福來"라는 중국 격언이 있다. '일소일소一笑一少'라는 말도 있는데 "한 번 웃으면 그만큼 젊어진다"는 뜻으로 풀이된다.

링컨이 거느리는 합법적 정부를 향해 대포를 쏘며 전쟁을 시작하자 대통령에 취임한 링컨은 곤경에 빠졌다. 전세는 좀처럼 호전되지 않아 역경에 직면했고, 미국의 장래가 위태로웠다. 그런 시기에, 대통령은 장관들을 모아 놓고 각료회의를 시작하기에 앞서 아티머스 워드(Artemus Ward, 1834~1867)[9]라는 작가가 지은 《우스갯소리 모음》에서 웃기는 이야기 하나를 골라 읽어 주고 함께 한바탕 웃고 회의를 시작했다.

각료들 중에는 엄숙한 인물이 대통령에게 항의 아닌 항의를 했다.

---

8 〔편저자 주〕 시심을 국민 설득에도 펼쳐 보였던 당신 관계官界 이력을 떠올리면 김동길의 강의를 좋아했을 법했다. 이력이라 하면 총리 시절 제주 해군기지 건설을 두고 자연 파괴라며 반대 운동이 자심했을 적에 도민 대표 앞에서 제주 사랑을 담은, "당신 말대로" 졸시를 읊었다. " … 제주는 저 넓은 대양을, 세계를 향해 나아가는 대한민국의 관문이다/ 파수꾼이다/ 얼굴이다/ 이른 봄이면/ 서귀의 꽃 소식으로 우리를 설레게 하고/ 늦가을이면/ 한라 영봉의 눈 소식으로 우리를 숙연케 하는 제주/ 제주가 노래하면 반도도 노래할 것이요/ 제주가 가슴앓이하면/ 반도도 가슴앓이할 것이라 …"〔김황식(2024), 《풍경이 있는 세상》, 나남〕.

9 〔편저자 주〕 유머에 달인이었던 《톰 소여의 모험》 작가 마크 트웨인(Mark Twain, 1835~1910)도 워드를 만나 배움을 청한 적 있었다. 트웨인의 유머 어록 중 하나는 "신은 원숭이를 보고 실망했기 때문에 인간을 창조했습니다"였다(매케인, 2008: 371).

"각하, 이런 심각한 시국을 맞아 중대한 회의를 하면서 왜 웃기는 이야기를 먼저 하십니까?"

이 '항의'를 받고 대통령은 이렇게 응수했다.

"카메론(Simon Cameron, 1799~1889) 국방장관! 그럼 이 회의를 울면서 시작하라는 말씀이십니까?"

그 말을 듣고 장관들이 모두 폭소를 터뜨렸다. 아무리 중대한 회의라도 울면서 시작할 수는 없는 일![(4)]

링컨의 유머는 우리 시정 사람들도 익히 들은 바 있다. 유머에 담긴 언표言表는 의사전달의 급행열차다. 머리보다 마음에 쏘옥 다가온다. 그리고 무엇보다 웃음을 자아낸다. 웃음으로 꽃이 핀다. 몇몇만 인용해 본다.

한국 남자, 한국 남편의 심경은 미국 대통령 링컨과 다르지 않다. "내가 유일하게 무서워하는 사람들은, 나를 해칠 것이라고는 전혀 생각지도 못했던 여성들입니다."

그래도 웃음이 보약이다. "즐겁고, 실질적이고, 억제되지 않은 쾌활한 웃음은, 자동적으로 빠르게 작동되는 기분 좋은 체내 안마와도 같습니다. 밤낮 가리지 않고 나를 감싸는 무서운 압박감 속에서 내가 웃지 않는다면, 나는 아마 죽을 것입니다."

링컨을 비판하며 '이중인격'이라고 링컨과 대통령 후보로 경쟁했던 정적 더글러스(Steven Douglas, 1813~1861)가 몰아붙였다. 이중인격은 영어도 그대로 '두 얼굴two-faced의 인격'이다. 그 말을 들은 링컨은 "어째서 좋은 쪽은 놔두고 나는 나쁜 쪽 얼굴만 몸에 지니고 있을까요?" 반문했다.[10] 좋은 쪽도 있다는 반어법이었다.

링컨은 "대개 자신을 비하하는 유머를 구사했는데 거기엔 정치적·개인적 목적이 있었다. 그(링컨)는 반대자의 비난을 비껴가고, 괴로운 감정을 다스리며, 정치적으로 벗어나기 위해 농담을 했다."(5)

링컨아카데미의 성과

링컨아카데미의 성과라면 김동길의 링컨 직강直講이었다. 2018년 9월 12일 링컨 모임에서 강독한 내용 가운데 인상적인 말 두 가지가 있다.

하나, 안보를 지키기 위하여 자유의 희생을 불사하는 자들은 궁극적으로 양쪽(자유와 안보)을 다 잃을 것이다.

둘, 가장 능력 있는 자들로부터 빼앗아서 가장 능력 없는 자들에게 퍼주는 어떤 사회는 소멸되고 말 것이다.

주재자의 지강은 참여 회원의 연구활동과 짝이 된다. 회원들이 연구 실적을 쌓는 노릇은 여느 연구모임 특성과 다르지 않았다. 링컨사상연구소 창립 이후 가장 큰 연구 성과라면 오정무의 링컨 어록 집대성이었다. 책명은 《세상을 감동시킨 링컨의 명언》(푸른실, 2020)이다. 266페이지에 걸친 14장 구성이었으며, 총 222개의 개념에 대한 링컨의 명언을 모았다. 연구자 곧 편자는 한국에너지기술연구원장을 역임했다.

책이 나온 날 오 박사는 책을 증정하려고 맹산을 찾았다. 맹산은 오정무의 아버지가 문교부 장관을 지낸 교육학자 오천석이고, 아호가 천원天園이

---

10 〔편저자 주〕 원문으로 읽으면, "만일 내가 두 얼굴의 주인공이라면, 이 얼굴을 택할 것 같습니까?(If I were two-faced, would I be wearing this one?).

었음을 상기시켰다. 아들이 말을 받았다. "그럼 내 별호는 '백원百圓'이라 해야겠다!" 링컨의 유머 감각을 그 자리에서 답습해 보는가 싶었다.

링컨아카데미에 열성 출입자 중엔 강성학 고려대 정경학부 교수도 있었다. 키신저, 처칠 등 현대 국제정치사에 지대한 영향을 미친 인물들의 행적을 열심히 적어 온 학자인데 김동길의 추천사가 곁들여진 링컨 연구서(《한국의 지정학과 링컨의 리더십》, 고려대학교출판문화원, 2017)를 출간했다.

김동길이 즐겨 들먹이던 유머 고수들

아르헨티나 출신 프란치스코가 266대 교황으로 뽑힌 것은 2013년 3월 13일이었다. 그는 각계 요인들을 만날 때마다 유머 감각을 잃지 말라고 당부했단다.

그 자신이 유머의 달인이기도 했다. 이를테면 그는 이렇게 말했다. "나를 교황으로 선출한 추기경들 잘못을 용서해 달라고 했잖아요. 거기에 넘치는 유머가 있어요. 나를 뽑은 것은 잘못이니까 하느님께 사과해야 한다는 뜻도 있고, 당신들 때문에 괜히 고생하게 생겼다는 뜻도 있고."

한국의 초대 추기경 김수환도 유머의 달인이었다. 그이 유머도 김동길이 즐겨 인용했다.(6)

김수환 추기경께 누군가 물어봤대요.

"외국어를 여럿 하신다는데 어떤 말을 잘 하십니까?"

영어, 프랑스어, 라틴어, 이런 대답을 기대했겠죠.

그런데 이렇게 대답하셨대요.

"내가 제일 잘하는 말은 거짓말!"

김동길이 감옥 갔을 때 변론을 맡은 한승헌 변호사도 잘 알려진 유머리스트였다.[11] DJ 집권 초기, 민주화 운동 인사들이 모인 회식 자리가 있었다. 누군가 말했다. "청와대는 감옥 같은 곳이지요!" 자유롭지 못하고 바깥세상 돌아가는 것을 모른다는 뜻이었다.

나중에 감사원장도 역임한 한승헌이 이의를 제기했다.

"감옥은 들어갈 때 기분 나쁘고 나올 때 기분 좋은 곳인데, 청와대는 들어갈 때 기분 좋고 나올 때 기분이 안 좋으니 정반대 아닙니까?"

유머 고수들의 일화를 말해 준 '김동길발發'은 없을 것인가. 누구 입에서 처음 나온 유머였는지 몰라도 맹산이 당신 홈페이지에 적었고,(7) 가까운 사람들과 환담 중에 말하는 것을 들은 적도 있다. 당신이 원작자인지, 혹은 전해 들은 말인지는 물어보지 못했다.

축구 시합에 나선 두 팀 감독의 간절한 기도에 하나님은 어떻게 반응할까가 주제였다.

축구 시합이 시작되기 직전 차범근 감독이 매번 무릎을 꿇고 기도를 하는 모습을 볼 수 있었다. 그런데 만에 하나 저쪽 팀에서도 그런 기도를 하는 감독이나 선수가 있다면 하나님의 입장이 얼마나 곤란하시겠는

---

11 〔편저자 주〕 영어 사전 말인즉 유머는 재치wit와 슬기wisdom가 담겼다고 했다.

가? 만일 축구 감독이 다음과 같은 기도를 한다고 상상해 보라.

“승부에 집착하지 말게 하시고, 평온한 마음으로 임하게 하소서. 우리 편이 이기더라도 교만하지 않게 하시고, 우리 편이 져도 낙심하지 않게 도와주소서. 다만 이번 시합에서 부상당하는 선수는 한 사람도 없게 하시고, 상대방을 증오하는 못된 마음으로 이 시합에 응하지 않게 하소서.”

그럴 경우 하나님께선 이렇게 말씀하시지 않을까?

“알았다. 운동 시합에 나는 개입할 마음이 없다. 너희 실력대로 해라.”

유머는 지도자의 얼굴

국민적 성향으로 좁혀, 신사의 자격 조건이라 할 정도로 영국은 유머 감각을 상용常用·중용하는 사회라 알려져 있다.

제2차 세계대전이 발발하자 전시 수상에 오른 처칠은 참전을 유도하기 위해 미국으로 달려가 대통령과 의회를 설득하느라 분주했다. 그런 그를 백악관에 재울 정도로 예우했던 프랭클린 루스벨트 대통령은 이른 아침 샤워를 마치고 나온 벗은 몸의 처칠과 무심결에 마주쳤다. 그 순간, 처칠은 “나는 각하 앞에서 아무것도 숨길 게 없다”고 임기응변했다.

이 재치의 유머는 개인적 곤경의 면피이자 자신을 믿고 도와 달라는 웅변이 담겨 있다. 결국, 제1차 세계대전 참전으로 큰 곤욕을 치렀던 미국이 드디어 제2차 세계대전 유럽 참전을 결정하게 된다.

해외 수학여행과 감동특강

공부조직의 명인 김동길은 곧잘 일본 등지로 어쩌다 중국이나 대만으로 수학여행을 인솔했다. 링컨아카데미 등 공부모임의 멤버가 주축이긴 해도, 이런저런 인연의 인사들도 그로부터 위로를 받고 싶다거나 좋은 말씀을 듣고 싶다며 참여하곤 했다.

교토 답사와 명강의 밤

마산 김형국도 서너 차례 수학여행에 동행했다. 일본 수학여행은 한일 역사와 관련 있는 장소가 선호되곤 했다.

이를테면 교토행이었을 적은 메이지유신의 물꼬를 터준 일본 역사 '천년의 인물' 사카모토 료마(坂本龍馬, 1836~1867)의 행적지를 찾았다. 일본 사립대학 교육의 주요 이정표였던 도시샤대[12]를 찾아서는 그 교정에 세워진 윤동주 시비에 꽃을 바쳤다.

여행 중 함께 저녁 식사를 나눈 뒤에는 일행을 위해 인솔자 명강이 있었다. 아카데미 참여자가 아니라도 강의를 직접 듣고 싶다고 함께 온 노장도,

12 〔편저자 주〕 2018년 12월 6일 도시샤同志社대학 캠퍼스를 구경했다. 학교 안에 윤동주·정지용의 시비가 인상적이었다. 니지마 조(新島襄, 1843~1890)가 세운 학교를 그의 아내 니지마 야에(新島八重, 1845~1932; 본명 야마모토 야에코山本八重子)가 크게 일구었다. 그는 청일전쟁과 러일전쟁에 종군했던 일본 간호사다. 야에의 오빠 야마모토 가쿠마山本覺馬는 교토의 도시계획에 기초를 놓았고 도시샤대학 2대 총장을 역임했다.

당신의 숙환을 다스리자면 김동길의 기운을 좀 얻어야겠다는 참여자도 거기 있었다.

특강의 큰 주제는 대충 세 범주 안이었다. 역사란 무엇인가, 인생이란 무엇인가, 종교란 무엇인가 등이 즐겨 명강 대열에 올랐던 주제다.

같은 강의 제목이라도 내용은 매회 즉발적이면서 항상 정체성이 확실히 확인되는 열강이었다. 대국大局을 열변하는 사이에 개개인 특수 소사小事를 시어詩語로 다감하게 감싸 주었다. 말하자면 강의의 사자후獅子吼 사이에 다정다감한 위로의 말이 따랐다.

구사쓰 온천의 인생 강의

일본의 유명 온천 고장 구사쓰草津 수학여행은 2015년 4월 초순이었다. 대절 버스에 하나 가득 참여했다. 1,160m 고원 구사쓰는 일본인들에게 "일생에 꼭 한 번 가 봐야 할 온천"으로 유명하다.

도쿄 하네다공항에서 온천 마을까지는 3시간 반쯤 소요된다. 이동 중 차 안에서 동행 노장들이 식견을 말했다. 평양고보 후배 방수영[13]에겐 고대사에 나타난 한일 관계에 대해, 또 다른 후배인 정광현[14]에게는 일본 국민성에 대해 말하게 했다. 일본 국민성이라 하면 속마음인 혼네本音와 외부로 드러나는 언술 다테마에建前의 이중성이 특징으로, 일본을 제대로 알고 대하자면 이 점을 특히 명심해야 한다는 강조했다.

---

13 〔편저자 주〕 부산의 고교 영어 교사 출신으로 대구 구도심에 이름난 냉면집 '부산안면옥'을 창업했다.

14 〔편저자 주〕 매유회梅遊會 회장, 조광인쇄소 사장을 지냈다.

유바다케湯畑라고 용출된 온천수를 나무통으로 흘려 온도를 낮추는 처리 시설이 유명하다 했다. 주변을 감싼 돌난간 기둥에 온천을 다녀간 유명 인사들의 이름과 그들이 찾았던 시점을 새겨 그 오랜 역사를 자랑하고 있었다. 도요토미 히데요시의 조카로 한때 간파쿠關白을 지낸 도요토미 히데츠구(秀次, 1568~1595)는 옛적 인사이고, 근대 인물로는 노벨평화상을 받은 일본 수상 사토 에이사쿠(佐藤榮作, 1901~1975) 이름이 보였다.

식사는 저녁 6시. 저녁 7시부터 김동길의 강연이 있었다. "인생이란 무엇인가?"가 주제였다. 인생은 생로병사 과정이라고 말문을 열었다. 강연 시작 전, 연사보다 연세가 적지 않아 보이는 시니어 부부가 귀한 말을 듣게 되었다며 미리 큰절을 올렸다.

내용 하나로 삶의 기개는 백호 임제만 한 배포가 없었단다. 우선 황진이 무덤 앞에서 읊은 시 한 수가 그렇게 정감이 갈 수가 없다.[15] 몽골족과 만주족이 다 한 번씩 중국 중원을 장악해 봤는데 우린 그걸 못해 봤다고 개탄한 끝에 누구보다 나주 임씨 후손들은 일속늘이 초상이 나도 슬퍼할 게 없다며 곡哭을 못하게 당부했고 이게 문중의 가풍이 되었다 했다.[16]

내용 둘은 오늘은 유명하나 내일은 아무것도 없다. 비석을 세우곤 해도 죽은 사람이 되살아나 그걸 본 사람이 있었던가. 그런즉 사람은 열심히 살다 죽을 뿐이라면서 테니슨의 절창絶唱 〈사주沙洲를 넘어서Crossing the Bar〉를 비장하게 읊었다.

---

15 〔편저자 주〕 "청초靑草 우거진 골에 자난다 누웠난다/ 홍안紅顔을 어디 두고 백골白骨만 묻혔난다/ 잔盞 잡아 권할 이 없으니 그를 슬퍼하노라."

16 〔편저자 주〕 백호의 분개는 숙종 임금 때《택리지擇里志》를 지은 이중환李重煥의 비분강개로도 이어졌다.

해는 지고 저녁 별 반짝이는데
날 부르는 맑은 음성 들려오누나
나 바다 향해 머나먼 길 떠날 적에는
속세의 신음소리 없길 바라네

움직여도 잠자는 듯 고요한 바다
소리거품 일기에는 너무 그득해
끝없는 깊음에서 솟아난 물결
다시금 본향 찾아 돌아갈 적에

황혼에 들려오는 저녁 종소리
그 뒤에 몰려오는 어두움이
떠나가는 내 배의 닻을 올릴 때
이별의 슬픔일랑 없길 바라네

시간과 공간의 한계를 넘어
파도는 나를 멀리 싣고 갈지니
나 주님 뵈오리 직접 뵈오리
하늘나라 그 항구에 다다랐을 때.[17]

견주어 일본 영웅 히데요시의 절명시("몸이여, 이슬로 와서 이슬로 가니/ 오사카의 영화여/ 꿈속의 꿈이로다")는 허무주의가 완연하다 했다. 인생에 대한 강한 긍정이 느껴지는 테니슨과는 무척 대조된다는 말이었다.

---

17 〔편저자 주〕 맹산을 처음 만난 모임 자리에서 나는 바로 이 테니슨 시 암송에 압도되었다. 당신의 목소리가 서양 악기 혼horn처럼 묵직하고 깊게 떨려던 것이 한마디로 감동이었다.

여행 특강 속행

다음 날도 저녁 6시, 식사 뒤에 맹산 특강이 이어졌다. "종교란 무엇인가?" 사람들이 남기고 싶은 이야기라고들 하지만 남길 필요가 없는 이야기일 뿐이다.

내용 하나, 살아온 세월, 그사이 하나같이 쉽지 않았다. 아슬아슬했던 일도 많았다. 온천까지 오는 도중에 일본인의 생활 모습을 정광현 회장이 잘 말했듯, 맹산도 "일본 사람은 대강 하는 법이 없다. 반면 한국인은 끝마무리가, 이를테면 서화 같은 데서도 그냥 휙 날려 버리는 방심이 대조적인 게 아쉽다" 했다.

내용 둘, 인생이란 무엇인가? "우리는 어디서 왔는가, 나는 누구인가, 어디로 가는가?"에 대한 고민도 모두가 모르는 미스터리인지라 그에 대한 대응으로 종교가 생겼다.

내용 셋, 사람은 사랑을 받아야 살아갈 수 있는 존재다. 결국 늙어 가기 마련으로 여기에 사랑이 없으면 인생은 허망할 뿐이다. 그리하여 죽음에 눈물 몇 방울이 소중하고 그래서 명이 끝남을 생각할 줄 아는 고종명考終命이 오복의 하나가 되고도 남는다 했다.

내 신앙은 자존심이다. 민청학련 사건 때 1심에서 징역 15년을 선고받았다. 중형인데도 항소를 포기했다. 자존심의 발로였고, 이건 신앙의 힘이었다. 인격은 신앙에서 나온다. 신앙은 제도를 타고 전달된다는 점에서 종교가 등장한다.

내용 넷, 결국 인생의 주제는 사랑이다. 사람이 영원을 사모하는 것은 사랑이 영원하기 때문임을 강조했다. 당신 총론總論의 말은 각론各論으로 이어졌다. "사랑이 끝나는 곳에 사랑으로 남아 있는 사람이 있다"는 시어대로 음악박사 김혜선, 숙명여대 교수 이순자, 두 여성의 삶이 바로 그 전형이라 칭송했다. 한창 중년에 고위 공직자 남편을 불의로 잃고도 열심히 자녀들을 키워 낸 노고에 대한 위로를 시정詩情에 담았다. 정호승 시인의 〈봄길〉이 맞춤하다며 그걸 읊조렸다.

사랑하는 남편을 하늘나라로 먼저 보내고도, 참되게 착하게 "사랑으로 남아 있는" 아름다운 여인들에게 정호승 시인의 〈봄길〉이라는 시 한 수를 보낸다. "사랑이 끝난 곳에서도 사랑으로 남아 있는" 그대! "스스로 사랑이 되어 한없이 봄길을 걸어가는" 그대에게 나는 드릴 것이 없어, 링컨이라는 이름의 붉은 장미꽃 한 송이를 보낸다.

'인생은 괴로우나 아름다운 것'이라고 나는 믿는다.[18] 죽는 날까지 그렇게 믿겠다.(8)

길이 끝나는 곳에서도
길이 있다
길이 끝나는 곳에서도
길이 되는 사람이 있다
스스로 봄길이 되어

---

18 〔편저자 주〕 김동길이 가장 사랑한 어구 가운데 하나였다. 문둥병 환자 한하운(韓何雲, 1919~1975) 시구의 출처 원전은 나름대로 탐문했지만 여태껏 찾지 못했다.

끝없이 걸어가는 사람이 있다
강물은 흐르다가 멈추고
새들은 날아가 돌아오지 않고
하늘과 땅 사이의 모든 꽃잎은 흩어져도
보라
사랑이 끝난 곳에서도
사랑으로 남아 있는 사람이 있다
스스로 사랑이 되어
한없이 봄길을 걸어가는 사람이 있다.

차중 여흥

아침 11시 출발. 도쿄로 가는 도중에 군마현의 자랑인 미즈사와水澤 우동을 청수장 식당에서 시식했다. 건진 국수를 깨와 콩 등을 갈아 넣어 만든 소스에 찍어 먹는 별미였다. 이곳 우동은 아키다秋田현의 이나니와稻庭우동, 가가와香川현의 사누키讃岐우동과 함께 일본 3대 우동이라 했다.

도쿄까지 가는 3시간 반 동안에 일행 인사들에게 여흥 시간을 갖도록 권유했다. 맨 먼저 전직 시장은 녹음된 유행가를 틀었다. 조작이 어색했음을 엿보고는 "쇼팽을 좋아하고 바이올린 음악을 즐기는 대부분의 일행에게 유행가가 뭡니까?" 하고 맹산의 질책(?)이 있었다.

이어서 허형택 전 한국해양연구소장이 남극기지 건설에 얽힌 비화를 들려주었다. "시키면 지금까지 사양하는 사람이 없었다"는 말로 내게도 한 가지 말하라는 명령을 내렸다. 내 반생 공부에서 궁금했던 "일본은 무엇이었던가"에 대해 말했다. 반일反日교육을 받았던 개인적 경험, 도시학

연구로 본 근대 일본, 그리고 19세기 중반 유신 시절 일본 못지않게 100년이나 지난 20세기 중반에 우리도 뛰어난 혁신 마인드 인재가 동시다발로 쏟아졌고,[19] 덕분에 현대 한국의 고도성장이 탄력을 받았음을 비교해서 말했다.

근대화 역사에서 한국은 일본에 얼마나 뒤졌던가? 이는 한국 식자들의 오랜 궁금증이었는데, 나도 그 점이 궁금했다. 내 전공 공간발전론의 시각으로는 "출발은 적어도 300년은 뒤졌다"고 말했다. 일본은 1600년 막부시대가 열리면서 지방 영주 다이묘大名들을 통제하기 위해 가족 일부는 에도에 살게 하는 참근교대[20]제도를 실시했다. 해를 걸러 다이묘들이 적어도 수백 명 일행들과 함께 에도를 오가려면 무엇보다 도로 정비 등 교통 인프라가 필수적이었다.

견주어 우리는 숙종 때 지방 수령이 도로 정비를 건의하자 임금은 그런 길은 적침敵侵을 용이하게 만들 뿐이라며 이를 막았다. 전국 공간의 통합으로 중요하게 고양될 수 있는 바가 근대화인데 이 점에서 한일 간 격차가 있었다. 우리 길 근대화는 뒤늦게 이루어졌다. 일제의 조선 진출 즈음이던 1902년 경부선 철도 부설이 근대적 공간 통합의 시발이었다.

---

19 〔**편저자 주**〕 기업계는 누구보다 이병철·정주영의 쌍두마차가 등장했다. 경제계뿐만 아니라 문화계도 혁신가들이 줄을 이었다. 문학에 박경리와 박완서, 미술시장 개척에 현대화랑과 가나화랑, 음악가의 세계진출에 한동일·정경화·강동석 등이 두각을 나타냈다.

20 〔**편저자 주**〕 참근교대參勤交代는 에도 막부가 지방 권력을 통제하기 위해 실시한 제도이다. 막부가 각 번국藩國의 다이묘들을 통제하는 방법 중 하나였다. 전역의 다이묘들은 1년 주기로 수도 에도와 자신의 영지를 번갈아 오가며 생활해야 했다. 또한 그들의 처와 자녀들은 에도 저택에서 볼모 생활을 해야 했다. 다이묘 혼자 오는 게 아니라 다이묘의 가신 및 휘하 병력도 한꺼번에 움직였다. 그만큼 이동·체류 비용이 적지 않았는데, 이는 다이묘 본인 영지가 부담했다. 다이묘 세력이 지나치게 강해지는 것을 막는 부수 효과도 노렸다. 그사이로 도로 등 교통 인프라가 전국적으로 크게 발달했다. 공간 근대화의 기틀이 구축되었던 것이다.

고베·가고시마·대만 크루즈 여행(9)

“김동길 박사와 함께 떠나는 크루즈 수학여행(2016. 5. 8~16)”에 참가했다. 크루즈의 다른 이름은 “김동길 박사와 함께 하는 인생 크루즈”. 아침 8시 반 아시아나 편으로 김포 출발, 10시경 일본 간사이공항에 도착했다. 이어서 고베 크루즈 터미널에서 승선했다. 배는 무려 11만 6천 톤, 승무원 1,100명, 승객 수용 2,670명이었다.

5월 9일 월요일 오후 1시 가고시마 도착, 시내에서 소일하다가 배는 저녁 9시에 출항했다. 버스 이동 중에 맹산은 영어 노래 두 곡, 일본 노래 두 곡, 그리고 고복수의 〈타향살이〉와 박목월 작사·김성태 작곡의 〈이별의 노래〉를 구성지게 불렀다.(10)

5월 10일, 김동길의 특강에 앞서 내가 이순신에 대해 이야기했다. 일행 중 한 사람인 서애 12대손이 특히 서애 행적도 포함했던 내 애기에 감동했다며 인사했다. 주택은행장·수출입은행장 등을 지냈던 류돈우柳惇佑였다. 종손과는 10촌 정도라 했다.

5월 11일, 타이베이 외항인 지룽基隆 도착. 9시 반 버스로 타이베이행. 이어 장중정蔣中正기념관, 그리고 예류野柳공원 관람.

5월 12일, 가오슝高雄 입항. 5월 13일, 아침 8시 화롄華蓮도착. 5월 14~15일, 장장 60시간의 항해. 5월 15일 오전 강성학 교수의 링컨 연구 발표에 이어 맹산의 강론이 있었다. “역사란 무엇인가?”

강론 중에 내 이름을 거명하며 사도 바울[21]의 기도 책(11) 독서를 권면했

---

21 〔편저자 주〕 맹산은 이를테면 “보이는 것은 잠깐이요 보이지 않은 것은 영원하리라” 같은 사도 바울의 어록을 자주 입에 올렸다.

다. 함석헌 왈, "오늘의 내가 있음은 사도 바울의 기도 때문이겠지!" 이 말을 자주 했다 한다.

원세개袁世凱의 안중근 추모 만시輓詩를 맹산이 옮겨 적어 배포했다.

평생 이루려던 일 지금 마쳤으니	平生營事只今畢
사지에서 살기를 도모하는 것은 장부가 아니다	死地圖生非丈夫
몸은 비록 삼한에 있으나 이름은 만국에 떨치니	身在三韓名萬國
백년을 못 사는 삶, 죽어서 천추에 이름을 떨쳤도다	生無百歲死千秋

5월 16일 오전 6시 고베 입항, 11시 비행기로 김포행. 총 항정航程은 고베-가고시마(340), 가고시마-지룽(619), 지룽~고웅(223), 고웅-화렌(215), 화렌-고베(939)의 총 2,336NM(노티컬마일), 4,321km였다.

여행 참여의 이색 인사는 노장 두 분이었다. 한 분은 조완규 박사, 또 한 분은 한국 시단에서 남녀 불문으로 우뚝 솟은 김남조 시인이었다. 두 분은 장수클럽 동지들인데 남다른 건강 덕분인가 중장년층이 중심인 김동길의 수학여행에 동참했다.

두 분이 특히 내게 반가운 동행이었음은 전자가 서울대 총장이던 시절 편저자 마산은 환경대학원장으로 받들었고, 후자는 1950년대 초 피란 시절 끝자락이었던가, 나는 배우지 못했지만, 내 모교 마산고등학교 국어교사였던 사실 때문이었다.[22] 시인은 장수클럽에 나올 때마다 맹산보다 한 살 위임을 강조했다.

---

22 〔**편저자 주**〕 시인의 남편은 광화문의 충무공 동상을 제작했던 김세중(金世中, 1928~1986) 조각가, 그를 기념하는 김세중 조각상을 1987년 이래 매년 시상한다. 편저자는 1993년 시상식에 초대받아 말과 글로 축사했고, 이에 대한 시인의 감사 글을 6월 24일 자로 받은 적 있다.

전자는 맹산과 동갑인데, 그때는 몰랐지만 부산으로 피란 갔을 때 잠시 해운대 미군 부두에서 하역노동을 했던 인연을 말했다.[12] 2025년 여름 현재 지금도 서울대 관악캠퍼스 안에 자리한 국제백신연구소 고문으로 출입하는 초超노익장이다.

도쿄 여행

10월 16일, 아침 8시 반, 맹산을 따라 아시아나로 도쿄행(2016. 10. 16~19). 뉴오타니 호텔에 투숙했고, 오후는 긴자 덴쿠니(1885년 개업)라는 맛집 덴부라집에서 저녁을 먹었다.

10월 17일, 공생원(노인복지시설)의 도쿄 개업행사에 갔다. 한국에서 온 인사가 70~80명이라 했다.

맹산의 특강은 효孝 주제의 강연이었다. 일본말 강연 도중에 시마자키 도손(島崎藤村, 1872~1943)의 유명 시를 암송하고 있음을 눈치 챘다. 그의 〈첫사랑〉 시를 유장한 일본어로 암송하자 일본 중년 여성들이 "간토오 시마시다(감동했습니다)!"를 연발했다. 아내도 금방 그 말을 익혔다. 돌아와서 저녁은 우나기 돈부리를 아카사카에서 찾아서 맛있게 먹었다.

10월 18일, 날씨 맑음. 도쿄타워, 국립서양미술관[23]을 둘러보고 우에노에서 소바 점심. 귀로에 긴자를 둘러서 왔다.

10월 19일, 맹산 일행은 TV조선 출연을 위해 아침 9시 반경 먼저 출발했다.

---

23 〔편저자 주〕 본관은 프랑스의 건축가 르코르뷔지에 작품이다. 1998년 일본의 공공 건축 100선에 뽑혔고, 유네스코 세계문화유산으로도 선정되었다.

사가현 기행

중병 투병의 고비를 겨우 넘겼다며 맹산을 청해서 일본 여행을 재촉한 부산 인사가 있었다. 부산에는 진작 김동길 사랑 모임도 있었다.

안동농협 조합장 초대 강연[24]을 끝내고 "또다시 고속버스를 타고 두 시간 반이나 걸려 해운대로 향하여 마중 나온 '양복의 귀재' 이영재의 차를 타고 '꽃꽂이와 다도의 명인' 허충순과 함께 달맞이 고개에서 대접을 받았다. 그 자리에 수십 명 나를 좋아하는 부산 사람들을 모아 놓고 일장 연설을 하고 … ."(13)

중병에서 회복 중이던 '양복의 귀재'가 대인의 향기를 가까이하면 그 회복이 빠르겠다고 작심했던가. 사가현佐賀県 여행에 측근 참여는 아주 소규모였다. 맹산 사랑의 부산 거점 허충순 시인에 더해 재일동포 출신 기업가 황무영이 열일 제쳐놓고 참여했다.

여행은, 국내외 가리지 않고, 사람을 가깝게 만든다 했다. 아니, 더 가깝게 느끼려고 떠난 여행이었다. 나는, 아내와 함께, 맹산의 초대 손님 자격이었다.

---

24 〔편저자 주〕 안동농협 조합장은 김동길의 저서《한국 청년에게 고함》을 읽고 느낀 바가 많았다고 한다.

시인 문하생

허충순 시인은 자녀 결혼 주례로 맹산을 모신 맹산 사랑 근본주의자다.[25] 당신 영애 혼사 주례도 마땅히 맹산이었다. 소생을 낳자 먼저 대신동을 찾았던 그 영애의 인사 길을 마산도 엿본 적 있었다. 새부산시인협회가 주는 제4회 '부산시인상'도 받았던 탄탄 경력의 시인이다.(14) 상경할 일이 있으면 숙박은 맹산댁을 즐겨 이용했다.

양복의 귀재

부산의 유명 양복점 당코리Danco Lee 주인 이영재의 맹산 접근은 아직 미스터리에 속한다. 인문주의자로 고명한 맹산에게는 인문주의 취향 인사들이 주로 즐겨 접근한다던데, 이영재는 한마디로 철저한 장인이다.

아니 장인도 본질적으로 인문주의 취향이란 말이던가. 인문주의의 인문人文은 인간의 문화라는 말인데 그 문화 탐구는 인체를 속속들이 아는 노릇도 포함될 터. 맹산이 "춘수만사택春水滿四澤"(봄물은 사방 못에 가득하고)(15)에서 따왔지 싶은 낱말 '춘수春水'로 아호도 지어 준 이영재는 '옷걸이'인 인체부터 공부했다니 그 공부가 어디 조각가 로댕이나 화가 이쾌대(16) 같은 이들의 인체 공부보다 못할 것인가.

양복에 전심전력한 이에겐 믿음이 바로 양복일 수밖에 없을 터로 기실 당신 스스로 양복교 교주로 자처해 왔다. 그만큼 양복 장인으로 특출한 덕

---

25 〔편저자 주〕 2005년 〈문학예술〉로 등단했다. 《꽃 그림자 찻잔에 담아》, 《화문》 등의 시집을 냈다.

분에 일간지에 길게 소개되고도 남았다.(17)

1969년에 일을 시작한 이영재 씨는 25세에 최연소 재단 1급 자격증을 땄다. 인체를 알고 싶어 '때밀이'도 해보았다.

이런 마음을 가지고 한평생 양복을 지어온 '양복장이'의 점포가 부산에 있다. 양복장이는 "첫 만남에서 30초 안에 그 사람이 어떤 사람인지 알 수 있고, 그에게 정말 딱 맞는 옷을 어떻게 지어야 하는지 안다."

재단사 입문 7년 만이었다. 1977년 그는 부산 국제시장에 '당코리 테일러' 브랜드를 단 자신의 양복점을 열었다. 그는 "미국에서 유명한 '당코'라는 양복 브랜드에 제 성인 'Lee'를 붙여 썼는데 한학자인 부친께서 집 당堂에 옛 고古, 마을 리里를 붙여 써도 되겠다고 하신 점 등 여러 가지 의미가 있다"고 말했다.

오랜 세월 옷을 짓다 보니 오랜 인연을 쌓은 손님들도 많을 수밖에. 나이지리아 한 장관의 요청으로 옷을 맞추기 위해 이 씨가 직접 영국으로 건너간 적도 있다. 1998년 부산국제영화제 초청 패션쇼를 비롯해 크고 작은 패션쇼를 50여 차례 열었다.

《옷은 사람이다: 이영재의 신사복 이야기》(은행나무, 2001)라는 책도 냈다.

"태어나면서 배냇저고리를 입는 우리 인간은 성장하면서 그에 맞는 옷을 입지요. 긴 생을 마감하는 순간에는 가족이 준비한 수의를 입는 것이 사람의 일생입니다. 옷으로 시작해 옷으로 끝을 맺는 것이 삶의 순리인 만큼 '옷은 사람이다'라는 생각은 더없이 자연스럽습니다."

열혈 출입자

재일동포 출신 기업가 황무영도 김동길 인문학 교실의 이색 출입자다. 맹산이 당신 홈페이지에 길게 소개했다. 내가 처음 만났을 땐 우리말이 서툴러 "해서무니다"류의 일본사람 발음이었으나, 어느새 '본토 발음', '원어민 발음'을 구사했다. 한국 사회를 제대로 배우기 위해 맹산 문하로 출입하기 시작한 그는 맹산댁 사랑방 지킴이 노릇을 자처했다.

여러 해 전부터 나를 스승으로 받들고 섬기는 황무영 회장이 어제 찾아와 식사를 함께했다. 거기서 일찍이 내가 들어 보지 못했던 감동적인 이야기를 하나 들려주었다. 그는 일본에서 태어나 일본에서 대학을 마쳤으니 일본에 그냥 눌러 살았으면 돈도 많이 벌고 매우 편한 삶을 살 수도 있었다. 그러나 그는 자신의 뿌리에 대한 관심이 크고 그 사랑이 짙어져 오래전에 조국 땅에 자리 잡고 '모노레일' 회사를 하나 차려서 키우는 일에 자신의 젊은 세월을 다 바쳤다.

식사 중에 그는 자기가 최근에 끝낸 일 하나를 나에게 띠듬띠듬 소개했다. 그는 본디 말이 적고 자기 자랑은 하는 일이 아주 없는 과묵한 사람이다. 그런데 최근에 비무장지대 어느 철조망에서 인민군이 심어 놓은 지뢰를 밟고 어느 병사가 다리를 잃은 그곳과 멀지 않은 어느 고지에다 모노레일을 설치한 이야기를 내게 털어놓았다.

그 산이 1,000m가 넘는 험한 산인데 사병 25명이 그 정상 초소에서 북한 인민군을 감시하며 조국을 지키고 있단다. 그런데 그 초소까지 오르기가 너무 힘들어 사병들의 고생은 말이 아니었다. 그 사병들의 부모를 생각하면 그의 마음이 괴로워 그들을 위한 모노레일을 설치하기로 결심하고 총 공사비 3,500만 원을 들여 완공했다는 내용이었다.

나는 그의 숨은 이야기를 듣고 정말 감동하였다. 그는 나로 하여금 사자성어 한 마디를 생각나게 했다. '음덕양보陰德陽報'라는 그 한 마디뿐이었다. "숨어서 덕스러운 일을 행하는 자는 밝은 데서 보답을 받게 마련이다"라는 뜻으로 풀이되는 한 마디였다.

남에게 자랑하려고 그런 일을 하는 사람이 아니다. 그는 숨어서 일하기를 좋아하는 일꾼이다. 방산비리防産非理가 우리의 눈살을 찌푸리게 하는 타락한 한국의 국방 현실이지만 황무영 같은 애국자가 있어 이 나라는 건재한다고 나는 믿을 수 있게 되었다.(18)

최측근 주관 일본 여행

행선지 핵심은 사가현 가라쓰唐津. 임란 때 끌려온 한국 도공 이삼평李參平이 백토를 발견하고 백자 제작의 시범을 보였다는 아리타有田도,[26] 거기서 만들었던 백자를 유럽에 수출하던 이마리伊萬里항도 거쳤다. 도중의 길거리 상점엔 아리다야키有田燒 도자그릇이 즐비했다. 2015년 8월 중순이었다.

---

26 〔편저자 주〕 이삼평이 백자광산을 발견하고 자기를 구워 내면서 아리타는 명실공히 일본에서도 유명한 도자기 마을이 되었다. 1616년 원년이었다. '아리타야키' 탄생엔 경남 김해 여성 도공 백파선(百婆仙, 1560~1656)의 공이 컸다. 백파선은 조선시대 최초 여성 사기장. 임란 때 김해 도공 김태도金泰道의 아내로 일본으로 끌려가 아리타와 인접한 다케오武雄에서 도자기를 만들었다. 남편이 세상을 뜨자 900여 명 조선인 도공들을 데리고 아리타로 이주해 세계적으로 유명한 '아리타 도자기'를 키워냈다 한다.

가라쓰엔 임란 때 왜군 출병지인 나고야名護屋 전진기지가 있었다. 나고야 고성 박물관은 히데요시가 획책했던 조선 출병의 전진기지를 기억하는 곳이다. 그때 참전 다이묘들의 진영이 130여 개에 달했고, 그 출병군인들과 지원부대 인원의 집결로 무려 20만 명의 천막도시[27]가 조성되기도 했다는 것.

유적을 바라본 내 소감은 1591년인가 일본 정세를 정탐하려고 일본에 갔던 우리 통신사들의 허수아비 행적이 새삼 실망이고 유감이라는 것이었다. 정사, 부사의 보고 내용이 달랐다는데, 둘 다 탐문探聞하려 했으면 그 작은 포구 나고야에 거대한 군사 전진 기지가 만들어지고 있었다는 일본 전역에 자자했을 시정市井 소문을 엿들을 만했을 터. 밑바닥 정보 수집에 방심했던 우리 사절단의 행각이 안타깝고 부끄럽다. 그들이 환장하는 고려 인삼 몇 뿌리를 주고 말을 걸었다면 소문 한 토막은 듣지 않았겠나. 고려의 문익점이 목화씨를 숨겨 온 일화는 들어 본 적 없는가. 늙어 낳았던 쓰루마쓰(鶴松, 1589~1591) 아들을 껴안은 채 조선 사신을 맞았던 히데요시 무릎에 아이가 오줌을 싸고 말았다며 기껏 그걸 분개했던 일화는 결국 겪게 된 임란의 참화[28]에 견주면 이야깃거리도 못되는 직무유기 아닌가.

가라쓰 시내는 두 번이나 이곳을 찾았던 그를 기억하는 '히데요시 가로'가 있었다. 일대의 높은 산에선 한반도 땅이 바라보인다. 그만큼 근거리이기 때문에 이곳을 출진기지로 삼았던 것이다. 13세기에 두 번에 걸친 원나

---

27 〔편저자 주〕 텐트를 세워 하루아침에 일궈내는 곳을 도시학에선 천막도시camp city라 한다. 19세기 중엽 미국 캘리포니아에서 골드러시가 일어났을 때 일시에 생겨난 도시 취락을 일컫던 말이다. 나고야에 세워졌던 침략군 전진기지가 바로 옛적 천막도시라 할 것이다.

28 〔편저자 주〕 서애 류성룡의 《징비록》 서두에 임란의 참상으로 칼에 맞아 "죽은 엄마의 젖무덤을 빨고 있는 어린아이" 이야기가 나온다.

라 원구元寇(원나라 도적떼)[29]의 내습을 받았던 곳이기도 했다. 전시의 마지막 발문은 그나마 과거를 속죄하는 내용을 적었다. 일본도 세계 각국과 함께 아시아의 평화를 위해 새로운 노력을 시작하겠다는 취지였다.

> 메이지유신 이후, 일본은 조선에 불평등조약을 강요해 1910년에는 조선반도를 식민지로 삼았다. 조선반도의 사람들은 3·1 운동을 기점으로 대규모의 독립운동을 전개하고 격렬하게 저항했다. 일본은 이를 철저히 탄압하고 황민화 정책과 강제연행 등을 실시했다. 36년에 걸친 일본의 식민지 지배는 조선반도의 사람들에게 깊은 상처를 남겼다. 그 후에 일어난 한국전쟁은 한반도에 파괴와 분단의 고정화를 초래했으나 사람들은 눈부신 부흥을 이루고 통일로 향해 움직이기 시작했다. 일본도 세계의 여러 나라와 함께 아시아의 평화를 위해 새로운 노력을 시작했다.

사가현 일정에 구체적인 관광 목적지가 있지는 않았다. 나고야 박물관도 임란의 흔적을 찾고 싶다는 내 제안에 일행이 동조한 운신이었다. 그만큼 최측근들이 지근거리, 지근시간에 맹산을 느끼려 했던 일정이었다. 말하자면 힐링여행이었던 것. 그사이로 맹산은 열심히 서예를 해서 일행들에게 나누어 주었다. 일본 여관 주인에게도.

---

29 〔편저자 주〕 일본 역사는 원나라 도적떼, 우리는 여몽麗蒙연합군이라 부른다. 무슨 연합군인가. 그 시절 우리는 몽고의 식민지였고, 고려 군사의 처지는 용병에 불과했다. 그럼에도 국수주의 국사학은 고려를 앞세웠다. 대마도와 최근접 땅이라 내 고향 마산이 출병지가 되었고 식수食水를 조달하던 샘(몽고정)이 지금도 몽고간장 이름으로 남았다.

제13장
무대 위에서 살아온 인생

강연 들은 사람, 족히 30만 명

강단이나 교단, 기타 장소에서 내 강의나 강연이나 설교를 들은 사람이 족히 30만 명은 될 것이다. 방송 매체를 통해 내가 한 말을 들은 사람들은 더 많을 것이다. 그러나 막상 "제자가 몇이나 됩니까?"라고 물으면 대답하기가 곤란하다. 몇 되지 않기 때문에!

극소수 제자들이 내게 있는 것은 사실이다. 그들은 나와 가까이 있기를 바라고, 내 말을 듣기를 원한다. 김형국도 그중 한 사람이다. 그러나 이제는 90 노인이 되어 더 가르칠 것이 없다.

그럼에도 가르침은 아직도

가장 소중한 가르침은 아직도 그들에게 전하지 않았다. 언젠가는 모아 놓고 그 고귀하고 절실한 선물, 그 말 한마디를 힘차게 던져 주고야 나는 갈 거다. 물론 내가 만들어 낸 말은 아니다. 나도 내 스승에게서 배운 말이요 선물로 받은 교훈이다. 조급한 마음에 우선 털어놓는다.

"죽음을 두려워하지 말라!"

이 한마디가 내가 나의 제자들에게 전하는 가장 값진 선물이라 하겠다. 사람은 한 번 죽으면 된다. 비겁한 인간은 한평생을 살면서 여러 번 죽는다. 죽음의 공포에 떨면서 살아야 하기 때문이다. 그러나 용감한 사람은 한 번만 죽으면 된다는 사실을 알기 때문에 자기가 옳다고 믿는 일에 목숨을 건다.[(1)]

나의 첫 강단 무대

평안남도 평원군 영유읍의 괴천공립국민학교에 촉탁교사로 부임하여 3학년 담임이 된 때는 아직 일제하이던 1945년 4월이었다. 그때 내가 맡은 반의 학생 수는 한 40명쯤 되었던 것 같다. 그 교실의 넓지도 않은 작은 교단이 나의 첫 무대였다. 중고교 교단도 서 보았다. 1955년부터는 대학 강단을 무대로 삼고 살아왔다고 할 수 있다.

서울 구치소나 안양교도소의 독방에서도 한참 살았다. 그 무렵은 나의 처지에 동정하는 선량한 시민들(관객들)이 많아서 나는 결코 외롭지 않았다. 한 평도 안 되는 좁은 감방이 나의 무대였다고 할 수 있다.

출옥 뒤에도 나만큼 많은 강연을 하며 전국을 누빈 '연사'도 드물 것이다. 그래서 나는 '무대체질'의 인간이 되었는지도 모른다. 그때는 나의 무대도 넓었고 '관객'도 어지간히 많았다.

그리고 2,300명 수강

연세대에 복직한 1984년 새 학기부터 다시 교단에서 강의하게 되었다. 1985년 연세대 사학과에서 내걸었던 '서양문화사' 가을학기 강의는 무려 2,300명이 등록했다. 대강당에서 조교 10여 명을 거느리고 강의했다.

이제 대중강연을 할 기회는 거의 없겠지만, 지난 10년간 연평균 200회씩 강연했다. 이 나라 방방곡곡 가 보지 않은 고을이 없었다. 강연에 담았던 나의 인간과 삶은 깊이가 없었음을 고백하며 뉘우치지 않을 수 없다.

아직도 TV 무대 위에서 3막 3장인 나의 인생의 마지막 3장(〈낭만논객〉)에 출연하고 있다. 내 나이 90이 다 되었다. 나의 인생 마지막 막이 내려질 시간도 이제 얼마 남지 않았다. 실패작인 줄을 뼈저리게 느끼면서 공연이 끝나기를 기다리고 서 있는 한 늙은 배우라고 생각하면 된다.[(2)]

여기서 꼭 하고 싶은 한마디는 내가 강연의 요령이나 비결을 어디서 터득했는지다. 그건 명지휘자의 명지휘였다. 모든 연주자들의 마음의 눈이 지휘자의 지휘봉 끝에 집중되듯, 청중이 수천 명일지라도 강연하는 사람의 코끝에 모든 관심이 집중되도록 해야 강연이 성공한다. 그것이 내 강연의 유일한 비결이다. 그렇게 못할 거면 강연은 단념해야 한다.[(3)]

대부분의 사람들은 나이가 많아지면서 두서없는 이야기를 늘어놓는 경향이 종종 있다. 이 소리 저 소리 생각나는 대로 늘어놓기 때문에 때로는 종잡을 수 없는 경우도 많다. 나는 한평생 살면서 말을 많이 해야 하는 직업을 택했기 때문에 지금까지 됫박으로도 아니고, 말로도 아니고, 가마니로 말을 쏟아내는 삶을 살아왔다. 그러나 하늘이 내게 주신 특혜 가운데 하나는 오만 가지 말을 다 늘어놓다가도 끝나기 전에는 반드시 본론으로 돌아간다는 사실이다.

내가 도중에 왜 이런 이야기를 삽입하는가 하면, 내가 하는 이야기를 듣다 보면 누구나 오리무중에 빠지게 되는 것 같지만 참고 기다리면 본론이 반드시 튀어나오게 되어 있으니, 인내심을 갖고 내 이야기를 좀 더 들어 달라고 부탁하려는 것이다.

그러나 횡설수설이 반드시 나의 약점이 되는 것이 아니다. 내가 늘어놓는 횡설수설을 즐기기 때문에 내 이야기를 끝까지 들어 주는 사람도 많이 있다는 사실을 명심할 필요가 있다. 한편으로는 나 스스로가 나의 횡설수설을 즐기고 있다는 사실 또한 잊지 말아 주기를![4]

듣는 사람의 입장에서 느꼈던 김동길 강연의 특장 하나라면 강연의 큰 줄거리 지킴에 한 치의 차질이 없었다는 점이었다. 줄거리는 핵심 개념이 있겠고, 핵심 줄기를 장식하는 가지 이야기를 통해 내용이 풍성해진다. 그런데 그 가지가 또 가치를 치고 치고 하면 이야기는 점입가경인데, 한참 나중엔 문득 본령이 무엇이었나, 잠시 미궁에 빠질 개연성이 있기 마련이었다. 그런 느낌이 왔다 싶을 때 어느새 연사는 줄기 쪽으로, 말발이 강연 주제로 차질 없이 되돌아가고 있었다.

가르침의 막중함

오늘(2017년 1월 1일)은 내 나이 아흔 살이 된 첫날이다. 옛날에는 예순 회갑만 돼도 오래 살았다고 했는데, 일흔을 넘고 여든을 지나 이제 아흔이라니 이게 웬 말인가? 좀 부끄럽고, 또 조금은 자랑스럽기도 하다.

나이 열여덟 살에 시골 국민학교 교사로 인생을 시작하여 대학을 다닐 때는 주일학교Sunday School 교사였고, 대학 졸업 후 중고등학교에서 영어를 가르쳤다. 그 뒤에는 대학 전임강사를 거쳐 교수로서 은퇴하기까지 교편을 잡고 후배들을 가르쳤다. 4년 동안 국회의원 노릇을 했지만, 사람들은 나를 '의원'이나 '대표'라고 부르지 않고 '김 교수'라고 부른다.

아주 만년에는 서당도 개설해 보았다. 각급 교육기관에서 선생 노릇을 해보았지만, 옛날 교육기관인 서당에서는 가르쳐 보지 못했기 때문이다. 예전에는 서당 선생을 '훈장'이라 불렀다. 훈장 노릇을 해보고 싶었다. 옛 방식을 본떠 모임에 출석하는 이들 중 연대 치대 교수 출신 김종열 박사를 '접장接長'으로 지명했다. 훈장이 출타했을 때 학동들 중 나이가 많고 실력 있는 자가 훈장을 대리해 학생들을 가르치는 역할이다.

이를테면 2017년 9월 28일 '목요서당'이 열렸다(〈도판 5〉 참조). 이날 한시漢詩 두 편을 소개했다. "청명한 가을 날씨다. 이런 날씨는 여러모로 감회가 깊지 않을 수 없다. 세월이 너무 빠르다. 모든 게 후회스러울 수도 있다. 중국 옛 시인도 젊은 날을 경계하고 있다"며 소개한 옛 시 한 수는 우선 도연명(陶淵明, 365~427)의 잡시雜詩였다.

젊은 날은 또다시 오지 않는다
이 하루의 아침이 또 오겠는가
때를 따라 면학에 힘쓸지어다
세월이 우리들을 기다리지 않아

이어 소개한 또 한 수는 이태백(李太白, 701~762)의 〈추포가秋浦歌〉다.

백발이 삼천 장 길고 또 길어	白髮三千丈
근심 때문에 이렇게 길어졌겠지	緣愁似箇長
거울 뒤에 뭐가 있나 알 길 없는데	不知明鏡裏
가을 서린 도대체 어디서 왔나	何處得秋霜

하지만 막상 젊은이들은 이 말을 듣지 않는다. 나이든 사람이나 서글픔을 느낄 뿐이다. 가을의 서글픔을 눈물지은 유명 일화를 소개했다. 일본인 교수 요코야마 유사쿠(橫山有策, 1882~1929)는 가을날에 강의실에 들어왔다가 바깥을 쳐다보곤 아무 말도 없이 눈물을 흘렸다. 눈물을 닦더니만 다시 바깥을 바라보다가 눈물을 흘렸다. 몇 번 그러다가 와서 강의를 못 하겠다며 교실을 떠났다는 것. 이게 소문이 나서 천하 명강의로 사람 입에 오르내렸다.

요코야마는 와세다대 영문과를 졸업했고, 1907년 미국 하버드대로 유학 가서 영국 연극사演劇史, 셰익스피어 등을 연구했다. 1911년 귀국, 중학교 영어교사로 취임했다. 1916년 와세다대에서 '셰익스피어 탄생 300년제'를 개최할 때 참여했고, 나중에 동 대학에서 셰익스피어 강의 담당 교수가 되었다.

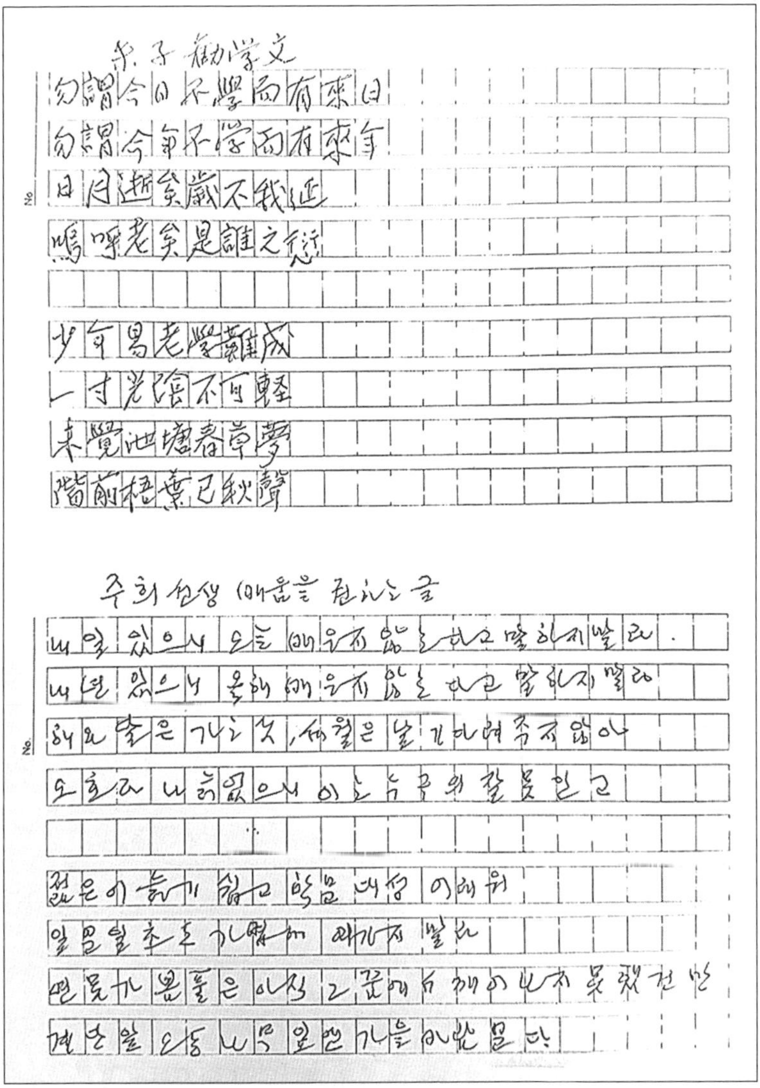

〈도판 5〉 목요서당 강의안: 주자 권勸 학문
2017년 9월 28일 목요일에 시작한 목요서당은 시학詩學이 공부 주제였다.
모임 이름을 '서당'으로 정한 것은 당신이 초등학교 교사부터 위로는 대학교수에 이르기까지 각급 교단에 모두 서 보았지만 다만 전통시대 초학 교육장이던 서당의 훈장 노릇은 못해 보았다며 명목으로나마 한번 꾸며 본 모임이었다.

무얼 가르쳤나

나는 그 오랜 세월 동안에 제자들과 후배들에게 무엇을 가르쳤는가? 그것을 한 번 요약해 보았다.

첫째, 거짓말을 하면 안 된다.
둘째, 남의 말을 하지 말라.
셋째, 굽히지 말고 떳떳하게 살라.
넷째, 남을 괴롭히지 말라.
다섯째, 언제나 약자 편에 서라.
여섯째, 부지런하게 살라.
일곱째, 건강이 제일이다.
여덟째, 돈의 노예가 되지 말라.
아홉째, 최선을 다하면 된다.
열째, 친구 두서넛은 있어야 한다.
열한째, 부모를 공경하고 이웃을 사랑하라.
열두째, 죽음 앞에 태연하라.

이것이 내가 마련한 열두 가지 교훈이다. 나는 매일 스스로를 향해 이렇게 일러 주면서, 제자들에게 이렇게 가르치면서 여기까지 왔다. 이젠 내게 남은 세월이 길지 않음은 알고 있다. 다시 한번, 교단에 섰던 나 자신을 성찰해 본다. 공자 제자 중에 증자曾子라는 이가 남긴 유명한 말이《논어》의 첫 부분에 나온다. 거기에 나 자신을 비추어 보는 것이다.

'전불습호'

나는 날마다 세 가지 일을 가지고 스스로 반성한다.

첫째, 내가 남을 도와서 일하면서 충성스럽지 못한 점은 없었는가?
둘째, 친구와 사귐에 있어 신의를 지키지 못한 점은 없었는가?
셋째, 저도 잘 모르는 것을 남에게 가르친 적은 없는가?

나는 한평생 후생들을 가르친 사람으로서 세 번째 반성거리가 가장 가슴에 와닿는다. "전불습호傳不習乎 — 저도 잘 모르는 것을 후진에게 가르치지 않았나?"

일제 말기에서 해방 직후까지는 초등학교 교사였다. 6·25 전쟁 중에는 중고등학교에서 영어를 가르쳤다. 1955년부터는 대학 전임강사로 출발하여 조교수·부교수·정교수가 되어 40년 가까이 역사를 가르쳤다. 이 나이에도 일주일에 몇 번씩 여기저기 강연을 다닌다. 증자의 세 번째 반성거리는 오늘도 나의 양심을 찌른다.

"뭘 안다고 떠들고 다니느냐?" 나는 이 질책의 목소리를 분명히 들으면서, 오늘도 떠들고 다닌다. 아마 죽는 날까지 이러고 다닐 것이다. 청중들의 감동 어린 표정 그리고 우렁찬 박수 소리. 그 속에서 나는 이날까지 헛살았다고 해도 과언은 아니다.

그래서 아마도 사도 바울은, "너희는 많이 선생이 되지 말라"고 가르쳤을 것이다. 교사나 교수는 물론, 설법하는 스님이나 설교하는 목사님도 반성해야 할 일이다.(5)

죽는 날까지 책을 가까이

여러 해 전에 우리 집으로 두툼한 책 두 권이 배달되었다.《뉴에이스 영한사전》과 《뉴에이스 국어사전》이었다. 혹시 금성출판사에서 선물로 보내 준 것이 아닐까 생각했지만 그렇지는 않은 것 같았다.

그 영한사전을 펼쳐보니 "증 유양선 노량진 수산시장 충남상회 02-813-2943"이라는 고무도장이 찍혀 있었고, "죽는 날까지 책을 가까이 하라"고 적혀 있었다.[1] 보내 준 이가 누군지 분명히 알 수 있었다.

여러 날 뒤에 노량진 수산시장에 갔다. '충남상회'를 찾아가니, 작은 여러 젓갈가게 사이에 있는 그 가게에서 주인 유양선 여사가 환한 얼굴로 웃으며 나를 맞아 주었다. 아마도 10년은 더 된 옛날의 일인 듯하다. 한평생 젓갈집에서 젓갈장사로 잔뼈가 굵어진 이 할머니는 보통 젓갈장사는 아니었다.[2]

일생을 대학교수로 살아온 나를 향해 오늘 아침에도 유양순 여사는 한마디 던진다.

"죽는 날까지 책을 가까이 하라."(6)

---

1 〔편저자 주〕 고향이 남해안 마산인 편저자는 좋은 해물을 구하기 위한 노량진 수산시장 출입이 지금까지 무려 반세기를 헤아린다. 충남상회 젓갈가게도 진작 소문나서 그 코너를 지날 때마다 할머니를 곁눈질하곤 했다. 현재의 수산시장이 새로 지어지기 전에 자리했던 옛 터전의 그 가게는 진작 사라졌다.

2 〔편저자 주〕 흑인 오시올라 매카티(Oseola McCarty, 1908~1999)는 세탁부로 평생 모은 돈 대부분을 서던미시시피대에 장학금으로 기부했다. 그는 나이아가라폭포를 한 번 구경한 것 말고는 미시시피주를 벗어난 적이 없었다. 선행이 알려지자 클린턴 대통령이 메달을 수여했고, 하버드대에서 명예 박사학위를 수여했다(매케인·솔터, 2008)

대중강연 이모저모

난징에서

중국 난징을 다녀왔다. 오늘날 중국의 수도는 베이징이지만, 명나라의 주원장은 난징을 수도로 삼았었다. 1911년 신해혁명에 성공하여 청조를 타도한 쑨원孫文이 1912년 이곳을 임시정부 수도로 삼았던 일이 있다. 그의 웅장한 묘소 중산묘가 난징에 있다.

한국인이란 매우 무서운 국민이어서, 중국 땅 난징에 한국인들을 위해 조그마한 학교를 설립하고 한국에서 초중고 유학생을 받아 영어와 중국어를 중심으로 다른 학과목들도 가르치고 있다. 설립한 지 그리 오래되지는 않았지만, 이미 졸업생 상당수가 현지의 유수한 대학에 진학했다.

나는 이 국제학교(난징실험국제학교) 설립자 겸 교장인 안평모 씨와 친분이 있어 '중산 강좌'에 강사로 초대되곤 했다. 여러 차례 헤미디 그 학교를 방문했다. 이번에는 저명한 대기자인 조갑제 씨와 동행하여, 우리 두 사람이 그 강좌에 참여하였다.(7)

2017년 중국 난징 출장 강연(2017. 9. 21~24)에 나도 동행·참관했다. 김동건 아나운서와 이규도 소프라노가 출연한 낭만 콘서트도 열렸다. 직전에 부설 전자도서관을 '김동길 기념홀'이라 명명하는 행사가 있었다. 기념홀 건립에 맹산이 거액을 기부했다. 천장에 링컨, 쑨원, 그리고 김동길의 어록("젊은이여 그대가 진정 조국을 사랑한다면 정직하라. 그대가 진정 이웃을 사랑한다면 정직하라. 꿈에서도 정직하라!")이 새겨져 있었다.

탈북자 그리고 월남민 앞에서

38선을 넘어 본 경험이 없는 사람, 6·25 전쟁을 말로만 듣고 인민군의 행패를 체험하지 못한 사람은 수많은 탈북자들의 심정을 헤아리기가 어렵다. 나도 탈북자 중 한 사람으로, 물론 목숨을 걸고 38선을 넘은 것이 사실이다. 그러나 근년에 탈북한 이들은 정말 천신만고 끝에 자유 대한의 품에 안겼다고 해도 지나친 말은 아닐 것이다.

솔직히 말하자면, 그들은 죽지 못해 살아남은 의지意志의 남녀라고 불러야 옳을 것이다. 주로 압록강을 건너 중국 땅에서 혹은 태국 땅에서 온갖 고생을 다하다가 김정일의 독재를 겨우 벗어났다가도 중국 공안당국에 붙잡혀 평양으로 송화되어 죽임을 당한 불행한 동포들도 부지기수다. 이런 상황에서 이북 5도청 강당에 모인 탈북자들은 운이 좋아서 자유의 땅에서 살고 있다고 하겠다. 그런 용사들 700명을 모아 놓고 내가 '자유'에 대해 1시간 10분 동안 강연했다.

이분들이 따지고 보면 평화통일의 선구자들이다. 이런 용감한 동포들이 목숨을 걸고 북을 탈출하여 서울까지 오는 수가 10만 명, 100만 명으로 자꾸만 늘어난다면 국토는 저절로 통일이 될 것이다. 준비가 없어서 그들을 반길 수 없다고는 말하지 말라. 그들이 쏟아져 들어오면, 국민이 나서서 그들을 돌보게 될 것이다. 대통령은 황장엽 선생을 청와대에 모

시고 그분의 말을 듣고 나서 대북정책을 세워야 할 것이다.(8)

2010년 5월 18일, 이북5도청 강당에서는 평양서문고녀(평양고녀) 졸업생들의 총회가 있었다. 나는 한 시간쯤 강연해 달라는 부탁을 받고, 늦은 봄의 빗방울이 하염없이 떨어지는 구기동을 향해 차를 몰고 갔다. 비록 내 나이 여든이 넘었지만 두근거리는 가슴을 어루만지며.

왜? 평고보(평고중)에 다니던 사춘기의 우리에게 서문고녀 교사와 거기 다니는 아름답고 총명한 딸들은 꿈의 동산의 천사들처럼 보였기 때문이다. 그런 순진했던 세월이 다 가고 이제 팔순 노인이 되어, 70년 가까운 옛날, 꿈속에 그리던 그 '여인들'을 만나러 가는 감동이 적지 않았다.

'만고풍상萬古風霜 비바람'에 시달리면서도 당당하게 늙은 할머니들, 곱게 늙은 나의 누님의 동기동창도 거기서 여러 분 만났다. 누님은 가시고 벌써 20년이나 되었는데!(9)

광주 강연

민주화의 열기가 광주에서 가장 뜨거웠던 사실을 누가 부인할 것인가. 광주시내 가톨릭회관 강당에서는 삼복더위에도 민주화를 위한 강연회가 열려 연사로 나가면, 청중들은 3시간, 4시간 동안 꼼짝하지 않고 그 자리에 앉아서 듣는다. 그 눈동자들을 보지 않고는 한국의 민주화를 이야기하지 말라는 말을 여러 번 다른 데서도 할 만큼 정말 열렬한 분위기였다.

그러나 김대중 씨가 대통령이 된 후로는 호남에 강연 초청을 받는 일도 없고, 또 사실상 가고 싶은 맘도 없다. 타도 사람들이 모여 마음 놓고 떠들다가도 전라도 사람 하나 나타나면 말을 뚝 그친다는 소문이 파다하다. 이런 위화감이 김대중 씨로 비롯된 것 아닐까.

소망교회 교인 앞에서

엊그제 2009년 2월 17일 저녁 '나라사랑 구국기도회'가 서울 강남구 신사동 소망교회 선교관에서 있었다. 내가 강사로 초청이 되어 "나라가 사는 길"이라는 주제로 1시간 반쯤 열변을 토했다.

강연장은 발 들여놓을 자리가 없을 만큼 많은 청중이 운집하여, 흔히 말하는 대성황을 이루었다. 물론 모인 사람들이 다 소망교회 교인은 아니겠지만, 정말 엄청난 숫자의 교인들이 밀려왔다. 그들은 강연을 듣는 자세도 진지하고 엄숙하여 강사의 마음이 흐뭇했다.(10)

청평의 강남기도원

청평에 있는 강남기도원에 다녀왔다. 기도원 인근의 논밭이 자가용 승용차로 뒤덮인 것을 보고 사람이 어지간히 많이 모였다고 느꼈다. 아니나 다를까, 기도원 당국의 발표에 따르면, 등록한 사람만도 4,800명이나 된다고 했다. '입추의 여지가 없다'는 표현이 꼭 어울리는 상황이었다.

그 큰 '성전'의 강당 위에까지 기도하러 온 사람들이 꽉 차 있어, 설교

할 사람이 올라가 제자리에 앉기가 힘들 정도였다. 초교파적으로 운영되는 기도원이라 본디 찾는 사람들이 많은 건 사실이다. 하지만, 전국적으로 그 많은 기도원에 모여서 정월 초하루를 맞이하는 한국인의 수는 아마도 상상을 초월할 것이다.

설교를 위해 단상에 올라 청중을 바라보니 가히 '사람의 바다'라 할 만큼 많은 사람들이 빛나는 눈동자로 설교자를 쳐다보고 있었다. 그 엄숙하고 벅찬 감정을 억제하기가 어려울 정도였다.

옛날에는 교회에 가면 나이 많은 할머니 할아버지뿐이었는데, 그 자리를 메운 그 많은 신도들의 절대다수가 발랄하고 아름다운 젊은이들이었다. 기도로 새해를 맞이하는 젊은 사람들이 이렇게 많다는 사실에 감동했다. 뿐만 아니라 그들의 밝고 맑은 눈동자에서 조국의 희망을 엿볼 수 있었다.(11)

기도원 강론 하나: 한국이란 참 희한한 나라

조국의 역사 5천 년을 돌이켜 보면, 마땅히 망해 지도에서 지워졌어야 할 나라이지만, 그 위기를 뚫고 살아났다. 망할 뻔한 일이 이 역사에 한두 번이었나. 임진왜란으로 조선은 일본에 완전히 정복될 뻔했다. 아마 이순신이 등장하지 않았더라면 조선은 일본의 일부가 되었을 것이다. 일본이 20세기 초에 다시 침략하여 우리를 삼키려 했지만, 그때는 너무 늦어 삼키지 못했고, 40년 뒤에 우리는 주권을 되찾았다.

6·25 전쟁 때 스탈린과 마오쩌둥의 사주를 받고 남침한 김일성의 인

민군을 물리치며, 오늘의 대한민국을 이만큼 만들어 냈다. 이것이 기적이 아니고 무엇이겠는가. 오늘날 김정일 앞에서 우왕좌왕하며 날이 갈수록 줏대 없는 모습을 보이는 이명박 대통령을 보면, 정말 우리들의 분통이 터지고, 금세 이리떼 같은 김정일 일당의 밥이 되고 말 것 같다. 그럼에도 오늘날 이렇게 잘사는 대한민국은 참으로 희한한 나라, 기적의 나라가 아닐 수 없다.

혹시 청평의 금식기도원에 모여 기도하고 찬송을 부르는, 저 잘생긴 젊은 남녀들의 간절한 기도와 뜨거운 찬송에 하늘의 하나님이 감동하시어 우리를 살려 주시는 게 아닐까. 이런 어리석은 생각을, 단군 이래 가장 풍요로운 대한민국의 추석 연휴를 보내며 하게 된다. 대한민국은 무슨 일이 있어도 앞으로 망할 일은 없을 것이다.(12)

산청군에 갔더니

노무현 씨가 살아 대통령이던 어느 해, 경상남도 산청군의 초청을 받아 강연을 간 적이 있었다. 군청 강당에 청중이 꽉 찬 것을 보고 나는 말문을 이렇게 열었다.

"여러분, 오늘 참 많이 모이셨는데, 이 중에 간첩이 한두 놈은 있을 겁니다."

청중이 모두 웃었다. 그러나 강연이 끝나고 산청경찰서장이 일부러 나에게 찾아와 귓속말로 일러 주었다.

"교수님, 강연 시작하면서, 청중 가운데 간첩이 한두 놈은 있을 것이라고 하셨는데 맞는 말씀입니다. 간첩이 있어도 위에서 잡지 못하게 합니다."

그러다 오늘의 대한민국이 이 꼴이 되었다. '간첩들의 천국'이 되었다. 국정원은 뭘 하고 있는가. 이 모든 혼란의 주범인 간첩을 먼저 잡아야 할 것 아닌가.(13)

미국에서, 재향군인들에게

미국 땅에도 우리 재향군인들의 모임이 있다. 거기에 초청을 받아서 강연한 적이 있다. 나는 동작동에 자리한 국립묘지에 가서 전사자들의 묘역 앞에 서면, 저절로 고개가 숙여지고 마음속으로 이렇게 중얼거리게 된다.

"덕분에 대한민국은 오늘 이렇게 살아 있습니다."

만일 6·25 때 이 용사들이 목숨을 바쳐 싸우지 않았다면 어떻게 되었을까? 우리는 모두 김일성과 김정일 노예가 되어 헐벗고 굶주리며, 까닭 없이 매를 맞는 오늘날의 북한 동포들과 다름없는 한심한 신세가 됐을 것이다.

이 좋은 나라 미국에 이민 온다는 건 꿈도 꿀 수 없었을 것이다.(14)

지중해에 배를 띄우고

"무슨 팔자이기에 지중해에 배를 띄웠는가"라고 할 사람들도 있겠다. LA에 있는 '라디오코리아Radio Korea'가 또 한 번 지중해 크루즈에 동행해 달라고 부탁했는데 거절하기가 어려웠다. 매일 10분씩 '라디오코리아'에서 〈안녕하십니까, 김동길입니다〉를 1994년 3월 7일부터 2014년 3월 7일까지 만 20년 동안 1주 5일, 월요일에서 금요일까지, 매일, 하루도 쉬지 않고 5,000번쯤 방송했다.

그사이 무리로 다리가 좀 불편하여 지팡이를 짚고 다녀야 하는 신세가 되었지만, 그래도 동참하기로 하고 서울을 떠났다.

LA에 도착해 시국 강연회를 한 번 하고, 비행기로 뉴욕을 거쳐 스페인의 바르셀로나에서 큰 유람선을 탔다. 2002년에 건조된 이 유람선 '콘스털레이션호'는 9만 톤이 넘는 큰 배로, 승객이 2,680명, 종업원이 1,000명이라고 들었다.

나의 책임은 이들에게 강연하는 것. 어쩌면 이것이 김 교수와 함께 떠나는 마지막 크루즈가 될지도 모른다는 생각에 30명 정원이면 족한데 한국인이 80명이 넘었다 한다.(15)

제14장
외부 노년 강연의 고달픔

강연하기 위해 태어난 사람

어제는 정말 고달픈 하루였다. 점심 뒤에는 경기도 청평에 있는 강남기도원에 설교하러 갔다. 한 달에 한 번씩은 꼭 가는데, 벌써 20년 가까이 되었다. 요새는 기도원에 할아버지 할머니들이 오시 않고, 새파랗게 젊고 잘생긴 남녀들이 많이 모인다. 강단에 서서 그들을 바라보면 한국이 그동안 많이 변했음을 깨닫는다.(1)

강연하기 위해 태어난 사람인가. 10월과 11월에는 무슨 팔자인지 여행이 잦아 고생이 많다. 인천공항에서 아시아나를 타고 독일의 프랑크푸르트까지 가서 루프트한자로 갈아타고 로마까지 갔다. 비행시간만도 14시간쯤 되는데, 프랑크푸르트공항에서 기다린 시간이 4~5시간이나 되었으니, 그게 어디 여든 넘은 노인이 할 짓인가.

나는 오늘 로마를 향해 떠나야 한다. 그곳에 모이는 70여 명 한국인들의 호스트가 되어 크루즈를 2주일 가까이 해야 한다. 지중해를 돌며 성지순례도 할 예정이다. 이런 크루즈를 여러 번 경험했다. 항해 중 강연은 다섯 번이나 해야 한다. 후배들의 부탁을 거절할 수 없어, 80세 노인이 이 여행에 동참하게 되었다.(2)

죽기 전에 뛰자는 오기인가

로마에 속한 항구는 차로 한 시간 반이나 가야 하는 치비타베키아Civitavecchia다. 거기서 큰 배를 타고 10여 일 동안 지중해를 돌며 강의를 다섯 번 했다.

돌아와서 불과 5일 뒤에 시카고 교민들을 위한 강연회 때문에 다시 인천공항을 찾아가 12시간 비행기를 탔다. 목적지에 가서도 매일 강연 또 강연 … .

나는 강연하기 위해 태어난 사람 같다. 내일은 또다시 중국 난징에 있는 실험학교로 김동건 아나운서와 함께 강연을 떠난다. 디스크 수술 뒤에 팔다리도 저리고 지팡이를 의지하여 걸어 다니는 주제에 왜 이러는지 나도 모르겠다.

죽기 전에 뛸 수 있는 만큼 뛰자는 일종의 오기인가. 뛰다가 쓰러지면 그만하겠다는 배짱인가.(3)

강연 트집을 듣자니

이명박 대통령, 요새 젊은이들이 왜 이렇게 버릇이 없나요. 이놈들 집안에는 노인이 없는가. 몇 마디 귀에 거슬리는 말을 했다고 나를 "망령 난 노인"이라며 욕설을 퍼부으니 동방예의지국의 꼴이 이게 뭡니까.

나도 오랜 세월 동안 학교에서 학생들을 가르쳤지만, 내 제자 중에는 이런 못된 놈들이 없다. 나를 "망령 난 노인"이라고? 어안이 벙벙할 따름이다. 내가 바지에 똥을 쌌는가. 이제 '겨우' 여든둘에 망령이 났다면 이거 큰일 아닌가.

전국 방방곡곡뿐만 아니라, 심지어 미국과 캐나다에서도 강연 초청을 받아 쉬는 날 없이 뛰는 이 노인을, 하필이면 "망령 났다"고 비난하는가.

이 버릇없는 젊은 놈들에게 한번 물어봐 달라.

"김 교수는 시 300수를 지금도 암송하고,[1] 아직 한 자도 틀리는 법이 없다는데, 그래도 노망이냐?"(4)

---

1 〔편저자 주〕 시 암송에 전혀 진척을 보지 못한 편저자가 보기로 시 300수 암송은 예사 열의로 이룰 일이 아님을 통감했다. 일전에 맹산의 '전속 부관'이던 홍의빈 처장을 모처럼 만났다. 워즈워스의 〈무지개〉를 외웠다며 영어로 암송해 주었다. 이 시도, 이 노력의 좋은 출발에 대해 비속한 속담을 피해 말한다면 김동길 서당이 역시 예사 서당이 아니었음을 말해 주는 일화라 하겠다.

시 3백 수 암송

내가 나이 여든여덟에 TV 프로그램 〈낭만논객〉에 출연하여, 한시漢詩, 영시英詩, 시조時調를 아무것도 보지 않고, 연습도 없이 그 자리에서 한 자도 틀리지 않고 읊조린다.(5)

수술 마취에서 깨어났다. 정신이 올바로 들었는가? 스스로 테스트하려고 시를 암송해 보았다.

암송에 성공했다. 해서 내 정신이 회복되었음을 확인했다. 2010년 일이었다.(6)

정신 깨어남의 시금석

5시간의 긴 수술(허리 디스크 수술)을 마치고, 다시 살아나 이 글을 쓴다. 마취되어 수술실에 누워 있던 5시간 동안 내가 누구인지, 무엇을 하고 있는지 왜 그러고 있는지조차 몰랐다. 마취에서 깨어났을 때에야 비로소 그토록 긴 시간이 지났다는 것을 알게 되었다.

이번 경험을 통해 나는 인생에 대한 많은 진리를 깨달았다. 만약 내가 그 마취에서 깨어나지 못했다면, 이미 저세상 사람이 되었을 것이다. 삶과 죽음의 거리가 멀지 않다는 사실을 예전엔 전혀 몰랐다는 말이 아니다. 그렇다는 사실을 이번에 더욱 절실하게 느꼈다는 말이다.

돈 있는 사람들이여, 돈 자랑 마세요. 마취에서 깨어나지 못하면 아무

소용도 없는 것이 돈이다 … . 권력 가진 사람들, 너무 자만하지 마세요. 대통령, 국무총리, 장관들, 대법관들, 너무 잘난 척 마세요. 죽음 앞에 힘센 사람이 누구입니까. 옛날 많이 부르던 찬송가 〈허사가〉의 1절에 "세상만사 살피니 참 헛되구나/ 부귀공명 장수는 무엇 하리오/ 고대광실 높은 집 문전옥답도/ 우리 한 번 죽으면 일장의 춘몽春夢"이라는 구절이 있는데 틀린 말은 아니지 않는가.

김정일이라는 자에게도 한마디 하고 싶은 심정이다. 제발 그러지 마라. 왜 백성은 헐벗고 굶주리게 해 놓고 권력 유지에만 급급한가. 살면 얼마나 더 살겠는가. 아버지 김일성이 죽는 걸 못 보았는가? 셰익스피어의 한탄처럼 "이렇게 왔다 이렇게 가는 것을Thus I come and thus I go." 그 말이 맞는 말 아닌가.

그런 한심한 김정일을 알게 모르게 남한에서 돕고 편드는 이 정신 나간 인간들, 내 말 듣고 정신 좀 차려요. 대한민국이나 좀 잘되도록 돕지, 왜 주제넘게 구는 거요. 그걸 진보라고 그런 얼빠진 생각하지 말고 이명박 하는 일을 좀 열심히 도와줘요. 대한민국이 잘돼야 북에 사는 우리 동포들도 밥술이나 먹게 될 것 아닌가.

사선死線을 넘고 살아 돌아와 노인이 한마디 하는 것이니, 제발 귀담아 듣도록.

시 암송은 사람 사이 정표로

2016년 4월 9일. 김병기 화백의 백수연白壽宴이 내 강의실이 있는 태평양 회관에서 열리는 날이다. 평양 서문고녀 출신 사모님은 몇 년 전 세상을 떠났지만, 성공한 아들딸이 있어 보기 드문 다복한 화가라 할 수 있다(〈도판 6〉 참조).

이 어른의 100세 생일잔치를 왜 자청해서 내가 하게 되었는가? 그 동기는 간단하다. 작년에 김병기 화백을 초대하여 내가 사는 집에서 점심을 대접하면서 처음 뵙게 되었다. 이 어른은 오랜 세월 동안 해외에서 작품 활동을 해 오셔서 그동안 뵐 기회가 없었다.

모시는 글

우리들이 존경하여 마지않는 김병기화백께서
오는 4월 10일 백(100)회 생신을 맞이하게 되었습니다.
그 일이 하도 감격스러워 다음과 같이
축하하는 자리를 마련하오니
부디 오셔서 기쁨을 함께 하시기 바랍니다.

때 : 2016년 4월 9일(토) 낮 12시
곳 : 서울 서대문구 성산로 559번지 (대신동 진솔빌딩) 2층
태평양회관(봉원동 로터리에서 바로)
메뉴 : 냉면·빈대떡

2016년 3월
맹산사람 김 동 길

〈도판 6〉 김병기 백수(2016. 4. 10) 잔치 초대장. 초대인이 적은 당신 아호가 '맹산사람'이다.

처음 김 화백을 만나 그의 관상을 보고 우선 감탄했다. 사람은 얼굴만 보면 그 인품을 어느 정도 알 수 있다. 정치인 조병옥의 관상을 보고 놀라는 사람들이 많았다. 왜? 보통 사람의 얼굴이 그렇게 생길 수 없기 때문이다. 나는 다른 능력은 타고난 것이 없지만 사람 보는 능력은 타고났다고 자부한다. 정치인 조병옥 관상은 '위맹지상威猛之相'이라 요약할 수 있다.

그런데 화가 김병기의 얼굴에는 '맑은 바람'(淸風)이 산들산들 불고 있었다. 그의 얼굴에 넘치는 힘은 피카소를 연상케 했다. 그래서 그 자리에서 내가 말씀드렸다. "선생님의 백수연은 제가 마련하겠습니다." 그날이 오늘이다.

정중하고 금테 두른 초청장을 50장 마련했다. 그중 40장은 김 화백의 전시회를 주최한 가나화랑에 주고, 나는 겨우 10명의 친구만 청했다. 또 나는 미국 시인 킬머(Joyce Kilmer, 1886~1918)의 〈나무Trees〉 시 한 수를 '백세청풍'의 주인공을 위해 우리말로 옮겼다.(7)

나무 한 그루처럼 사랑스러운
시 한 수를 대할 수는 없으리로다

달콤한 젖 흐르는 대지의 품에
굶주린 듯 젖꼭지를 물고 있는 나무

하늘을 우러러 두 팔을 들고
온종일 기도하는 나무 한 그루

여름이면 풍성한 그 품 찾아와
로빈새 둥지 트는 나무 한 그루

겨울이면 그 가슴에 눈이 쌓이고
비가 오면 비를 맞는 다정한 나무

나 같은 바보는 시를 쓰지만[2]
하나님 한 분만이 저 나무 한 그루를

그리고 나는 이 시를 어떤 때 많이 외는가 하면, 교회 설교를 하러 갈 때다. 설교에 앞서 성가대가 찬송가를 너무 잘 부를 때가 있는데, 그럴 때면 내가 나서서 이렇게 말하곤 한다.

"이렇게 훌륭한 찬양을 들으면, 설교하고 싶은 마음이 없어집니다."

그러면 다 웃는다.

후학 격려 차원에서

올해(2015년) 겨울 중 가장 추운 날이었다. 나는 맹산이라는 평안도 산골에 태어나 겨울이면 영하 20도가 여러 날 계속되는 대동강 변에서 자랐기 때문에 추위에는 겁이 없다.

어제 저녁에도 내의를 안 입고, 외투도 걸치지 않은 채 김혜선 교수가

---

2 〔편저자 주〕 시인의 자괴감은 1984년 체코인으로서는 처음 노벨 문학상을 받은 야로슬라프 사이페르트(Jaroslav Seifert, 1901~1986)도 똑같이 토로한 바였다. "수많은 사람이 써온 시구에 나도 몇 줄 보탰지만 귀뚜라미 소리보다 못한 것이었음을 난 잘 알고 있네. 날 용서해 주게. 나의 삶도 끝나고 있네. 나는 사랑했다네. 시를 쓰는 언어를 … . 그러나 변명을 아니 하겠네. 아름다운 시어를 찾고 캐내어 다듬는 것이 살생보다 한없이 낫다고 믿기 때문이라네."

운전하는 차를 타고 이인호 교수와 함께 평창동에 높이 자리 잡은 김형국 서울대 교수 댁을 찾았다. 어제 저녁은 정말 추웠다.

초대된 손님으로는 우리 세 사람 외에 강신옥 변호사와 젊은 하프시코드 교수가 한 명 더 있었을 뿐, 매우 조촐한 모임이었다. 무슨 요리를 하는가는 오래전부터 예고된 바 있었다. 마산이 고향인 이 댁 안주인의 자랑은 '대구大口 요리'라고 들었다.

그런데 '대구 요리'라고 하면 '대구탕' 하나밖에 모르던 나는 정말 깜짝 놀랐다. 대구를 가지고 만드는 요리가 10가지가 넘는 것 같았다. '대구알', '대구껍질'도 다 훌륭한 요리 재료라는 것을 처음 알았다.

김 교수 부인은 '암'이라는 무서운 병과 싸워 이기고 나서, 20여 년 전 공기가 맑기로 소문난 이 높은 곳에 집을 짓고, 마치 '속세에 물든' 스님같이 생활해 왔다고 한다. 머리에 염색을 하지 않아 완전한 은발인 이 집 여주인의 모습은 고귀한 유럽의 백작부인을 연상케 하였다.

"왜 이 깊은 산중에 사시나요?"란 질문은 하지 않았다. 다만 이백李白의 〈산중문답山中問答〉이라는 시 한 수를 속으로 읊조렸다.

"어찌 이 깊은 산중에 사시나요?" 내게 물으니	問余何事棲碧山
나 대답 않고 빙그레 웃어 내 마음은 한가해	笑而不答心自閑
복사꽃잎 떨어져 물 위에 흘러간 곳이 묘연한데	桃花流水杳然去
여기가 별천지라, 인간 세상 아니라네	別有天地非人間

밤 10시 무렵 그 집을 떠났다. 그 집 앞에서 찬바람을 맞으며 차에 오를 때 김 교수 내외 앞날에 더욱 큰 성취와 행복이 있기를 기원했다.(8)

〈산중문답〉을 읽으며 나는 이런 생각을 했다. 모든 질문에 굳이 다 대답할 필요는 없다. 대답하지 않으면 교만하다 여기는 이도 있겠지만, "빙그레 웃고 대답은 않으니 내 마음 스스로 한가하다"라는 시성詩聖의 한마디는 역시 명언이다. 세상에는 설명할 수 없는 일을 억지로 설명하다가 불행을 자초한 사람이 의외로 많다. '식자우환識字憂患'이란 말도 그 때문에 생긴 것 아닐까. '소이부답笑而不答'이야말로 행복의 비결일지 모른다.(9)

당신 정체성 제고를 위하여

당신 만년에 특히 좋아해서 디스크 수술 후유증으로 오른손의 힘이 떨어진 형편에도 시키시[3]에 즐겨 적었던 한시가 있었다. 조조曹操의 〈걸어서 하문을 나서며步出夏門行〉다(〈도판 7〉 참조).

조조는 《삼국지연의》에 등장해 동북아의 독서 인구들에게 유명해진 위무제(魏武帝, 155~220)를 말한다. 권모술수와 임기응변과 적재적소에 인재를 쓸 줄 아는 인용술에 능한 인물로 알려졌다. 대단한 시재詩才였다.

3 〔편저자 주〕 시키시敷紙는 그림을 그릴 수 있도록 만들어진 두꺼운 사각형 종이로, 따로 배접할 필요 없이 원판 그대로 표구할 수 있다.

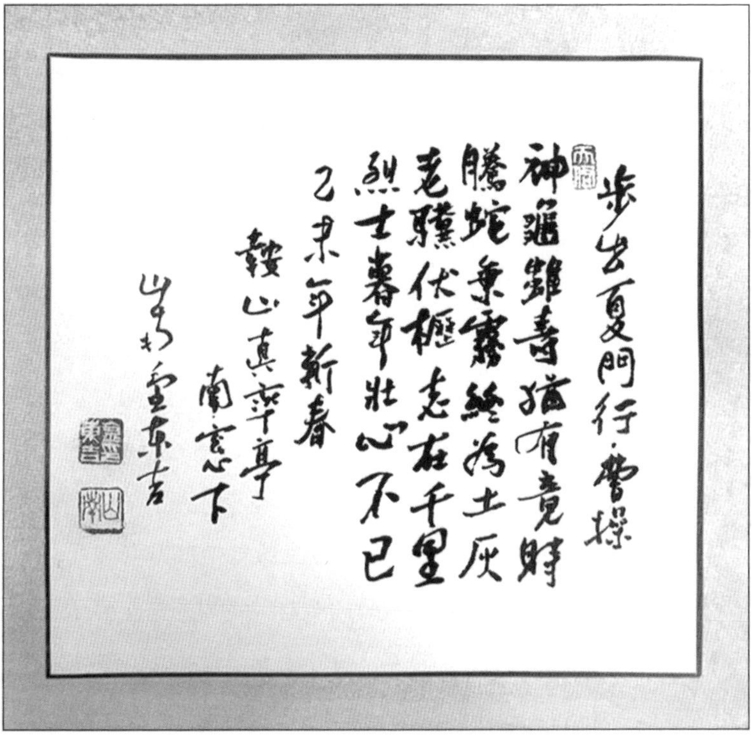

〈도판 7〉 김동길, 〈步出夏門行〉(걸어서 하문을 나서며), 종이에 먹, 2015. 《삼국지연의》 독자가 많은 한국에선 그를 재승박덕才勝薄德(재주는 있으나 덕이 없음)이라 사안시하는 편이다. "조조의 살이 조조를 쏜다." 이 속담에서도 지나치게 재주를 피우면 결국 그 재주로 말미암아 자멸함을 비유하는 식이다.

신령한 거북이 비록 오래 산다 해도 神龜雖壽 猶有竟時
끝나는 때가 반드시 오는 법이고
안개 타고 하늘에 오르는 용이라 해도 騰蛇乘霧 終爲土灰
언젠가는 떨어져 흙먼지가 된다
늙은 준마 마구간에 엎드려 있어도 老驥伏櫪 志在千里
뜻만은 천리 길을 달리고 있고
열사는 비록 늙은 몸이 되었다 해도 烈士暮年 壯心不已
뜨거운 사내 마음은 그대로 탄다[4]

이 시에서 긍재가 특별히 좋아하는 시구는 "뜻만은 천리 길을 달리고 있고 志在千里"이다. 2016년 3월 김병기 화백의 "백세청풍" 개인전(가나화랑)에 참석해 이 시를 암송하며 100세 화백의 개인전을 축하했다. 연세가 백세로 깊어졌지만, 그 뜻은 더욱 충천한다는 뜻으로 치사했다.(10)

긍재 문하로 가까이 출입하는 이들 가운데는, 존경의 마음을 이기지 못해 당신 필적을 갖고 싶어 하는 경우가 많았다. 이에 호응해서, 적어도 지금까지는 필적이라 하면 한자로 시구를 적는 것이 관행임을 유념해서, 긍재가 가장 즐겨 적는 글이 바로 조조의 시구가 아닌가 싶다. 당신은 자랑할 만한 필세가 못 된다고 말했지만, 서예의 아름다움에도 유념했던 시서화 삼절三絶 지망생답게 흔쾌히 붓을 들곤 했다.

4 〔편저자 주〕 시는 이어진다. "차고 줄어드는 시기야 하늘에 있을 뿐만 아니라盈縮之期 不但在天 / 기뻐하는 마음을 기르는 복이 있으면 가히 장수를 얻을 수 있다養怡之福 可得永年/ 행운이 이르는 곳 어디인가? 노래로써 마음을 읊어본다幸甚至哉 歌以詠志."

사표를 찾으라

사람은 착한 것을 보고 배우고 따르려는 본능이 있다. "착함 받듦"을 뜻하는 중선봉행衆善奉行은 불가佛家만의 가르침이 아니다.

김동길이 인물론을 즐겨 적은 이유도 위인의 활약상을 집중적으로 조명하는 역사 적기 방식에 그치지 않았다. 스스로 그런 출중한 선인들의 행적을 귀감으로 삼고 따라 배우려는 의욕수의 일단이고 발현이었다.

스승을 찾던 길이기도 했다. 학교 등지에서 직접 만났던 스승도 있었고, 책에서 만난 스승도 있었다. 귀담아 들었던 이야기를 통해 만난 스승도 있었다.

직접 감화를 입은 스승은 연희동산의 백낙준 박사로 '하늘 같은 스승'이었다. 이화여대 김활란 총장은 영향을 많이 받았던 '마음속 스승'이었다. 젊은 학창시절에 그가 가야 할 길을 보여 주신 함석헌은 '길잡이 큰 스승'이었다.

연장으로, 스승을 갈망하는 선량한 이들에게 당부했다. 학교 울타리 안이기 쉬운 스승을 넘어 널리 사표師表 찾기를 권했다. "학식과 덕행이 높아, 세상 사람의 모범이 될 만한 사표를 찾으라"는 말이었다.

나는 월남 이상재나 도산 안창호를 스승으로 모시라고 권한다. 더 나아가 그럴 뜻이 있는 분들에게 "당신 스스로가 이상재가 되고, 안창호가 되시오. 스승을 찾지 말고 스승이 되시오"라고 부탁하고 싶다.(11)

당신 사표 이상재

맹산이 특히 꼭 닮고 싶어 했던 인물이 있었다. 바로 한말의 월남 이상재였다. 글을 통해, 그리고 그를 만났던 이들이 남긴 말을 귀담아듣고 큰 감동을 받았던 맹산은, 대소 강단講壇에서 링컨에 못지않게 많이 인용했다. 그가 특히 받들었던 바는 월남의 성품이었다. '자연스러움', '태연함', 또는 '의연함' 같은 낱말이 두루 대변하는, 그런 향기 나는 스타일이었다.

의연함이란 사전적으로 "의지가 굳세어서 끄떡없다", 혹은 "태도가 엄하고 굳센 모습"이라 정의되어 있다. 다시 풀어 말하자면, 위급 시에 본분을 지킴이고, 비상시에도 도리를 받듦이라 하겠다.

역사 속 사례로 남아 오늘날에도 어제 일처럼 되새김질하는 전자의 의연함은 적탄을 맞았던 이순신이 절명의 순간에도 "나의 죽음을 알리지 말라!" 했음이다. 후자의 의연함은 역시 임란 때 선조를 퇴위시키려는 명나라 칙사에게 서애 류성룡이 "싸움 도중에 장수는 바꾸는 법이 아니고, 무엇보다 신하 된 도리로 임금의 지위를 논할 수 없다"고 맞받았음이다.

어린이 문고《이상재》(웅진위인전기, 계몽사, 1987)에 월남이 풍자와 경구로 부당한 현실에 저항한 재담가였음을 보여 주는 이야기들이 나온다.(12) 풍자와 기지가 넘쳐 차원 높은 해학으로[5] 살벌한 사회 분위기를 순화시켰고, 일제의 침략과 불의를 날카로운 풍자와 경구警句로써 제어했다.

---

5 〔편저자 주〕 "유머스런 응답은 늘 심오한 의미를 간직한다." 키르케고르의 말이다.

기지가 더해진 의연함

이상재는 조선왕조가 일본에 파견한 신사유람단(1881)을 따라갔다. 일제가 총과 칼을 보여 주며 힘자랑을 하자 "칼로 일어서면 칼로 망한다"는 〈마태복음〉 한 구절(26: 52)을 인용했다. 을사오적들에겐 "대감들, 일본에 가시지요. 당신들은 나라 망하게 하는 데 재주가 있으니 말이오"라고 비꼬았다.

이상재는 3·1 운동 이후 1922년 한규설과 더불어 조선교육협회를 조직했다. 장차 독립을 위해서는 우리 민족에게 교육을 보급하고 많은 인재를 양성해야 할 필요성을 느꼈고, 이 교육 문제를 우리 손으로 해결하려는 의도였다. 이게 민립대학 설립운동으로 발전하자 일제는 경성제국대학을 세워 이 운동을 와해시키려 했다.

월남은 서울대 원조遠祖

1924년 5월 10일 드디어 경성제대 예과 개교식이 열렸다. 식에 초대를 받은 이상재는 개교식에 참석하기로 마음먹고 자신이 총재이던 중앙기독청년회 회원들에게 개교식 참석을 권유했다. 총독부가 설립한 대학 개교식에 왜 참석하느냐 회원들이 항의했다. 이에 이상재는 "경성제대는 우리 민립대학 구상이 출범시킨 대학이므로 우리 민립대학의 후신임을 모르느냐? 후일 우리 대학이 될 것이다"라고 갈파하고 예과 개교식에 참석하는 큰 도량을 보여 주었다.

과연 20년 후 일제 패망으로 우리가 독립하고 경성제대가 서울대가 될 것을 예견하였으니, 그 선견지명이라니.(13)

"물을 마실 때 우물을 만든 내력을 생각한다"는 '음수사원飮水思源'이란 말귀가 있다. 말대로 서울대 설립으로 이어진 이런 원경遠景을 만나니 비록 한 작은 개인사에 불과하지만 편저자가 진학한 서울대가 새삼 고마울 뿐이다.

입학에 동창 연고나 출신이 적잖이 작용하는 영미 명문과는 달리, 서울대 합격은 한미한 변방 출신도 오로지 머리 하나로 왕조시대의 '소년등과'[6]에 버금가는 아우라가 느껴졌다. 이를테면 편저자 개인 체험인지는 몰라도 'S대생'이라 말하면 그 자리에서 세상 대접이 달라졌고, 그 학업 덕분에 사회계층과 신분 상승도 이룰 수 있었다.

내 선친은 사교邪教로 농토를 잃어버린 집안에서 태어나, 서당 3개월이 당신 학력의 전부였고, 남해안에 개항장이 만들어졌을 때 부두노동으로 처음 생업을 시작했다. 선친은 블루칼라, 거기서 나는 화이트칼라로 일어섰다. 내 소생은 IT 기업을 꾸리고 있으니 이름하여 골든칼라 종사자인 것.

---

6 〔편저자 주〕 소년등과少年登科는 왕조시대에 거의 소년 나이에 알성급제한 뒤 예감되는 높은 출세를 말한다. 단 일찍 출세하면 부덕不德하기 쉬워 "좋게 죽지 못한다"는 '부득호사不得好死' 말도 따랐다.

거인의 면모

이승만의 멘토 서재필이 월남의 부음을 듣고 〈조선일보〉에 기고했다. "그는 거인이었고, 그의 비범한 탁론과 강직한 기백에 나는 감복하지 않을 수 없었다" 했다. 〈동아일보〉 사장을 지낸 송진우는 "세상을 풍자하는 해학은 동방삭東方朔을 앞섰고, 슬플 때는 굴원屈原을 생각하게 한다"며, "선생은 나라를 근심하고 일신은 근심하지 않아 머리는 희고 마음은 붉었다" 했다. 윤치호는 "인간이 어떻게 살아야 한다는 것을 몸소 보인 분"이라고 평했다.

"교육자 겸 정치인" 김동길은 그의 "솔직함과 가식이 없음"을 높이 샀다. "월남 이상재가 한 시대에 우뚝 선 거물인 까닭은 범사에 솔직하고 가식이 없고, 언제나 있는 그대로를 자연스럽게 보여 주신 어른이기 때문"이라고 평했다.(14)

그만큼 뭔가 생각하게 하는 일화를 많이 남겼다. 그 몇을 챙겨 보면,

칼을 쓰는 자는

한국 명사들로 조직된 일본 시찰단이 동양에서 제일 크다는 도쿄의 병기창兵器廠을 보게 되었다. 그날 저녁 도쿄 시장이 베푸는 환영 만찬 자리에서 시찰단 소속들에게 일일이 감상을 묻는 순서가 있었다. 자기 차례에 월남이 한마디 했다.

"오늘 동양에서 제일 큰 도쿄의 병기창을 보니 과연 일본이 동양의 최강국임을 알게 됐소. 다만 한 가지 걱정은, 성경 말씀에 '칼을 쓰는 자는 칼로 망한다'는 구절이 있어 그것이 걱정스러울 따름이오."

적이 주는 작위를 받다니

정치가이자 학자였던 김윤식은 한일병합 때 일제로부터 '자작' 작위를 받았고, 이후 일본 학사원 회원이 되었다. 3·1 독립운동이 터지자 김윤식은 작위와 학사원 회원 자격을 전부 일본 정부에 반납하여 크게 화제를 모았다.

인도의 간디가 주도하는 독립운동이 불길처럼 일어나자 인도의 시성이라고 알려진 타고르가 이미 받았던 작위를 영국 정부에 반납했다는 소식이 전해졌다. 이때 월남이 한마디 했다.

"인도에도 김윤식이 있는 모양이군."

덮어놓고 좋다고 할 수밖에

당시 일본의 유명한 정치인이던 아라가와 고로라가 조선에 왔던 길에 월남을 찾아서 한일병합에 대한 의견을 물었다. 월남은 "덮어놓고 좋다"고만 했을 뿐 아무런 의견도 말하지 않았다. 아라가와가 그 대답엔 무슨 사연이 있는 것 같아 캐물었다. "왜 좋다고만 합니까?" 월남이 대답했다. "내가 좋지 않다고 한들 당신들이 합방을 취소할 리가 없으니 내 속에 있는 말을 할 여지가 없소. 그래서 덮어놓고 좋다고 한 것인데 이것이 아마 당신네가 듣고 싶어 하는 말인 것 같아."

내 몸 편하려고

월남이 독립운동에 연루되어 재판을 받던 중에, 재판장과 문답을 주고받았다.

"나가고 싶은가?"

"나가라면 나가고, 있으라면 있을 뿐이다."

"그러면 보석을 허가할 터이니 보증금 300원을 낼 수 있는가?"

"나는 가난한 사람이라 푼돈도 없다."

"그대는 윤치호를 잘 알지 않나? 그에게 보증금을 말해 보면 어떤가?"

"내 몸을 편하게 하기 위해 남에게 구걸하지는 않겠다."

감옥 안이나 밖이나

월남이 감옥에서 풀려나자 그를 존경한다는 청년이 길에서 인사했다.

"선생님, 얼마나 고생하셨습니까?"

이 말에 청년을 한참 바라보던 월남이 이렇게 쏘아붙였다.

"이놈아, 그럼 너는 지금 호강하며 편하게 지내는가?"

일본인 학정 밑에서 조선 사람들이 다 같이 고생하는 터에 감옥 안과 감옥 밖이 다를 바가 없다는 말이었다.

일본 여권으로는 천당에도 안 간다

월남 등 유지들이 민립대학 설립을 위해 모금운동을 하던 때였다. 국내 모금이 여의치 않자 하와이 동포가 그곳에서 모금운동을 할 생각으로 월남더러 한번 하와이를 방문해 달라고 한 선교사를 통해 부탁해왔다. 월남이 한마디로 거절했다.

"뜻은 고맙지만, 나는 일본 여권을 들고는 하와이에 가지 않을 뿐만 아니라 천당에도 가지 않겠다."

뼈대 있는 집안 후손

이상재는 고려 말 선비였던 가정 이곡(稼亭 李穀, 1298~1351)의 17대 후손이다. 가정은 원나라에 처녀를 바치는 공녀제貢女制 폐단[7]에 시달렸던 고려 말기, 구구절절 그 폐단을 적어 상소문을 올린 끝에 그 폐지를 이끌어 냈다.(15)

가정의 아들이 맹산이 특히 숭앙해 마지않았던 바로 〈석양에 홀로 서서〉 시조의 목은 이색이었다.

백설이 잦아진 곳에 구름이 머흐레라
반가운 매화는 어느 곳에 피었는고
석양에 홀로 서서 갈 곳 몰라 하노라

우리에게 남겨진 선비들의 시조는 몇천 수 되지만, 그중에서 나를 가장 감동케 하는 것은 나보다 꼭 600년 전에 태어나 태조 5년, 68세에 세상을 떠난 이색의 이 시 한 수이다. 그의 벼슬이 대사성까지 올랐지만, 이성계의 역성혁명을 못마땅하게 여겨 벼슬할 기회를 다 사양하고 귀양살이를 하다가 세상을 떠났다. 목은 이색의 정절은 포은 정몽주, 야은 길재와 더불어 고려조의 '삼은三隱'이라 일컬어지며, 오늘날까지 우리의 존경을 받고 있다.

---

7 〔**편저자 주**〕 세종 11년(1429), 조선 전기 문신이자 외척·외교관이자 명나라 문신이었던 한확(韓確, 1400~1456)이 명나라에서 귀국할 적에 끌려갔던 공녀들이 건네준 편지를 가지고 왔다. 편지에는 글과 함께 공녀의 머리카락이 들어 있었다. 그러자 친족들은 "평생토록 상견할 것은 다만 이 머리털뿐이다"라고 한숨지으며 울먹였다(조혁연, 2019).

반가운 매화를 찾는 그의 꿈은 끝까지 영롱했지만, 그가 찾던 매화는 험한 구름이 감돌아 찾을 수 없었을 것이다. 이색은 "갈 곳 몰라 하노라"고 하였으나, 지금 이 글을 쓰는 아흔 노인은 갈 곳을 뻔히 알고 있다. 그래서 목숨이 붙어 있는 동안 하루에 꼭 한마디씩, 하고 싶은 이야기를 여기에 적어 놓기로 마음먹었다. 언제까지 이 글을 쓸 수 있을지는 나도 모르는 터이지만, 나의 후배들에게 전하고 싶은 마음만은 간절하다.(16)

이상재 하세下世에 대해

소설가 박종화는 월남 이상재 선생을 기리며 이렇게 노래했다.

어질고 굳센 기상 조찰코 깨끗한 정기
부귀도 임의 마음 흔들지 못했고
총칼도 임의 뜻을 빼앗지 못했네
해지고 어두운 거리
우리들 청년의 길은 험악도 하였어라
모두 다 헤맸네.
호걸은 망명하고 지도자는 없었네
이 중에 선생은 우리들의 등불
나라의 청년들 의지하던 곳
오직 당신만이 높고 높은 태산의 준령이었네
오오 당신은 이 겨레의 아버지, 대한의 성웅이었네

세브란스병원을 세우고 학교를 설립한 캐나다 선교사 에비슨이 월남 서거 비보를 접하고 추모의 뜻을 전했다. 그는 세계사 인물에 견주어 월남을 기렸다.

"영국은 글래드스턴(William Gladstone, 1809~1898) 수상을 두고 '영국의 거인Grand man of England'이라고 했다. 나는 월남 선생을 두고 그렇게 부르고 싶다. '한국의 거인Grand man of Korea'이라고!"

제15장
김동길 사람 스타일

인격, 인품이란 단어는 중립적 뉘앙스보다 긍정적 의미를 담고 있다. 영어 'quality'는 우리말로 질質이다. 이 시대 사람이 좋아하는 '삶의 질the quality of life'이란 개념에서 보듯이, '수준급' 삶의 방식이란 의미를 담고 있다.

시서화 인문소양 주인공

인문주의자 소양에 시서화詩書畫 사랑이 빠질 수 없다. 김동길이 바로 그렇다. 시서화 사랑은 시서화 작가들에 대한 사랑으로도 드러났다.

무엇보다 그는 시인을 사랑했다. 동양식 행동법의 잣대인 공자 말인즉, 좋은 지인, 좋은 교유를 일컬어 '가여언시可與言詩', 곧 "더불어 시를 말할 수 있는" 사이라 했다. 천상병과 김남조가 맹산의 시인 사랑 접촉권임을 마산 김형국은 엿보았다.

시인 천상병 생각

오늘 아침 문득 시인 천상병 생각이 났다. 아주 가까운 사이는 아니었지만, 어지간히 친하게 지냈다. 그는 어쩌다 '동백림 간첩 사건'에 걸려들어 여러 해 감옥신세를 져야 했다. 자기 말대로라면, 전기고문을 하도 심하게 당해 말이 어눌해졌으며, 체내의 '남성'이 다 죽었다고 한다. "선생님, 저는 애도 못 낳습니더"라고 익살스럽게 웃기던 그 얼굴이 문득 떠올랐다.

그가 쓴 시 가운데 〈저승 가는 데도 여비가 든다면〉이라는 시에서, "어머니 아버지는 고향 산소에 있고", 누나는 멀리 사는데 여비가 없어서 갈 수가 없다고 신세타령을 하다가, "저승 가는 데도 여비가 든다면, 나는 영영 가지도 못하나"라는 구절을 남겼다. 그 한마디가 가슴에 와닿아서, 나는 그를 소중하게 여기게 되었다.

종로 바닥에서 만나면 누구에게나 손을 벌리며 "500원만 줄 수 없느냐"고 묻곤 했다. 그것이 아마 막걸리 한두 잔 값밖에 안 되었을 것이지만, 그 이상을 요구하는 일은 없었다. 내가 사는 신촌 집에도 한두 번 왔다. 자그마하고 예쁘장한 부인이 있어 둘이 함께 왔다. 그가 술을 하도 좋아한다기에 집에 있던 조니워커 한 병을 선물로 주었다.

다음에 다시 왔을 때 그는 얼굴을 찡그리며 말했다.

"선생님이 주신 양주를 저는 마셔 보지도 못했습니더. 저 사람이 (아내를 가리키며) 그건 비싼 술이니까 팔아서 막걸리나 사 마시라고 했어요."

그런 한마디를 내뱉으며, 그는 일그러진 그러나 순박하기 짝이 없는 얼굴로 활짝 웃었다.

그가 세상을 떠났다는 소식이 전해졌을 때, 나는 그의 시 〈귀천歸天〉을 생각했다.

나 하늘로 돌아가리라
새벽빛 와 닿으면 스러지는
이슬 더불어 손에 손을 잡고

나 하늘로 돌아가리라
노을빛 함께 단둘이서
기슭에서 놀다가 구름 손짓하면은,

나 하늘로 돌아가리라
아름다운 이 세상 소풍 끝내는 날,
가서, 아름다웠더라고 말하리라 …

"선생님, 예수님도 가난하셨지요. 저도 가난합니다."

그의 그 한마디가 오늘 아침에도 내 귀에 들리는 듯하다.(1)

자연 다음으로 예술과 하나님을 사랑한 김남조

서울 평창동의 영인문학관에서 김남조 시인의 '시와 더불어 70년' 기념 강연회가 열렸다. 그이와 나는 80이 넘은 사람들의 모임인 '장수클럽'의 회원으로, 한 달에 한 번씩 만나지만, 그분의 강연에 가기는 처음이었다.

장내는 시종 숙연했다. 세 사람의 시 낭송이 끝난 뒤, 내가 축사를 한마디 했다. "나는 김남조 시인과 같은 시대에 살고 있음을 매우 자랑스럽게 생각한다." 이 말 한 마디는 나의 진심이었다. 나는 정말 그렇게 생각했다.

천재적 시인들은 대개 명이 짧았다. 영국 시단詩壇을 봐도 그러했다. 테니슨이나 브라우닝[1]처럼 장수하는 시인은 극히 드물고, 바이런이나 셸리, 키츠처럼 단명한 시인들이 많았다. 우리도 비슷했다. 조선조 선비 시인들 중 가장 장수한 어른은 고산 윤선도 한 분뿐이었고, 다른 선비 시인들은 대개 단명했다.

김남조 시인은 나보다 한 해 먼저 태어났다. 하지만 아직도 건강하게 시작에 전념하고 있으니 '건강한 천재'라 할 수 있다. 작품도 다른 시인들에 비해 월등하게 많아 더욱 자랑스럽다.[2]

---

1 〔편저자 주〕 후배들을 격려할 때 가장 많이 인용했던 시구는 영국 시인 브라우닝의 〈랍비 벤 에즈라Rabbi Ben Ezra〉(1864)의 첫 연에서 따온 구절이었다. "세월 따라 함께 늙어 갑시다./ 가장 좋은 것은 아직도 오지 않았으니,/ 인생의 마지막 그걸 위하여, 인생의 처음이 만들어진 것 … ."

2 〔편저자 주〕 장수클럽에 열심히 출석하던 2017년, 시인은 또 하나 시집(《충만한 사랑》, 열화당)을 출간했다. 거기서 깊어가는 노경老境을 노래했다. 바로 시 〈시계〉다.

나는 영국 시인 랜더의 시 한 수를 읊조리고 내 축사를 끝냈다.

"나 자연을 사랑했고, 자연 다음으로 예술을 사랑했네Nature I loved and, next to Nature, Art."

아마도 김남조는 "자연 다음으로 예술과 하나님을 사랑했네next to Nature, Art and God"라고 하지 않았을까. 시인 최대의 관심이 'God'(신)에게 있음을 내가 알기 때문에![2]

글씨 그리고 사람 진위

시서화, 시詩 다음이 서書이고, 서화동원書畫同源이란 말처럼 "글씨는 그림과 같은 뿌리"라 했다. 이제 맹산의 글씨 공부를 적을 차례다.

서예가 난곡 김응섭 선생을 모시고 몇 년간 글씨 공부를 한 적이 있었다. 그는 추사체秋史體 연구의 대가였다.

수십 년 전 일인데, 신세계 화랑에서 여러 사람들이 소장한 추사 작품 전시회가 열렸다. 난곡이 초대를 받아 전시회를 둘러본 뒤, 전시된 작품의 70%가 가짜라고 했다. 결국 그 전시회는 2~3일 만에 문을 닫았다.

"그대의 나이 구십이라고/ 시계가 말한다/ 알고 있어, 내가 대답한다// 시계가 나에게 묻는다/ 그대의 소망은 무엇인가/ 내가 대답한다/ 내면에서 꽃피는 자아와/ 최선을 다하는 분발이라고/ 그러나 잠시 후/ 나의 대답을 수정한다/ 사랑과 재물과 오래 사는 일이라고// 시계는/ 즐겁게 한판을 웃었다// 그럴 테지 그럴 테지/ 그대는 속물 중의 속물이니/ 그쯤이 정답일 테지…/ 시계는 쉬지 않고/ 저만치 가 있다."

요새도 작품의 진위眞僞를 가지고 가끔 논쟁이 있고, 소송이 이어지면 법원의 감정 절차가 진행된다. 그런데 예술작품의 '진위'를 가리는 일보다 더 어려운 것이 사람의 '진짜'와 '가짜'를 가리는 일이다. 사람도 한 70%는 '가짜'다. 그래도 열에 셋은 '진짜'다.

'진짜'를 만났다가 놓치면, 그보다 더 큰 손실은 없다. '진짜'와 같이 있는 기쁨을 능가하는 기쁨도 없다는 사실도 명심하기 바란다. 나는 오늘도 기분이 좋다. 사는 게 재미가 있다.(3)

서화 사랑에서 기인기화其人其畵, 곧 "그 사람에 그 그림(또는 글씨)"이란 말은 '상당히'[3] 유효하다. 맹산이 우리 현대사 인물 100인을 말하면서 서양화가 김병기, 현대조각가 김종영을 다룬 것은, 바로 그들의 예술세계에 대한 사랑에서 비롯된 것이었다.

큰 목소리 뒤로 유정이

'가치부하적인' 인격이란 말 대신, 보다 중립적인 의미에서 '사람 스타일'이라는 개념으로 말문을 열어 본다. 직접 접했던 맹산의 인상, 그의 그릇됨은 한마디로 '능소능대能小能大'였다. 큰일은 담대했고, 인정을 나누는 일은 섬세했다. 크고 작음이 동시병행이었다. 사람의 향기가 그와 같았다.

사회적 발언이 사자후였음에 견주어 주변 사람을 만나는 방식은 나긋나

---

3 〔편저자 주〕 빼어난 그림을 창작한 피카소는 생전에 색광色狂이란 뒷소리를 들었다.

긋하고 섬세했다. 국가와 사회의 흐름에 대한 발언은 큰 목소리였고, 인연이 있는 주변에 대해선 "유정有情하게 불어오는 봄바람"처럼 따스했다. 피부에 와닿는 "자상하면서도 자잘한" '잔정'이 그의 커다란 몸집에 숨어 있었다.

직정에 현금도

'직정直情'은 "자신이 생각한 바를 꾸밈없이 그대로 드러냄"이고, 현금現金은 수표나 어음과는 달리, "그 당장의 구매력"이라고 국어사전은 풀이한다. "바로 직直 자"에 "나타날 현現 자"이니 마음 씀이 "바로 확실히 나타남"이다. 가까운 사람에게 보여 준 맹산 스타일의 한 경지가 그와 같았다.

재야운동가 장기표를 불러 가난한 생계에 보태라며 현금 500만 원을 전했다. 만년의 숨은 이야기는 아내가 그의 사후에 털어놓았나.(4)

정부가 나중에 보상을 시행했지만, 민주화 운동은 결코 돈을 바랐던 몸짓이 아니었다며, 김동길·김문수와 마찬가지로 수령 대열에 서지 않았던 이가 장기표였다. 그런 그에게 김동길의 촌지는, 특히 가족에게 단비가 되고도 남았다.

내게도 용채를

맹산에게 가까이 갔던 사람들은 모두 체험했다. 이런저런 이유로 용채를 받아보았던 것. 내게도 그런 기회가 찾아왔을 때 어리둥절한 채 감읍했다.

자수성가한 내 아버지는 자식에게 '용돈'이라는 개념 자체가 없었다. 어린 날 새해에도 세뱃돈이 없었다. 대학에 들어가면서 받아 쓴 서울 하숙비로 비로소 용돈 개념을 알게 됐다. 뒤늦은 사과의 말이지만, 과외 돈, 용돈을 타기 위해 항상 책을 산다고 거짓말을 했던 것이 죄송하다. 서당 3개월 학력이 고작인 아버지는 책을 산다는 자식들 말은, 그 속내를 필시 모르지 않았겠지만, 진정으로 받아 주었다.

평생직장 교직에서 정년퇴직한 '중늙은이'가 되고 만 김형국에게 맹산이 100만 원 용돈을 건네주다니, 난생처음 받아 본 돈다발에 나는 한동안 어리둥절했다.

맹산은 당신이 가까이 만나지 못했던 사람도 챙기는 잔정을 보여 주었다. 이를테면 100살을 넘긴 김병기 화백에게 새해를 앞두고 세뱃돈으로 사용하라며 내게 100만 원을 전하게 했다(〈도판 8〉 참조). 새해에 주변 사람들이 찾아오면 나누어 주라는 돈은 1만 원 신권 뭉치였다.

김 화백도 깜짝 놀라는 눈치였다. 2016년 세모의 해프닝이었으니 태경台徑이 세는 나이로 101세 때였다. 100살을 넘어 돌맞이 한 살인 당신에게 준 세뱃돈인지, 새해 인사차 노장老將 당신을 찾아온 이들에게 나눠 주라는 세뱃돈인지 당신도 좀 헷갈렸던가.

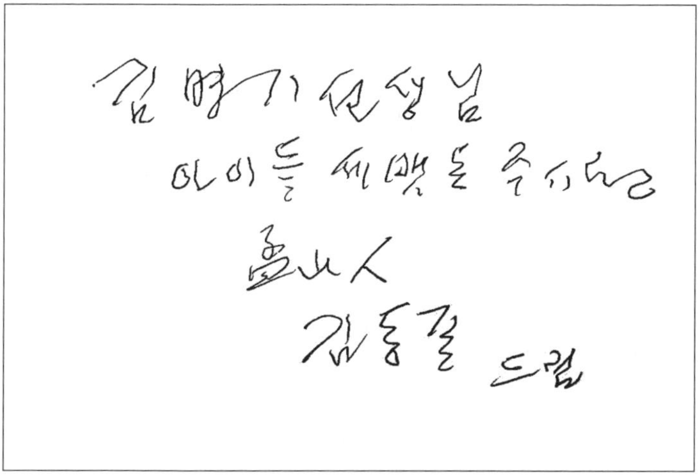

〈**도판 8**〉 김병기 화백에게 전한 세뱃돈 봉투(2016)

우리 내외의 결혼기념일이 다가오자, 맹산은 "조선호텔 같은 곳에서 맛있는 양식을 즐기라"고 주선해 주었다. 그렇게 조선호텔 양식당에서 맹산 문하의 김혜선 박사, 최명 교수 내외 등 가까운 친구들과 함께 즐긴 적도 있었다. 언젠가는 내 생일날이라며 아예 당신 집에서 냉면 파티를 열어 주었다.

한번은 생일 축하금을 보내 주었는데, 거기에 그만한 사연도 덧붙였다. 당시 화제를 모으던 한 사회 규율의 중요성을 말하기 위함이었다.

김영란 법대로만

지난 (2016년) 8월 20일은 내가 좋아하는 후배 한 사람의 생일이었다. 인편으로 카드를 한 장 보내기로 하고, 카드 왼쪽에는 생일 축하 인사말을 적고, 오른쪽에는 이렇게 적었다(〈도판 9〉 참조).

"김영란 법에 따라 5만 원을 보내니 이 돈으로 아이스크림이나 사다 먹어라. 액수가 적다고 해서 김영란을 원망하면 안 된다."

그 법이 시행에 들어가기도 전에, 그 법을 준수하는 대한민국 국민이 된 사실에 나는 커다란 자부심을 느꼈다.

나는 법조인 김영란을 한 번도 만난 적이 없지만, 그가 기초한 이 법이 부정부패와 부조리로 인해 쓰레기 처리장처럼 돼 버린 한국 사회를 정화할 수 있는 절호의 기회라고 믿는다. 언제라도 그를 만나면 3만 원짜리 점심이나 저녁을 대접할 마음의 준비와 재정적 준비를 완벽히 갖추고 있음을 만천하에 공표하는 바다.

정치꾼들 중에는 김영란 법에 규정된 식사 3만 원, 선물 5만 원, 경조비 10만 원이 너무 적다고 투덜대며, "이 법에는 위헌적 측면이 있다"며 헌법재판소에 제소한 이들도 있었다. 한데 재판관들 다수가 "결코 위헌이 아니다"라고 판결하여 김영란 법은 대한민국을 살리는 위대한 법령으로 자리 잡았다. 불초 김동길은 이 법을 실천궁행實踐躬行하는 최초의 한국인이 되었음을 매우 자랑스럽게 생각하는 바다

우스개도 친구 사이 다르고 사제 사이 다르다. 내게 보낸 생일 카드에 붙인 축하 사신私信은 친구 사이에 있을 법한 우스개가 담겨 친애의 정을 더해 줬다.

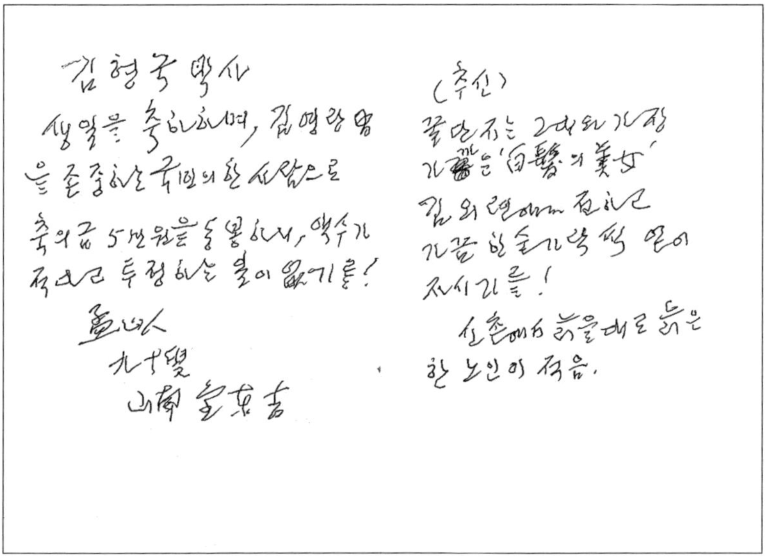
김형국 博士
생일을 축하하며, 김영란 법을 존중하는 국민의 한 사람으로 축의금 5만원을 동봉하니, 액수가 적다고 투정하는 일이 없기를!
孟山人
九十叟
山南 金東吉
(추신)
꿀단지는 그대와 가장 가까운 '白髮의 美女' 김외련에게 전하고 가끔 한 숟가락씩 얻어 자시기를!
신촌에서 늙을대로 늙은 한 노인이 적음.

〈도판 9〉 김형국 생일 축하(2017)

"김형국 박사
생일을 축하하며, 김영란 법을 존중하는 국민의 한 사람으로
축의금 5만원을 동봉하니, 액수가 적다고 투정하는 일이 없기를!
맹산인 90수(2017년) 산남 김동길.
(추신)
꿀단지는 그대와 가장 가까운 '백발의 미녀' 김외련에게 전하고
가끔 한 순가락씩 얻어 자시기를!
신촌에서 늙을 대로 늙은 한 노인이 적음."

이전에 보내 준 생일 카드(2016)는 이렇게 적었다.
"형국이 생일에! Grow old along with me, The best is yet to be.
Robert Browning. 앞으로 더욱 좋은 일이 많을 것으로 나는 믿는다.
You are a beautiful human being and I love you so much.
2016년 8월 20일 89수 산남 김동길."

김영란 법이 과연 실효를 거둘 수 있을까 의심하는 자들이 아직도 적지 않다. 그러나 이 법이야말로 이 나라가 건강을 되찾을 수 있는 유일한 길이라고 나는 믿고 있다.

1인당 50만 원, 60만 원 또는 그 이상 나가는 밥상을 마련하여 큰돈을 벌던 요식업자 또는 비밀 요정 경영자들이 망할 것을 걱정하는 소심한 사이비 지도자들도 있다. 하지만 그런 자들은 김영란 법 앞에 무릎을 꿇어야 한다고 믿는다.

사실 경조비 10만 원도 지나치게 많다고 생각한다. 5만 원이면 충분하다. 지역구 국회의원들은 얼마나 자주 구역 내 결혼식이나 장례식에 들러야 하는지 아는가? 상한선을 10만 원으로 높여 놓으면 3만 원이나 5만 원을 들고 가기가 어렵지 않은가?

추석을 맞아 백화점들이 4만 9천 원짜리 선물을 많이 만들었다고 들었다. 나는 내가 김영란 법을 실천에 옮기는 최초의 한국 노인이 되었음을 거듭거듭 자랑스럽게 생각하는 바다.

김형국 생일 만세!

김영란 법 만세! 만만세!(5)

다초점 잔정

잔정은 섬세한 다초점이었다. 맹산은 문하생들에게 항상 자유민주주의 같은 거대 담론만 들려준 것은 아니었다. 뜻밖의 세세한 이모저모 행사도 개최했다.

왕년의 피아니스트 한동일을 만나는 자리였다. 2018년 9월 11일 오후 연세대 캠퍼스 동문 쪽인 서울 서대문구 대신동 산비탈의 이규도 소프라노 자택 응접실이었다.

부산 피란 시절 집에 피아노가 없었던 탓에 그는 피아노 있는 집을 찾아 잠깐씩 빌려서 연습해야 했다. 어린 심청 동냥젖 얻어먹기 처지였다고 당신이 회고했다. 열세 살에 주한 미공군의 후원을 받아 미국으로 갔고, 1967년 레번트릿 콩쿠르에 우승한 뒤 세계 유수의 교향악단과 협연했다.[4] 미국 음악대학에서 가르쳤고, 후반은 귀국해서 울산대 음악대학장을 역임했다.

일성一聲이 없을 수 없었다.

"옛적에 나갔던 남대문교회에서 우연히 규도를 만나 여기까지 왔다. 어릴 적 동무 규도의 인도로 김동길 어른을 만나 뵙고 당신의 말씀과 함께 편지도 받아 보자 갑자기 하나님이 느껴졌다. 그래서 다시 태어난 기분이 되었다. 그사이 개인 사정이 여러모로 어려웠다. 2년 동안 거의 피아노를 손에서 놓고 있었다. 보은 인사로 어른 한 분만을 위해 피아노를 들려주려 하자 그럴 게 아니라 가까운 지인과 함께 듣자고 해서 마련된 자리다."

음악신동 전설의 주인공 한동일의 살롱 음악회 시작의 말이었다. 이날 음악회에는 15명이 초대되었다. 오후 5시에 시작된 첫 곡은 쇼팽의 〈발라

---

4 〔편저자 주〕 6·25 전쟁 중에도 장차 나라의 부흥을 고대하고 기획하던 선지자가 있었다. 신봉조는 세계적으로 두각을 나타내는 데는 음악 영재가 제일 빠른 길이라며 서울예고(예원중학)를 1953년 임시수도 부산에서 세웠다(김동길, "이화를 사랑하고 지켜낸 그 … ", 2020: 98~102). "혹독한 전쟁을 치르고 겨우 1973년에야 종전을 맞았던 베트남 사람 당타이손(登泰山, 1958~)이 어머니에게 배운 기량을 시발로 마침내 쇼팽 콩쿠르(1980)에서 우승했다. 바로 한동일의 재래再來였다.

드〉. 당신이 13세 때 미국으로 건너가 처음 연주한 곡목이었다. 애호가들의 선호가 높은 쇼팽의 〈즉흥환상곡〉이 이어졌다.

당신이 살아온 삶이 꿈같았다 했다. 하지만 그 꿈은 앞으로 살아가려는 의욕의 꿈이기도 하다며 슈만의 〈트로이메라이〉를 들려주었다. 마지막은 당신의 기도하는 마음을 담아 슈베르트의 〈즉흥곡 3번〉, 이어 맹산 어른 생신이 가까워졌다며 〈생일 축하합니다Happy Birthday to You〉를 앙코르로 연주했다.

맹산의 회고와 격려가 있었다.

"한동일은 어릴 적 신동이었다. 나라가 나락에 헤매던 6·25 전쟁 때 한국의 저력을 보여 준 고마운 인물이었고, 그래서 애국자였다."

케네디 대통령 면전인 백악관에서 연주했던 이력을 기억했던가. 맹산은 당신의 유학 시절에 특히 유명세를 떨치던 호로비츠(Vladimir Horowitz, 1903~1989)를 기억해 내곤 그가 바로 '한국판 호로비츠'라고 여겼다.

아무튼 한 개인을 위한 유명 연주 일화는 피카소를 위한 루빈스타인(Arthur Rubinstein, 1887~1982)의 피아노 연주가 아니었나 싶다. 루빈스타인은 그의 프랑스 별장으로 피카소를 초대해 그만을 위한 독주회를 열었다.

피카소는 답례로 당신의 프랑스 화실로 피아니스트를 초대했다. 당시 사진을 보면, 1958년 7월 30일이었던가. 루빈스타인이 피카소의 발로리스Vallauris 화실을 찾았다. 그때 사진이 보여 주듯, 가족관계가 복잡한 피카소도 아들딸들을 모두 불러 함께 피아니스트를 환대하고 있었다.

피카소는 화실에 루빈스타인을 좌정시키곤 아주 짧은 시간에 30점 가까이 위대한 피아니스트의 모습을 선묘線描로 그렸다. 그리고 피아니스트에게 마음에 드는 것을 골라 가지라고 했다.

피카소의 루빈스타인 소묘는 나중에 이스라엘 우표에 등장했다. 그림 세 점이 우표를 장식했다. 유태계 피아니스트에 대한 이스라엘의 국가적 경의 표시였다.

우린 과연 그동안 국위를 선양한 음악가들에게 그만큼 경의를 표해 왔던가. 이런 점도 함께 생각하게 만든 살롱 음악회였다.

나비넥타이 사랑

맹산이 가까이 자리할 수 있는 인사들을 불러, 당신 장기 차림인 나비넥타이 매는 법 강습회를 열었다. 와이셔츠 칼라 속으로 끼워 넣기만 하면 착용이 끝나는 편리한 방식 대신, 전통 방식대로 긴 끈을 매는 나비넥타이 착용법을 가르치는 모임이었다.

그날로 집에 돌아와서 복습해 보았지만 손재주가 없는 나는 불발, 아니 실패였다.

수강자 중에 이화여대에서 섬유디자인을 가르쳤던 이성순 교수가 있었다. 남성복식 착용법 강의에 웬 여성 참석인가 했다. 당신 뜻은 딴 데 있었다. 맹산이 소장한 나비넥타가 천 개에 가까울 것인데, 나중에 그걸 모아 설치미술을 하나 만들 복안이라며 그 사전 탐색이라 했다. 맹산이 앞서 떠났지만 나비넥타이 행방은 나중에 세상을 떠난 이 교수로부터 더 이상 듣지 못했다.

콧수염 시비

맹산의 외모의 큰 특징은 콧수염이다. 언제부터 길렀는지는 들은 바가 없다. 수염이 사람 외모에 정부正否 효과를 가져다줌은 이런저런 사례를 들어 당신이 직접 말하곤 했다. 한미 FTA 비준안 상정에 결사반대하던 사람을 두고, "흰 두루마기를 입고 염소 수놈 같은 수염 가진 그 작자"라 꼬집었다.(6)

반면, 스승 함석헌을 두고 적을 때는, 스승과 대비되는 당신의 자탄自嘆 대목이 길게 나온다. 스승 흠모 모습은 이제 김동길 문하생들이 당신을 생각하는 바라고 되돌려 말하고 싶다.

표지에 나타난 스승의 모습

《함석헌 평전》(김성수, 2011, 삼인) 표지의 사진은 정면에서 가까이 찍은 '작품'이라 얼굴의 윤곽, 이마의 주름살, 풍요한 흰 수염 그리고 '노인 반점'까지 모두 선명하게 드러나 있어, 만년의 선생님 모습을 완연히 보여 주었다.

나는 스승의 그 얼굴을 한참 들여다보면서, '어쩌면 이렇게 잘생기셨을까!' 스스로 감탄하지 않을 수 없었다. 내가 젊은 시절 처음 만나 뵈었을 때 스승의 나이는 48세, 나는 21세의 청년이었다. 그 스승이 가신 지도 어언 26년, 내 나이도 이제 여든여덟이 되었다.

오늘 아침에 거울을 들여다보면서, 나는 스스로 한탄하였다. '어쩌면 나는 이렇게 못생겼을까? 선생님의 예술적이고 단아한 그 모습에 비하면, 내 얼굴에는 지성미가 전혀 없고 우락부락하다'고만 느껴졌다. 가식 없는 나의 자화상에 대한 존평이라고 할 수 있다.

스승의 모습은 장원 급제한 선비 같았고, 얼굴에는 연륜이 돋보였다. 내 얼굴은 막일만 해 온 늙은 머슴 같아 죄송스러운 마음뿐이었다. 너무나도 스승의 경지에 미치지 못하는 한심스런 제자!

하늘이 내게는 요만큼밖에 주시지 않았으니 무슨 도리가 따로 있겠는가? 그러나 이런 훌륭한 스승을 내게 허락하셔서, 요만큼이라도 사람답게 살 수 있었음을 고맙게 생각할 뿐이다.(7)

선물도 쉽지 않다

어쩌다 콧수염 등 수염을 기르는 분의 말씀을 들은 기억이 난다. 한마디로, 대단한 가꿈의 정성이 필요하다 했다. 그럴 수밖에 없는 것이 보통 사람들은 면도기로 한번 스윽 문지르기만 하면 처리가 끝나지만, 수염은 가위로 조심스럽게 가다듬어야 하기 때문이라 했다.

맹산 주변을 가까이 오가는 도중에 살펴보니, 내방객들은 하나같이 과일이나 생과자 등을 들고 오기 예사이고, 좋아할 만한 신변품으로 예물을 가져오곤 했다. 독신인 그는, 먹을거리는 뒤따라 인사 온 인사들에게 가져가라고 나눠 주면서 "선물하면 그만이지, 선생 혼자 자시라!"고 한 것은 좀 넘치는 말이 아닌가 했다.

내겐 어쩌다 전기면도기를 가지라고 했다. 지금도 잘 쓰고 있지만 그걸 받았을 때 좀 난감했다. 나는 고맙게 받았지만, 콧수염 기르는 분에게 선물한 것이 그걸 싸악 밀어 버리라는 뜻일 수도 있겠다는 생각이 들어 좀 아찔했다.

스타일도 뒷소리가

큰 인물은 찬반, 아니 찬반까지 아니라도 뒷소리가 있기 마련이다. 김동길도 다르지 않았다. 민주화 운동 투신은 서로 닮은꼴이었지만, 이념적으로 척을 진 이도 있을 수 있었다. 고은 시인도 그 한 사람이었다.

김동길의 묘사는 일단 사실적寫實的이었다. 현대사의 주요 인물을 다룬 고은 시집 《만인보》의 〈단상 1385 김동길〉에 김동길의 트레이드마크 나비넥타이가 나온다.

머리숱 빽빽하다
눈썹 진하다
코 굵직하다
코 아래 구레나룻[5] 진하다

평안도 낭림산맥 기슭 맹산 산골에서 태어난 사내
나비 달린 사내
70년대 한동안 사람들이 모여들었다 떠났다.

---

5 〔편저자 주〕 시인이 잘못 적었다. 구레나룻은 귀밑에서 턱까지 잇달아 난 수염을 말함인데 김동길은 콧수염만 있다.

김동길에 대한 고은의 인물 묘사는 어딘가 시니컬하다. 이 점에서 서술의 균형을 위해 '미투' 사태 이전에 말을 몰고 다녔던 고은의 《만인보》에 대해 한 사람의 관전평 혹은 독후감을 인용한다.(8)

> 고은은 대체로 뻔뻔한 사람이다. 역사 속 인물들을 재미 삼아 비하하는 내용도 종종 보인다. 본인과 대치되는 삶을 살았거나 역사관을 지닌 학자와 정치인은 부담 없는 그의 표적이 된다. 손쉽고 가벼운 언어로 그들을 희롱한다. 그의 이미지를 풋내기 정도로 손상시킨다. 어떤 표현은 심심한 동네 복덕방 할머니를 대질 심문하여 얻어낸 가벼움이다. 의도적 유치함이 아니면 도저히 설명이 안 되는 작품성이다. 그런 면에서 시인들의 우상이다. 이 정도 작품으로 당대의 평가를 받는 시인이라면 누구나 시인이 될 수 있다고 … . 고은은 무엇에 취했었는지.

낭만논객

새해(2014년)에 접어들어 종편(TV조선)에 새로운 프로그램이 하나 등장했다. 그 이름은 〈낭만논객〉이다. 실제로 '낭만'이 있는지 없는지 잘 모르겠지만 명칭만은 '낭만'이다.

〈낭만논객〉에서 나와 김동건 아나운서, 가수 조영남은 20대 관객 100명을 앞에 두고, 고무된 듯 쉴 새 없이 말을 주고받았다. 3시간 넘는 녹화 동안 세 사람은 한 번도 쉬지 않았다.

마음껏 떠들어도

세 사람이 일주일에 한 번씩 모여 앉아, 조명을 받아 가며 한 2시간 동안 떠들어댄다. 나의 왼편에는 당대 유명 가수 조영남이 앉아 있고, 내 오른편에는 50년 이상 아나운서로 이름을 떨친 김동건이 앉는다. 2시간을 떠들어도 방영되는 분량은 그 반밖에 안 되니 편집하는 사람들도 힘들 것이다.

우리 세 사람은 한 달에 네 번은 꼭 만나야 하는, 뜻하지 않았던 운명의 이 야릇한 '장난'을 즐기고 있다. 세 사람의 나이는 평균 77세라는데, 그중에서도 최연장자인 내 나이는 2014년 정월 초하루부터 87세가 되었다. 집에 누워 쉬어도 탓할 사람이 없겠지만 나는 이날까지 하루도 쉬어 본 적이 없다. 디스크 수술로 세브란스병원에 입원했던 7일 정도가 '강제 휴가'였고, 교도소에 갇혀 있던 동안은 일하지 않고 밥만 먹을 수밖에 없었다.

나를 잡아갈 염려도 없다

이젠 TV에 나와서 무슨 말을 해도 나를 잡아갈 정보부도 없고 보안사도 없다. 하고 싶은 말을 누구나 거침없이 할 수 있는 '멋진 새 세상'이 우리 세상이 되었다. 감옥에 안 가도 되는 나라라고 저마다 마음 놓고 떠들어대니 매우 요란하고 시끄럽다.

그래서 아니 그래도 우리는 말을 삼갈 것이다. 김동건은 이 시대에 가장 예의 바른 사람인데, 예禮가 예술인 걸 모르는 사람들이 아직도 많다. 나의 인생 후배이자 당대의 명가수인 조영남은 이 시대에 가장 자유분방한 '철 안 든' 예술인이다. 이 두 '예술인들'을 좌우에 거느리고 인생을 논하는 일이 벅차게 감격스럽다고 느끼면서 혼자서 '노년 만세'를 부른다. 노인에게도 함께 일할 기회가 주어졌으니 고마운 일이다.(9)

조영남은 매우 선량한 사람이고 다정다감한 사나이다. 20살 가깝게 연상인 나를 '큰형님'이라 부른다. 만사에 예의가 바르기로 소문난 김동건은 그런 조영남을 매번 꾸짖으면서, "너는 왜 이렇게 버릇이 없냐"고 야단치지만 들은 척 만 척이다. 하지만 하늘이 특히 그를 사랑하여 내려주신 그 목소리는 누구도 따를 수 없고, 누구든 그의 노래를 들으면 그의 잘못이 무엇이든 다 용서할 수 있을 듯하다.(10)

"왜 사냐고 묻거든"

이런 주제로 〈낭만논객〉의 프로그램을 한 편 엮은 적이 있었다. "어떻게 이런 좋은 주제를 골랐느냐?"고 묻는 사람들이 많았다고 들었다.

6·25 전쟁 중에 피란지 부산에서 급히 세상 떠난 월파 김상용 시인의 《망향》이라는 시집에 나오는 한 구절이다. 월파는 그 질문에 대하여 "웃지요"라고 하였을 뿐, 확실한 답을 주지 않았다.

나도 이 질문을 가지고 꽤 오랜 세월 고민했다. 답하기가 어려운 질문인 것만은 확실하다. 영국 시인 랜더가 "인생의 화롯가에 두 손 녹였으나/ 이제 그 불길 꺼져 가네/ 그리고 나, 떠날 준비는 다 돼 있다네"라고 읊은 적이 있는데, 그런 입장에서 몇 마디만 하겠다.

생각하기에 따라 인생은 허무할 수도 있고 의미심장할 수도 있다. 누구나가 죽음의 관문을 한 번은 거칠 수밖에 없는데, 아무런 준비도 없이 그 관문을 향해 간다는 것은 그 자체가 불안한 일이 아니겠는가?

그렇기에 어떤 종교이건, 종교를 통해 인생을 조명해 볼 필요가 절실하다. 석가나 공자나 예수 중에 누구라도 한 번 만나 인생이 무엇인가 알아본 연후에 "왜 사느냐?"는 질문에 답을 준비하는 것이 옳다고 믿는다.

나는 오래전에 예수 그리스도를 만나서 오랜 시간, 오랜 세월 면담하였기에, 나름대로의 결론과 답을 가지고 있다. 나에게 인생은 '괴로우나 아름다운 것'이기에 나는 산다.(11)

시작이 있으면 끝이 있고

방우영(〈조선일보〉 명예회장)과 김동건 사이에서 이야기가 되어, 나는 아나운서 김동건, 가수 조영남과 함께 TV조선의 〈낭만논객〉이라는 프로그램을 시작했고 2년 동안 100회를 이어갔다. 나에게는 참 힘겨운 일이었다. 편성부에서는 도중에 끝내야겠다는 말이 여러 차례 오갔지만, 간신히 100회를 마치고 물러날 수 있었다. 불행 중 다행이라고나 할까.(12)

길냉면

옛적 평양 사람들의 부엌 모양새가 그랬던가. 김옥길기념관이 들어선 이화여대 후문 쪽 큰길 건너 대신동 집(서대문구 연대동문길 47-6) 풍경을 보면, 집 외벽 한쪽에 냉면 틀이 마련되어 있었다. 반죽한 메밀 덩어리를 밀어 넣으면 국수가 아래로 눌려 나오는 기계틀과, 그 옆엔 그 국수를 삶아 내는 가마솥이 자리했다.

충북 괴산 금란정으로 김옥길 총장에게 인사하러 간 길에 만났던 당신 거처도 부엌문 옆으로 국수 뽑는 나무틀이 놓여 있었다.

기산의 풍속도

그 냉면 틀이 평양 여염집 정경의 재현으로 보였다. 19세기 말 우리 풍속도를 열심히 그리자 주로 조선 땅을 다녀가는 외국 인사들이 탐방 기념으로 많이도 사 갔던, 원산 출신이라 알려진 화가 기산 김준근(箕山 金俊根, 1853~?)도 〈국수 누르는 모양〉을 그려 놓았다(〈도판 10〉 참조).

누구 말은 가정집이 아닌 평양 기생집 풍경이라 했다. 냉면 먹을 입이 많은 집 모습으로 보였던가. 국수 틀 위에서 온몸으로 누른다고 힘쓰고 용쓰는 '중머리'도 그려져 있다. 이들은 대체로 평생 기생들의 기둥서방이기 일쑤였다는 것이 평양 갑부집 손자 김병기 화백의 회상이다.

〈도판 10〉 김준근, 〈국수 누르는 모양〉, 1882~1885년경,
종이에 담채, 25.4× 20.3cm, 독일 베를린민족학박물관 소장.

평북 출신 리영희[6] 교수도 대단한 냉면 사랑, 아니 골수나 골병인가, 냉면 근본주의자였다. 그와 여러 전직 언론인들이 함께 어울리는 저녁회식 자리였는데, 우연히 노는 물이 달랐던 나도 끼었다. 한식집이었다. 무엇이든 다 된다는 식의 그런 식당이었다.

종업원이 이 교수에게 다가갔다.

"무얼 드시겠습니까?"

"나는 랭면!"

"평양냉면입니까? 함흥냉면입니까?"

"랭면이야, 그냥! 함흥, 그건 국수야!"(13)

남북한 표기법과 발성법이 다른 하나가 '냉면'과 '랭면'일 것이다. 이 교수는 굳이 북한식으로 힘주어 발음했고, 그걸 고집했다. 당신 성함도 '리영희'라 적었다.

좀스런 탐식이 길을 놓고

뒤늦은 김동길 교수 문하 출입은 내 '좀스런' 탐식貪食이 발단이라면 발단이었다. 터놓고 말하면, 대학 교직에서 퇴임해 공부의 직업적 동기는 막을 내린 마당에, 맹산의 높은 사회의식을 접하려는 배움의 열기는 부차적이었던가.

대신, 이화여대 안팎 동네에 알 만한 사람치고 '김옥길표 냉면'을 맛보

6 〔편저자 주〕 내가 처음 알기로는 영화평론가였다. 그가 유신체제 한복판에서 펴낸《전환시대의 논리》는 좌파운동의 필독서였다.

지 않은 이가 없다던데, 남동생으로 이어졌다는 그 별미를 언제 맛볼 것인가 벼르던 참이었다.

냉면은 1960년 대학에 들어와 마산이 서울 생활을 시작한 연후 처음 접한 음식이다. 그즈음 전후가 그랬지만 오랫동안 내 고향 음식점은 이른바 '이북 음식'과 인연이 멀었다. 무엇보다 냉면 메뉴가 없었다.

해도 피란민이 많이 모여든 부산은 달랐다. 영도다리 밑, 삼팔따라지들이 밀가루와 녹말가루를 섞어 냉면 대체 음식을 만들자 피란민을 포함한 뭇사람들의 사랑을 받기 시작했다. 이른바 '밀면'의 등장이었다.(14)

벼르고 벼르던 길냉면은 요깃거리만이 아니었다. "세상을 함께하려는" 동지적 통과의례라는 소문도 신문에 났다.

마침 당신이 주관한 링컨아카데미가 솔깃했다. 링컨학이 인문적 식견의 한 요목임을 모르는 바 아니어서, 2014년 가을부터 그 모임에 나갔다. 어느새 당신 생일 자축 냉면 파티에도 끼어들 수 있었다.

이른바 '길냉면'

김옥길표 또는 옥길·동길 남매의 항렬 이름자 '길'에서 따와 누군가 이름붙인 '길냉면' 시발은 모친 방씨였다. 나이 마흔에 유명 여대 총장 자리에 오른 김옥길은, 기회가 있을 때마다 아니 기회를 만들 때마다 수백 명, 많게는 천 명 가까운 교직원을 전부 불러 냉면을 대접했다. 옛날 잔치가 그렇듯, 몇날 며칠이 걸리는 대행사였다. 김 총장이 문교부 장관으로 출사하자 그 관청 직원들, 수위까지 불러 먹였다.

냉면 대접 대행사가 시작되면, 총지휘는 이화여대 총장실 비서실장이 맡았다. 김 총장이 타계한 뒤로도, 남편이 이화여대 국문학과 교수 김치수였던 그 비서실장이 역시 진두지휘에 나섰고, 김 총장의 여동생 김옥영 교수도 함께 감당했다.

맹산 말년에는 홍의빈 링컨사상연구소 사무처장이 선봉이었다.[7] 20명 정도 초대하는 식사 자리이면 으레 냉면 코스가 배설되었기 때문이다. 나 같은 졸자卒者의 생일 즈음에도, 인사차 대신동 댁에 들러 보면 냉면상이 차려져 있었다. 내 냉면 사랑 이력에서 기념비적 해프닝이 분명했다.

'냉면 사랑 모임'

조직 좋아하고 이름 좋아하는 맹산이니, 냉면 사랑도 그냥 둘 리 없었다. 처음엔 '정당政黨'이라 이름 붙이려다, 모임으로 약산 주춤한 것이 그니미 금도襟度였다.

남들은 정당을 하나 만든다는데 우리는 겨우 '냉면 사랑 모임'을 하나 만들었다. 회장은 나 김동길이고 부회장은 아나운서 김동건과 차병원 의사 차광은, 그리고 지난번 국회의원직을 사임하고 서울시장 선거에

7 〔편저자 주〕 맹산 말년의 냉면은 홍의빈 처장 솜씨였다. 맹산 타계 100일을 맞아 가까운 사람들에게 냉면과 "길냉면 만드는 법" 쪽지가 날아왔다(2023. 1. 14). "처음 평양냉면을 접하시는 분이라면 다소 심심하게 느낄 수 있지만 먹으면 먹을수록 매력적인 맛에 빠져들게 되실 거예요. 이 냉면은 김동길 박사님 서거 100일을 추모하기 위해 만들었습니다. 2023년 1월 15일까지 꼭 드시기를."

출마했던 미인 정치인 나경원이다.

이 '단체'에 관한 한, 자금 출처를 따질 기관도 없고 회계감사를 할 필요도 없고 이유도 없다. 우리는 우리 집에서 직접 냉면과 빈대떡을 만들어, 냉면을 사랑하는 친구들을 불러 모아 '사랑의 파티'를 마련하고 함께 즐기면 된다.

첫 모임이 어제(2012. 7. 19) 낮 12시에 우리 집 마당에서 열렸다. 우리 집 냉면 파티는 부모님이 살아 계실 때 시작되었다. 아마 60년 전통은 있다고 자부할 수 있다.

어제는 부회장 김동건이 주선하여 연세체육회의 굵직굵직한 일꾼 약 50명을 초대했다. 빈대떡과 냉면은 각자 원하는 만큼 공급하니, 보통 냉면집과는 본질적으로 다르다.

장마철이고 태풍이 몰아친다고 한 날이지만, 우리가 파티를 여는 동안엔 비 한 방울 떨어지지 않았고, 오히려 쨍하고 해가 뜨기도 했다. 모두가 "이것은 하나님의 축복이다"라고 말했다. 우리 모임이 아니고서는 그런 하늘의 축복을 믿기 어렵다.(15)

나경원은 이런저런 자리에서 여러 번 만났고 대화를 나눌 기회가 있었다. 장애인 부모를 돕는 모임이 우리 집 마당에서 열린 적이 있었고, 그때 냉면을 함께 먹은 적도 있다.(16)

냉면 먹는 당신 생일

맹산 생일이었다(2012. 10. 2). 시원한 냉면 한 그릇을 만복하면서 길냉면 집 주인이 즐겨 인용한 대로 "인생의 아름다움"을 실감했다.

아마 300명쯤은 와서 냉면 한 그릇을 함께 나눴을 것이다. 우리 집은 조상 때부터 냉면과 지짐(빈대떡)만으로 50년 동안 손님을 대접해 왔다. 미국 대사를 모셔도, 중앙청 수위들을 청해도, 메뉴는 한결같다. 냉면과 지짐뿐이다.

그러나 식도락가로 알려진 내 친구 한 사람은, 냉면사리 위에 아무것도 얹은 것이 없는, 여류 시인 모윤숙 씨의 말대로 하자면 '누드(나체)냉면'이긴 하지만, 아무런 조미료도 쓰지 않고 동치미 국물만으로 말아 낸 우리 집 냉면을 먹고 난 뒤에는, 시중에서 파는 냉면은 사서 먹을 마음이 없다고 했다.

가까운 친구들 외에도 현직 국회의장, 전직 대통령, 전·현직 국회의원 그리고 6·25 전쟁 영웅 백선엽 대장도 함께 자리했다. 어떤 공직에도 있지 않은 평범한 시민 한 사람의 생일을 위해 이렇게 많은 인사들이 모이다니!

나의 동지이자 친형 같던 황장엽 선생이 올해에는 참석하지 못했다. 그러나 선생은 하늘나라에서 오늘을 기억하고 있을 거다. 인생은 괴로우나 아름다운 것이다.(17)

미수 잔치도 냉면

2015년 10월 2일 생일도 예와 같이 냉면 잔치가 펼쳐졌다. 서울 신촌에서 '김옥길·김동길표 냉면'으로 유명하고 서울에서 알 만한 모모 인사들은 다 맛봤다는 그 냉면이었다. 이 정도면 신문에 날 사건, 이벤트였다.(18) 미수연米壽宴이었다.

방우영 연세대 명예이사장은 축사에서 "지금까지도 훌륭한 족적을 남긴 김 박사지만, 노익장을 더욱 과시해 나라와 겨레를 위해 많은 업적을 남겨 주시길 축원한다"고 했다.

김동길 답사는 워즈워스의 시 〈무지개〉를 인용했다. "그는 어린 시절 무지개를 볼 때마다 가슴 두근거렸는데, 나이 들어서도 그렇지 못하다면 살고 싶지 않다고 썼는데, 나 역시 그런 마음으로 살아왔다"고 했다.

이날 잔치에는 김황식 전 국무총리, 안대희 전 대법관, 나경원 국회의원 등이 참석했다.

나의 생일에는 우리 집 마당에 천막을 치고 한길도 좀 차용하여 한 150 자리를 만들 수 있어서 늘 옥외 잔치를 해 왔다. '냉면집'이라, 먼저 먹은 사람은 가고 기다리던 사람이 그 자리를 차지하여 그럭저럭 300그릇의 냉면을 눌러야만 했다.

그런데 올해 연세대에서 큰 공사를 시작해, 학교와 인접한 우리 집에서 잔치를 할 수 없게 되었다. 결국 내가 일하는 태평양시대위원회 강의실에 잔칫상을 차리게 되었다. 그러나 아무리 기하학적으로 자리를 마련해도 한 번에 80명 정도밖에 앉을 수 없어, 손님을 세 차례로 나누어 받았다.

〈도판 11〉 신촌에서 열린 김동길 교수의 미수연(2015. 10. 2)
(왼쪽부터) 신영균 배우, 방우영 회장, 김동길 교수, 김봉균 사장.

11시 30분, 12시 30분, 1시 30분, 말하자면 3부제가 불가피했다.

2부 때에는 나의 친구 방우영(〈조선일보〉 회장), 김봉균(항공사 사장), 신영균(영화배우), 그리고 나, 이렇게 네 사람이 단상에 마련된 식탁에서 점심을 함께했다. 우리 넷은 다 일제 때 태어나 일본인들에게 시달렸고, 해방 후 혼란과 6·25의 참화 속에 살아남았다. 한국인으로서는 꽤 성공한 사람들이라 할 수 있다. 잔치 자리에 모인 친구들이 어쩌다 모두 성공한 사람들뿐이었다.

마지막 3부 때는 평양에서 함께 중학교에 다닌 친구 조순(전 서울시장)과 단 둘이 단상에 앉아 먹었다. 손님을 대접하는 메뉴는 지난 50년 한결같다. 냉면과 빈대떡이다. 나의 어머니가 시작하신 그 메뉴를 이어받아 손님이 20명이 넘으면 냉면을 대접한다.(19)

냉면 파티엔 노래가 없을 수 없었다

잔치판에 가무歌舞까지는 아니라도 적어도 노래는 빠질 수 없었다. 맹산은 무척이나 노래를 좋아했다. 구성지게 유행가를 부르는 양이 '카수'라 해도 지나치거나 틀린 말이 아니었다. 당신 주변에는 프로 성악가도 한두 사람이 아니었다. 이규도, 박인수 등도 가곡 부르기 측근이었다.

"노래야 젊은 사람들이 부르는 것이지, 늙은이가 무슨 노래를 부르겠느냐?"고 고개를 흔들 사람들도 있을 거다. 하지만 그것은 모르는 소리다. 늙어서 부르는 노래가 있다. 젊어서 부르던 노래들 중에는, 늙어서 부를 수 있는, 늙어서 부르고 싶은 노래가 따로 있다.

내 친구들 중에는 〈오 나의 태양〉이나 〈별이 빛나는 밤에〉 같은 명곡들을 원어로 불러 젖히는 아마추어 오페라 가수들이 더러 있다. 하지만 보통 사람들은 젊어서 익힌 유행가나 가요, 가곡이나 동요를 나이 들어도 곧잘 부른다. 그러나 일반적으로 노인은 '노래 잃은 뻐꾹새'로 낙인 찍힐 수밖에 없다.

나는 고복수가 부른 〈타향살이〉를 좋아한다.

> 타향살이 몇 해런가
> 손꼽아 세어 보니
> 고향 떠난 십여 년에
> 청춘만 늙고

이 노래는 4절까지 있는데 2절까지 부르면 벌써 박수 치는 사람이 있다. '가수'에게 크게 실례가 되는 일이다. 교향악단의 연주를 듣다가도 아직 그 곡목이 다 끝나지도 않았는데 아는 척하며 박수 치는 성급한 '애호가들'이 있다. 그것이 얼마나 부끄러운 일인가? 그렇게 하면 '가수'에게도 실례가 될 수밖에 없는 거다.

내가 노년에 즐겨 부르는 노래는 포스터의 〈올드 블랙 조Old Black Joe〉(1860) 등이다. 뉴욕의 어느 허름한 거리, 허술한 카페에 포스터가 자주 찾아갔다는 이야기를 자랑스럽게 내세우기도 했다. 그 밖에도 내가 좋아하는 미국 노래는 〈언덕 위의 집Home on the Range〉이나 〈홍하의 골짜기Red River Valley〉 같은 곡들이다. 젊어서 이런 노래들을 익혀 두었기에, 이 나이에도 혼자 부르며 즐길 수 있다.

그러나 누가 나에게 "가장 좋아하는 노래가 또 있느냐?"고 물으면 서슴지 않고 이 노래[8]를 읊어 본다.(20)

When I grow too old to dream
(꿈을 꾸기에 너무 나이가 들면)
I'll have you to remember
(당신이 기억하게 할 거예요)
And when I grow too old to dream
(그리고 꿈을 꾸기에 너무 나이가 들면)

---

8 〔편저자 주〕〈꿈을 꾸기에 너무 나이가 들면〉은 해머스타인(Oscar Hammerstein II, 1895~1960) 작사로 1940년대 이후 여러 유명 미국 가수들이 즐겨 불렀다. 노래 2절 가사는 이렇다. "자, 연인이여 내게 키스해 주세요. 그리고 우리 헤어집시다. 꿈을 꾸기에 너무 나이가 들면 당신의 키스가 내 마음에 살아 있을 거예요(So kiss me my sweet, And so let us part. And when I grow too old to dream your kiss will live in my heart)."

Your kiss will live in my heart

(당신의 키스가 내 마음에 살아 있을 거예요)

생일을 맞는 감회 한마디

19세기 영국의 저명한 시인 랜더가 노년에 이르러, 생일에 이렇게 읊었다.

나 아무와도 다투지 않았네

누군들 나와 다툴 만하였으랴

나 자연을 사랑했고

자연 다음으로는 예술을 사랑했던 이 몸

인생의 화롯가에 두 손 녹였으나

이제 그 불길 꺼져 가네

그리고 나, 떠날 준비는 다 돼 있다네

역시 시인의 삶에는 멋이 있고 여유가 있다. 그가 아무와도 다투지 않은 까닭은 누구도 그의 싸움 상대가 된다고 느끼지 않았기 때문이라니, 과연 시인다운 도도함과 교만함이 엿보인다.

나의 80여 년 삶에는 이렇다고 내세울 만한 자랑거리가 전혀 없고, 또 후세에 남기고 간다고 자랑할 만한 업적이라곤 단 한 가지도 없다. 제대로 생긴 아들딸이라도 낳아서 잘 키웠다면 '후세의 유물'이 될 수도 있으련만, '자유'의 이름으로 독신을 고집하다 보니 오늘 이 지경이 되었다. '울 밑에 선 봉선화'가 된 것이다.

오직 자유 하나를 찾아

그래도 82년의 긴 생을 오직 자유 하나를 찾아서, 자유 하나를 위해 살아왔다고 자부한다. 그리고 나의 주변에 있는 소수의 사람들을 사랑하였다. 사랑하고 싶어서, 사랑하기 위해 힘쓴 것도 사실이다. 시인 랜더가 시를 썼지만, 나도 나 나름대로 '사랑의 작품'을 만들었다.

19세기 프랑스의 두드러진 작가이고《적과 흑》의 저자이기도 한 스탕달(Stendhal, 1783~1842)은 자신이 사랑한 사람들의 이름을 벨트에 적어 놓고, 그 혁대로 바지가 흘러내리지 않도록 했다고 들었다. 나에게는 그런 이름들이 적힌 벨트조차 없다.

그러나 나는 영원을 그려 보며, 약간의 미소를 띠고, 저만큼 바라다 보이는 마지막 관문, 통과하기 힘들다는 그 죽음의 관문을 바라보고 있다. 나의 하나님, 나의 주 예수 그리스도와 나보다 먼저 떠난 나의 아버님 어머님, 누님, 형님, 그리고 절친했던 친구들, 내가 사랑했던 사람들을 모두 거기서 다시 만날 것을 믿고 또 소망하고 있다. 여든두 번째 생일을 맞은 오늘, 테니슨과 함께 이렇게 노래하고 싶은 심정이다.(21)

> 해는 지고 저녁 별 반짝이는데
> 날 부르는 맑은 음성 들려오누나
> 나 바다 향해 머나먼 길 떠날 적에는
> 사바세계 신음소리 없기 바라네

직강直講 뒤에도

맹산이 그랬듯, 사람들의 어울림 자리에는 음식의 공유가 촉매가 된다. 동서양이 다르지 않다. 집안사람들이 모여 제사를 지낸 연후 제수祭需 음식을 함께 음미하는 어울림을 일컬어 "복을 나누어 마시는 노릇"이라며 음복飮福이라 했다. 서양 쪽 '동지同志'를 뜻하는 영어 'companion'는 "빵panion을 함께함com"이 어원이다.

맹산이 자주 인용하던 영어 속담도 있다. "상대방 심장 닿는 데는 위장이 지름길You reach one's heart through his stomach." 맹산은 이 영어 문장을 "잘 먹으면 사람 마음이 달라지는 법"이라 옮겼다.(22)

그래서 '심포지엄'[9]이란 말도 나왔음은 나도 기억한다. 가슴 가득 서로 토론한 뒤에는 좋은 음식을 호궤犒饋한다는 뜻이다. 김동길이 이 낱말의 유래를 모를 리 없었다. 그가 주관했던 '인문학 강의'[10]가 있었다.

---

9 〔편저자 주〕 고대 그리스어인 '심포지엄symposium'은 음악·춤·리사이틀 또는 대화가 수반되는, 즐거움을 위해 술을 곁들여 식사하는 연회의 일부였다(《위키백과》 참조)

10 〔편저자 주〕 모임에 참여했던 수강생 이희정(李羲政, 1953~)의 녹취에 따르면, 2007년 "인문학 고전 강독"은 1월《군주론》(마키아벨리), 2월《공산당 선언》(마르크스), 3월《자유론》(밀), 4월《미국의 민주주의》(토크빌), 5월《법의 정신》(몽테스키외), 6월《방법서설》(데카르트), 7월《팡세》(파스탈), 8월《죽음에 이르는 병》(키르케고르), 9월《기독교인의 자유》(마르틴 루터), 10월《로마제국의 쇠망사》(에드워드 기번), 11월《톨스토이 인생론》(톨스토이), 12월《월든》(소로)이었다. 2008년 "문학 고전 강독"은 1월《일리아드》(호머), 2월《데카메론》(보카치오), 3월《신곡》(단테), 4월《실낙원》(밀턴), 5월《햄릿》(셰익스피어), 6월《파우스트》(괴테), 7월《부활》(톨스토이), 8월《죄와 벌》(도스트옙스키), 9월《레미제라블》(빅토르 위고), 10월《돈키호테》(세르반테스), 11월《주홍글씨》(너새니얼 호손), 12월《몬테크리스토 백작》(알렉상드르 뒤마)이었다.

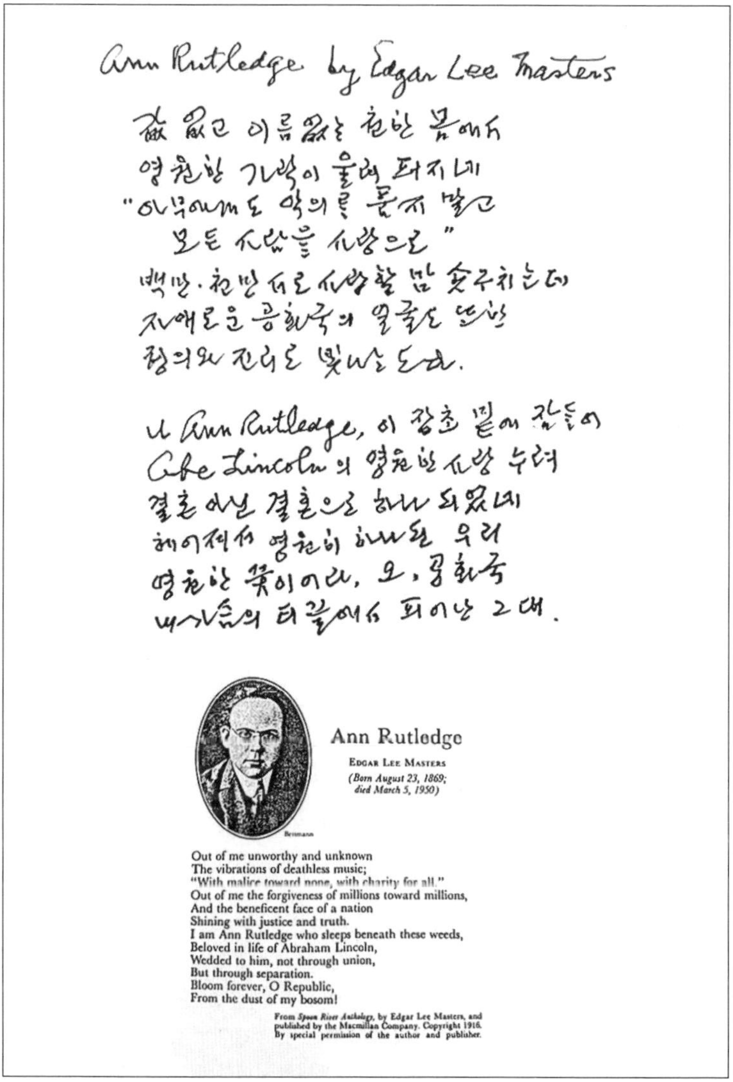

Ann Rutledge by Edgar Lee Masters

값 없고 이름 없는 천한 몸에서
영원한 가락이 울려 퍼지네
"아무에게도 악의를 품지 말고
모든 사람을 사랑으로"
백만·천만 서로 사랑할 맘 솟구치는데
자애로운 공화국의 얼굴도 또한
정의와 진리로 빛나도다.

나 Ann Rutledge, 이 잡초 밑에 잠들어
Abe Lincoln의 영원한 사랑 누려
결혼 아닌 결혼으로 하나 되었네
헤어져서 영원히 하나된 우리
영원한 꽃이어라, 오, 공화국
내 가슴의 티끌에서 피어난 그대.

Ann Rutledge

EDGAR LEE MASTERS

(Born August 23, 1869; died March 5, 1950)

Out of me unworthy and unknown
The vibrations of deathless music;
"With malice toward none, with charity for all."
Out of me the forgiveness of millions toward millions,
And the beneficent face of a nation
Shining with justice and truth.
I am Ann Rutledge who sleeps beneath these weeds,
Beloved in life of Abraham Lincoln,
Wedded to him, not through union,
But through separation.
Bloom forever, O Republic,
From the dust of my bosom!

From *Spoon River Anthology*, by Edgar Lee Masters, and published by the Macmillan Company. Copyright 1916. By special permission of the author and publisher.

〈도판 12〉 인문학 강의안

시 제목 〈앤 러틀리지Ann Rutledge〉(1813~1835)는 링컨의 첫사랑으로 알려진 여인이다. 미국 시인 매스터스(Edgar Lee Masters, 1868~1950)는 저술가이기도 했다.

저녁 7시에는 매달 한 번씩 나를 찾아와 '인문학 강의'(〈도판 12〉 참조)를 듣는 엘리트 학생 약 50명에게 "역사란 무엇인가?"라는 제목으로 강의를 했다. 그리고 강의가 끝난 후 같은 장소에서, 같은 메뉴로 빈대떡과 냉면을 대접했다.

모두가 잘 먹고 마음껏 떠들며 매우 즐거운 시간을 가졌다. 나는 늘 나 자신에게 일러 준다. "인생은 괴로우나 아름다운 것"이라고.(23)

장수클럽 조직

나는 아직 만나 뵌 적은 없지만, 100세에도 작품 활동을 계속할 뿐만 아니라 강연 요청을 받고 일본에 다녀온 저명한 화가가 계시다는 말을 들은 적은 있다. 그 어른은 미국에 사셔서 한 번도 직접 뵌 적은 없다.(24)

80세까지 건강하게 사는 것도 쉬운 일은 아니다. 그래서 나는 80세가 넘은 건강한 어른들 가운데 우선 열두 분을 골라 장수회長壽會를 하나 만들기로 마음먹었다. 나와 항상 의기투합하는 이용만[11] 장관을 만나 의논

---

11 〔편저자 주〕 이용만 장관은 2025년 5월에 유튜브 채널 〈이용만 해 주세요〉를 개설하였다. 1933년 강원도 평강에서 부농의 아들로 태어난 그는 해방 뒤 공산 정권이 들어서자 여기저기서 "이승만李承晩·김구金九 타도"를 외치자 본명 '승만承萬'을 '용만'으로 고쳤다. 지주 아들이란 이유로 학교 대표로도 뽑히지 못했다. 결국 '못 살겠다'며 월남하여 1950년 학도병으로 참전했다. 유튜브를 개설한 '5월 11일'은 특별한 날이다. 그날 강원도 춘천 가리산 전투에서 어깨와 척추에 총상을 입었다. 전상으로 탄환 조각이 몸속에 아직도 박혀 있다. "유튜브를 시작하게 된 건 손주들 덕분"이다. 10대 후반인 손주들이 "북한 사람들은 왜 굶주려요?" "(6·25 전쟁 때) 무슨 음식을 먹었어요?"라고 물었다. "너희 나이 때쯤 총을 들고 전쟁터에 나갔어. 주먹밥 한 개 먹고 하루에 100리씩 걸어 도망쳤다." 빈곤을 경험해 본 적 없는 아이들이 옛날 일을 막 물어보는데 이 기억들을 어딘가에 남겨야겠다는 생각이 퍼뜩

했다. "내가 고문으로 있으면서 이 모임을 후원할 테니 당신이 회장이 되시오"라고 간곡히 부탁해 이미 반은 승낙받은 셈이다.

우정과 나눔의 장

발족 날짜는 정하지 않았지만 우선 태어난 달이 다른 12명을 모으려 한다. 그래야 매달 한 번씩 생일을 축하하는 간단한 '연회'를 베풀 수 있기 때문이다. 일단 열두 명이 규합된 다음에는 생년월일에 상관없이 80세가 넘은 '좋은 노인'이면 엄격한 심사를 거쳐 회원으로 가입시키려 한다.

이런 복안을 피력했더니, 70대가 "예비회원으로 가입할 수 있을까요?"라고 조르기에 "안 돼!"라며 한 마디로 거절했다. 장수회의 권위를 위하여!

이런 식으로 생각하고 이런 식으로 살면 인생은 괴로운 것만은 아니다. 인생은 아름답기도 하고 재미도 있는 거다.(25)

들었다. "한국은 일제 식민 지배, 동족상잔의 전쟁, 세계사에 유례없는 산업화를 압축적으로 겪은 나라"라며 "잘한 것도, 반성해야 할 것도, 기억해야 할 것이 많은 시대다. '그때 그 시절'을 더 잘 이해하길 바라는 마음으로 영상을 만들고 있다."

최근 올린 영상은 '늬들이 박정희를 알아, 박정희와 일한 남자'다. 영상에서 그는 "경제 계획을 상황실에 일목요연하게 정리하고 하루도 안 빠지고 매일 나오셨다", "아랫사람을 어떻게 독려하는지를 아는 뛰어난 리더였다", "전쟁 전 북한에서 살아 봤고 실제로 전쟁을 겪은 사람으로서, 북한의 독재와 굶주리는 인민들의 참혹한 실상을 꼭 전달하고 싶다"고 했다. "한국이 세계 6대 경제 강국이 됐고, 군사력으로는 5대 강국에 올랐다"면서 "온 국민이 함께 일군 결과"라고 했다. 그는 "이제는 여러분 차례다. 하고 싶은 걸 하되, 반드시 성실해야 하고 끝까지 해내겠다는 집념이 있어야 한다. 난 내 몫을 다했으니 여러분이 이어가 달라"고 했다(〈조선일보〉, 2025. 6. 6).

2015년 10월 8일 낮 12시에 광화문 태평로에 자리 잡은 프레스센터 19층에서 '장수클럽'이 첫 모임을 가졌다. 대한민국 재무부 수장을 지낸 이용만 장관과 내가 장수하는 한국인들 중에서 16명을 선발하여, 한 달에 한 번씩 모여 점심을 함께하고 세상 이야기를 주고받는 즐거운 시간을 갖기로 한 것.

모인 회원은 총 14명으로,[12] 최연장자가 96세인 백선엽 장군이며, 최연소자는 KBS의 이인호 이사장이다. 좌석 배치는 'ㄷ' 자 형태로 하여 최연장자와 최연소자가 마주 앉게 했다. 인사말이 없을 수 없었다.

가을은 깊어 간다. 인생의 가을도 깊어 간다. 친구가 있다는 것은 언제나 마음 든든한 일이다. 예수께서 못난 우리들을 향해, "내가 너희를 친구라 하노니"라고 말씀하신 것은 참 고마운 일이다. 우리는 기죽지 않고 이 시대를 끝까지 용감하게 살아갈 것이다.

점심은 소고기 스테이크 정식으로, 스프와 샐러드도 함께 나왔으며 양과 질도 그만하면 수준급이었다. 10월이 생일인 사람은 셋 — 백 대장과 나와 박수길 대사였다. 생일 케이크도 준비되어 있어 모두 함께 〈생일 축하합니다〉를 불렀다.

시인 김남조 회원이 자기 나이가 한 살 더 많아졌다고 하기에, 어머니 뱃속에 10개월이나 있었으니 태어나면 한 살이란 것은 과학적 계산이라며 우스갯소리를 하기도 했다. 우리는 한 어머니에게서 태어난 형제·자매처럼, 기죽지 말고 사이좋게 지내자고 했다. 만일 우리 중 한 회원이 저녁 끼니를 끓일 쌀이 떨어지면 회원 명단에 있는 누구에게라도 전화하

---

12 〔편저자 주〕 2019년 1월 1일 현재의 명부 기준으로, 장수클럽 회원은 30명으로 늘어났다.

면, 쌀 한 가마는 아니라도 몇 되박이라도 가져다줄 것이라며 웃었다.

90이 넘은 회원의 회비는 '장수클럽'에서 부담하고, 다른 회원들은 다음 모임에 올 때부터 5만 원씩 봉투에 넣어 가져오기로 했다. 오늘 점심값은 명예회장인 내가 다 내기로 했지만! 그렇게 발표한 나에게 박수가 쏟아졌다.(26)

소중한 회고담도 오갔다

마산은 나중에 장수클럽에 배석해야 할 일이 생겼다. 가나화랑 전속 작가로 평창동에 정착한 김병기 화백이 장수클럽을 참석하는 데 차량을 제공해야 했기 때문이었다. 백세 노인은 차를 타고 내릴 때도 보호자의 눈길과 손길이 필요해서 택시 대신 내 차로 직접 모시기로 했다.

다시 모시고 와야 했기 때문에, 마산도 자연스럽게 모임의 식객이 되었다. 맹산은 농담 반, 진담 반으로 말씀하곤 했다.

"당신은 아직 80이 안 됐으니, 회원 자격은 없어!"

식사만 한 것이 아니었다. 노장들의 회고담에는 오랜 경륜과 깊은 내용이 들어 있었다. 유엔 한국참전국협회를 창설하고 그 회장을 맡아 틈나는 대로 참전국을 방문하여 나라를 구해 준 은공에 감사를 표하는 일들을 해 온 지갑종[13]도 장수클럽 멤버였다.

---

13 〔편저자 주〕 지갑종은 광주에서 태어나 연희대 상과를 졸업했다. 미 군정청 통위부(국방부) 문관, 6·25 학도병, 영국 로이터통신 기자(6·25 전쟁 종군기자), 제11·12대 국회의원, 유엔한국참전국협회 창설 및 회장 등을 역임했다. B-29·김일성 승용차 등 6·25 관련 유물을 수집하고 육군박물관에 전시하는 데도 앞장섰다.

2018년 4월 10일의 모임이었다. 문재인 대통령이 4월 말 북한 독재자와 정상회담을 앞두고 있을 당시, 관련 이야기가 오갔다. 6·25 전쟁 때 유엔군이 북진하면서 영변 근처에서 노획한 김일성의 세단을 북한에 선물하고 싶다며, 그 가능성을 지갑종에게 타진해 왔다는 것.

김일성의 승용차는 소련제 리무진 ZIS110. 노획 당시 버려진 그 차를 보자마자 한 북한 사람이 "김일성이 죽었느냐"고 물었고, 그제야 그것이 김일성 차임을 알았다.(27) 이 차는 이승만 대통령이 1950년 말, 전선에서 불의의 교통사고로 전사한 미8군 사령관 월튼 워커(Walton Walker, 1899~1950)[14]의 미망인에게 선물로 주었다.

김일성의 리무진은 1951년 7월 마산항을 출발한 미군 수송선에 실려 샌프란시스코로 옮겨졌다. 장군의 미망인은 그 차를 몰고 미 대륙 횡단 길에 나섰지만, 닷새 만에 그만 고장이 나서 중도에 버렸다. 나중에 어느 수집가가 보관 중이던 것을 지갑종이 알게 되었고, 15만 달러 호가를 5만 달러로 깎아 살 수 있었다.

얼마 뒤 15만 달러에 사겠다는 이가 나타났다. 북한을 대리하는 캐나다 교포였다. 지갑종이 팔 리 없었다. 1982년 그는 이 차를 다시 한국으로 가져와서 2014년 6월 용산 전쟁기념관으로 옮겼다.

그런 차를 북한에 선물하고 싶다 했던 한국 대통령이었으니, "간첩이 아니냐"는 시중의 뒷소리도 어쩌다 들었던 게 아니었을까.

---

14 〔**편저자 주**〕 서울 워커힐 본관 정문 산자락에 세워진 워커 장군의 추모비에는 다음과 같은 비문이 적혀 있다. "오늘 우리가 장군을 특별히 추모하는 것은, 한국전쟁 초기 유엔군의 전면 철수를 주장했던 미국 조야의 지배적인 분위기 속에서도 유독 장군만이 홀로 한반도 고수를 주장하여 전쟁을 승리로 이끌었을 뿐만 아니라 한반도 공산화를 방지하여 우리의 오늘을 가능케 한 그 공덕을 잊을 수 없기 때문입니다."

제16장
난세를 살아온 역정

자유민주주의를 찾아 나선 남행南行이었지만, 당신이 살았던 세월은 난세亂世의 연속이었다. 치세治世에 대한 기대가 컸기 때문에, 넘어야 할 고비들에 대한 인식도 남달랐다.

한마디로 "단기적 비관悲觀, 장기적 낙관"의 삶을 살았다. 살아낸 정권마다 "단기적 비관"이 아닌 경우가 없었다.

김(동길) 교수는 왜 한마디도 않는가

가까이 지내는 누군가가 내게 말한다.

"이렇게 답답한 판국에 김 교수는 왜 한마디도 하지 않는가?"

요약하면 대개 그런 내용이다.

옛날에는 국민이 답답하다고 느낄 때마다 꼭 위로와 용기의 말을 한마디씩 건넸던 그 사람이, 요즘은 어찌하여 침묵을 지키고 있느냐는 투로, 이 노인을 원망하는 사람들이 많다는 것이다.

그러나 요즘 많이 듣게 되는 이런 비난에 대해서, 약간의 해명이 필요하다는 생각이 든다. 돌아보면, 지난 반세기 넘게, 나름대로 할 말은 하면서 살아왔다고 자부하지만, 그 어느 때라도 국민들의 답답한 속이 시원해질 만큼 말을 한 적은 없었다.

몇 년 전까지만 해도 신문이나 방송 등 대중 매체에 글도 쓰고 말도 할 수 있는 기회가 주어졌지만, 이제는 나이가 많아진 탓인지 그런 부탁을 받는 일이 많지 않다.

그러나 예전과 다름없이 지금도 누가 듣건 말건, 누가 읽건 말건, 나는 내가 할 말은 하고, 써야 할 글을 쓰면서 살고 있다는 사실도 변명 삼아 알려 주고 싶은 심정이다. 교회나 예수모임에서, 그리고 링컨아카데미와 '70·80세 젊은이들'의 모임인 목요서당 등에서 여전히 할 말은 하고 있다.

또한 지난 10년 동안 인터넷을 통해 매일 연재하던 〈자유의 파수꾼〉 칼럼을 올해 4월에 마무리하고, 5월 1일부터 〈석양에 홀로 서서〉라는 칼럼에 매일 원고지 석 장 분량의 글을 쓰고 있다는 사실을 알아주기 바란다.[1]

한국 현대사의 빛: 이승만과 박정희

영국 정치사에서 두 사람을 꼽는다면, 물론 사람마다 의견이 다를 수는 있겠지만, 나는 크롬웰과 처칠을 들고 싶다. 프랑스에는 나폴레옹과 드골이 있었다. 미국 역사에는 워싱턴과 링컨이 두드러진다. 중국 현대사에서는 쑨원과 마오쩌둥이 대표적이다.

그렇다면 한국에는 아무도 없었는가? 그렇지 않다. 오늘의 한국이 이만한 수준의 나라로 존재하는 것은 이승만과 박정희가 있었기 때문이다. 이 두 지도자의 공功과 과過는 이 짧은 지면을 가지고는 언급조차 하기 어렵다고 생각한다. 한 권의 책을 가지고도 안 될 것이다.

왜 내년(2017년)에 치러질 대선이 그렇게 중요한가 하면, 오늘의 한반도가 자유민주주의로 통일되어 세계사적 사명을 완수할 것인가, 아니면 김정은이 마음대로 할 수 있는 초라하고 부끄러운 한반도가 될 것인가의 기로에 서 있다고 느껴지기 때문이다.

그러나 나는 비관하지 않는다.[1] 크롬웰이나 링컨 같은 지도자가 나타나 오늘의 정치꾼들을 다 몰아내고 한반도의 영광을 드러내리라고 나는 믿고 있다.(2)

1 〔편저자 주〕 장기적 낙관이 김동길 언표言表의 핵심 결론이었다.

이승만, 현실주의자의 건국

김동길은 당신이 편저한 책(2017)에 실린 최명의 이승만론을 좋아했다. 말로만의 칭찬이 아니었다. 재미在美 시절, 이승만의 요청으로 미국 연방 우정청(US Post)이 발행한, 오래 아껴온 태극기가 들어간 우표 세트를, 나도 함께 앉았던 자리에서, 치하의 뜻으로 선사膳賜했다.

아무튼 최명 글(2017) 맨 후반부를 발췌한다.(3)

민생과 교육

나라가 유지되려면 어느 정도의 인구는 필수불가결이다. 그 전제 위에 공자는 나라를 다스리는 단계를 밝혔다. 그는 교육을 먼저 말하고, 민생(경제)을 다음으로 꼽았다.

첫째, 교육이다. 이승만은 어떤 의미에서 정치가이기에 앞서 학자이고, 교육자였다. 그가 생각한 교육은 개인이 지식을 넓히고 인격을 높이는 것만이 아니라, 새 나라의 주인이 될 국민의 교육이었다. 따라서 모든 국민에게 균등한 교육의 기회를 부여함으로써 국가건설에 참여할 수 있게 하는 것이 그의 생각이었다. "적어도 초등교육은 의무적이며, 무상으로 한다"는 헌법 조항도 이러한 이승만의 교육관의 반영일 것이다.(4)

해방 다음 해인 1946년의 초등학교 취학률은 53.4%였다. 12년 후, 1958년의 그것은 95.2%로 늘어났다. 부산 피란 시절에도 전시연합대학이 운영되었으니, 말할 것도 없다. 이와 같은 교육의 확대와 발전이 그 후 우리나라의 산업화와 민주화의 초석이 된 것은 논의의 여지가 없다.

둘째, 경제다. 건국은 정치적 안정을 이루는 계기였다. 이와 병행하여 경제 개발을 위한 제도적 장치와 정책이 필연적으로 요구되었다. 건국 이듬해부터 '산업부흥 5개년 계획' 등이 수립되기도 했으나, 6·25 전쟁으로 무산되었다. 그리하여 1950년대 이승만의 경제정책은 남북분단과 6·25 전쟁으로 붕괴된 과거의 재생산구조를 어떻게 회복시키는가에 주안점을 두지 않을 수 없었다. 그것은 수입대체공업화 정책으로 나타났다. 이 정책은 "이전에 수입하던 재화를 국내 생산을 통해 부분적 혹은 전면적으로 대체하는 공업화 전략"이다.(5)

이를 뒷받침하기 위해 협정환율과 시장환율을 동시에 인정하는 이중환율제가 채택되었다. "원조자금을 이용하여 수입대체공업화를 추진하는 기업에 저환율을 적용하여 원조자금을 배분하는 한편, 수출 등에 대해서는 시장환율을 허용"하였다. 그리고 이것이 성공했다. 그리하여 1956~1957년경에 이르러서는 전전戰前 생활수준에 도달하는 부흥이 마무리되었다는 것이다.

이승만 정부의 경제계획

이승만 정부는 1950년대에 들어서서 수차의 경제계획을 발표하였다. 그 백미는 1959년 부흥부 산업개발위원회가 수립한 '경제개발 3개년계획안'이다. 불행히도 이 안은 1960년의 정치격동의 와중에서 햇빛을 보지 못했다. 그러나 1961년 군사정부가 단시일 안에 '제1차 경제개발 5개년 계획'을 작성할 수 있었던 것은 1959년의 '경제개발 3개년계획안'이 있었기 때문이다. 이승만은 박정희 산업화정책에 초석을 깐 것이다. 어부지리漁父之利란 말은 옛날부터 있었다.

이제 이 글을 마무리할 때가 되었다. 다시 말하거니와 사람에게는 누구나 장단처가 있다. 위대한 정치가에게도 공功과 과過가 있다. 나는 여기서 두 가지 이야기를 하고자 한다. 첫째, 공과 과에 대한 균형 있는 평가가 중요하다는 것이다.

공적은 첫 번째, 과오는 두 번째

이승만에 대한 나의 평가는 이렇다. "건국이라는 그의 공적은 첫 번째고, 장기집권에 따른 과오는 두 번째다."[2]

두 번째, 이것은 이승만에 국한된 것은 아니나, 대체로 우리나라 사람들은 남 칭찬하기에 인색하다는 게 나의 생각이다. 남의 단처短處를 들추고, 남의 공적을 폄훼하는 것으로 밝은 사회를 기대할 수 없다.

이승만은 어떤 사람이며, 누구인가?

그는 가능한 일의 성취를 위해 최선을 다했던 현실주의자였다. 그의 최고 성취는 대한민국 건국이었다. 국민이 자유선거를 통해 통치자를 직접 선출하는 민주주의 국가를 세웠다. 그래서 건국의 아버지인 것이다.

---

2 〔편저자 주〕 6·25 전쟁 발발 초기부터 전선을 취재했던 여류 종군기자 히긴스(Margerite Higgins, 1920~1966)는 〈뉴욕 헤럴드 트리뷴〉 도쿄 특파원으로 부임한 직후 제2대 국회의원 선거(1950. 5. 30) 취재를 위해 한국을 처음 찾았다. 그리고 타전한 동지同紙 1950년 5월 29일 자는 초대 이승만 대통령을 일컬어 "신념은 민주주의에 두었으나 기질로는 독재자"라 묘사했다. 1950년대 언젠가 미국을 방문했던 이 대통령은 히긴스 기자와 점심을 함께했다 한다(메이, 2019: 206; 398). 반공주의자 히긴스의 한국전쟁 종군기 《자유를 위한 희생*War in Korea*》은 대한민국 존립을 우호적으로 저술했고, 이걸로 여류 종군기자로는 처음으로 퓰리처상을 받았다.

박정희의 권도

내 누님 김옥길도 이화여대 총장을 18년간 역임했다. 이 점에서 박정희 18년 장기집권을 나무랄 수 없는 처지라며 우스개 하곤 했다.

박정희는 경제성장의 탄력을 유지하기 위해 장기집권 유신을 한다 했으니, 굳이 동양의 전통사상을 빌려 말하면 '권도權道'[3]의 실현이었다. 옛날 함석헌 선생에게서 '권도'의 참뜻을 배웠다. 그 낱말의 사전적 의미는 "목적 달성을 위해 임기응변으로 취하는 방편"이다. 그런데 함 선생은 다음과 같은 예화를 들어 '권도'의 참뜻을 일러 주었다.

어느 학교 교장의 아들이 그 학교에 입학 원서를 내고 시험을 봤는데 점수가 모자라서 그만 불합격이 되었다. 그렇다면 그 교장은 더 이상 교장 노릇을 할 자격이 없다. 입학시험의 점수 몇 점 때문에 아들을 낙방시키고 무슨 교장 노릇을 제대로 할 수 있겠느냐는 것이다. 이 가르침의 큰 뜻이 나이를 먹으면서 점점 더 절실하게 느낀다.

"변칙變則 없이는 원칙을 지킬 수 없는 경우가 있다. 격格을 지키기 위해 때로는 파격破格이 필요하다."

---

3 〔편저자 주〕 순우곤淳于髡이 말했다. "형수兄嫂가 물에 빠졌다면 손으로 구원救援을 해야 합니까?" 맹자가 말했다. "형수가 빠졌는데 구해 주지 않으면 이는 승냥이의 마음!"(남자와 여자가 주고받음을 친親히 않음은 예禮이며, 형수가 빠졌는데 손으로 구원하는 것은 권도다男女授受不親, 禮也 嫂溺援之以手者, 權也." 권도라는 것은, 법도法道를 어김反이지만 착함이라 했다(《이루離婁》 상 17장).

김옥길도 한때 권도를

권도는 김옥길 총장도 구사했다. 이화여대에 응시한 교직원 자녀들의 입시 성적을 체크하고, 거기서 낙방한 응시생을 가려서 총장 전권으로 추가 합격자로 뽑았다.

아쉽게 당신 여식을 이화여대에서 교육시킬 수 없는 지경이라면 그 교직원들이 학교를 위해 힘쓸 열성과 의욕은 필시 함량 미달이지 않겠는가. 그걸 헤아린 결단이었다. 교원 자제의 보궐補闕입학[4]인데 흠잡을 데 없는 도덕성의 대학 리더십,[5] 그것도 사립대학에서만 가능했던 경우였다.

그럼에도 공율公律을 의식하지 않을 수 없었던가.

"정원 외 추가 합격자 명단을 발표한 후 총장직 사표를 제출하기도 했다. 이후 호의적 여론에 힘입어 6개월 만에 다시 총장으로 복귀하였다."(6)

아니면 권모술수 하나로 보았던가.

---

4 〔편저자 주〕 보궐입학의 경우, 내가 듣기로 서울의 일류고등학교에서 도덕성 있는 교장 주관으로 더러 보궐입학이 있었단다. 열악한 학교재정을 감당하기 위한 방편이라 했다. 내가 다녔고 일했던 서울대의 경우 1960년대 말까지던가. 교직원 자제는 가산점을 주어서 입학시키곤 했다. 다만 교직원이 요청한 경우라 했다(가산점을 받지 않고 입학했던 경우도 적잖았다는 말이었다). 서울 문리과대학에 입학한 뒤 총학장급 자제와 교양과목을 함께 들었다. 그런데 교실에서 알게 모르게 느껴진 분위기로 보궐입학자의 거동을 낮추어 보고 있었다. 대학 행정당국도 그렇게 치부·주시하고 있었다. 이를테면 보궐입학자는 대학 졸업 후 특히 서울대 교직원으로 일할 경우, 하나의 결격사유 '전과자' 멍에를 걸머지고 살아가는 듯했다. 우리 사회의 평등의식이 더없이 치열함의 한 징후가 아니겠는가.

5 〔편저자 주〕 대학총장을 교직원 투표로 뽑기 시작하고부터 대학총장을 사회 지도급 인사로 더 이상 여기지 않게 되었음이 전직 대학교수였던 편저자의 소견이다. 덕망과는 무관하게 동료 교직원 경조사慶弔事 등을 오래 잘 챙겨야 총장이 된다는 말이 공공연한 상식이 되었다. 이전에도 그런 경우가 있었지만 2025년 상반기 이재명 정부의 교육부 장관 후보가 논문 표절에 발목이 잡혀 중도 낙마하지 않았던가.

우리는 권모술수權謀術數라는 말을 싫어한다. '술수'란 일종의 속임수이기 때문에 그렇다. 권모술수를 일삼는 사람과 무슨 일을 같이하기 어렵다. 그러나 '트로이의 목마木馬'를 떠올리면 전쟁에 승리하기 위해 그것은 부득이한 '술수'였다고 믿는다. 그래서 오디세우스 장군의 지략과 용기에 박수를 보낸다.(7)

보릿고개 시대로 돌아갈 수 없지

나는 군사 쿠데타를 어제도 반대했고, 오늘도 반대하며, 내일도 반대할 것이다. 그러나 5·16 군사정변이 오늘의 한국을 만드는 데 일조했음을 부인할 수 없다. 박정희 정권은 나를 감옥에 넣었지만,[6] 보릿고개 시대로 돌아갈 수는 없다.(8)

출감한 지 얼마 안 돼 이런 일이 있었다.

박정희 정권에 몹시 비판적인 프레이저 미 하원의원이 방한해 미 대사관에서 리셉션이 있었다. 프레이저 의원이 "미국이 어떻게 하면 한국 민주화를 돕겠는가?" 묻자, 야당 정치인들이 "스팽크 힘spank him(박정희 엉덩이를 걷어차 달라)"이라고 답했다. 내 차례가 됐을 때 "미국이 한국 민주화에 도울 게 없다. 민주화는 우리가 한다. 매도 우리가 맞고 감옥에도 가야 달성된다"고 답변했다.(9)

---

6 〔**편저자 주**〕 김동길은 "평범하게 지내던 한 대학교수를 유명하게 만들어 준 이가 박정희"라고 더러 말하곤 했다.

박정희가 잘못한 것은 많다. 그렇지만 건강보험을 만든 것도, 경제를 이만큼 만든 것도 박정희 정권이다. 박정희 때문에 감옥에도 살았지만, 한 번도 욕하지 않았다. 다 끝나면 잘한 걸 생각해야 한다.(10)

박정희 말년에 그가 나에게 식사를 대접하려 했던 적 있다. 직접은 아니고, 정상천 당시 서울특별시장에게 밥을 사 주라 했단다.

당시 1977년 취임하면서 주한미군을 철수시키겠다던 미국 대통령 카터가 1979년 6월 방한했을 때, 이 문제로 한미정상회담에서 옥신각신했다. 분위기가 심상치 않았다. 이때도 나 김동길은 미군 철수는 반대라고 단호하게 말했던 사실을 박정희가 들었기 때문이었다.

나의 카터 비판은 한참 나중에도 이어졌다. 그의 북한 인식을 비판했다. 일전에 카터가 평양에 들렀다 서울에 와서, "북한의 인권을 문제 삼지 말자"는 내용으로 한마디 하는 것을 듣고, '저 노인도 이제 차차 망령이 나기 시작하는구나'라고 느꼈다.

벼락 맞아야 할 자의 주변에는, 벼락 맞아 마땅한 자가 여럿 있다. 대한민국 땅에 편안히 살면서, 먹을 것도 입을 것도 있을 곳도 없이 자유와 인권에서 동떨어진 곳에서 덜덜 떨면서 연명하는 우리 동포들을 외면하고 '진리'니 '정의'니 '민족'이니 '민주주의'를 운운할 자격이 있는가.

그러나 뜻밖에도, 벼락은 이런 고약한 자들을 때리지 않고, 엉뚱하게도 천안함에서 근무하던 46명의 꽃다운 젊은이들을 때리고, 또 연평도에 살던 죄 없는 선량한 시민들을 때렸다.

탈북자인 내가 하나님께 묻는다.

"하나님, 어찌하여, 벼락 맞아 죽을 놈들은 그대로 두십니까? 죽어 마땅한 놈들은 다 살려 주십니까? 추수 때를 기다리시는 겁니까? 가라지를 뽑을 때가[7] 그때밖에 없습니까?"(11)

연장으로 박정희 우호론 둘을 소개할 만하다. 박정희 변호 하나는 유력 신문 논단이 적었다. 발췌하면,(12)

하나, '공칠과삼'

조지 워싱턴은 미국 독립을 이끈 '건국의 아버지'이다. 하지만 그는 3,000명 넘는 흑인 노예를 거느린 대농장주였다. 윈스턴 처칠은 나치의 침략 때 영국을 지키고 제2차 세계대전 승리를 이끌었다. 하지만 인종차별과 노예제를 지지했다. 샤를 드골은 나치의 압제에서 프랑스를 해방시키고 국가 재건을 주도하였다. 그런데 권위주의적 독재를 했고 식민지에선 '히틀러' 소리를 들었다. 호치민은 베트남 독립과 통일을 이뤄 국부 칭호를 얻었다. 하지만 토지 정책에 저항하는 국민 1만여 명을 살해했다.

중국에는 있고 한국에는 없는 것이 있다. '공칠과삼功七過三' 문화다. 덩샤오핑은 마오쩌뚱에 대해 "공이 일곱이고 과는 셋인데, 공이 과보다 크니 최고 지도자로 받들어야 한다" 했다.

지금의 한국을 만드는 데 기여한 사람을 꼽으라면 박정희 전 대통령을 빼놓을 수 없다. 그의 비전과 의지가 없었다면 세계에서 가장 가난한 나라가

---

7 〔편저자 주〕 "예수님은 곡식밭에서 원수가 뿌린 가라지가 같이 자라난다고 하셨다. 곡식과 가라지는 비슷하게 생겼지만, 절대 하나가 될 수 없는 원수관계이다. 곡식이 잘 자라면 가라지는 잘 자랄 수 없고, 가라지가 잘 자라면 곡식이 잘 자랄 수 없다. 가라지는 곡식의 영양분을 빼앗아 먹어서 곡식을 죽이거나 쭉정이로 만들기 때문이다"(〈기독일보〉, 2020. 5. 8).

세계 최첨단 산업국가로 탈바꿈하는 기적은 있을 수 없었다. 1960년 한국은 1인당 GDP 82달러로 미국 원조에 의존해 보릿고개를 넘기던 나라였다. 그는 '우리도 한번 잘살아 보자', '우리도 할 수 있다'는 정신으로 새마을운동과 외자 도입, 고속도로 건설, 전자·중화학 공업 육성, 수출 입국 전략으로 '한강의 기적'을 일으켰다. 물론 독재를 하고 인권유린도 있었다. '공칠과삼'이다.

그러나 민주당은 박정희는 '공영과십功零過十'으로 본다. 박정희 탄생 100주년 기념우표 발행을 돌연 취소하였고, 기념관에 동상 하나 세우지 못하게 했다. 여당 의원은 그를 '귀태'(태어나지 말았어야 할 사람)라고 불렀다. 박정희 묘소 참배를 "유대인의 히틀러 참배"라고 한 인사도 있었다.

민주당 대선 주자들이 박정희를 놓고 논쟁을 벌였다. … "박정희에게 경제 발전의 공이 있다고 생각하지 않는다"고 말했던 주자도 있다.

물에 빠진 사람을 건져 놓으니 욕을 하고 발로 차는 격이다. 이들은 역사 왜곡이 아니라 박정희와 같은 업적을 남기는 일에 집중했으면 한다. 그 100분의 1이라도 이룬다면 국민에게 도움이 될 것이다.

둘, 산림녹화

FAO(유엔식량농업기구)는 세계 근현대사에서 산림녹화에 성공한 나라로 독일과 뉴질랜드 그리고 한국을 꼽았다. 흑림黑林으로 유명한 독일은 곡물 생산을 위해 산림을 훼손했다가 뒤늦게 조림해서 그 검은 숲Schwarzwald을 조성할 수 있었다. 뉴질랜드도 '숲 → 농토 → 인공조림 성공'의 힘든 역정을 거쳤다.

한말과 일제강점기, 6·25 전쟁을 거치면서 한반도 강산은 황토산, 민둥산으로 전락했다. 박정희 정부는 산림녹화사업에 사생결단으로 나섰다. 결과는 당대에 푸른 산으로 변모시켰다.

박정희의 유신에 비판적이었음은 문학평론가 유종호도 다르지 않았다. 그럼에도 박정희를 인정하지 않을 수 없다 했다. 그 황토산이 온통 푸른 산으로 바뀌는 천지개벽을 당대에 목격하고 나니 그렇다는 말이었다.

상대적으로 오늘의 북한 땅 민둥산 참상을 본 대한민국 국민 누구나 그런 생각이겠다. 산림녹화 이전의 남한을 기억하는 마산도 연변 땅 일각에서 바라본 나무 한 그루 없는 북한 땅의 황량함을 난감하게 바라본 적이 있었다. 유종호가 좋아하는 시인 오장환[8]의 〈붉은 산〉이 일찍이 잘 그려 놓았던 황량함이던가.

가도 가도 붉은 산이다
가도 가도 고향뿐이다.
이따금 솔나무 숲이 있으나
그것은
내 나이같이 어리고나.
가도 가도 붉은 산이다.
가도 가도 고향뿐이다.

---

8 〔편저자 주〕 오장환(吳章煥, 1918~1951)은 서정주, 이용악과 함께 1930년대 시단의 3대 천재, 또는 삼재三才로 불렸다. 서정시와 동시 등을 발표하다가 해방 이후 급격한 변화를 보이면서 현실 참여 시들을 창작하던 중 월북했다('보은사람들' 사이트). 정이품송으로 유명한 충북 보은이 고향인데 서출庶出 푸대접에 포한이 져서 좌경했다는 소문이었다. 서출 푸대접은 연모하던 통영 처녀 난蘭과 결합 못한 백석 시인의 불운이기도 했다.

박정희 공덕으로 말하면

김대중 정부가 들어서면서 천적天敵과 화해하려는 제스처 중 하나로 박정희 기념사업회 발족을 부추겼다. 먼저 사업회 준비위원회가 만들어졌다. 신현확 전 국무총리, 김준성 전 경제부총리, 유양수 전 동력자원부 장관이 회장단이었고, 실무 총책은 김수학 전 국세청장이었다.

급선무는 발기 취지서를 만들어야 하는데 권력의 무상함이던가. 박정희 치하에서 유세하던 그 많고 많던 사람들 가운데 그 글을 적어 주겠다는 사람을 찾지 못했다. 마침내 김수학은 나에게 부탁하고 나섰다. 1990년대 초 환경대학원장으로 일하는 동안 나는 이전에 환경대학원 기성회 회장을 지냈던 김 청장과 서로 깊이 허교許交하는 망년지교忘年之交에 이르렀다. 당신 청으로 경북 지사 시절의 부하였던 삼림국장을 위해 내가 비문을 미리 적어 준 인연의 연장으로 말하자면 박정희 비명碑銘을 하나 적어 달라는 부탁이었다.[9] 아래가 그 글이다. 다른 신문에도 광고 지면이 났겠지만, 〈조선일보〉는 1999년 7월 27일 자였다.

---

9 〔편저자 주〕 김수학 당시 내무부 지방국장은 새마을담당관 고건(후일 국무총리)과 함께 '치산녹화 10개년 계획(1973~1982)' 수립 실무를 맡았고, 이후 경북지사로 부임해서 1975년 4월 17일 산림국장 박상현朴尙鉉과 함께 산림녹화의 가장 큰 난제였던 포항시 흥해읍 '오도리' 사방사업 진척을 박 대통령에게 직접 보고했다. 암석 땅을 갈라내고 흙을 갖다 붓는 식재植栽였고 주민들이 참여했던 산일 노고는 미국 원조물자 밀가루로 메웠다. 일대는 상공으로 한일 정기 항로가 지나는 곳이라 우선 시범사업이 진행되었다. 2007년 말, 일대에 "대한민국의 세계적 성공사업인 산림녹화 역사를 기념하는 사방기념공원이 조성되었다"(김수학, 2008: 328~342).

발기 취지문

새천년의 문턱에서 뒤돌아본 우리의 20세기는 밝음과 어둠이 극명하게 교차한다. 세기의 전반은 일제 압제, 동족상잔 등 비극의 연속이었고, 후반은 근대화가 뿌리내리면서 민족 웅비의 바탕을 구축한 영광의 역사였다. 그 영광의 한가운데 대통령 박정희가 있다.

박 대통령은 '조국 근대화' 역사 그 자체다. 역사는 시대의 숲을 보는 일일진대, 조국 근대화는 이 땅에 세 가지 '숲'을 추구했고 또 그것에 성공한 역사였다. '라인강의 기적'을 선망한 끝에 박 대통령은 수천 년 동안 절대 가난에 시달려온 민초를 구하는 길이 '공장 굴뚝의 숲'과 '안테나의 숲'을 가꾸는 데 있고, 한편 가난한 국민만큼이나 헐벗은 국토를 가꾸는 길이 '나무의 숲' 실현에 있다고 확신한다.

공업입국정책은 이 땅에 공장 굴뚝의 숲을 이룩했고, 그 효과로 다수 국민들이 가난을 벗어나 중산층을 자처하게 되니 그 상징이 바로 안테나의 숲이다. 우리 자신을 볼 수 있는 좋은 거울인 외지外紙의 논평대로 마침내 "단 한 세대 안에 넝마주이에서 신흥부자로 비약한 나라"가 되었다.

더해서 박 대통령의 신앙과 같았던 녹화綠化 집념으로 산하山河는 푸르름을 되찾는다. 이로 말미암은 치산치수 성공과 자연재해 해방의 역사 역시 동서고금에서 유례를 찾기 어려운 역사役事였다. 치산치수는 새마을운동으로 이어져 주곡主穀자급과 농공農工병진의 가능성을 정착시킨다.

'은둔의 소국'이던 이 나라가 세기말에 불어닥친 지구적 바람인 세계화 전략을 경영할 만한 토대를 얻은 것도 조국 근대화 과업의 일환인 수출입국 정책의 공덕이다. 미국 백악관 앞에 세워진 한국전 참전기념비 후면에 "우리(참전 16개국)의 젊은이들은 한 번도 이름을 들어 본 적 없는 땅에서 한 번도 만난 적 없는 사람들을 위해 싸웠다"는 비문이 말해 주듯, 불과 반세기 전은 세계 속의 절해고도에 다름 아닌 우리였음에 견주어 오늘의 처지는 세계 무역 10대국의 반열에 들었으니 환골탈태換骨奪胎의 극치가 아니겠는가.

박 대통령은 국부 증대가 이 나라 국체國體를 지키고 한민족의 정통성을 제고하는 지름길이라 믿었다. 헐벗고 굶주리는 국민에게서 애국심을 기대할 수 없을 터인즉 이념이 양극화된 한반도 상황에서 국민경제의 고도성장은 가까이는 대한민국 안보증대책으로, 장차는 통일 대비책으로도 이어질 수 있었다.

돌이켜 보면, 조국 근대화의 핵심 치적은 보릿고개가 연례 행사였던 우리 사회에 '가난으로부터의 자유'를 안겨다 준 일이다. 산업화를 이루려는 경제제일주의가 '개발독재'였다는 일각의 비판은 역사가 오늘의 시점에서 내리는 과거 평가이기도 한 점에서 그 입지立地를 부정할 수 없겠지만, 마찬가지로 한국전 참전비 전면에 새긴 "자유는 공짜가 아니다"는 경구警句대로 민주화 유보는 가난으로부터의 자유를 얻기 위한 불가피한 대가였다는 시각도 정당하게 성립할 수 있을 것이다.

반면, 국민경제 성장과 함께 널리 고양된 "우리도 할 수 있다", "하면 된다"는 국민의식은 어느새 민주의식으로도 자라나 민주제도의 본격화를 요구하고 있었음에도 불구하고 그걸 적절히 수용해야 할 시점을 놓친 아쉬움은 남는다. 도시·산업화가 배태하고 있던 민주화의 요구를 제대로 수용하지 못해 프랑스 혁명이 발생한 전례를 거울삼아, 역사로부터의 배움은 현실을 이상 쪽으로 접목시키는 당위론임에 비추어, 근대화의 두 축인 산업화와 민주화를 함께 실현하는 역사적 시도도 했음직하다는 아쉬움을 지울 수 없는 것이다.

하지만 역사적 아쉬움이 한민족 5천 년 역사 초유의 치적을 결코 허물지 못한다. 한 집안이 부귀富貴를 누리려 해도 최소 삼대三代의 적공積功이 있어야 한다 했거늘 하물며 사람들이 모인 사회가 그것도 한 세대도 안 되는 짧은 기간에 서구 200년 역사의 산업화를 압축적으로 이룬 것은 미증유의 대업이었던 것이다. 그러하기에 아쉬움이 있다고 해서 위업偉業을 외면한다면 이는 흑백논리의 맹종盲從일 뿐이다.

여기 박 대통령의 행적을 증거하고 이를 역사의 제자리에 올려놓고자 뜻을 모아 기념사업회를 발족한다. 박 대통령의 역사를 말하지 않고 우리 현대사를 말할 수 없기 때문이다.

그동안 발족 논의만 분분하던 기념사업은 김대중 대통령의 동의動議로 마침내 국가적으로 가시화되기 시작한다. 김 대통령의 대화합大和合 의지가 바탕이 되어 대희년大禧年(밀레니엄)인 새천년의 도래를 앞두고 몸소 보여준 균형 잡힌 역사관의 발로인 것이다. 과거사過去事 부정 일변도로 역사를 바라보는 우리 사회의 일부 파행적 관행을 바로잡는 상징적 시발이며, 곁들여 기념사업의 정당성도 한결 배가倍加된다는 점에서 뜻깊은 일이 아닐 수 없다.

기념사업은 과거의 유물적 재현이 아닌 미래지향적 시각에서 '박정희학學'을 정립하고 전개하는 데 진력할 것이다. "근대화는 아직 끝나지 않았다"는 것이 우리의 확고한 믿음이다. 우리 사회가 진입하고 있는 정보사회 또는 후기산업사회는 곧 근대화의 성숙이요, 북한 등 다수 제3세계가 계속 노심초사하는 바가 근대화 궤도의 진입이기에, 그만큼 박 대통령의 국가경영 방식은 앞으로도 오래 국내외적 교훈으로 뚜렷하게 기능할 것이다.

이제 박 대통령을 배우고 기리려는 시민의 광범위한 동참을 기대한다. '가난한 농민의 아들'로 태어난 한恨을 당대발복當代發福의 원동력으로 반전反轉시켰던 박 대통령의 혜안과 기백을 대국大局적으로 평가하는 시민들의 공감과 동참은 박정희학을 통해 다가올 새천년의 우리 미래가 영광의 역사로 더욱 비상할 수 있는 기틀이 될 것을 믿어 의심치 않는다.

1999년 7월 26일
박정희 대통령 기념사업회[10]

글값

이 글을 적고 고료 100만 원을 받았다. 김준성[11]이 마련한 돈이라 했다. 교수는 말과 글의 사람이다. 그 말과 글로 돈을 버는 사람이다. 이런 유 글이면 옛적은 "집 한 채 값은 받아야 한다" 했더니 김수학은 이후 타계할 때까지 줄곧 내게 밥을 샀다.

기념사업회 회장을 이어받았던 유양수[12]는 나에게 백선엽 대장을 함께 만나자 했다. 나라가 부강하게 된 데는 박정희로 말미암았는데, 좌익 혐의의 그 박정희를 살려 준 이가 당시의 육군 정보국장 백선엽 대령이었다며, 노무현 정부 초기 서울 시내에 데모가 극성을 부릴 때 함께 백 대장을 만나자 했다.

백 대장 인품에 감격했다. 김동길의 제안으로 내가《이 나라에 이런 사람들이》의 필자로 참여했을 적에 이순신과 함께 백선엽을 내가 직접 집필하게 된 까닭이다.

---

10 〔편저자 주〕 인터넷에서 출처는 박정희 대통령 기념사업회라 하고 "작성자 김소양"이라 적었다. 어림도 없는 오기誤記다. 문투가 공무원의 글일 리 없다.

11 〔편저자 주〕 대구은행장 출신이고 관직에 물러나서는 소설가로 데뷔했다.

12 〔편저자 주〕 좌익 혐의로 사경死境으로 몰린 박정희를 다시 정보국 문관으로 특채했을 당시 육군본부 정보과장이 유양수였다. 5·16 군사정변에 참가했다 원대 복귀했고, 전역 후 베트남 대사, 동력자원부 장관 등을 역임했다. 내가 받은 인품 인상은 선비의 개결介潔함 그대로였다. 베트남 대사 시절 부하였던 내 지인 전직 외교관도 아주 드물게 보는 높은 인품이었다고 했다.

김대중, 대통령이 되고 나자

김영삼 씨 뒤를 이어 이 나라의 대통령이 된 김대중 씨는, 대구에 가서 신현확 씨를 비롯해 대구·경북지구의 유지 30여 명을 조찬에 초대했다. 그 자리에서 그는 "박정희 대통령은 이 민족의 가슴에 자존심을 심어 준 위대한 지도자였다"고 한마디 했다. 그때부터 나는 김대중이란 사람의 민주화 투쟁 경력을 의심하게 됐다. 이 사람은 자신의 출세나 영달을 위해 무슨 말이라도 하고 무슨 짓이라도 할 수 있는 인간이란 생각이 들었다.

그 일이 있은 뒤 나는 김대중 씨를 존경할 수 없게 되었다. 박정희 대통령이 하는 일에 사사건건 반대만 하던 사람이 갑자기 박정희 숭배자로 돌변할 수 있는가. 공자도 "교언영색 선의인巧言令色 鮮矣仁"(교묘한 말과 아첨하는 얼굴을 하는 사람은 어진 사람이 적다)이라고 했다. 말과 표정을 수시로 바꾸는 사람에게 '인仁'은 드물다.(13)

안위를 걱정했다

김대중이 일본에서 납치돼 생사가 불투명했던 그때, 나와 동지들은 조마조마했다. 그가 구사일생으로 살아나 동교동 자택에 돌아왔다는 소식을 듣자마자 먼저 달려가 그 문전에 진치고 있던 사람들을 물리치고 안에 들어가 면회한 사람 중에 나도 있었다.

박정희가 가고 전두환이 등장해 김대중이 국가 반란죄로 재판을 받아 사형을 선고받았을 때, 내가 이 세상에서 가장 미워한 사람은 전두환이었다. 사형에서 무기징역으로 감형된 그는 특별사면되어 자의 반 타의 반으로 미국 망명길에 올랐다.

나는 그가 워싱턴DC에서 우거寓居하던 때 강연차 미국에 방문했다가 워싱턴까지 갔다. 문동환(문익환 목사 동생) 박사가 거기서 내게 "김대중 선생을 한번 만나 보고 가시겠습니까?"라고 물어 그러겠다고 대답했다.

그렇게 문 박사가 주선하여 김대중이 부인과 함께 머물던 교외의 한 아파트에서 그를 만날 수 있었다. 정말 쥐도 새도 모르게 찾아갔다. 신변의 위협을 무릅쓰고 감행한 일종의 모험이었다. 만일 그 사실을 전두환의 심복들이 알았다면 나를 살려 두지 않았을 것이다.

벤츠를 가진 교포 한 사람에게 부탁해 김대중이 칩거하던 아파트 주소만 일러 주고 데려다 달라고 했다. 누구를 찾아가는지 말하지도 않고 그렇게 은밀하게 만남을 강행했다. 두 분은 기쁜 낯으로 나를 맞아 주었고, 이희호 여사는 우리가 밀담을 나누는 그 자리에 앉아 성서를 펴 놓고 읽었다. 김대중은 정치 이야기는 전혀 하지 않고 종교적 체험만을 늘어놓기에 "앞으로 정치는 안 하실 건가요"라고 한마디 하고 그 자리를 떴다.

세월이 가고 세상도 바뀌어 묶였던 김영삼과 김대중이 정치를 재개할 수 있게 됐다. 그때 김대중은 나와 정치판에서 함께 일하기를 원했지만, 그때만 해도 나는 정치와 인연이 멀었기에 거절했다. 내가 칼럼을 연재하던 〈한국일보〉에 '3김 낚시론'을 기고함으로써 김대중과 거리가 멀어졌을 뿐만 아니라 그의 부하들과 원수가 된 것도 사실이다.

김대중은 대통령 후보에 여러 번 출마했지만, 자신이 당선될 수 있는 가능성은 희박하다고 생각했다. 다만 노벨 평화상을 받을 가능성은 있다고 믿었던 것이 확실하다. 그랬던 그가 1998년 대통령에 취임했고, 2000년에는 노벨 평화상을 받았다. 한 인간이 이 세상에 태어나 누릴 수 있는 최고 영예를 다 누린 것이다.

돌연 모른 체했다

대통령이 된 김대중이 나를 보자고 한 적이 한 번도 없고, 어디서 나를 만나더라도 아는 척하지 않았던 것은 내가 보기에는 매우 당연한 일이었다. 그가 들고 나온 '햇볕정책Sunshine Policy'을 내가 정면으로 반대하고 나섰으니 아무리 생각해도 그가 나를 좋게 생각할 까닭이 전혀 없었다.

우리 두 사람 사이의 오해를 풀 생각도 하지 않고 나는 '석양에 홀로 서서' 조용히 노년을 보내고 있다. 요다음 세상에서 그를 다시 만나도 나는 할 말이 없다.(14)

'햇볕정책'의 후과(?)

북한의 김정은의 아버지 김정일은 왜 핵폭탄 제조에 착수했으며, 그 막대한 자금과 기술을 어떻게 조달할 수 있었던 것일까?

대한민국의 15대 대통령 김대중이 북한 인민공화국과 친선을 도모하기 위해서라는 명목으로 이른바 '햇볕정책'을 선포하면서 북한에 거액의 미화를 비밀리에 가져다준 사실은 이젠 더 이상 비밀이 아니다.

기대와 실망, 이명박 대통령

나와 이명박, 두 사람은 본래 별다른 인연은 없던 사이다. 평안도 태생과 경상도 태생, 연대 출신과 고대 출신, 큰 학교가 직장이던 사람과 큰 회사가 직장이었던 사람, 나이 차이도 10년이 넘는 두 사람. 그러나 정치 입문은 같은 때 같은 국회에서 했다.

같이 국회의원

한 사람은 민주자유당 전국구 25번, 또 한 사람은 서울시 강남구(갑)에서 통일국민당 후보였다. 두 사람 다 14대 국회에 진출했다. 한 사람은 회사를 떠나 당시의 여당으로 갔고, 또 한 사람은 학교를 떠나 왕회장이라고 불리던 정주영 현대 회장과 손잡고 새로운 야당을 하나 만들었다. 정 회장과는 문서에 날인하고 '의형제'가 되었다.

나는 일생에 단 한 번도 내가 대통령이 될 만한 인물이라고 생각해 본 적이 없었지만, 그런 언약이 있었던 것은 사실이다. 그런데 뜻밖에도 창당 100일도 안된 국민당은 선전善戰하여 원내 교섭단체를 구성할 수 있게 되었고, 일취월장하여 원내 40석을 차지하는 어지간한 정치세력으로 성장했다.

그해(1992년) 5월, 정 회장은 어느 날 새벽에 나와 단둘이 만나 이렇게 말했다.

"김 교수 이번 대통령 후보는 내가 나가야겠어요. 나는 나이가 많아서 이번밖에는 기회가 없어서 김 교수는 아직 나이가 … ."

나는 왕회장의 뜻을 거역할 아무런 근거도 없었다. 당을 위하여 조국의 민주주의를 위하여 나는 마부馬夫가 되었다.[13]

관상을 보니

"내가 이래 봬도 사람의 관상을 보는 일에는 백운학[14]과 '막상막하'라고 하겠습니다."(15)

나는 점쟁이도 아니고 관상가도 아니다. 흔히 《주역》을 공부한 사람들이 사주팔자를 본다 하고, 관상학을 익힌 사람들이 관상을 본다 한다. 하지만 나는 육감으로, 직감으로, 그리고 80년을 살아오면서 많은 사람들을 만나 본 경험으로, 이 대통령이 서울시장이던 시절부터 그 관상이 심상치 않음을 미리 알고 있었던 사람이다.

일제 중학 시절에 일본 선생 한 사람이 들려준 이야기를 나는 아직 기억한다. 일본 전국시대에 세 인물이 등장하는데 바로 오다 노부나가, 도쿠가와 이에야스, 도요토미 히데요시였다. 앞의 둘은 조상이 몇만 석, 몇십만 석을 생산하는 다이묘의 아들이었지만, 히데요시는 그렇지 못했다.

---

13 〔편저자 주〕 "잘해 봅시다"라는 제목으로 적었던 "이명박 대통령에게" 제 1회였다(〈파수꾼〉, 2008. 5. 1).

14 〔편저자 주〕 언제부터인지는 몰라도 백운학은 이른바 '관상쟁이'의 상징 인물로 손꼽힌 지 수십 년이 되었다. 1960년 편저자가 서울 입성入城 이래로 들어 온 관상쟁이 대명사다.

초라한 모습으로 길을 가는 히데요시를 어떤 길가의 관상쟁이가 부르더니 "앞으로는 관상 보는 일을 그만두어야겠다"고 하니 히데요시가 "왜요?"라고 물었다. "원숭이처럼 생긴 네놈이 내 눈에는 장차 천하를 통일할 인물로 보이니, 나의 관상 보는 신통력도 이제는 사라진 것 아니냐!" 히데요시가 말하기를 "그냥 관상 보는 일을 하세요. 사람 팔자 모릅니다."

나는 이명박 씨 얼굴에서 도요토미 히데요시의 관상을 보았다.(16)

대통령 당선 예견

사람의 힘만 가지고 대통령을 만들어 낼 수는 없다고 나는 생각한다. 그런데 작년 12월에 실시된 한국의 대통령 선거에서 누가 당선될 것인지 미리 알아맞힌 점쟁이나 관상쟁이는 단 한 사람도 없었다.

대통령 선거가 끝나고 당선자가 발표된 뒤, 어떤 신문사의 기자가 인터넷에 글 하나를 올렸는데 이런 이야기였다. "노무현 다음에 누가 그 자리에 오르게 될 건지를 정확히 점친 사람이 꼭 한 사람이 있다. 그는 점성가도 아니고 관상가도 아니고 대학교수인데, 그 이름은 김동길이다"라고 분명히 써서 올렸다.

선거 한참 전, 뉴욕의 한 강연장을 가득 메운 한인들 앞에서 "노무현 다음에는 이명박"이라고 잘라서 말한 일이 있다고 했는데, 그 말이 사실이다. 그런 인연 아닌 인연 때문에, 나는 앞으로 5년 동안 하루도 빠짐없이 이명박 대통령에게 짧은 한마디를 할 것이다.(17)

이대로는 안 되죠

2007년 12월 19일에 실시된 대선의 결과는 민주주의를 갈망하는 한반도의 뭇 백성에게 — 따지고 보면 북한 동포들도 기립박수를 할 만한 — 민족사의 쾌거로 큰 희망을 안겨 주었다. "대한민국도 이제는 민주주의를 할 수 있는 나라가 되었다"는 한마디가 우리 모두의 솔직한 심정이었다. 차점자와의 표차가 무려 532만 표였다는 사실은 정말 놀라웠고, 예상 밖의 결과였다. 투표나 개표에 부정이 개입할 여지도 없었다. 민주주의가 크게 승리한 것이다.

그런데 당선자가 사람을 골라 쓰는 데는 매우 미숙하다는 사실을 곧 깨닫게 되었다. 대통령직인수위원회는 빈약하다 못해 한심하다고까지 느껴졌다. 예컨대 영어 교육 문제 등은 가당치 않은 망발로 이어졌다. '오렌지'가 아니라 '아륀지'로 발음해야 한다니, 웃기지 마라. 사실 '아'보다는 '오'가 좀 더 근사한 발음이다. 건설업에는 탁월하신데, 인사에는 어쩌면 그토록 어두운가. 정말 큰일 났다.(18)

인사가 만사인데

국회의원 총선(2008. 4)이 끝나고 통합민주당의 유인태 의원이 우리가 다 귀담아들어야 할 의미심장한 한마디를 던졌다. 그는 386세대를 호되게 꾸짖고 나서 통합민주당이 그나마 80여 개 국회 의석을 차지한 것은 인수위원회가 하도 한심하게 굴었기 때문이라는 취지의 말을 했다. 유인태 의원은 민주화 투사로서 그 어려운 시대에 제 몫을 감당하고도 남았던 인물인데 18대 총선에서 엉뚱한 바람이 불어 그만 도봉구(을)에서 낙선하고 말았다. 정말 유감천만한 일이라고 나는 생각한다.

지난 총선에서 이재오와 이방호가 왜 떨어졌는지 아는가. 이명박 대통령의 인사가 잘못되었음을 경고하기 위해서다. 개인적으로는 나에게 가까운 사람도 있다. 그러나 국민은 싫어한다. 문국현 씨가 무슨 힘으로 이재오 의원을 눌렀는가. 문국현이라는 사람을 지역구민들이 사랑하기 때문이 아니라 이재오 의원을 미워하기 때문이었다.

또한 농민을 위해 산다면서 볼품없는 수염을 기르고, 바지, 저고리, 두루마기에 목도리까지 하고 대한민국 국회를 드나들던 그 괴짜는 지역구민들이 존경하기 때문이 아니라 이방호 의원을 싫어하기 때문에 당선되었다.

"인사가 만사"라는 속담을 잊지 마시기를.(19)

두 가지 부탁

대선 투표가 있기 훨씬 전에 나는 이명박 후보에게 두 가지를 부탁했다. 직접 만나지는 않았지만 내 뜻이 이 후보에게 전달된 사실은 확인할 수 있었다.

첫째, 집 한 채(단독주택 혹은 아파트)만 남기고, 은행 통장에는 5억 원 정도만 남긴 뒤, 나머지 재산은 몽땅 사회에 환원할 것을 당부했다.

그때 그 편지에 내가 정주영 회장을 모시고 일했던 1992년의 경험을 덧붙였다. 돈 있는 사람이 국가 권력을 장악하는 것을 유권자인 국민이 원치 않는다는 사실을 그때 확실히 느낄 수 있었다. 그래서 그런 당돌한 권면을 감히 할 수 있었다.

한동안 아무 소식이 없었다. 그러나 BBK 사건[15]의 검찰조사 결과가 "이명박 무혐의"로 발표되자 곧 이 후보는 전 재산을 국가에 헌납한다고 발표했다. 잔금 5억 원의 통장 하나도 남기지 않고! 아마 그 결단이 200만 내지 300만 표는 더 끌어왔으리라 믿는다.[16]

또 하나 부탁은 당선되면 박근혜 한나라당 전 대표를 국무총리로 임명하고, 조각組閣을 일체 위임하여 대통령은 외교와 국방에 전념하는 동시에 실물경제의 경험을 살려 박근혜 내각을 도와 달라는 것이었다. 대통령중심제 아래에서 내각책임제를 단행해 보자는 제안이었다.[17]

---

15 〔**편저자 주**〕 BBK 사건은 1999년 설립된 투자자문회사 BBK가 옵셔널벤처스 주가를 조작한 사건이다. 주가조작 사건 자체도 문제였지만, 이 사건에 한나라당 대선 후보 이명박이 개입했는지 여부가 더 큰 논란이었다. 김경준은 이명박이 BBK의 실소유주이며 자신은 주가조작의 피해자라고 주장했고, 이명박은 오히려 자신이 김경준에게 사기당했다고 주장했다(《위키백과》 참조).

16 〔**편저자 주**〕 재산 헌납을 공표했다. … 그 재산을 거대한 장학재단의 일부가 되게 하라고 부탁하기도 여러 차례, 그러나 이번 공직자 재산공개를 통해 확인된 대통령의 신고 재산은 357억 원에 가깝다. 약간 민망스럽다("이명박 대통령에게", 2009. 3. 30).

17 〔**편저자 주**〕 두 번째 부탁은 실현될 듯하다가 끝내 이루어지지 않고 말았다. 아무리 생각해도 유감이 아닐 수 없다("이명박 대통령에게", 2008. 5. 6).

링컨을, 오바마를 배워야 했다

2007년 12월에 대선에서 1,150만 표라는 압도적 지지 표로 당선된 대한민국 대통령이 어찌하여 정부 출범과 동시에 고전을 면치 못하게 되었는가. 링컨이 정적政敵 슈워드를 포섭하듯, 오바마가 정적 힐러리를 포섭하듯, 이명박이 정적 박근혜를 포섭해야 했는데, 그렇게 하지 못하고 국회 안팎에서 죽을 쑤기 시작했기 때문이다.

1860년 시카고에서 열린 공화당 대통령후보지명 전당대회에서 가까스로 후보지명을 받은 링컨 당선자는 곧 슈워드[18]를 국무장관에 임명할 뜻을 밝혔다. 측근이 모두 반대했다.

"그 사람은 대통령 당선자를 깔보는 사람입니다."

슈워드는 명문가 출신으로 명문대 학위도 가진 대단한 사람이었다.

그때 링컨이 이렇게 말했다.

"이 사람들아, 슈워드는 후보지명 전당대회 1차 투표에서 나보다 표를 더 많이 받은 사람이야. 나를 좀 깔보면 어때!"

역시 링컨은 큰 인물이었다. 이명박 대통령, 내가 왜 이런 말을 하는지 잘 아시죠. 모르면 바보지요.

미국의 민주당 대통령 후보 경선에서 그토록 치열하게 문자 그대로 '혈투'를 벌인 오바마와 힐러리가 손을 잡았다. 새 내각 구성에서 가장 중요한 자리라 할 수 있는 국무장관 자리를 '불구대천不俱戴天의 원수'였

---

18 〔편저자 주〕 슈워드는 러시아로부터 알래스카 땅을 720만 달러에 구입했다. 미국에서 "얼음 땅을 비싼 돈으로 산 바보짓"이란 비판 여론이 일었다. 현재 알래스카 도처에 그를 기리는 송덕비 팻말이 즐비하다. 오늘의 지정地政·지경地經 관점에서 보면 세상에 그만한 횡재가 없다.

던 힐러리에게 선뜻 내주는 미국사의 한 장면은 감격적이었다.

그래서 미국은 무너지지 않고 이날까지 버티어 온 것이라고 말할 수 있겠다. 일각에서는 이것을 알맹이 없는 정치적 제스처로 보는 사람들이 많은데 결코 그렇지 않다. 오히려 이것이야말로 민주정치의 원리와 원칙이라고 보는 것이 옳다.(20)

이명박 대통령의 측근은 도대체 어떤 인물들인가. 위대한 초대 대통령 이승만 박사는 민족사의 거물인 신익희와 조병옥을 포섭할 생각을 못하고, 착하고 말 잘 듣는 이기붕과 박마리아를 가까이했기 때문에 4·19 혁명이 불가피하게 된 것이 아닌가. 역사는 어제의 일이지만 오늘을 사는 우리에게 훌륭한 교훈을 줄 수 있다.

링컨이 슈워드를 껴안듯 오바마도 힐러리를 껴안았다. 만일 대한민국의 17대 대통령이 박근혜 전 한나라당 대표를 포섭하지 않는다면 아마도 후세에 이런 말을 남기게 될 것이다.

"저는 서울시장까지는 잘했는데 대통령으로는 실패했습니다."(21)

좌도 아니고 우도 아니라니

정치인도 아니었던 우리 몇 사람은, 이명박을 대통령으로 만들기 위해 전국을 누볐다. 심지어 미국까지 가서 동포들을 모아 놓고 "이번 대선에서는 이명박이 반드시 당선돼야 한다"고 여러 번 핏대를 올렸다.[19]

19 〔편저자 주〕 "지난 5년간 목요강좌 60회와 매달 수천수만 개의 테이프를 만들어 전국에 전 세계에 돌리며 정권교체 당위성을 역설한 나 같은 사람, 나와 비슷한 사람들을 대통령 취임식에 오라는 말 한마디 안 한 대통령 측근이란 자들은 과연 제정신입니까"("이명박 대통령에게", 42회).

이명박 후보는 대통합민주신당의 후보 정동영을 532만 표차로 누르고 당당히 대통령에 당선되었다. 그러나 그 뒤에 나는 그를 단 한 번도 만난 적이 없다. 그가 대통령실장 정정길을 시켜 우리를 시내 음식점으로 초대하여 저녁을 대접하고 청와대에서 만든 기념품을 전해 준 것은 사실이지만, 청와대에 오라는 말은 한 번도 한 적이 없었다. 그래서 내가 정 실장에게 "우리가 무슨 전염병 환자인가? 청와대에 들르면 큰일 나는가?"라고 말했을 때, 그는 매우 난처한 표정을 지었다.

그는 대통령이 되고 나서 선거 공약 중 하나였던 대운하 공사를 포기했다. 서울대 교수 100여 명이 연서한 탄원서를 통해 "대운하 공사는 국토와 환경을 훼손할 우려가 있다"고 주장했기 때문이다. 대통령은 그들을 설득할 생각은 하지 않고, 그 공약을 접어 버렸다.

그는 러시아 정부의 초대를 받아 떠날 때 말썽 많던 작가 황 모 씨[20]를 대동하고 출국했다. 대통령이 누구와 어디를 가든 우리가 상관할 바는 아니지만, 자유민주주의의 큰 깃발 하나만을 들고 나가야 할 자신의 신분을 망각하고 "나는 좌도 아니고 우도 아니고 오로지 중도만 가는 실용주의자입니다"라고 했다.

나는 곧 내 의견을 털어놓았다. "정치적 식견이 없으면 침묵을 지킬 것이지 좌도 아니고 우도 아니고 중도를 간다는 사람은 대개 우왕좌왕하는 사람이다"라고 듣기 싫은 소리를 퍼부었다. 그를 대통령으로 만드는 데 기여한 사실을 나는 지금도 부끄럽게 여긴다.(22)

---

20 〔편저자 주〕 대하소설《장길산》 작가 황석영(黃晳暎, 1943~). 〈조선일보〉로 등단, 방북 사건으로 구속되어 징역 7년형을 선고받았고, 1998년 사면 석방되었다(《위키백과》 참조).

공천 화근 박근혜

박근혜의 탄핵을 앞두고 연일 벌어진 촛불시위가 일종의 '혁명'이었다고 주장하는 사람들도 있다. 하지만 이명박과 박근혜가 정치를 잘못해서 민심이 그런 방향으로 흘러간 것뿐이지 문재인을 대통령으로 만들기 위해 민중이 봉기한 것은 결코 아니었다.

최순실과의 깊은 관련 때문에 정치는 외면하고 여당에 관심도 없던 박근혜가 지난번 총선 때 당 지도부를 무시하고 엉뚱한 사람을 내세워 공천을 좌지우지한 것이 화근이었다.[21]

총선 결과, 야당이 여당보다 의석 하나를 더 차지하게 되고 여당이 제2정당으로 밀려난 것은 박근혜의 책임이라고 나는 믿는다. 총선이 끝난 뒤에 그가 괄시하던 당내 반대파를 포섭할 아량만 있었어도 30여 명의 의원이 한꺼번에 당을 떠나 새로운 정당을 만들지는 않았을 것이다. 당을 떠난 의원들이 대거 박근혜 탄핵안에 찬성표를 던짐으로써 더불어민주당은 정권 재취의 탄탄한 기반을 마련한 것이다.

---

21 〔편저자 주〕 친박의 사당화가 가속화되면서, 이길 것이라고 예측되었던 제20대 국회의원 선거(2016년 4월 13일)에서 석패하고, 결국 박근혜 탄핵까지 이어졌다. 2016년 12월 27일, 박근혜를 비판하던 비박과 비주류 의원들은 집단 탈당하여 바른정당을 창당하였다.

대통령은 왜?

대한민국의 19대 대통령은 왜 정치를 포기했나? (중략) 입법부는 국민을 위한 법률을 만들어 통과시킬 생각은 전혀 하지도 않는다. 국회의원이라는 자들이 여럿 중국의 교수들을 찾아가 '사드'의 한반도 배치가 과연 타당한 것인지 강의를 들으려고 중국에 다녀왔다고 한다. 그것을 '정치'라고 부를 수는 없다.

국회의원이 남의 나라에 가서 — 그 나라가 중국이라는 것은 더욱 가소롭다 — 특강을 듣고, 그 교수들에게 질문 한 마디 제대로 못하고 돌아왔다는 것은 정말 웃기는 일이다.

이런 판국에서 "이 나라에도 정치가 있다"고 느끼게 한 것이 사법부였다는 사실은 놀랍기만 하다. 통진당 해산이라는 정치적 이슈도 사법부가 처리했고, 풍전등화와 같은 위기를 맞이했던 김영란 법도 사법부가 거뜬히 살려냈으니, 이 나라에 정치가 아주 없는 것이 아니라는 생각이 들기도 한다. (중략)

20대 총선에서 여당인 새누리당이 참패에 가까운 석패惜敗를 한 것은 대통령이 정치를 포기했기 때문이다. (중략) 총선의 참패에 대한 자성自省도 반성反省도 없이 전당대회를 열고 당직을 몽땅 '친박'으로 개편한 뒤, 이정현에게 당기를 들고 앞장서게 한 것은 명분도 설득력도 없는, 매우 초라한 정치적 쇼일 뿐이다. 국민에게는 이렇다 할 감동도 주지 못했다.

잔여 임기 1년 반을 남긴 박근혜 대통령에게는 단 한 번의 정치적 성공의 기회가 남아 있다. 대선 당시 선거 공약으로 내세운 '장관책임제'를 실천하는 일이다. 헌법을 그대로 두고 대통령중심제하에서 내각책임제를 단행하는 것이다.

손학규도 좋고, 나경원도 좋다. 청와대에 불러 놓고 조각組閣을 일임하라. 총리로 지명될 사람에게 "장관은 마음대로 등용하세요. 나는 일절 개입하지 않겠습니다"라고만 하시라.

그렇게만 되면 박근혜도 살고, 대한민국도 산다. 대통령은 왜 주저하는가? 이것이 마지막 기회인데!(23)

문재인, 그 머리에서

그 사람들은 다 계획하고 있었다. 내가 볼 때 순진한 젊은 사람들의 머리에서 그런 생각이 안 나온다. 어디에 지휘 본부가 있었던 것이다. 세월호도 그렇다. 일반 사람들이 그 참사를 그렇게 활용할 수 있는가? 이순신 장군은 12척의 배로 승리를 거뒀는데, 이 정권은 배 한 척으로 승리를 거뒀다는 말이 나올 만큼이었다. 그게 문재인 대통령 머리에서 나왔다고? 그럴 리가.

문 대통령은 자기가 대통령 될 길이 열리자 곧 진도 팽목항으로 갔다. 방명록에 뭐라고 썼는가?

"얘들아 고맙다."

고맙긴 죽은 게 뭐가 고마운가? 물속에서 죽은 어린아이들한테 할 말인가. 문제가 있는 것이다.(24)

문재인이 당선되면

나는 19대 대통령선거를 앞두고 만일 문재인이 당선되면 대통령으로 부르고 국민으로서의 도리를 다하겠다고 스스로 다짐한 바 있다.

사실 나는 노무현의 5년 임기 중에 나는 단 한 번도 그를 대통령이라고 불러 본 적이 없다. 그러나 그는 한 번도 내게 싫은 소리를 하지 않았다. 그가 세상을 떠난 다음에 그를 소홀히 대한 것을 미안하게 여겼다. 그래서 문재인이 당선되면 즉시 대통령으로 부를 뿐만 아니라 국민으로서의 도리를 다하겠다고 스스로 결심한 것이다.

그가 대통령이 되는 것을 내가 꺼린 가장 큰 이유는 그가 노무현의 비서실장을 지냈기 때문이 아니라, 노무현의 정치철학을 그대로 계승하겠다고 했기 때문이다.

김대중을 숭배하는 것은 이해할 수 있다. 하지만 "반미가 뭐가 나쁩니까?"라고 반문하던 노무현, 일본에 다녀온 직후에 "그 나라에서는 공산당이 합법화되어 있는데 그것이 무척 부러웠습니다"라는 말을 서슴지 않고 털어놓던 노무현, 그의 정치철학을 답습한다면 대한민국 안보에 위기가 오리라고 나는 내다보았다.

대통령에 당선된 문재인이 국립묘지를 참배하면서 이승만과 박정희 묘소에는 아예 들르지 않고, 김대중의 묘소에만 들렀다는 것도 나로서는 이해하기 어려운 당선자의 처신이었다.(25)

약속을 헌신짝처럼

나는 문재인 대통령이 큰 인물이 아니라는 사실을 깨닫고, 크게 실망하고 있다. 위대한 지도자란 국민에게 한번 한 약속은 끝까지 지켜야 한다. 그런데 문 대통령은 "내가 언제 그랬느냐"는 식으로 약속을 헌신짝처럼 내동댕이치니, 나 같은 사람은 그를 믿고 따를 수가 없다.

그는 대통령에 당선되기 전에 이런 공약을 했다.

"나는 당선되면 미국에 먼저 가지 않고 북한에 가서 김정은을 만나겠습니다."

나는 그 말을 듣고, 그가 대단한 사람인 줄 알았다. 그러나 실제로 그는 대통령에 당선되고 나서 어느 나라의 어떤 인물을 먼저 찾아가서 만났는가? 그가 국민 모르게 김정은을 만났을 리가 없는데, 미국에 먼저 다녀와서 한마디 사과라도 했는가? 그는 그 뒤에 아무 말도 하지 않았다.(26)

대한민국의 운명이 대통령의 결단 하나로 순조로울 수도 있고 파란만장할 수도 있다. 얼마 전에 미국의 어떤 시사 전문가가 한국의 대통령 문재인을 "Pro North Korea, pro China(親北·親中)"이라고 잘라서 말하는 걸 듣고 가슴이 섬뜩했다.

대한민국이 '친북'으로 나갈 수 없고 '친중'으로 노선을 당장 바꿀 수도 없다. 지금의 국제 정세가 그런 선택의 자유를 용납하지 않는다. 우리가 한 번 타이밍을 무시하고 헛발을 디디면 우리의 생존이 위기에 처할 수도 있다.

대한민국 대통령이 반대하여 한·미·일 합동 군사훈련이 무산되었다는 보도를 접했다. '지금이 이럴 때가 아닌데?'라며 고개를 갸우뚱하는 사람이 결코 나 혼자만은 아닐 거다.

만일 동북아에서 미국이 한국을 따돌리고 당장 중국과 손잡는다면, 김정은의 횡포를 저지할 수 있을까, 그것도 문제다. 현실을 정확히 파악하는 것이 지도자의 책임이다. 대통령은 문재인의 당선을 반대한 59%의 한국인을 무시해서는 안 된다.(27)

독재자, 믿을 존재인가

뜻밖에도 남북 관계가 급진전하였다. 김정은은 미국 대통령 트럼프에게 접근을 시도하였고, 그 배후에는 문재인의 노력이 적지 않았다고 들었다. 판문점의 유엔군 관리구역에서 그 남북 두 사람이 처음 만나게 되었을 때에 전 세계가 감동하였다. 두 사람이 손을 맞잡고 잠시 경계선을 넘어 북으로 갔다가 다시 남으로 돌아온 사실도 매우 인상적이었다. 당시에는 이런 만남을 통해 우리 역사에 새로운 장이 열리는 것 같았다.

평화를 갈망하는 문재인의 진심은 충분히 이해할 수 있다. 하지만 6·25 전쟁에서 죽지 못해 살아남은 우리의 눈에 김정은은 믿지 못할 독재자라고 보일 뿐이다. 물론 대한민국 정권을 차지한 사람들은 북한도 많이 달라졌다고 주장한다. 하지만 자기 고모부를 반동으로 몰아 하루아침에 해치우고 이복형을 쿠알라룸푸르 공항에서 독살해 버리는 그런 지도자가 그토록 빨리 체질을 개선하고 과연 평화주의자가 될 수 있을 것인가? 우리는 오늘도 의심한다.

종전 선언?

남북한의 정전 체제를 청산하고 종전 선언을 하는 것이 순서가 아니냐며 남북의 두 지도자는 분주히 뛰고 있지만, 그것은 이룰 수 없는 '꿈'이 아닐까. 게다가 만일 종전 선언이 당장에 실현된다면 6·25 때와 비슷한 불상사가 다시 일어나지 않을까 근심하는 사람들을 보수·반동으로만 몰 수는 없지 않은가!

종전이 선언되면 북한의 김정은이 곧 '미군 철수'를 요구할 것은 뻔한 노릇인데, 우리는 과연 어떻게 대처할 것인가. 북한이 핵무기를 완전히 제거하기 어렵고, 제거한다 해도 시간이 오래 걸린다. 또한 한반도 통일이 그리 쉽게 이뤄지긴 어렵지 않은가. 한반도기를 들고 통일이 안 된다면, 인공기를 들고 남북이 통일될 수 있을까? 불가능한 일이다. 그렇다면 태극기를 들고 통일을 할 수 있단 말인가? 그것 역시 불가능하다.

꿈이 있는 것은 좋지만 '이룰 수 없는 꿈은 슬픈 것'이다. 핵무기도 없는 대한민국이 국제 사회에서 강한 발언을 하기도 어렵다. 우리는 우리의 분수를 알고 자유민주주의에 충실하며, 나아가 시장경제를 더 발전시키는 그 길밖에는 선택의 여지가 없다. 남과 북이 공존·공영하는 것이 당분간 한반도가 나아갈 길이 아닐까, 나는 생각한다.

문재인이 대통령으로서 대한민국을 희망이 가득한, 부강하고 당당한 나라로 만들어 주기를 진심으로 바랄 뿐이다.(28)

내게도 꿈이 있었다

일제강점기 국민학교에 다닐 때 일본 교과서에서 미국 대통령 링컨에 대하여 배운 뒤로, 그런 사람이 한번 돼 보고 싶었다. 켄터키 산골 통나무집에서 태어나 미국 대통령이 되어 백악관 주인이 된 그의 일생이 가난했던 한 소년의 가슴에 큰 꿈을 심어 준 것이 사실이다.

정계 입문

나는 대학에서 정년퇴직하고, 현대의 정주영 회장의 부름을 받아 당을 하나 새로 만들고 정치 생활을 처음 시작하게 되었다. 정 회장은 그 당시 나에게 의형제를 맺자고 제의했고, 그런 문서도 만들었던 일을 지금도 기억한다. 그때 정 회장은 대통령 후보로는 인기가 높은 김 교수가 나가야 한다고 약속 아닌 약속도 했다.

그런데 창당한 지 몇 달 되지도 않은 정당이 제14대 국회의원 총선(1992년 3월)에서 능히 24명을 당선시켰고, 전국구를 합치니 의원 수가 31명이나 되는 제3정당으로 우뚝 설 수 있었다.

김동길의 양보를 받은 뒤 대통령 후보로 확정된 정주영 후보가 이전 관행대로 관훈클럽 초청 공개토론회에 나왔다. 편저자는 그때 〈조선일보〉 비상임논설위원 자격으로 토론회를 방청했다. 현대 한국 고도성장의 주역을 직접 목격하고 싶었던 것.

그즈음 이전에 방북해 만난 적 있는 김일성의 코멘트가 전해졌다. 정주영의 출마 소식을 듣고는 "정치는 기업보다 훨씬 어렵다"면서 정주영의 출마를 염려한다는 뉴스였다. 미리 지명된 한 토론자가 그 점을 언급하며 정 회장의 소견을 물었다. 대답은 즉각적 달변이었다. "김일성은 사람 죽이는 정치를 했지만, 나는 사람 살리는 정치를 할 작정이니 그런 염려는 접어도 좋다!" 출중한 일세의 거물 기업인이 쏟아낸 능변能辯에 편저자는 감탄했다.

4년 임기는 채웠다

대통령 후보 전당 대회가 소집되었을 때, 몇몇 의원들의 반대를 무릅쓰고 정주영 회장은 대통령 후보 지명을 받았다. 나는 이미 서울 강남(갑)의 국회의원에 당선되었지만, 국회의원을 하기 위해 정계에 투신한 것은 아니었다. 그러나 대세는 그렇게 돌아갔으며, 나는 정치에 큰 환멸을 느낀 것이 사실이다. 그럼에도 국회의원직 4년은 끝내야 한다는 생각에 국회의사당에 출석은 했다. 하지만 이렇다 할 일을 할 수는 없었다.

나는 4년의 임기가 끝난 뒤 아무런 미련도 없이 정계를 떠났다. 그리고 글 쓰는 일, 강연하는 일을 다시 시작하여 오늘에 이르렀다. 90이 된 오늘 나의 생일을 맞아 나의 삶에 가장 한심했던 4년을 돌이켜 본다. 정치는 나와 인연이 멀고 팔자에 없는 일이었기 때문에, 나는 정치를 멀리서 바라보면서 노년을 맞이한 것이다.[22](29)

---

22 〔편저자 주〕 맹산의 정계 참여 도정은 당신 이력서가 간결하게 압축했다. 참고로 옮긴다. 통일국민당 대표 최고위원(1992), 14대 국회의원(서울시 강남구 갑, 1992. 5~1996. 5), 통일국민당 대표 최고위원(1993), 신민당 대표 최고위원(1994), 자유민주연합 고문(1995), 자민련 선대위의장(1996), 자민련 탈당·정계 은퇴(1996. 5).

정치인의 네 가지 질병

근 반세기 동안 일본 동양학계의 거두로 활약한 학자는 바로 야스오카 마시히로[23]라는 건실한 인물이었다. 그는 유학儒學을 바탕으로 일본인의 윤리와 도덕을 바로잡아 보려고 책도 많이 쓰고 강연도 많이 하였다. '정치인의 네 가지 질병'도 그의 책에 나오는 이야기다.

첫째는 '위僞', 즉 '거짓'이다. 가짜 돈을 '위폐'라고 한다. 위선이니 허위니 하는 낱말도 모두 잘못된 것을 뜻한다. '가짜'가 판을 치니 '진짜'는 고개를 들지 못한다. 정치인들 중에 '가짜'가 너무 많다는 것은 매우 슬프고 걱정스런 일이다.

둘째는 '사私'다. 정치인은 공익을 위해 살아야 하는데, 정치한답시고 사리사욕私利私慾만 추구하면 백성의 살림이 도탄에 빠지게 된다.

셋째는 '방放'이다. 못난 정치인은 한자리하면 제멋대로 나간다. "누가 나를 감히 … "라는 교만한 생각으로 방종을 일삼다가, 결국 자신을 망치고 나라를 망치게 된다.

끝으로 네 번째는 '사奢'다. 권력을 남용해 사치스런 삶을 누린다. 남북적십자회담으로 평양에 갔던 장충식 단국대 이사장은, 양담배를 피우는 노동당 간부를 보고 "인민은 굶주리는데 양담배가 웬 말이오"라고 따끔하게 쏘아붙였다. 그러자 이 작자는 "우리 정도 되면 양담배를 피워도 됩니다"라고 지껄였다. 이 말을 듣고 장 이사장은 "공산당도 별수 없구나"라고 생각했단다.(30)

---

23 〔편저자 주〕 야스오카 마시히로(安岡正篤, 1898~1983)는 양명학자이자 사상가다. 저서로《운명은 바꿀 수 있다》(이태 옮김, 청산, 1993)가 있다.

제17장
명절에, 또 무시로 찾던 김동길 문전門前

명절, 특히 설날에 김동길의 대신동 집은 세배객들이 줄을 이었다. 정계 인사들이 눈에 띔은 얼굴이 미디어에 자주 노출된 탓일 것이다. 추석에도 내방객이 적잖았고, 당신 생신 때는 냉면을 함께 즐기려는 숭모자들이 즐비했다. 물론 무시無時로도 찾아왔다. 성소聖所가 따로 없었다.

멘토 맹산의 멘티 정객들

맹산을 멘토로 삼아 온 정치가들이 그 자리에 빠질 리 없었다. 내가 목격한 바로 경기도지사를 지낸 김문수, 그리고 대통령 후보가 되겠다며 오래 용심用心·운신運身해 온 안철수 국회의원의 거동이 특히 유별났다.

당신 앞으로 여럿 세배객들이 좌정한 자리에서도 꼭 독대성獨對性 면담이랄까 귓속말을 나누려는 기색도 심심치 않았다. 그 최근접 위치에 항상 김동건 아나운서가 '접빈객'으로 자리했다.

안철수, 개과천선의 인물?!

안철수의 정체는 당초 맹산의 믿음이 아니었다. '초지일관' 사자성어 말대로 아주 일관적이던 김문수에 대한 호감과는 대조적이었다.

한국의 빌 게이츠?

안철수의 머리가 빌 게이츠의 머리보다 우수하기 때문에 앞으로 컴퓨터 사업으로 더 큰돈을 벌 수 있다고 하자. 그렇다면 돈을 더 벌어 한국의 위상을 세계적으로 높이는 것이 옳지 않을까. 빌 게이츠가 미국 대통령 후보로 나서겠다는 의사를 표시한 적은 한 번도 없다. 그런데 왜 한국의 빌 게이츠는 그런 야망에 불타는 것일까. 대통령에 출마하기 전에 한번 빌 게이츠와 상의하는 것이 어떨까 생각한다.(1)

어느새 후원회장을 맡았다

안철수 국민의당 대선 후보가 2022년 1월 20일 김동길 교수를 찾았다. 안 후보는 김 교수에게 후원회장을 맡아 달라고 부탁했고, 김 교수는 이를 받아들였다. 김 교수는 2021년 4월 서울시장 보궐선거 당시 야권 단일 후보 경선에 나선 안 후보를 격려했다.

심지가 굳은 사람

안철수 후보는 이날 김동길 명예교수의 서울 서대문구 자택을 찾아 새해 인사를 나눴다. 안 후보는 "오늘 김 교수님께 제 후원회장을 맡아 주시기를 부탁드리러 왔다" 했다. 김 교수는 "동지가 찾아와서 그런 얘기를 하면 여부가 없는 것"이라며 "한 시대의 노인이지만 전적으로 보증하니까 이 사람은 틀림없다"고 화답했다.

김 교수는 안 후보에 대해 "보기는 얌전하지만 가까이 지내 보면 굉장히 심지가 굳은 사람", "목표를 향해 돌진하는 사람" 등의 평가를 했다. 이어 "정치권에는 건달이 많다. (안 후보는) 남 욕이나 하는 스타일이 아니다"라며 "워낙 인물이 깨끗하기 때문에 부정부패는 못하게 돼 있다" 했다. "안 후보는 욕심이 없다. 개인이 무엇을 해보겠다는 생각이 없다. 야심이라는 게 대한민국이 잘되는 것밖에는 없다"고 말하기도 했다.

안 후보는 "교수님 말대로 항상 국민만 생각하고 겸허함을 잃지 않겠다. 절대로 교수님에게 누가 되지 않도록 최선을 다하겠다" 답했다. 안 후보는 2021년 4월 서울시장 보궐선거 출마 당시에도 김 교수를 만났다. 당시 맹산은 안 후보에게 "국가의 병을 치료해야 한다. 의사 출신 안철수가 그 역할을 꼭 해주길 바란다"고 했다.(2)

그런 사이로 사정이 달라지고 있었다. 당초 안철수 후보를 지지했던 인명진 국민의힘 비상대책위원장의 입장 변화였다. "안 후보는 대선 완주를 선언함으로써 정권 교체라는 시대적 사명을 저버렸다"며 지지를 철회했다. 윤석열 쪽으로 단일화해야 한다는 거취였다. 윤석열과 안철수 두 후보 경합자 가운데 전자로 단일화해야 한다는 분위기를 김동길에게 거듭 탄원해서 그 의사가 유력 신문에 나도록 적극 힘쓴 최측근 인사는 김동건 아나운서였다.

먼저 '내가 물러날게' 말하면

국민의당 안철수 대통령 후보 후원회장인 김동길 명예교수는 1일 안 후보에게 "포기할 줄 아는 아량을 가진 사람만이 다음 시대의 주인공이 될 것"이라며 야권 후보 단일화를 위한 결단을 요구했다. 안 후보가 단일화 협상을 위한 국민의힘 윤석열 후보의 회동 요청을 받아들이지 않자 안 후보를 지지했던 두 원로가 설득과 비판에 나선 모양새였던 것.

김 교수는 이날 유튜브 채널 〈김동길 TV〉에 "안철수 후보, 단일화를 부탁합니다"라는 제목의 영상을 올렸다. 김 교수는 영상에서 "안 후보가 윤 후보를 만나서 포기하겠다는 제의를 하면 한국 정치의 변화를 이끌게 될 것"이라며 "왜냐하면 5년 뒤 나올 새 대통령은 오늘 양보하는 사람이 그 키를 가지게 되기 때문"이라고 했다. 안 후보가 윤 후보에게 야권 단일 후보직을 양보하면 유력한 차기 대선 주자가 될 수 있다는 취지다. 김 교수는 지난해 11월 1일 이후 넉 달 가까이 유튜브 활동을 중단했으나 지난달 24일과 이날 단일화를 촉구하는 내용의 영상을 연이어 올렸다.

김 교수는 "'내가 물러날게'라고 해도 국민이 절대 물러나게 하지 않는다"며 "국민이 그런 정치 지도자가 필요하니까 그런 사람은 놓지 않는다"고 했다. 이어 "포기할 줄 아는 정치인이 등장하면 4년, 5년 뒤를 내다보고 정치하는 거니 한국 정치가 이렇게 수준이 높아질 수가 없다"며 "근데 왜 그걸 하지 않느냐"고 했다.

교수는 안 후보를 "한 시대의 뛰어난 지성인"이라 평가하면서 "대통령이 될 수도 있다고 생각한다" 했다. 그러면서도 이번 대선에서는 야권 단일 후보를 윤 후보에게 양보해야 한다는 뜻도 밝혔다. 김 교수는 "안 후보는 윤 후보를 만나야 한다"며 "'내가 먼저 물러날게' 이렇게 한마디 하는 사람이 큰 역할을 하게 된다" 했다.(3)

그에 대한 믿음대로

윤석열·안철수가 경합했을 때 전자를 밀어 대통령으로 당선시키는 데 누구보다 맹산이 뒷심이 되어 주었다. 그때 다급하게 맹산의 대신동 집으로 윤석열이 찾아오던 광경은 나도 목격했다. 윤의 아버지는 같은 연세대 교수 출신으로, 당신이 아는 인물이라며 신뢰의 손길을 보냈다.

보수진영은 모두 한결같았나. 문재인 정부에서 고군분투하던 검찰총장의 모습을 하나같이 높이 샀지 않았던가.

대통령 취임 당일 행사장 사진을 보았을 때, 나는 한마디로 감동했다. 취임식 단상 귀빈석에 앉아야 마땅한 당신 아버지가, 취임행사 무대 앞 일반 참관석 앞자리에 딸과 더불어 앉아 있지 않았다. 부모 자리, 지친至親에게 당연히 주어지는 의전도 사양하는 그 모양새가 예사롭지 않았다. "범 애비에 개자식 없다"고 그 기율紀律 있는 아버지에 그 아들 아니겠는가 하고.

윤 모 취임 얼마 뒤 김대중(金大中, 1939~) 논설고문을 만났다. 한때 〈조선일보〉 비상임 논설위원으로 함께 일했던 인연의 연장으로, 새 정부의 다이내믹스 뒷소리를 엿들을 만한 자리였다.

"법대 후배의 정치는 어떻게 되어 가나요?" 물었다. 뜻밖에 아주 실망의 눈치였다. 연유를 묻지 않을 수 없었던 찰나, 당신이 알아서 말해 주었다.

"이전에 가까이 지내던 친구들이 있었는데, 취임 직후 한 번 만났다가 딱 절연되고 말았다. 그들이 시중 뒷이야기를 전하자 그게 끝이었다."[1]

맹산이 살아 윤석열 탄핵을 보았다면

맹산이 살아 윤석열 대통령의 말로를 보았다면 어떤 소감일까. 김동길과 "간이 비슷"했던 조갑제 언론인의 윤석열 생각과 아주 비슷했지 싶었다.

20대 대선에서 "이승만·박정희를 잇는 윤석열"이라며 큰 기대를 걸었던 조갑제였다.(4)

3년 뒤는? "윤석열은 인간적 경멸 대상!"

덧붙이길, "윤석열은 김일성 이후 국민에 가장 큰 피해를 입힌 사람!"

---

1 〔편저자 주〕 그 후과는 신문사설(〈조선일보〉, 2025. 8. 7) 제목 하나가 잘 압축했다. "정권과 대통령을 망치고서야 사과한 김건희".

제18장
노년의 건강

젊음도 건강도 한때일 뿐

태어날 때부터 신체가 허약하여 본인도 많은 고생을 하고 부모에게 큰 심려를 끼치며 성장하는 아이들도 있다. 반면, 태어날 때부터 건강한 아이들이 있어 활달하게 활동하다가 건강하게 노년을 맞이하는 운 좋은 사람들도 있다. 나는 다행히 후자에 속하여 나이가 80이 될 때까지 건강을 염려할 필요 없이 오랜 세월을 살아왔다.

그러나 어느 나이가 되면서부터 의사에게 "혈당 수치가 좀 높으니 앞으로는 조심하셔야 됩니다"라는 경고를 받았다. 나의 어머님과 누님, 두 분이 당뇨로 고생하셨다. 유전성이 있다는 것은 알았지만, 그 병이 나에게도 있다는 사실을 몰랐다.

이 나이가 되어서 돌이켜 보면, 건강했던 젊은 날은 얼마 되지도 않았던 것 같다. 당뇨가 심하지는 않지만, 그 병이 있다는 사실만으로도 건강에 대한 자신을 잃게 되었다. 음식을 조심하지 않으면 안 된다는 의사의 권고도 매우 부담스럽게만 느껴졌다. 게다가 평생 상상도 하지 못했던 '통풍痛風'[1]이라는 매우 통증이 심한 질병에 걸려 열흘간이나 병원에 입원했다가 퇴원하여 지금은 집에서 조섭 중이다.

그런 나로서는 그 누구에게도 "건강에 자신 있다"고 말할 수 없다. 사람의 목숨은 하늘에 달려 있다는 말이 있다. 앞으로 의학이 더 발달하여 100세는 무난하고 120세까지도 살 수 있다는 말도 내게는 허망하기 그지없는 예언처럼 들린다.(1)

오래 살다 보니

그래도 나는 병원과는 먼 거리를 두며 80여 년을 살아왔다. 회갑을 맞이하던 해, 즉 서울올림픽이 열리던 1988년, 갑자기 맹장이 요동쳐서 동대문 이화여대 대학병원에서 수술을 받은 적이 있다. 그리고 22년의 긴 세월이 흐른 후 이번에는 목과 허리에 디스크가 생겨 세브란스병원에서 수술을 받게 되었다.

'인명人命은 재천在天'이라 했듯, 사람이 죽고 사는 일은 모두 하늘의 뜻에 달린 것이니, 나로서는 아무런 근심도 없다. 그러나 나를 사랑하는 주변 사람들은 마음속으로 적잖이 걱정하는 듯하다. '연세가 있으신데 혹시 마취에서 깨어나지 못하면 어쩌나' 부질없는 염려도 하는 것 같다.(2)

---

1 통풍 병 이름은 대학 시절 강의 시간에 영국 시인 바이런이 통풍에 걸렸었다는 말을 통해 들은 적 있다(〈파수꾼〉, 2018. 1. 17).

보살핌을 받다

부모님을 비롯해 일가친척 중 어른들은 다 세상을 떠났다. 나이 여든이 되고 보니 가까운 친구들도 거의 다 저세상으로 가고 남은 이가 몇 되지 않는다.

옛날부터 사귄 나이 많은 벗들만이 나의 친구는 아니다. 지난 10년, 20년 사이에 가까워진 제자들도 있다. 그들은 항상 나와 가까운 곳에 머물며, 내가 무슨 일을 당하건 나를 스승으로 믿고 최선을 다한다. 이번에 노인으로서는 감당하기 어렵다는 큰 수술을 받고 열흘 동안이나 입원해 있는 동안에도, 그들은 밤낮을 가리지 않고 늙은 스승의 병간호에 전력하였다.

혈육의 아들딸은 없지만 어느 누가 나처럼 섬김을 받으며 만년의 한때를 이렇게 보낼 수 있겠는가. 세브란스병원 원장은 자진하여 거액의 병원비 절반을 탕감해 주었고, 나의 제자들 중 몇 사람이 나머지 비용을 분담했다고 들었다. 나는 크레디트 카드를 맡기기만 했지 동전 한 푼도 쓰지 않고 인생의 이 어려운 고비를 무사히 넘길 수 있었다.(3)

일상을 말하면

나는 1947년부터 지금까지 같은 집에서 줄곧 살아왔고, 단 한 번도 이사를 해본 적이 없다. 1970년대에 개조하여, 본디 영단주택의 하나였던 20평짜리 단층집을 2층 벽돌집으로 만들었다. 우리 아버님이 누님 이름으로 구입했던 이 집은, 내가 외유 중에 누님이 내 허락도 없이 내 명의로 바꾸어 놓아 내 집이 되고 말았다.

나는 한국에서 손꼽히는 유명 테일러 '당코리'의 이영재 사장이 만들어 주는 양복을 입고 다닌다. 그러나 그 비싼 옷을 내가 직접 돈을 주고 사서 입은 적은 단 한 번도 없다. 이 사장이 대금도 받지 않고 만들어 보내기도 하고, 부산에 사는 어느 독지가가 그 비용을 대신 내주기도 한다지만, 나는 그 내막을 잘 모를 뿐만 아니라 알려고 하지도 않는다.

이번에 두란노서원에서 펴낸 작은 책《나이듦이 고맙다》가 잘 팔린다면 앞으로 돈 걱정은 하지 않아도 될지 모르지만, 그 또한 장담할 수는 없다. 사실 나는 정말 부러운 것 없이 나대로 잘 살고 있고, 나이도 먹을 만큼 먹었으니 아무 걱정도 없는 사람이다.

나를 사랑한다면서 밤과 낮을 가리지 않고 수화기를 들고 앉아 있는 대구의 어떤 젊은 여자만 제정신을 되찾아 준다면, 나는 정말 태평스러운 여생을 보낼 수 있을 것이다.(4)

그래도 노인은 살기가 힘들다

늙어 보지 않은 사람은 노인의 하루의 삶이 얼마나 어려운지 짐작도 못할 것이다. 다섯 시면 일어나서《말씀 읽는 아침》의 오늘 날짜에 적힌 성서 말씀을 소리 내어 읽는다.

그러고 나서 어제 홈페이지에 올린 내 글에 오자誤字가 없는지 살펴본다. 오자가 한 자라도 있으면 내 일을 돕는 조카 지순에게 알린다. 이 애가 고등학교 2학년이라 학기말 시험이라도 있을 때면, 그 엄마가 대신 찍어서 올린다.

샤워를 하려고 화장실에 가면, 젊어서는 그 거울에 비치던 내 몸이 우람하고 보기 좋았건만, 오늘의 모습은 말이 아니다. 그 오랜 세월 동안 나를 비춰 준 그 거울에 아흔이 다 된 노인의 모습이 얼마나 비참해 보이겠는가? 40여 년간 그 자리에 그대로 있는 구식 욕조bathtub에, 노인이 이것저것 붙잡고 들어가 사워 꼭지를 틀고, 미끄러져 넘어지지 않으려고 애쓰는 모습이 내가 보기에도 가관이다.

목욕하다가 사고를 당하는 노인들이 많다는 사실을 모르는 노인은 없다. 조심조심 샤워를 끝내고 기어 나오는 내 꼴을 보고 나 스스로 웃는다. "내가 어쩌다 이 꼴이 되었는고?" 혼자서 중얼거리며 타월로 몸을 닦고 속옷을 갈아입는다. 그 절차도 쉽지는 않다. "주님, 언제까지 제가 이 일을 계속해야 합니까? 저를 불쌍히 여기사, 이 삶을 적당히 끝낼 수 있도록 좀 도와주셔야죠!"

주님은 나의 이런 애원에 아무 반응이 없다. 그러니 나는 이럴 수도, 저럴 수도 없는 처지에서, 울 수 없어 웃으면서 하루하루를 살아간다.

이런 처지이긴 하지만, 나와 가까운 이들이 아직도 살아 있어서 그들을 사랑하는 재미도 만만치 않다. 앞으로도 불평 없이 이 노인은 매일 웃으면서 살겠다. 주님께서 부르시는 그날까지![5]

수옥·지순 모녀

조카에게 보내는 아침 격려

조카 하나를 아침마다 학교 문 앞에까지 데려다주는 것이 나의 취미다. 내 동생 수옥이의 외동딸 이지순. 엄마는 매일 아침 조그마한 차로 이 딸을 서대문에 있는 딸의 학교에 데려다준다.

나는 언제부턴가 그 차를 타고 뒷자리에 앉는다. 서대문 네거리에서 멀지 않은 지순이 학교 교문 앞에 도착하면, 고3이 되어 대학 입시로 고생하는 지순에게 "힘내라!"고 한마디 격려의 말을 건네고 돌아온다.

지순이 아빠는 연세대 사학과 출신으로, 나에게 정성을 다하던 내 제자였는데, 명이 짧아 딸이 아주 어릴 때 세상을 떠났다.[2]

그래서 나는 지순이를 더욱 사랑스럽게 여기고, 애정을 쏟게 되는지도 모른다.(6)

---

2 (2008년) 4월 25일 나의 여동생의 남편(1947~2008)이 담낭암이라는 불치의 병을 얻어서 1년 남짓 투병 생활을 하다가 세상을 떠났다. 옛날에는 60세까지 사는 이도 많지 않았으니까 작년에 회갑을 지낸 그를 단명했다고 하지는 않겠지만 … (〈파수꾼〉, 2008. 5. 23).

씩씩한 젊은 여성들에게서 본 희망

출퇴근 시간에 서대문 네거리를 지나는 일이 많다. 그 시간에도 늘 씩씩하게 생긴 남녀가, 특히 씩씩한 젊은 여성들이, 직장을 찾아 활보하며 당당하게 걸어간다. 립스틱조차 바르지 않은 입술에는 건강이 넘치고, 그들의 곧은 자세와 당당한 걸음걸이를 바라보는 내 눈에는 기쁨과 희망이 넘친다.

되도록 아껴 쓰며 동생들을 돌보고, 결혼 비용도 조금씩 모아 두는 똑똑한 아가씨들도 있는 듯하다. 저런 '훌륭한 젊은이들이 있기에' 김 노인의 노년도 매우 즐겁다. 조국의 내일을 걱정하지 않아도 된다고 나는 믿는다.(7)

노년 건강

이야기 하나, 장수의 점괘

2~3년 전, 가까운 사람들과 함께 중국 칭다오로 여행을 간 일이 있었다. 일행 중 한 친구의 아들이 칭다오에 사는데, 그 친구가 "칭다오에 천하에 고명한 명의가 한 분 있는데 꼭 들러 보자"고 간청하여, 그 의원을 찾아간 적이 있었다.

그 의사는 내 나이쯤 된 듯한 노인이었다. 그는 내 팔을 붙잡고 4분 정도, 지루할 만큼 오래 진맥하더니, 나와 동행한 중국말 잘하는 통역에게 이렇게 말했다고 한다.

"이 사람은 150까지는 산다. 그런데 허리는 좀 안 좋은 것 같아."

'아무런 검사도 해보지 않고, 오로지 맥 한 번 짚어 보고 이런 엄청난 예언을 하다니! 도통한 사람인가? 신들린 사람인가?'

혼자서 쓴웃음을 지었다. 다만 이 노인 의원의 진단 중 한 가지는 맞는 것 같았다. 그 이듬해부터, 허리가 조금씩 아프기 시작한 것이다. 그때까지는 아무렇지도 않던 내 허리가!

석 달에 한 번은 꼭 찾아가는 허갑범(許甲範, 1937~2020) 의사는 내 혈당 수치가 높다고 매번 걱정인데, 150세라니! 제정신을 가지고는 이해 못할 천수天壽라고 하겠다. 상식으로 말하자면, 내 건강은 90을 넘기기도 어렵다. 그래서 나는 떠날 날을 부지런히 준비하면서, 떠나기 전에 꼭 해야 할 말을 남겨야 한다는 일종의 강박관념을 가지고 이 글을 쓴다.(8)

이야기 둘, 백세 시대의 삶

"사람은 이제 100년은 산답니다. 아니, 120년은 산답니다"라고 말하는 사람을 자주 본다. 옛날에는 "70 사는 사람도 드물다"더니 요새는 확실히 오래 사는 사람들이 많아져서 '고령'이 사회적으로 큰 문제가 되었다. 그런 줄을 잘 알면서도 '고령'을 찬양하는 태도는 어쩌면 큰 모순이라 하겠다.

돌이켜 보면, 내 건강은 77세가 되기 전까지는 완벽했다. 회갑이 되던 해가 서울올림픽이 열리던 1988년이었는데, 그해 가을에 맹장 수술을 했을 뿐, 큰 병은 한 번도 앓지 않았다. 그러다 2004년 KTX가 서울과 부산을 달리게 된 그해에 '오십견'이라는 묘한 병이 찾아와 오른쪽 어깨가 고통을 겪었다. 그 무렵 내과 의사가 피 검사를 하더니 혈당 수치가 높다며 당뇨병을 경고하였다. 그때 내 나이 일흔일곱이었다.

이후 백내장을 염려하여 두 눈의 렌즈를 갈아 끼우고, 충치가 말썽이 되어 여러 개의 임플란트를 했다. 허리가 아프다니까 유명한 의사가 척추 수술도 해 주었다. 그러고 나서 오늘 아흔의 노인은 근근이 살아가고 있다. 2004년 이후 13년, 건강이 완벽했던 그 옛날을 그리워하며 한심스러운 생존을 유지하고 있다.

'건강 백세'는 나와는 거리가 멀다. 보통 사람들도 대부분 그렇다. 아마도 김병기 화백 같은 특이한 인물들에게나 가능한 일이 아닐까 생각한다. 나는 새벽에 일어나면 "오늘 하루뿐이다"라고 거듭 다짐하며 하루를 시작한다. 저녁이 되면 다 끝나리라 믿으면서![9]

새벽의 기도

일본의 가마쿠라 시대 초기에 신란(親鸞, 1173~1262)이라는 스님이 있었다. 그가 만년에는 교토에 정착하여 히가시혼간지東本願寺 창건에 기여하며 저술활동에 전념하였다고 전해진다.

하루는 제자 한 사람이 그를 찾아와 말했다.

"스님, 저는 스님 밑에서 10년이라는 긴 세월 도를 닦노라고 애를 썼지만, 아직도 제 마음은 흔들립니다. 이래서야 어디 득도할 수 있겠습니까? 그래서 저는 이제 결심하고 스님의 곁을 떠나렵니다."

신란은 그 제자의 손을 잡고 이렇게 말했다.

"이 사람아, 자네 마음만 흔들리나, 내 마음도 흔들리네."

그 말을 듣고 제자는 생각을 고쳐먹고 더욱 정진하여, 결국 세상이 다 알아주는 고승高僧이 되었다는 일화를 스승 함석헌으로부터 들은 적이 있다.

나이가 들면서 나도 어느 수준의 깨달음에 도달하였다고 생각했다. 70~80이 되면서는 육신의 욕망 대부분이 잠들고, 탐욕스럽게 먹지 않으며 필요한 만큼만 먹고, 이성에 대한 욕구도 잔잔해졌다. 앞으로는 성적 욕망에 시달리는 일도 없이, 홀가분한 마음으로 하늘나라를 바라볼 수 있겠다고 주제넘은 생각으로 우쭐한 적도 없지 않았다.

그러나 그것이 어림도 없는 자부심이라는 사실을 깨닫고 혼자 당황하는 때도 없지 않다. 내 친구의 아버지가 유명한 고등학교 교장을 지낸 매우 점잖은 분이었는데, 사모님이 세상 떠난 뒤 몇 년간 잠잠하시다가 젊은 부인과 재혼한다는 소식을 듣자, 친구와 나는 "아니, 저 노인이 망령이 났나? 그 나이에 무슨 새장가를 드셔?"라며 매우 통탄할 일이라고 여겼던 때도 있었다. 그러나 지금은 그 교장선생님의 심경과 입장을 조금이나마 이해를 할 수 있다.

앞으로 얼마 남지 않은 나의 인생길에서, 이날까지 나를 믿고 따르는 소수의 제자들을 실망시키고 싶지 않다. 아직은 그들을 실망시키지 않을 자신도 있다. 메피스토펠레스Mephistopheles가 무슨 작간作奸을 해도, 어떤 감언이설로 나를 유혹해도, 나는 끝까지 내 길을 갈 수 있다는 자부심을 가지고 이 새벽을 맞이한다. 오늘 하루도 바르게 살겠다고 단단히 결심하고 일어난다.

그래서 나는 끊임없이 마음속으로 기도한다.

'주님, 나를 불쌍히 여기소서! 주님 나를 도와주시옵소서!'

내 힘만 가지고는 안 될 줄 잘 알기 때문에! 그러나 앞으로도 남은 생을 노인답게 살다가 노인답게 가겠다고 제자들에게 약속하고 다짐하면서, 나는 이 펜을 놓는다.(10)

늙어도 할 수 있는 일

이제는 내가 늙어서 하려 해도 할 수 없는 일이 너무 많다. 젊어서는 아침에 일어나 연세대 뒷산인 안산에 오르는 일이 힘들지 않았다. 그 정상에 서서 뜨는 해를 맞으며, 내가 예전에 살던 서대문구치소 9사舍의 지붕을 굽어보기도 했다.

학생들과 설악산 대청봉에도 오르고, 몽블랑의 중턱에까지도 올랐다. 미국 로키산맥을 등산한 적도 있었다. 새벽에 낙타를 타고 모세의 시내산 꼭대기에 올라 찬송을 부르고 기도했던 일도 기억난다.

그러나 이 모든 일이 지금은 이룰 수 없는 꿈이 되었다. 동작이 하도 느려서 단체여행을 꺼리게 된다.

이제 아흔 노인이 자유롭게 할 수 있는 일은 꼭 한 가지만 남았다. '남을 사랑할 수 있는 일', 그 한 가지가 남았다. 가까운 사람들을 예전보다 더 사랑할 수 있다. 처음 만나는 이들도 더 사랑할 수 있다.

그러나 여성을 여성으로 더 사랑하지는 못한다. 아직도 이성의 존재를 느끼지만, 괴테나 피카소 같은 소질과 능력을 타고나지 못했기에, 여성은 '사람'으로만 대할 뿐이다. '금단의 열매' 같은 것은 아예 바라보지도 않는다.

그 대신 나는 모든 여성을, 그가 누구이건, 순결한 마음으로 사랑할 수 있다. 친구의 아내도, 딸도, 나의 누이나 동생이나 딸처럼 사랑할 수 있다. 친구 아들의 애인에게도 고상한 사랑을 베풀 자신이 있다. 남들이 보기에는 '재미없다'고 여길지 모르지만 나로서는 흥미진진하다. 이것이 나의 '용감한 새 세계'이다. 이 사랑 덕분에 나는 무척 행복한 나날을 보내고 있다.(11)

맹산의 최만년

일상: '타워'와 '킹덤'의 풍경

마산이 문하로 출입할 적, 맹산의 만년 일상을 저간의 왕래 경험에 비추어 얼마큼 재구성할 수 있다. 남의 내면이나 내밀內密 알기는 건성일 수밖에 없고 주마간산走馬看山의 스침 정도에 불과할 것이지만 말이다.

일자리가 밖에 있는 도시민 생활 방식에 따라 말하자면, 당신의 사회생활이라 할 수 있는 대외 활동 근거지는 연세대 후문 출구 오른편에 자리한 태평양시대위원회였다. 10층 정도 되는 건물인데, 2층이 근거지였다. 위층에는 건축사무소 등이 입주해 있고, 아파트처럼 생활공간도 있다 했다. 아래층은 일대에 알려진 맛집 진솔곰탕이 있었는데, 나중에는 건축사무소로 바뀌었다.

2층의 널따란 사무공간이 강당과 교실을 절충한 형태로 꾸며져 있는데, 그 한쪽이 당신의 사무실이었다. 강연 등 외부 활동을 주관하는 타워형 개인 사무실이 코너에 자리 잡고 있었고, 당신을 직접 찾으려는 외부 인사는 그곳에서 맞았다. 내가 엿본 바로는, 피터 현,[3] 박동선[4]도 그런 내객이었다.

---

3 〔편저자 주〕 피터 현은 함남 함흥 출신으로 1948년 혼자 미국 유학을 떠난 뒤 미국과 유럽을 종횡무진 누빈 언론인이자 출판편집인이다. 〈타임스〉, 〈뉴욕타임스〉 등 세계 유수 언론에 한국 관련 기사를 투고했고, 1974년 북한에 직접 들어가 당시 북한 사회의 현실을 취재하여《북한기행》을 출간했다. 1981년에는 중국을 방문, 안중근 의사가 순국한 뤼순旅順 감옥을 취재해 처음으로 한국에 알렸다.

4 〔편저자 주〕 박동선(朴東宣, 1935~2024)은 평남 순천에서 태어나 미국 조지타운대를 졸

대외활동 '타워'에 견주어 당신의 의식주 근거지는 1947년부터 살았다는 이른바 '대신동 집'이었다. 연세대 한국어학당을 오가는 길목에 자리한 이 가옥이, 당신이 '킹덤'이라 부른 곳이 김동길의 아지트, 아니 궁궐이었다. 그 앞마당에는 김옥길기념관(서울시 서대문구 연대동문길 47-6)이 세워졌다. 기념관 지하공간이 교회처럼 꾸며져 있어, 일요일마다 예수모임이 열렸다.

당신 궁궐에 들어서면, 곧장 오른쪽에 식당과 부엌이 있고, 맞은편에는 보통 응접실인 거실이 있다. 그 안에 침실이 자리해 있었다. 당신 타계 뒤, 책을 찾을 일이 있어 처음으로 잠깐 안을 살펴봤는데 거기도 역시 벽면 가득 책장이 자리하고 있었다.

지밀 보필

식사를 함께하는 것은 가까운 인간관계의 시발점이었다. 우리 내외도 거기에 초대되었다. 눈치로 보니, 여동생 김수옥을 도와 붙박이 아주머니가 음식을 차려 주고 있었다.

응접실에 앉아 있던 사람들에게 식사가 준비되었음이 전해지자, 문하들이 처장이라 부르는 홍의빈 사무장이 맹산을 부축해 식탁으로 모셔 나

업한 재미 한국인 사업가로 '코리아게이트'의 중심인물이다. 코리아게이트는 1976년 박동선을 위시한 로비스트들이 미국 의회에 불법 로비를 했다는 사실이 보도된 후 한국 미국 간의 외교적 마찰이 일어난 사건이다. 어떤 사람은 박동선을 '독재정권 하수인', '뇌물 브로커'라고 평가한다. 반면 '코리아게이트'를 조사한 미 의회 보고서는 "박 씨 활동이 효과적이었다"고 했다. 1970년대 미 의회는 한국에 대한 15억 달러 군수 원조를 승인했고, 주한미군 철수 여론도 수그러들었다(〈조선일보〉 만물상, 2024. 9. 21).

왔다. 무엇보다 오른손이 온전히 힘을 발휘하지 못했다. 맹산은 처장의 팔에 당신 손을 올려놓은 모양새로 걸어 나왔다.

운신의 불편은 해가 갈수록 심해졌다. 외부 출입을 위해 항상 휠체어가 대기하는 것이 최만년 대신동 집 정경이었다.

세월이 좀 더 지나자 홍 처장이 달라붙지 않으면 대소간의 거동조차 불가능하게 보였다. 그러자 홍 처장이 이 일 저 일 맡으면서 아침 일찍부터 저녁 늦게까지 지근거리에 머물러야 했다. 해야 할 일은 지천일지라도 여성이 맡기 어려운 보필도 해야 했다. 바로 옆에서 어린아이 돌보듯 하지 않고는 세수는 물론이고 목욕도 전혀 불가능해졌기 때문이었다.

2015년, 온천 휴양지로 유명한 일본 구사쓰로 수학여행을 갔을 때, 탕에 들어온 맹산을 엿본 적 있었다. 그때도 홍 처장이 어린아이 씻기듯 보필하고 있었다.

홍 처장은 왕년의 레크리에이션 지도자였던 덕분인지 음식 솜씨도 좋았다. 대신동으로 손님이 초내되면 냉면 장만 등 진일은 모두 홍 처장의 몫이었다. 그즈음 맹산이 시작한 유튜브도 홍 처장 관장이었다. 구독자가 32만명에 이른 〈김동길 TV〉의 촬영·편집·방영은 모두 홍 처장의 소관이었다. 타고난 기계손이던가. 언뜻 보기에도 여간 민첩하지 않았다.

부엌살림을 주관할 때도 김수옥은 대신동에서 가까운 곳의 자가 아파트에서 출퇴근했다. 홍 처장이 맹산의 지밀至密 보필을 전담하기 시작하면서 전자는 어쩌다 만날 수 있는 사람이 되었다.

조카 지순은 2017년 무렵 이화여대 인문계열 중어중문학과에 합격했다. 맹산은 수고했다며 두 모녀를 데리고 로스앤젤레스로 축하 여행을 다녀왔다. 거기서 멕시코 쪽으로 크루즈 여행도 했다고 들었다. 정확한 기억인지는 장담하지 못한다.

제19장 나의 믿음

장대현교회의 추억

나는 예수를 믿는 어머니 품에서 젖을 먹고 자랐다. 아주 어렸을 때부터 평양에 있는 장대현교회를 다녔다.

교회는 아주 오래전에 세워진 교회라 건축 구조가 '기역(ㄱ) 자' 모양이었다. 서쪽에는 남자들이 들어가는 문과 자리가 있었고, 남쪽에는 여자들이 들어가는 문과 자리가 있었다. '기역 자'가 만나는 지점에 목사님의 강도상講道床이 놓여 있었고, 그 옆으로 풍금과 성가대가 자리했다. 지금 생각해도 매우 합리적인 구조였다.(1)

어머니는 나를 장대현교회에서 운영하는 유치원에 보내 주었다. 거기서 권도실權道實 선생의 사랑을 많이 받았다.

어머니 기도 소리

나의 어머니는 언제나 〈사도신경使徒信經〉을 그대로 믿으셨다. 나 역시 처음에는 무조건 믿었지만, 중고등학교에 다니며 과학을 공부하니 기적을 믿기가 점점 어렵게 느껴졌다. 그 때문에 나름대로 고민을 하였지만, 어머니의 신앙에서 이탈할 생각을 한 적은 없었다.

아들딸을 키우고 가르치기 위해 날마다 고생하시던 그 어머니의 기도 소리와 찬송 소리를 들으며 자란 나는, 점차 예수의 부활도 믿을 수 있게 되었다. 그리고 공산당을 피해 월남하여 대학에 입학한 뒤에는 함석헌 선생께서 나의 기독교적 신앙을 굳건하게 잡아 주었다.(2)

신앙은 제 못난 맛에

가난한 사람, 평범한 사람들 중에는 '저 잘난 맛'에 사는 사람을 찾아보기 어렵다. 그러나 돈이나 권력, 혹은 지식을 많이 가진 사람들을 보면 대체로 교만하다.

종교를 가졌다고 하는 사람들 중에도 오만불손한 자가 있다. 예수께서는 제자들의 더러운 발을 친히 씻어 주셨다. 그런데 요즘 스님이나 목사들 중에는 도리어 신도들 앞에 자기 발을 내놓고 "씻으라"고 하니, 종교가 제 구실을 다할 수 있겠는가? 저 잘난 맛에 사는 이들에게서 무엇을 배울 수 있겠는가?

신앙이란 무엇인가? 저 잘난 맛에 사는 것은 신앙이 아니고, 저 못난 맛에 사는 것이 곧 신앙이다. 이 진리를 깨달았을 때 내 마음은 무한히 기뻤다. 저 못난 맛에 사는 사람이 돼 주기를 간절히 당부한다!(3)

나는 반드시 천당에 가야할 사람

죄는 무서운 것이지만 한 번 씻음을 받았으면 '용서받은 기쁨'을 잃지 말고 명랑하게 살아야 한다는 것이 나의 지론이다. "내 죄가 내 앞에 있음"을 부인하지 않는다.

그러나 나는 '용서받은 죄인'이기 때문에 지옥을 두려워하지 않는다. 나는 반드시 천국에 가야 할 사람이다. 그곳에 가야 만날 수 있는 몇 분이 계시기 때문이다. 나의 신앙은 이렇게 단순하고 평범하다.(4)

믿음의 본질

마산이 인상 깊게 들었던 김동길의 믿음에 관한 생각은 2019년 8월 29일 목요서당 자리의 말씀이었다.

"믿음은 바라는 것들의 실상이요, 보지 못하는 것들의 증거이니 선진들이 이로써 증거를 얻었느니라. 믿음으로 모든 세계가 하나님의 말씀으로 지어진 줄을 우리가 아나니, 보이는 것은 나타난 것으로 말미암아 된 것이 아니니라."(5)

'예수모임'을 이끌다

문하로 출입하는 사이, 맹산이 주일, 곧 일요일에 예수모임을 주관하고 있음을 알았다. 믿음은 좀 더 생각할 일이지만, 당신을 가까이할 기회를 더 가짐은 당장 결정할 사안이었다. 김옥길기념관 지하의 모임 공간에서 일요일 오전 10시에 열렸다.

모임 헌장

'예수모임 헌장'에는 그 내력이 적혔다. 1995년 2월 2일 예수모임 발기인 일동이 적은 내용은 다음과 같다.

1. 예수모임은 오늘의 세계가 직면한 도덕적 위기를 극복하고 하나님의 나라를 이 땅 위에 건설하기 위한 순수한 신앙운동이다.
2. 예수모임은 기성교회가 고집하는 교리나 신조나 예배의식에는 구애되지 않는다.
3. 예수모임은 예수를 그리스도로 믿고 따르며 이웃을 섬기려는 제자들의 모임이며, 회원 수는 25명을 초과하지 않는다.
4. 예수모임은 다음의 간단한 조직으로 설교자 1인과 운영위원 7인으로 운영된다.
5. 예수모임은 가난한 사람을 구제하되 오른손이 하는 것을 왼손이 모르게 한다.

설교자는 김동길 1인이었고, 운영위원 7인은 방희영(간사), 최송옥, 홍의빈, 김혜선, 김종우, 박영자, 이경섭(태평양교회 목사)이었다. 모임이 끝나면 인근 식당에서 함께 식사했다. 때로는 가까운 이탈리아 식당에서, 때로는 동네 한식당에서 먹기도 했다.

한식당 하나는 예수모임 이름에 어울리게 '존재의 이유'였다. 철학 공부와 별로 인연은 없을지언정 낱말의 원어 '레종데트르raison d'être'[1]를 들어 본 우리 일행은 그럴싸한 식당이라고 이구동성이었다. 하지만 나는 그 식당에 간 기억이 없다.

모임 여러 분이 우리 선교사 한 분의 일본 선교 후원에 참여했다. 재단법인 글로벌파트너스선교회 미주본부 소속 신율미(재일교포 2세) 수습선교사가 2017년 일본에 파송되어 도쿄의 한 교회에서 영어 기독교 유아원 설립과 운영 사역을 담당할 예정이었다.

취지서에는 이렇게 적혀 있었다.

> 일본의 잃어버린 영혼들을 위해
>
> 기독교인이 약 1억 3,000만 인구의 1%도 안 되는 나라. 각자는 종교에 관심이 없이 보이지만, 미신과 맹목적인 기복사상에 젖어 있는 사람들, 성실하고 열심히 사회를 위해 일하지만, 좌절할 때 사람의 의미와 목적을 찾지 못해 스스로 목숨을 끊는 사람들이 있다.

---

1 〔편저자 주〕 모든 사물의 존재 또는 진리에는 그에 상응하는 충분한 이유가 있어야 한다는 원리다.

하느님보다 하나님을

사람에 따라 절대자를 부르는 말이 다르다. '한울님'이라고도 하고 '하느님'이라고도 하지만, 나는 '하나님'을 고집한다. 많은 선배와 동료들과 함께 나 역시 그 '하나님'을 찾아 여기까지 왔다.

나는 예수 그리스도를 알기 전까지 하나님을 정말 모르고 살았다. 나는 유대인들의 하나님을 믿지 않는다. 예수께서 "하나님은 그런 분이 아니다"라고 하시며, "네 이웃 사랑하기를 네 몸과 같이 하라"고 하셨다. 그렇게 되지 못한 나 자신을 원망하며, 이날까지 살아왔다.(6)

그걸 기도라고

대학 입시를 위한 기도 모임이 '절'에서만 있는 게 아니다. 근래에는 교회에서도 많이 열린다. 그런 미신이 어디 있는가.

"하나님, 이번 대학 입시에서 제 아들이 꼭 합격하게 도와주세요"라고 기도하면, 하나님께서 "그럼 네 옆집 아이는 어떻게 할까?"라고 물으실 거다. 그때 아들의 합격을 위해 '백일기도' 하는 어머니가 "그런 걸 왜 물으십니까? 제 아들만 붙여 주시고 옆집 애는 떨어뜨리셔야죠"라고 하면 하나님께서 말씀하시리라. "그걸 기도라고 하느냐. 그런 기도나 하려면 내 앞에 나타나지도 말아라."

미신을 청산하지 못하면, 종교란 백해무익한 '아편'이 될 수도 있다. 각자가 가진 종교 덕분에 우리들의 삶이 조금은 더 정직하고 조금은 더 자비로워져야 한다고 믿는다.(7)

제20장
생로병사가 꿈같으니

이렇게 왔다가 이렇게 가는 것을

누구의 일생이나 다음 한마디로 요약할 수 있다.

"이 세상에 태어나서 고생하며 살다가 늙고 병들어 마침내 죽었다."(1)

세상만사 살피니 참 헛되구나
부귀공명富貴功名 장수長壽는 무엇 하리오
고대광실高大廣室 높은 집 문전옥답門前沃畓도
우리 한 번 죽으면 일장一場의 춘몽春夢

맹산 김동길이 종신을 말할 때, 허무까지는 아닐지라도 자못 비감했다. 칼라일, 원효, 셰익스피어의 인용이 그런 느낌을 주었다.

칼라일의 〈무슨 소용이 있는가Cui Bono〉(장영희 번역)가 먼저 기억난다.

희망이란 무엇일까? 미소 짓는 무지개
아이들이 빗속에서 따라가는 것.
눈앞에 있지 않고 자꾸자꾸 멀리 가서
그걸 찾은 개구쟁이는 없다.

삶이란 무엇일까? 녹고 있는 얼음판
햇볕 따스한 해변에 떠 있는 것.
신나게 타고 가지만 아래서부터 녹아들어
우리는 가라앉고, 보이지 않게 된다.

인간이란 무엇일까? 어리석은 아기
헛되이 노력하고 싸우고 안달하고
아무런 자격도 없이 모든 걸 원하지만
얻는 것은 고작해야 작은 무덤 하나.

원효의 법언法言은 짧아진다.

나지 말거라. 죽기가 어렵다.　　莫生兮其死也苦
죽지 말거라. 나기가 어렵다.　　莫死兮其生也苦

셰익스피어는 더 짧아진다.
"이렇게 왔다가 이렇게 가는 것을Thus come, thus go."[1]

---

1 〔편저자 주〕 수준급 셰익스피어 연구서도 출간했던 헌법학자 안경환(安京煥, 1948~)에 따르면 인용 어구의 근접 출처는 《맥베스》 3막 1장의 맥베스의 독백이라 한다.

법정의 다비식

법정스님[2]이 세상을 떠난 뒤, 그의 시신을 화장하는 다비식茶毘式이 송광사 야산에서 거행되는 모습을 불교방송 생방송을 통해 지켜봤다. 한두 가지 뼈저리게 느낀 바가 있었다.

문경새재 근처에 조용히 살던 어느 날, 집 근처에서 우연히 법정을 만났다. 그때 그렇게 반가워하던 그의 얼굴이 지금도 내 눈에 선하다. 그는 영국 시인 워즈워스가 노래한 "생활은 검소하게, 생각은 고상하게"를 실천궁행하는 정말 보기 드문 수도자였다. 그는 천성이 조용한 것을 좋아하고, 사람이 많이 모이는 곳을 즐기지 않았다.

땅 위에서의 목숨이 다한 것을 알아차리고, 세속의 말대로 하자면, "장례식은 검소하게, 간단하게 치러 달라"고 측근에게 당부했다고 한다. 그러나 그날 다비식은 파격적이었다. 다비식 참여 문상객이 1만 명은 더 되었다고 들었다. 몇몇 정치꾼들의 얼굴도 보였다.

법정의 마음은 심히 괴로웠으리라. 그의 뼛가루를 몇 상자에 나누어 넣어, 이 절 저 절에 보낸 것도, 입적한 스님의 아름답고 깨끗한 사람됨으로 미뤄 볼 때, 그가 좋아할 처사는 아니었다고 믿는다. 법정의 죽음을 대하는 속인들의 처사는 반성의 여지가 많다고 느꼈다.(2)

---

2 법정스님은 김동길과 함께 〈씨알의 소리〉 편집위원을 지냈다. 생김새도 단정하고, 생각이나 행동이 반듯하여 정말 스님다운 스님이었다. 유신체제하에서 '개헌청원 100만인 서명운동'을 함께 시작할 때 용감하게 먼저 서명하여 군사정권의 곤욕을 치르기도 했다. 그 뒤 그는 아마도 정치 참여가 자신의 수양에 도움이 안 된다고 깨닫고, 깊은 산중에 암자를 마련하여 모든 세속적 모든 인연을 끊었으리라. 듣자 하니, 자신을 핍박하는 사람들을 미워하는 생각이 생기는 것이 괴로웠기 때문이라 했다(〈파수꾼〉, 2010. 3. 16).

무슨 불길한 예감이라도 있어서 이런 글을 쓴다고 오해하지 않기를 바란다. 가족의 묘지가 경기도 시흥군 광석면 군자리에 있었다. 거기 부모님을 모시고, 그 옆에 누님도 함께 모셨으며, 오랜 세월이 흘렀다.

그러다 지난 2010년 4월 28일, 드디어 누님은 경기도 가평에 있는 이화여대 묘지로 이장되었고, 아버님 어머님은 어제 경기도 양평에 있는 한 공원묘지에 안장되었다. 아들 된, 그리고 동생 된 도리는 일단 끝냈고, 이제는 나 자신에 관한 문제가 하나 남았다고 할 수 있다.

그래서 이제는 때가 됐다 싶어 그동안 생각해 온 몇 가지 일들을 가까운 이들 앞에 밝히고자 하는 것뿐이다.

유언장: 내가 죽거든

나는 매장도 싫고 화장도 싫다. 내가 죽거든 내 몸은 나를 키워 준 연세대 의대 세브란스의료원에 기증하기로 결심한 지 오래다. 죽는 날까지 이 결심을 비밀에 붙여 두리라 다짐했지만 친구들의 충격이 너무 클 것 같아 미리 발표하게 되었다.

일제 때 남강 이승훈 선생께서는 당신이 세상을 떠나거든 시신을 인체 해골 표본으로 만들어 오산학교 생물학 교실에 두라고 유언했지만, 일제 당국이 이를 용납하지 않아 그 뜻을 이루지 못했다고 한다. 그 말을 함석헌 선생에게 듣고 '나도'라는 생각을 하면서 그동안 살아온 것은 사실이다.

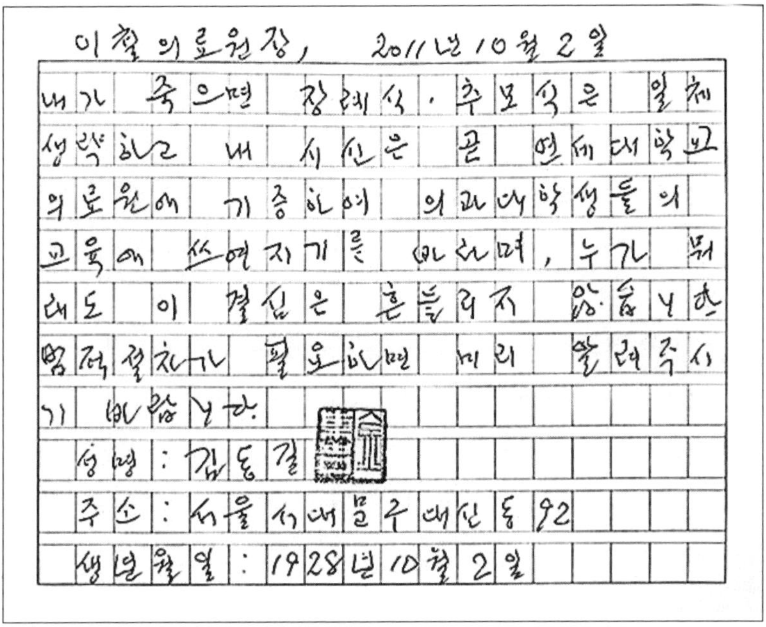
이철 의료원장, 2011년 10월 2일

내가 죽으면 장례식·추모식은 일체 생략하고 내 시신은 곧 연세대학교 의료원에 기증하여 의과대학생들의 교육에 쓰여지기를 바라며, 누가 뭐래도 이 결심은 흔들리지 않습니다. 법적 절차가 필요하면 미리 알려주시기 바랍니다.

성명: 김동길

주소: 서울시 대문구 대신동 92

생년월일: 1928년 10월 2일

〈**도판 13**〉 김동길 유언장 사본

이에 따른 법적 수속은 머지않아 끝나게 될 것이다(〈도판 13〉 참조).

그리고 나는 장례식이니 추모예배니 하는 것을 일체 거부한다. 하늘나라 아닌 다른 곳에서 나를 만나려 하지 말라. 나는 예수 그리스도의 제자로서 '생명의 영원함'을 믿고 살았기 때문에 죽음 앞에서도, 죽은 뒤에도 매우 자유롭고 명랑한 영적 존재가 될 것이다. 피렌체의 단테처럼 나도 나의 베아트리체와 함께 천국을 거닐고 있을 거다.(3)

당신의 종신終身

2022년 2월, 김동길은 코로나19에 확진되었다가 회복했다. 하지만 이 해 3월, 호흡기가 나빠져 연세대 병원에 입원했다. 중환자실에 입원해 친지들 문병도 허락되지 않은 채, 반년 정도 홀로 투병 끝에 2022년 10월 4일 홀연히 타계했다.

이화여대가 김옥길기념관에 조문객 참배 제단을 마련했다. 당신이 오래 거처해 온 집 산남정山南亭은 이미 이화여대에 넘겼고, 시신마저 연세대 의료원에 기증하기로 당신이 이미 약정했다는 뒷소식을 들었다. 맹산 숭모자들이 덜렁 시신 기증서 사본을 만나는 그 황당함이란… .

링컨아카데미와 목요서당 주최로 2022년 10월 18일 오후 2시, 연세대 루스채플에서 "김동길 선생님 환송예배"가 열렸다. 예배 순서 중 "선생님께 드리는 편지"는 차광은(차의과대학), 유일영(연세대), 윤현주(서울대) 등 여러 교수가 읽었다.

마지막으로 참석자 일동이 맹산 김동길의 애창곡 "기러기 울어예는 하늘 구만리"의 〈이별의 노래〉(박목월 작사, 김성태 작곡)를 함께 불렀다.

참고문헌

김동길(1978), 《어떤 사람이기에》, 범우사.

_____(1984), "대학과 사람," 김형국 편저, 《대학에서 나는 무슨 공부를 하여 어떤 사람이 될까》, 뿌리깊은나무.

_____(2008), 《정의를 위하여》, 도서출판 태평양.

_____(2014), 《링컨의 일생》(제3판), 샘터(초판: 1976).

_____편저(2017). 《이 나라에 이런 사람들이》, 기파랑.

_____(2019), 《내 마음의 노래: 김동길 암송명시》, 나남.

_____(2020), 《백년의 사람들: 김동길 인물한국현대사》, 나남.

Kim, Donggill(1972?), *Abraham Lincoln: An Oriental Interpretation*, University of Boston, Doctoral Dissertation; 단행본(Seoul: Jungwoo Sa, 1983).

김성수(2011), 《함석헌 평전》, 삼인.

김준엽(2017), "애국으로 일관한 청빈의 일생: 고 장준하 형의 영전에," 《장정 5: 다시 대륙으로》, 나남, 186~190쪽

김황식(2024), 《풍경이 있는 세상》, 나남.

_____(2025), 《일본인 88인의 이야기: 인물을 통해 알아보는 일본》, 나남.

김형국(2019), "김동길 교수의 시사랑에 대하여", 김동길, 《내 마음의 노래》, 나남.

_____(2021), "가까이서 지켜본 '인간 강신옥'", 〈철학과 현실〉(계간), 겨울호.

_____(2022), 《박경리 이야기》, 나남

_____(2024), 《바람이 일어나다: 한국현대미술의 프로메테우스 김병기의 삶과 예술》, 나남.

김형국 · 최상철 공편(2004), 《천도반대운동의 사회학》, 나남.

매케인, 존 · 마크 솔터(2008), 《사람의 품격》, 윤미나 역, 21세기북스.

맥도널드, 윌리엄 편(2019), 《뉴욕타임스 부고 모음집》, 윤서연 외 6인 역, 인간희극.

메이, 앙투아네트(2019), 《전쟁의 목격자: 한국전쟁 종군기자 마거리트 히긴스 전기》, 손희경 역, 생각의 힘.
백낙준(1983), 《나의 종강록》, 정음문화사.
백선엽(2016), 《6 · 25 전쟁 징비록》, 유광종 정리, 책밭.
송 복(2016), "친일, 어떻게 설명할 것인가," 〈미래한국〉, 2016. 7. 12.
_____(2025), 《중용의 길》, 기파랑.
신복룡(2024), 《해방정국의 풍경: 인물로 돌아보는 대한민국 현대사》, 중앙북스.
심경호(2018), 《내면기행: 옛사람이 스스로 쓴 58편의 묘비명 읽기》, 민음사.
_____(2022), 《호, 주인옹의 이름》, 고려대학교출판문화원.
오정무 편역(2020), 《세상을 감동시킨 링컨의 명언》, 푸른길.
오코노기 마사오(2019), 《한반도 분단의 기원》, 류상영 외 6인 역, 나남.
우치무라 간조(2011), 《대표적 일본인》, 조양욱 역, 기파랑.(일본 개정판, 1908)
유종호(2019), 《그 이름 안티고네》, 현대문학.
융겔, 에버하르트(1982), 《바울과 예수》, 허혁 역, 이화여자대학교출판문화원.
여상환(2023), "긍재 김동길 선생을 추모하며", 〈자유지성〉(계간), 봄호.
이세기(2000), 《김옥길 평전: 자유의 날개》, 이화여자대학교출판부.
이진강 · 황호택(2025), 《인촌탐사: 김성수》, 나남.
이한빈(1996), 《일하며 생각하며》, 조선일보사.
이화역사관(2021), 《큰 스승 김옥길》, 이화여자대학교출판문화원.
전택부(2008), 《이상재 평전》, 범우사.
정 민 역주(2023), 《서양선비, 우정을 논하다》, 김영사.
조갑제 외(2011), 《'고등학교 한국사 교과서'의 거짓과 왜곡 바로잡기》, 조갑제닷컴.
최 명(2017), "건국의 아버지," 김형국 편, 《이 나라에 이런 사람들이》, 기파랑.
_____(2023), "산남 김동길 선생과 나," 《이 생각 저 생각》, 조선뉴스프레스.
최보식(2015. 10. 12), "미수米壽의 현역 … 김동길 박사," 〈조선일보〉.
최정호(2020), "대기자 이규태," 《인물의 그림자를 그리다》, 시그마북스.
최진석(2020), "친일과 대한민국," 〈철학과 현실〉, 가을호(통권 126호).
카, 헬렌 · 수재너 립스컴 외(2023), 《지금 역사란 무엇인가》, 최파일 역, 까치.
칼라일, 토마스(2008), 《의상철학》, 박상익 역, 한길사.
함석헌(2003), 《함석헌 자전적 인생론》, 정우사.
홍윤오(2025), 《영원히 정의의 편에: 인권변호사 강신옥의 육성회고록》, 새빛.

인명록

강성갑(姜成甲, 1912~1950)
강성학(姜聲鶴, 1948~)
강신옥(姜信玉, 1936~2021)
강영훈(姜英勳, 1922~2016)
고건(高建, 1937~)
길재(吉再, 1353~1419)
김관식(金觀植, 1887~1948)
김구(金九, 1876~1949)
김기창(金基昶, 1913~2001)
김남조(金南祚, 1927~2023)
김대중(金大中, 1924~2009)
김대중(金大中, 1939~)
김동건(金東鍵, 1939~)
김동진(金東振, 1913~2009)
김문수(金文洙, 1951~)
김병기(金秉騏, 1916~2022)
김병익(金炳翼, 1938~)
김복동(金復東, 1933~2000)
김상용(金尙鎔, 1902~1951)
김상협(金相浹, 1920~1995)
김선기(金善琪, 1907~1992)
김성수(金性洙, 1894~1955)
김성식(金成植, 1908~1986)
김성태(金聖泰, 1910~2012)
김수옥(金秀玉, 1959~)
김수학(金壽鶴, 1927~2011)
김수환(金壽煥, 1922~2009)
김순애(金順愛, 1920~2007)
김연준(金連俊, 1914~2008)
김영삼(金泳三, 1927~2015)
김영주(金玲珠, 1946~2019)
김옥길(金玉吉, 1921~1990)
김우중(金宇中, 1936~2019)
김응섭(金應燮, 1917~1989)
김일성(金日成, 1912~1994)
김자경(金慈璟, 1917~1999)
김장환(金章煥, 1934~)
김재순(金在淳, 1923~2016)
김종영(金鍾瑛, 1915~1982)
김종필(金鍾泌, 1926~2018)
김준근(金俊根, 1853~?)
김준성(金埈成, 1920~2007)
김중배(金重培, 1934~)
김지하(金芝河, 1941~2022)
김찬국(金燦國, 1927~2009)
김창열(金昌烈, 1929~2021)

김치수(金治洙, 1940~2014)
김형석(金亨錫, 1920~)
김혜선(金惠善, 1940~)
김화식(金化湜, 1894~1947)
김활란(金活蘭, 1899~1970)
김황식(金滉植, 1948~)
나경원(羅景垣, 1963~)
남시욱(南時旭, 1938~2025)
노무현(盧武鉉, 1946~2009)
노신영(盧信泳, 1930~2019)
노천명(盧天命, 1911~1957)
노태우(盧泰愚, 1932~2021)
도고 헤이하치로(東鄕平八郎, 848~1934)
랑케(Leopold Ranke, 1795~1886)
랜더(Walter Savage Landor, 1775~1864)
레스턴(James Reston, 1909~1995)
루스벨트(Franklin Roosevelt, 1933~1945)
류사오보(劉曉波, 1955~2017)
리영희(李泳禧, 1929~2010)
링컨, 에이브러햄(Abraham Lincoln, 1809~1861)
링컨, 메리(Mary Todd Lincoln, 1818~1882)
링컨, 로버트(Robert Lincoln, 1843~1926)
마오쩌둥(毛澤東, 1893~1976)
매케인(John McCain Ⅲ, 1936~2018)
먼로(Marilyn Monroe, 1926~1962)
모윤숙(毛允淑, 1910~1990)
문창모(文昌模, 1907~2002)
박경리(朴景利, 1926~2008)
박근혜(朴謹惠, 1952~)
박두진(朴斗鎭, 1918~1998)
박목월(朴木月, 1915~1978)
박은혜(朴恩惠, 1904~1963)
박인수(朴忍洙, 1938~2023)
박정희(朴正熙, 1917~1979)
박종화(朴鍾和, 1901~1981)
박태준(朴泰俊, 1900~1980)
박태준(朴泰俊, 1927~2011)
박흥식(朴興植, 1903~1994)
방신근(方信根, 1904~1973)
방우영(方又榮, 1928~2016)
백낙준(白樂濬, 1895~1985)
백남준(白南準, 1932~2006)
백선엽(白善燁, 1920~2020)
밴플리트(James Van Fleet, 1892~1992)
베커(Carl Becker, 1873~1945)
법정(法頂, 1932~2010)
변영로(卞榮魯, 1897~1961)
부르크하르트(Jacob Burckhardt, 1818~1897)
브라우닝(Robert Browning, 1812~1889)
서정주(徐廷柱, 1915~2000)
선우휘(鮮于煇, 1922~1986)
성삼문(成三問, 1418~1456)
손기정(孫基禎, 1912~2002)
송복(宋復, 1937~)
송시열(宋時烈, 1607~1689)
슈워드(William H. Seward, 1801~1872)
신봉조(辛鳳祚, 1900~1992)
신상옥(申相玉, 1925~2006)
신익희(申翼熙, 1894~1956)

신영균(申榮均, 1928~)
신현확(申鉉碻, 1920~2007)
심상준(沈相俊, 1917~1991)
심치선(沈致善, 1929~2018)
안병욱(安秉煜, 1920~2013)
안중근(安重根, 1879~1910)
안창호(安昌浩, 1878~1938)
안철수(安哲秀, 1962~)
안호상(安浩相, 1902~1999)
양주동(梁柱東, 1903~1977)
에머슨(Ralph Waldo Emerson, 1803~1882)
에비슨(Oliver Avison, 1860~1956)
오장환(吳章煥, 1918~1951)
오재경(吳在璟, 1919~2012)
오정무(吳正茂, 1944~)
오천석(吳天錫, 1901~1987)
우치무라 간조(内村鑑三, 1861~1930)
유양수(柳陽洙, 1923~2007)
유종호(柳宗鎬, 1935~)
육잡(六岺, 1958~)
윤봉길(尹奉吉, 1908~1932)
윤선도(尹善道, 1587~1671)
워즈워스(William Wordsworth, 1770~1850)
원두우(元杜尤; Horace Grant Underwood, 1859~1916)
원일한(元一漢, Horace Grant Underwood Ⅱ, 1917~2004)
원한경(元漢慶, Horace Horton Underwood, 1890~1951)
이광수(李光秀, 1892~1950)
이규도(李揆道, 1940~2024)
이규태(李圭泰, 1933~2006)
이근섭(李懃燮, 1929~2000)
이기붕(李起鵬, 1896~1960)
이동원(李東元, 1926~2006)
이명박(李明博, 1941~)
이범석(李範錫, 1922~1983)
이병주(李炳注, 1921~1992)
이병철(李秉喆, 1910~1987)
이봉창(李奉昌, 1901~1932)
이상백(李相佰, 1904~1966)
이상재(李商在, 1850~1927)
이색(李穡, 1328~1396)
이성순(1943~2025)
이순신(李舜臣, 1545~1598)
이순자(李順子, 1938~)
이승만(李承晩, 1875~1965)
이승훈(李承薰, 1864~1930)
이어령(李御寧, 1934~2022)
이영덕(李榮德, 1926~2010)
이영일(李英一, 1934~)
이영재(李英宰, 1947~)
이용만(李龍萬, 1933~)
이은상(李殷相, 1903~1982)
이주일(李朱一, 1940~2002)
이준묵(李俊默, 1911~2000)
이지순(李知順, 1999~)
이쾌대(李快大, 1913~1965)
이한빈(李漢彬, 1926~2004)
인명진(印名鎭, 1946~)

임원식(林元植, 1919~2002)
임제(林悌, 1549~1587)
장기려(張起呂, 1911~1995)
장기표(張琪杓, 1945~2024)
장준하(張俊河, 1918~1975)
장충식(張忠植, 1932~)
전두환(全斗煥, 1931~2021)
정몽주(鄭夢周, 1337~1392)
정상천(鄭相千, 1931~2015)
정인보(鄭寅普, 1892~?)
정주영(鄭周永, 1915~2001)
정호승(鄭浩承, 1950~)
조만식(曺晩植, 1883~1950)
조병옥(趙炳玉, 1894~1960)
조소앙(趙素昻, 1887~1958)
조순(趙淳, 1928~2022)
조영남(趙英男, 1945~)
조완규(趙完圭, 1928~)
조용기(趙鏞基, 1936~)
지갑종(池甲鍾, 1927~2021)
차경섭(車敬燮, 1919~2017)
차범석(車凡錫, 1924~2006)
채명신(蔡明新, 1926~2013)
처칠(Winston Churchill, 1874~1965)
천관우(千寬宇, 1925~1991)
천상병(千祥炳, 1930~1993)
최남선(崔南善, 1890~1957)
최명(崔明, 1940~)
최불암(崔佛岩, 1940~)
최은희(崔銀姬, 1926~2018)
최인호(崔仁浩, 1945~2013)
최일남(崔一男, 1932~2023)
최현배(崔鉉培, 1894~1970)
카(Edward H. Carr, 1892~1982)
칼라일(Thomas Carlyle, 1795~1881)
킬머(Joyce Kilmer, 1886~1918)
테일러(Elizabeth Taylor, 1932~2011)
트루먼(Harry Truman, 1884~1972)
퓨지(Nathan Pusey, 1907~2001)
프란치스코(Francis, 1936~2025)
프레이저(Donald Fraser, 1924~2019)
피터 현(Peter 玄, 1927~2019)
하우얼스(William Dean Howells, 1837~1920)
한경직(韓景職, 1902~2000)
한동일(韓東一, 1941~2024)
한승헌(韓勝憲, 1934~2022)
한창기(韓彰璂, 1936~1997)
함석헌(咸碩憲, 1901~1989)
함태호(咸泰浩, 1930~2010)
허충순(許忠順, 1945~)
허형택(許亨澤, 1938~)
현봉학(玄鳳學, 1922~2007)
현승종(玄勝鍾, 1919~2020)
호퍼(Eric Hoffer, 1902~1983)
홍사용(洪思容, 1900~1947)
홍의빈(洪義斌, 1964~)
홍이섭(洪以燮, 1914~1974)
황무영(黃武榮, 1942~2022)
황장엽(黃長燁, 1923~2010)
황현(黃玹, 1855~1910)
호프(Bob Hope, 1903~2003)

김동길 연보

1928년(1세)	10월 2일, 평안남도 맹산군 원남면元南面 향평리에서 원남면장이었던 김병두金炳斗의 둘째 아들로 났다. 어머니 방신근方信根은 25세의 젊은 나이였다. 위로 이미 일곱 살 많은 누님(김옥길)과 네 살 많은 형님(김도길)이 있었다.
1932년(5세)	어머니를 따라 온 가족이 평양으로 이사했다.
1935년(8세)	4월, 평양 상수공립심상소학교(초등학교) 입학했다.
1941년(14세)	4월, 평양고등보통학교(평양고보)에 입학했다.
1945년(18세)	4월, 국민학교 교사 자격시험에 합격하여, 평안남도 평원군 영유읍의 괴천공립국민학교 교사로 부임했다.
1946년(19세)	6월 19일, 적치赤治를 피해 평양역을 떠나 어머니와 함께 월남했고, 연희대 전문부 문과에 입학했다.
1947년(20세)	연희대 영문학과로 전입학했다.
1950년(23세)	12월 19일, 제2국민병으로 징집되어 모슬포에서 군사훈련을 받았다. 미 정보기관 수사관이라는 직함을 받고, 거제도 포로수용소에서 포로와 면담한 정보를 영어로 옮기는 일로 그 겨울을 보냈다.
1951년(24세)	연희대 영어영문학과를 졸업하고, 임시수도 부산으로 피란 나온 진명여학교 영어 교사로 부임했다.
1955년(28세)	백낙준 총장 발탁으로 연희대 문과대학 전임강사로 임용됐다. 이후 조교수·부교수·교수로 승진했다.
1956년(29세)	백 총장이 주선해 준 2년 약정 전액 장학금으로 미국 인디애나주 에반스빌Evansville대로 유학 갔다. 연희대 수학을 인정해 줘서 1년 만에 그곳 역사전공 학사학위를 받을 수 있었다.

1957년(30세)	연희대가 세브란스와 합쳐 새로이 연세대가 탄생했다. 가을, 연세대의 영문학과 대신 사학과로 복직해 일반 교양과목 서양문화사를 담당했다.
1962년(35세)	〈연세춘추〉 편집인 겸 주간을 지냈다.
1967년(40세)	백낙준 총장이 마련한 장학금으로 보스턴대 서양사 박사과정에 들어갔다. 1972년, 링컨 연구로 박사학위를 받았다.
1974년(47세)	5월 8일, 유신정권의 긴급조치 제1호, 4호 위반으로 구속되었다. 8월 12일, 1차 비상보통군법회의에서 "나는 감옥에 있어도 민주주의를 할 것이며, 감옥에서 나가도 마음의 변화 없이 민주주의를 계속할 것"이라고 최후 진술했다. 징역 15년 자격정지 15년 언도를 받고도 항소를 포기했다.
1975년(48세)	2월 15일, 형집행정지로 안양교도소에서 풀려났다. 연세대 교수직은 박탈됐다.
1976년(49세)	보통 사람 독서를 위해 교양서《링컨의 일생》(샘터사)을 출간했다.
1979년(52세)	10·26 사태 뒤 연세대에 복직했다.
1980년(53세)	5월, 신군부 등장으로 대학에서 밀려나 고사리마을 칩거에 들어갔다.
1984년(57세)	민주화운동과 거리를 두고 정치를 냉소하며 수필과 신문칼럼만 썼다. 6월, 정권의 유화조치로 다른 해직교수들과 함께 대학에 복직했다.
1985년(58세)	4월, 민주주의를 위해 40대가 기수 노릇을 해야 한다는 칼럼(일명 '낚시론' 또는 '40대 기수론')을 적었다(〈한국일보〉, 1985. 4. 4). 이 칼럼은 사회적 파장이 컸다. 9월, 사학과에서 내걸었던 '서양문화사' 강의는 무려 2,300명이 수강신청을 했다. 이 사실이 신문 사회면에 크게 보도되었다.
1991년(64세)	4월, 강의 중에 강경대 구타치사 사건을 두고 "그를 열사라고 부르지 말라. 어린 나이에 뭘 알아서 데모를 나갔겠느냐" 했다가 학생들이 교내 대자보로 비난했다. 5월 8일, 학생들의 반발로 학교에 사표를 냈다. 11월 20일, "김동길 전 연세대 교수가 중심이 된 '태평양시대위원회'가 정치의 도덕성 회복과 새 정치질서 구현을 내세우면서 신당 창당을 목표로 발족했다"(MBC 뉴스).

1992년(65세) 2월 8일, 정주영 통일국민당 창당준비위원장과 새한당 김동길 위원장은 통합원칙에 합의하고, 통일국민당을 창당했다.
3월 24일, 제14대 총선거에서 서울 강남구(갑) 국회의원으로 뽑혔다. 당은 전체 17.37% 득표율에 지역구 24석과 전국구 7석을 얻었다.
12월 18일, 14대 대선에서 패배한 정주영의 정계 은퇴로 통일국민당의 새 대표가 됐다.

1995년(68세) 2월 2일, 예수모임을 발족했다.

1996년(69세) 4월까지 14대 국회의원으로 4년간 "국록을 먹었다."
5월, 정계를 은퇴하곤 강연·저술 주업의 학자생활로 돌아왔다.

2011년(74세) 10월 2일 생일날에 장차 자신의 시신을 기증하겠다는 약정서를 날인해서 연세대 의료원장 앞으로 제출했다.

2012년(75세) 7월 19일 낮, '냉면 사랑 모임'을 결성했다. 회장은 김동길, 부회장은 아나운서 김동건·차병원 의사 차광은·정치인 나경원이었다. 부모 대에 시작한 60년 전통의 냉면 파티 가업 잇기였다.

2014년(77세) 1월 23일, TV조선의 토크 프로그램 〈낭만논객〉을 시작했다. 김동건 아나운서, 가수 조영남과 함께 20대 관객 100명을 앞에 두고, 쉴 새 없이 말을 주고받았다. 2016년 2월 7일, 100회로 막을 내렸다.

2015년(88세) 2월 12일, 링컨의 206번째 생일을 기념하여 20여 명이 모여 '링컨 아카데미'를 발족했다.
10월 8일, 한국프레스센터 19층에서 '장수클럽'이 첫 모임을 가졌다. 이용만 전 재무부 장관과 함께 장수하는 한국인들 중에서 16명을 선발, 한 달에 한 번씩 점심을 함께하기로 했다.

2017년(90세) 9월 28일(목요일), 옛 방식을 본떠 서당('목요서당')을 열고 훈장 보좌로 연대 치대 김종열 교수를 '접장'으로 지명했다. 훈장이 출타했을 때 훈장을 대리하여 학생들을 가르치는 이가 접장이다.

2019년(92세) 유튜브로 〈김동길 TV〉를 제작·방영하기 시작했다.

2022년(95세) 2월, 코로나19에 확진되었다가 회복했다.
3월, 호흡기가 나빠져 연세대 병원에 입원했다.
10월 4일, 중환자실에서 투병 끝에 홀연 타계했다.

미주

제1장 김동길 자술 편저: 그 내력

(1) 〈파수꾼〉, 2011. 7. 29.
(2) 〈파수꾼〉, 2016. 4. 17.
(3) 칼라일, 토마스(2008), 《의상철학》, 박상익 역, 한길사.
(4) 〈석양에〉, 2018. 7. 30.
(5) 〈파수꾼〉, 2016. 1. 28.
(6) 유종호(2019), 《그 이름 안티고네》, 현대문학, 219쪽.
(7) 〈파수꾼〉, 2014. 3. 8.
(8) 〈파수꾼〉, 2015. 6. 30.
(9) 〈파수꾼〉, 2016. 8. 18.

제2장 뜻을 링컨에 두고

(1) 〈석양에〉, 2018. 8. 1.
(2) 〈파수꾼〉, 2011. 12. 27.

제3장 지성이 희구한 자유 가치

(1) 매케인, 존·마크 솔터(2008), 《사람의 품격》, 윤미나 역, 21세기북스, 212쪽.
(2) 〈석양에〉. 2018. 6. 27~6. 21.
(3) 〈석양에〉, 2018. 6. 29.
(4) 〈석양에〉, 2018. 6. 30.
(5) 〈석양에〉, 2018. 7. 1.
(6) 〈석양에〉, 2018. 7. 2.
(7) 〈석양에〉, 2018. 7. 4.
(8) 김형국(2021), "가까이서 지켜본 '인간 강신옥'", 〈철학과 현실〉(계간), 겨울호.

제4장 나는 누구인가? 여기서 털어놓는다

(1) 〈석양에〉, 2018. 5. 4.
(2) 〈석양에〉, 2018. 5. 5.
(3) 〈석양에〉, 2018. 5. 7.
(4) 〈석양에〉, 2018. 5. 8.
(5) 〈석양에〉, 2018. 5. 9.
(6) 〈석양에〉, 2018. 5. 10.
(7) 〈석양에〉, 2018. 5. 11.
(8) 〈파수꾼〉, 2016. 7. 16.
(9) 〈석양에〉, 2018. 5. 16.
(10) 김동길(2020), "원한경," 《백년의 사람들: 김동길 인물한국현대사》, 나남, 45~48쪽.
(11) 김동길(1978), 《어떤 사람이기에》, 범우사, 110쪽.
(12) 김동길, 앞의 책, 73~77쪽, "한글학자 외솔, 정작 사투리 심해."
(13) 〈석양에〉, 2018. 6. 3.
(14) 김동길, 앞의 책, 477~481쪽, "당대의 가장 유명한 아나운서: 예의 바르고, 인간관계가 철저한 사람."
(15) 〈석양에〉, 2018. 6. 11.
(16) 〈파수꾼〉, 2016. 9. 13.

제5장 그 어머님에 그 누님

(1) 김동길(2014), 《링컨의 일생》(제3판), 샘터.
(2) 이세기(2000), 《김옥길 평전: 자유의 날개》, 이화여자대학교출판부. 47~48쪽.
(3) 위의 책.
(4) 김형국(2024), 《바람이 일어나다: 한국현대미술의 프로메테우스 김병기의 삶과 예술》, 나남.
(5) 〈파수꾼〉, 2013. 2. 12.
(6) 김동길, 앞의 책, 276쪽, "백선엽, 하극상에 미련 없이 군을 떠난 전쟁영웅".
(7) 김동길(1978), 《어떤 사람이기에》, 범우사. 26쪽.
(8) 이세기, 앞의 책, 218~220쪽.
(9) 〈파수꾼〉, 2011. 4. 30.

第6장 독신 김동길

(1) 박경리(2012), 《토지》, 1부 4권, 91~92쪽.
(2) "김동길 인터뷰", 〈조선일보〉, 2013. 3. 23~24.
(3) 〈파수꾼〉, 2015. 7. 12.
(4) 〈파수꾼〉, 2015. 7. 12.
(5) 〈파수꾼〉, 2014. 9. 27.
(6) 김동길, 앞의 책, 165쪽.
(7) 〈파수꾼〉, 2017. 5. 30.
(8) 〈파수꾼〉, 2017, 12. 27.
(9) 〈파수꾼〉, 2015. 7. 20.
(10) 여상환(2023), "긍재 김동길 선생을 추모하며", 〈자유지성〉(계간), 봄호.
(11) 김동길, 앞의 책, 221~225쪽.

第7장 스승과 우정의 그늘

(1) 백낙준(1983), 《나의 종강록》, 정음문화사, 259쪽.
(2) 위의 책, 257쪽.
(3) 위의 책, 266쪽.
(4) 〈석양에〉, 2020. 6. 1.
(5) 김동길(1978), 《어떤 사람이기에》, 범우사, 266쪽.
(6) 위의 책, 112쪽.
(7) 〈석양에〉, 2020. 6. 15.
(8) 백낙준, 앞의 책.
(9) 김동길, 앞의 책, 81쪽.
(10) 〈석양에〉, 2020. 7. 6.
(11) 함석헌(2003), 《함석헌 자전적 인생론》, 정우사, 277쪽.
(12) 김동길(2020), "함석헌," 《백년의 사람들: 김동길 인물한국현대사》, 나남, 99~112쪽.
(13) 정민 역주(2023), 《서양선비, 우정을 논하다》, 김영사.
(14) 〈석양에〉, 2018. 6. 3.

第8장 역사와 역사학

(1) 헬렌 카·수제나 립스컴 외(2023), 《지금 역사란 무엇인가》, 최파일 역, 까치.
(2) 김동길, "역사를 배우는 까닭," 2017. 7. 15.
(3) 〈파수꾼〉, 2011. 10. 13.

(4) 〈파수꾼〉, 2017. 3. 7.
(5) 〈파수꾼〉, 2017. 5. 26.
(6) 〈파수꾼〉, 2015. 10. 1.
(7) 〈파수꾼〉, 2018. 3. 26.
(8) 〈파수꾼〉, 2015. 3. 12.
(9) 〈파수꾼〉, 2010. 9. 13.
(10) 〈파수꾼〉, 2013. 6. 1.
(11) 〈파수꾼〉, 2012. 7. 22.
(12) 〈파수꾼〉, 2013. 10. 22.
(13) 〈파수꾼〉, 2009. 5. 12.
(14) 〈파수꾼〉, 2017. 3. 11.
(15) 〈파수꾼〉, 2011. 6. 27.
(16) 〈파수꾼〉, 2010. 12. 22.
(17) 《위키백과》.
(18) 송복(2025), 《중용의 길》, 기파랑, 238~259쪽.
(19) 김동길(2018), "태평양의 새 시대가 온다," 《링컨의 일생》(제4판), 샘터.
(20) 〈파수꾼〉, 2009. 7. 31.
(21) 〈파수꾼〉, 2010. 4. 1.
(22) 〈파수꾼〉, 2010. 3. 31.
(23) 〈파수꾼〉, 2011. 11. 26
(24) 〈파수꾼〉, 2015. 10. 24.
(25) 〈파수꾼〉, 2009. 7. 24.
(26) 〈파수꾼〉, 2011. 4. 9.
(27) 〈소신일보〉, 2025. 6. 30.
(28) 〈파수꾼〉, 2016. 9. 11.

제9장 역사는 위인들 전기

(1) 〈파수꾼〉, 2011. 10. 14.
(2) 〈파수꾼〉, 2017. 2. 24.
(3) 〈파수꾼〉, 2010. 10. 6.
(4) 〈파수꾼〉, 2016. 11. 20.
(5) 〈파수꾼〉, 2016. 11. 21.
(6) 〈파수꾼〉, 2016. 11. 22.
(7) 〈파수꾼〉, 2016. 11. 23.
(8) 〈파수꾼〉, 2016. 11. 24.

(9) 〈파수꾼〉, 2016. 11. 25.
(10) 〈파수꾼〉, 2016. 11. 26.
(11) 〈파수꾼〉, 2015. 1. 26.
(12) 〈파수꾼〉, 2016. 11. 27.
(13) 〈파수꾼〉, 2016. 11. 28.
(14) 〈물산 장려가〉 2절.
(15) 〈파수꾼〉, 2015. 10. 18; 〈파수꾼〉, 2016. 11. 29.
(16) 〈파수꾼〉, 2016. 11. 30.
(17) 〈파수꾼〉, 2016. 12. 1.
(18) 〈파수꾼〉, 2009. 9. 2.
(19) 〈석양에〉, 2018. 8. 29.

제10장 현대사 백년의 실사구시 인물론

(1) 〈파수꾼〉, 2014. 7. 20.
(2) 〈파수꾼〉, 2017. 8. 30.
(3) 〈파수꾼〉, 2011. 4. 15.
(4) 송복(2016), "친일, 어떻게 설명할 것인가," 〈미래한국〉, 2016. 7. 12.
(5) "파렴치 김원웅이 드러낸 문 정권의 '친일 몰이'의 민낯", 〈조선일보〉, 2022. 2. 17.
(6) "김형석의 100세 일기", 〈조선일보〉, 2019. 12. 7.
(7) 〈파수꾼〉, 2015. 8. 27.
(8) 이성낙(2018), 《초상화, 그려진 선비정신》, 눌와.

제11장 시평時評은 '현대사 적기'

(1) 〈조선일보〉, 2022. 10. 5.
(2) 김동길, "이른 아침에: 내가 대통령이라면," 〈매일신문〉, 2016. 7. 24.
(3) 김동길, "한국일보와 나", 〈한국일보〉, 2004. 6. 18.
(4) 〈파수꾼〉, 2006. 9. 9.
(5) 〈파수꾼〉, 2006. 9. 14.
(6) 〈파수꾼〉, 2006. 11. 4.
(7) 〈파수꾼〉, 2007. 5. 31.
(8) 〈파수꾼〉, 2009. 4. 15.
(9) 유석재, 〈조선일보〉, 2022. 10. 7.
(10) 〈조선일보〉, 2022. 10. 7.
(11) 〈파수꾼〉, 2009. 6. 16.

(12) 〈파수꾼〉, 2009. 5. 29.
(13) 〈조선일보〉, 1991. 5. 5.
(14) 김형국(2022), 《박경리 이야기》, 나남.
(15) 김형국·최상철 공편(2004), 《천도반대운동의 사회학》, 나남.
(16) 강경희, "세종시가 말 못 하는 '균형 발전'의 허상," 〈조선일보〉, 2025. 4. 23.
(17) 이금이(2020), 《알로하, 나의 엄마들》, 창비.
(18) "집중 인터뷰: 송복 교수의 자신만만," 〈월간조선〉, 2003. 3.

제12장 공부 조직의 달인

(1) 〈파수꾼〉, 2015. 2. 13.
(2) Kim, Donggill(1983), *Abraham Lincoln: An Oriental Interpretation*, Seoul: Jungwoo-sa.
(3) 《맹자》, 이루離婁 상편.
(4) 〈파수꾼〉, 2015. 10. 19.
(5) 매케인, 존·마크 솔터(2008), 《사람의 품격》, 윤미나 역, 21세기북스, 202쪽.
(6) 김윤덕 인터뷰, 〈조선일보〉, 2013. 3. 23.
(7) 〈석양에〉, 2018. 9. 15.
(8) 〈파수꾼〉, 2015. 4. 13.
(9) 자세한 여행기는 최명("김동길과 크루즈 ①·②·③," 《술의 반란》, 나남, 2018, 305~424쪽) 참조.
(10) 최명, 위의 책, 318쪽.
(11) 융겔, 에버하르트(1982), 《바울과 예수》, 허혁 역, 이화여자대학교출판문화원
(12) 조완규, "일제강점기 내의 나, 그리고 해방," 〈한강포럼〉, 2025년 10월호.
(13) 〈파수꾼〉, 2016. 12. 12.
(14) 〈국제신문〉, 2017. 10. 31
(15) 도연명의 〈사시四時〉 한 구절.
(16) Jinyoung Ann Jin(2025), *Art, War, and Exile in Modern Korea: Rethinking the Life and Work of Lee Qoede*, Amsterdam Univ. Press, p.68.
(17) 권경훈, "방방곡곡 노포기행: 50년간 지은 양복 10만 벌," 〈한국일보〉, 2018. 12. 29.
(18) 〈파수꾼〉, 2015. 11. 10.

제13장 무대 위에서 살아온 인생

(1) 〈파수꾼〉, 2015. 6. 19.
(2) 〈파수꾼〉, 2015. 6. 13.
(3) 김동길(1978), 《어떤 사람이기에》, 범우사, 136쪽.
(4) 〈석양에〉, 2018. 6. 28.

(5) 〈파수꾼〉, 2014. 4. 10.
(6) 〈파수꾼〉, 2015. 9. 13.
(7) 〈파수꾼〉, 2009. 12. 9.
(8) 〈파수꾼〉, 2009. 1. 2.
(9) 〈파수꾼〉, 2010. 5. 20.
(10) 〈파수꾼〉, 2009. 2. 19.
(11) 〈파수꾼〉, 2009. 1. 2.
(12) 〈파수꾼〉, 2010. 9. 23.
(13) 〈파수꾼〉, 2009. 6. 11.
(14) 〈파수꾼〉, 2010. 10. 27.
(15) 〈파수꾼〉, 2010. 10. 22.

제14장 외부 노년 강연의 고달픔

(1) 〈파수꾼〉, 2016. 8. 18.
(2) 〈파수꾼〉, 2011. 10. 13.
(3) 〈파수꾼〉, 2011. 11. 10.
(4) 〈파수꾼〉, 2009. 6. 2.
(5) 〈파수꾼〉, 2015. 8. 19.
(6) 〈파수꾼〉, 2010. 12. 16.
(7) 〈파수꾼〉, 2016. 4. 9.
(8) 〈파수꾼〉, 2015. 2. 9.
(9) 〈파수꾼〉, 2017. 5. 22.
(10) 〈파수꾼〉, 2016. 7. 5.
(11) 김동길, "스승을 찾지 말고 스스로 스승이 되길," 〈대구매일〉, 2016. 5. 15.
(12) 전택부(2008), 《이상재 평전》, 범우사.
(13) 정기준(2024), "서울대학교의 경성제국대학으로부터의 무형자산," 〈서울대학교 명예교수회보〉 제20호, 35~36쪽.
(14) 김동길, "조선일보 사장열전: 월남 이상재 선생," 〈조선일보〉, 2001. 3. 1.
(15) 이현보(2024), "'공녀제 폐지'를 관철한 가정 이곡 선생의 위대한 업적," 〈서울대학교 명예교수회보〉, 제20호, 177~179쪽.
(16) 〈석양에〉, 2018. 5. 1.

제15장 김동길 사람 스타일

(1) 〈파수꾼〉, 2015. 6. 10.
(2) 〈파수꾼〉, 2016. 10. 24.
(3) 〈파수꾼〉, 2016. 7. 5.
(4) '김윤덕 칼럼', 〈조선일보〉, 2025. 6. 3.
(5) 〈파수꾼〉, 2016. 8. 22.
(6) 〈파수꾼〉, 2011. 9. 19.
(7) 〈파수꾼〉, 2015. 11. 17.
(8) "노벨상, 그리고 소주에 막걸리를 섞어 마신 고은의 만인보"(〈자유 게시판〉, 2019. 10. 8. 올린 사람은 '서양겨자').
(9) 〈파수꾼〉, 2014. 2. 27.
(10) 김동길(2020). "그를 짜다고 욕하는 사람들도 있지만 … ",《백년의 사람들: 김동길 인물한국현대사》, 나남, 502~505쪽.
(11) 〈파수꾼〉, 2014. 12. 11.
(12) 김동길, 위의 책.
(13) 강명관(2025),《냉면의 역사》, 푸른역사, 345쪽.
(14) "부산 밀면 베스트 10", 〈조선일보〉, 2025. 7. 5.
(15) 〈파수꾼〉, 2012. 7. 20.
(16) 〈파수꾼〉, 2011. 10. 2.
(17) 〈파수꾼〉, 2012. 10. 3.
(18) 〈조선일보〉, 2015. 10. 3.
(19) 〈파수꾼〉, 2015. 10. 4.
(20) 〈파수꾼〉, 2016. 7. 27.
(21) 〈파수꾼〉, 2010. 10. 2.
(22) 〈파수꾼〉, 2015. 7. 8.
(23) 〈파수꾼〉, 2012. 7. 20.
(24) 김형국(2022),《박경리 이야기》, 나남.
(25) 〈파수꾼〉, 2015. 8. 20.
(26) 〈파수꾼〉, 2015. 10. 9.
(27) 백선엽(2016),《6·25 전쟁 징비록》, 유광종 정리, 책밭, 317쪽.

제16장 난세를 살아온 역정

(1) 〈석양에〉, 2018. 10. 31.
(2) 〈파수꾼〉, 2016. 12. 8.
(3) 최명(2017), "건국의 아버지," 김동길 편저,《이 나라에 이런 사람들이》, 기파랑.

(4) 건국헌법 제16조. 박명림(2006), "이승만 집권기 한국의 교육과 민주주의", 유영익 편, 《이승만 대통령 재평가》, 연세대학교출판부, 331~373쪽, 특히 347~350쪽.
(5) 최상오, "이승만 대통령의 경제개발정책", 유영익 편, 위의 책, 292쪽.
(6) 이화역사관(2021), 《큰 스승 김옥길》, 이화여자대학교출판문화원, 74쪽.
(7) 〈파수꾼〉, 2015. 3. 14.
(8) 〈파수꾼〉, 2015. 3. 14.
(9) 〈중앙일보〉, 1975. 3. 31.
(10) 〈월간조선〉 인터뷰, 2020. 5.
(11) 〈파수꾼〉, 2011. 5. 1.
(12) 배성규, "만물상: 민주당과 박정희", 〈조선일보〉, 2021. 7. 20.
(13) 〈석양에〉, 2018. 10. 17.
(14) 김동길, 앞의 책, 334~336쪽.
(15) 〈파수꾼〉, 2016. 10. 30.
(16) 〈파수꾼〉, 2008. 5. 2.
(17) 〈파수꾼〉, 2008. 5. 3.
(18) 〈파수꾼〉, 2008. 5. 4.
(19) 〈파수꾼〉, 2008. 5. 5.
(20) 〈파수꾼〉, 2009. 2. 3.
(21) 〈파수꾼〉, 2008. 12. 11.
(22) 김동길, 앞의 책, 496~500쪽.
(23) 〈파수꾼〉, 2016. 8. 26.
(24) 〈월간조선〉 인터뷰, 2020. 5.
(25) 김동길, 앞의 책, 516~520쪽.
(26) 〈파수꾼〉, 2017. 9. 13.
(27) 〈파수꾼〉, 2017. 11. 14.
(28) 김동길, 앞의 책, 516~520쪽.
(29) 〈파수꾼〉, 2017. 10. 2.
(30) 〈파수꾼〉, 2013. 6. 19.

제17장 명절에, 또 무시로 찾던 김동길 문전門前

(1) 〈파수꾼〉, 2011. 11. 17.
(2) 〈조선일보〉, 2022. 1. 20.
(3) 〈조선일보〉, 2022. 3. 2.
(4) 〈중앙일보〉, 2025. 7. 4.

제18장 노년의 건강

(1) 〈파수꾼〉, 2018. 2. 6.
(2) 〈파수꾼〉, 2010. 12. 16.
(3) 〈파수꾼〉, 2010. 12. 26.
(4) 〈파수꾼〉, 2015. 10. 2.
(5) 〈파수꾼〉, 2016. 1. 31.
(6) 〈파수꾼〉, 2016. 10. 28.
(7) 〈파수꾼〉, 2016. 6. 5.
(8) 〈파수꾼〉, 2010. 3. 30.
(9) 〈파수꾼〉, 2017. 3. 8.
(10) 〈파수꾼〉, 2016. 9. 7.
(11) 〈파수꾼〉, 2017. 3. 24.

제19장 나의 믿음

(1) 〈파수꾼〉, 2016. 8. 25.
(2) 〈파수꾼〉, 2015. 4. 5.
(3) 〈파수꾼〉, 2015. 9. 9.
(4) 〈파수꾼〉, 2017. 10. 11.
(5) 〈히브리서〉, 11: 1~5.
(6) 〈파수꾼〉, 2011. 6. 10.
(7) 〈파수꾼〉, 2010. 9. 15.

제20장 생로병사가 꿈같으니

(1) 〈파수꾼〉, 2014. 4. 4.
(2) 〈파수꾼〉, 2010. 3. 16.
(3) 〈파수꾼〉, 2011. 5. 3.

박경리 이야기

김형국(서울대 명예교수) 지음

"인생이 온통 슬픔이라더니!"
파란만장한 삶을 예술로 승화시킨 박경리의 일대기

《토지》를 탄생시킨 바탕이자 한국의 격동적 사회사와도 맞닿아 있는 박경리의 삶을 재구성했다. 박경리는 개인의 참담한 삶을 개인의 불행과 불만으로 끝내지 않고 시대의 한과 서러움으로 승화시켰다는 데 위대함이 있다.

신국판 | 632면 | 32,000원

바람이 일어나다

한국현대미술의 프로메테우스 김병기의 삶과 예술

김형국(서울대 명예교수) 지음

한국현대미술의 선구자 김병기 화백의 백년 예술 인생

일제강점기에 김환기·이중섭과 함께 현대미술을 배우고, 해방 후 북한 미술동맹 서기장, 6·25 전쟁 때 남한 종군화가단 부단장을 지낸 김병기. 격동의 현대사 속에서 독보적 작품세계를 구축한 최장수 화가의 삶을 밀도 있게 그려냈다.

신국판·양장본 | 368면 | 28,000원

우리 미학의 거리를 걷다 [증보판]

전승미술 사랑의 토막 현대사

김형국(서울대 명예교수) 지음

한국 미술계 주인공들이 펼치는 '문화적 근대화' 이야기

화가와 작가부터 학자와 언론인, 수집가와 고미술상까지 화수분처럼 계속되는 흥미로운 일화를 통해 우리 것의 아름다움을 향한 문화계 선각자들의 진심 어린 애착을 읽을 수 있다.

신국판·올컬러 | 412면 | 24,000원